JN252547

新刑法要説

彦阪　秀著

新刑法要說

明治四十一年發行

日本立法資料全集　別巻　1152

信山社

彦阪秀著

新刑法要説

東京 金港堂書籍株式會社

新刑法要説目次

新刑法要說目次畢

新刑法要說

彥坂秀述

緒言

余カ茲ニ說カントスル刑法ハ彼ノ一般刑事法ト異ナリ其ノ一部ヲ占ムル普通刑法ヲ極メテ平易ニ解說セントスルナリ故ニ今左ニ刑法ノ意義ヲ定メントス

刑法トハ刑罰權ヲ行フ綱目ヲ規定シタル法律ナリ

此意義ニ因ルヰハ刑罰權ヲ行フベキ犯罪ナル事實ガ此規定ノ中ニアルヤ明ナリ詳言スレバ刑法ハ犯罪トナル事實及ビ之ニ適用スル刑罰ヲ定メタル規則ニシテ普通稱シテ狹義ノ刑法ト云ヒ又通常刑法ト稱スルモノ即チ是ナリ以上ノ定解ニ依レバ刑法ハ犯罪ト刑罰トヲ以テ形體ヲ組織セルモノト云ハザル可カラズ故ニ刑法ノ何タルコトヲ詳カニセンニハ此犯罪及ビ刑罰ノ性

質ヲ明カニスルコトヲ要ス是レ余ガ各條ノ解釋ヲ爲スニ當リ先ツ此二者ニ就キ略解ヲ試ミントスル所以ナリ

第一、犯罪トハ何ゾヤ　是レ至大ノ問題ニシテ學者ノ見解種々異ナル所アルモ要之刑法ヲ解スルニ該リテハ刑法ノ明文ニ基クコトヲ要ス故ニ余ハ諸他ノ説ヲ排シテ自カラ見タル所ノ犯罪ノ定義ヲ擧ゲバ

　犯罪トハ刑ヲ制裁トシタル禁制命令ニ違背セル有責ノ行爲ニシテ社會ガ條理若クハ慣習上有害ト認ムル者ヲ云フ

故ニ刑法ニ於テ犯罪ト云フトキハ(1)所爲(2)有害行爲即チ意思アルコト(3)刑ヲ制裁トシタル禁制命令アルコト(4)有害不正ノ四要素ヲ具備セザル可カラス今此四要素ニ就テ陳ベン

(一)所爲　トハ意思ノ外部ニ表ハレタル動作ニシテ種々ノ展化階級アリ今其順序ヲ示セバ初一念ヲ生シ時ニ之レニ反對ナル一念ヲ發シ此ノ二個ノ思想ガ競爭シテ有力ナルモノ勝チヲ占メ始メテ決心トナル之レ即チ人ノ心内ニ存スルモノニシテ此レヨリ二ニ分レテ一ハ心内ニ止マリテ意思トナリ他ニ

表ハレテ所爲トナル此所爲更ラニ分レテ豫備、着手、實行等ノ階級ヲ生ス而シテ豫備ヨリ實行ニ至ルマデノ所爲ガ刑法ニ於テ罰スベキ者ニテ例ヒ有害ノモノナリト雖モ尙心內ニ止マル意思卽チ單ニ無形ノ思想ニ過ズシテ外形ニ顯ハレザル時ハ刑法ニ於テ罰スベキモノニアラズ

然𪜈既ニ外部ニ發動シテ豫備、着手、實行ニ至レバ法律ハ特別ノ罪名ヲ付ケン爲メ所爲者ノ意思ヲ明カニスルコトヲ要ス此意思ヲ明カニシ果シテ法律ノ定メタル犯罪ノ如何ナル程度ナルカ卽チ豫備ナルカ、着手ナルカ、將タ實行ナルカヲ知ルコトヲ必要トス而シテ之ヲ決スルニハ一方ニ於テ行爲者ノ意思ト他方ニ於テ法律ノ規定シタル所謂犯罪トヲ對比シテ定メザル可カラズ斯ノ如クシテ定メタル所爲ガ豫メ法律ヲ以テ禁制シ又ハ命令シタルモノニ背キタルトキハ之ヲ罰セリ故ニ明文ニ罰セザル所爲ニ對シテハ刑法ノ制裁ヲ科スル事ヲ得ズ

而シテ前ニ說キタル決心ノ狀況ニ遡リテ今少シク說明ヲ爲セバ「犯罪ノ決心トハ或ル犯罪ヲ爲サントスル意思ヲ云フ」從テ此ノ決心ハ犯人內部ノ狀態ニ

過キザルガ故ニ社會ノ權力ハ之ニ及バザルモノナリ然レドモ此ノ決心ハ時ニ內部ノ關係ニ止マラズ外部ノ行爲トナルコトアリ之レ刑法ガ其第九十二條後段ニ「又ハ陰謀ヲ爲シタル者ハ」トアル陰謀ノ如キ是レナリ此陰謀ノ性質ニ付キテハ一種ノ豫備ナリト說ク者アリト雖モ直チニ首肯スル能ハズ何トナレバ陰謀ハ其精神解釋ヨリスルトキハ數人集マリテ謀議畫策スル狀態ニシテ決心ノ狀況ニアルモ外部ニ顯ハレ數人ノ間ニ行ヒシ者ナレハ之レガ一人タルトキハ常ニ內部ニ存シテ容易ニ客觀的ニハ窺知スルコトヲ得ザルモノナリ

故ニ法律ハ此決心ヲ外部ニ表スルモ實害ノ生セザル間ハ之レヲ罰セザルヲ原則トス之レ主觀的ニ犯人ニ惡意アリト云フベキ而已ニシテ未タ社會ニ向テ何等ノ實害ヲ生セザルヲ以テナリ然レドモ其決心ノ表示ガ直接ニ社會ヲ攪亂スル性質ヲ有スルトキハ之レヲ罰スル要アリ卽チ第九十二條末段ノ規定アル所以ナリ

決心ヨリ更ニ進ンデ犯罪ノ豫備トナル是レ決心ヨリ一歩ヲ進メタル犯罪實

行ノ準備ナレバ豫備ハ明カニ外部行爲ノ狀態ト云フベシ而シテ我刑法ノ規定スル處ニヨレバ豫備ノ行爲モ又罰セザルヲ原則トス之レヲ罰セザル理由ハ彼ノ決心ガ外部行爲ニ依リテ表示セラレタル場合ト同ジク只犯人ニ惡意アリト云フコトヲ表彰シタルノミニシテ社會ニ未ダ實害ヲ及ボサヾルカ故ナリ然レトモ豫備其自身ノ性質上重大ナル害惡ヲ生スル場合ニハ之レヲ罰スルコトアルモ之等詳細ノ說明ハ各條ノ下ニ讓ラントス

又着手ハ豫備ヨリ一層進ンデ犯人ガ希望スル犯罪ニ對シ第一步タル行爲ヲ云フ而シテ此着手ノ行爲ハ場合ニヨリテ或ハ中止トナリ又ハ實行トナルガ故ニ中止ト實行ノ差異ヲ陳プル要アリ

中止トハ犯人ガ進ンデ犯罪ヲ實行スル時即チ犯罪ヲ遂ゲ得ラルル狀況ニ於テ犯人ノ意思動機トナリテ中止セルモノヲ云フ換言スレバ犯人自己ノ意思而已ニ依リテ之ヲ止メタル爲メ實行ニ至ラザルモノ之レ所謂中止犯ナリ故ニ中止犯ノ場合ニ在テハ犯人ガ自己ノ意思ヨリ實行ニ至ル間ニ於テ其行爲ヲ止メタルコトヲ必要トス從テ彼ノ未遂犯ノ場合トハ大ニ異ナレリ

未遂犯ハ犯人ガ尚ホ進ンデ遂ゲントスル中間ニ於テ外部ノ事情ニ遮斷セラレ其欲スル所ノ行爲ヲ實行スル能ザル場合ニシテ即チ犯人ノ意思ハ中止セラレザルニ外部ノ事情ニヨリ事實上所爲ガ中止セラレタル場合ナリ

故ニ我刑法ハ中止犯ノ場合ハ其刑ヲ減刑又ハ免除スルモ未遂犯ニアリテハ常ニ其刑ヲ減刑スルニ止マリ決シテ免除スルコトナシ而シテ犯罪ノ實行トハ犯人ガ所期シタル希望ニ行爲ノ伴ヒテ法律上ノ結果ヲ生ゼシムルニ至ルベキスベテノ手段ヲ結了シタルコトヲ云フ例ヘバ文書ノ僞造ハ其實行ガ必ラズ行使シタル時ニアリト雖モ之レヲ法律上ヨリ見レバ未ダ行使セザル前ト雖モ行使ノ目的ヲ以テ僞造シタルトキハ文書僞造罪ノ實行行爲ト爲ス之レ犯人ノ目的トシタル結果ト法律上ノ結果トニ區別アル所以ナリ

然レトモ法律ノ規定、罪ノ性質如何ニ因リテハ實行ヲ爲スモ尚實行ト見做ザル事アリ例ヘハ殺人罪ノ場合ニ於テ犯人カ毒物ヲ被害者ニ服用セシメ目的ヲ遂ゲント謀リタルトキノ如キ犯人ガ被害者ニ毒物ヲ服用セシメシ其瞬間ニ於テ渾テノ行爲ヲ完結シタルガ如キモ之ハ只犯人ノ爲シタル擧動ノミ完結シタリト云ヒ得ベキモ犯罪行爲ガ完結シタリト云フニハ尚其服セシメタル毒物ガ効果ヲ奏スルニ必要ナル一定ノ時間ヲ經過スルコトヲ要スルヤ辨ヲ俟タズ而シテ實行ノ行爲ニモ之レヲ二種ニ區別スル者アリ曰ク實行未遂(即チ欠効犯)曰ク實行已遂之レナリ而シテ其如何ナル行爲ガ實行已遂ニシテ如何ナル行爲ガ實行未遂ナルヤト云フ點ニ就キテハ世ニ往々議論アル所ナルモ今余ノ信ズルモノヲ擧クレバ左ノ如シ

實行已遂トハ犯人ノ行ヒタル所爲ガ法律上ノ結果ヲ生シタルトキ即チ法律ガ罪トシテ罰スベキ旨ヲ規定シタル行爲ヲ構成スル諸般ノ條件ヲ具備シタルモノコレナリ

又實行未遂トハ犯人ノ行爲ガ他働的ニ意外ノ障害若クハ舛錯ニ依リ所期シタル法律上ノ効果ヲ生ズルコト能ハザル場合ヲ云フ

此ノ實行未遂ノ點ニ就キテハ尚大ニ研究スベキ點アリト雖モ渾テ相當條下ニ説明スレバ茲ニ詳設セズ又犯罪ノ實行ニ似テ否ナルモノアリソハ皮想ノ觀察ニテハ如何ニモ犯罪ノ實行ノ如クナルモ其實否ラス從テ犯罪行爲ニア

ラザルモノアリ換言スレバ物理上犯人ノ希望シタル法律上ノ結果ヲ生スベキ危險ナキ性質ノ行爲ナリ之レヲ稱シテ不能犯ト云フ

此不能犯ニ就キテ詳説セントカ目的上ノ不能犯ト手段上ノ不能犯ノ二ニ區別スルコトヲ得而シテ此ノ目的上ト手段上トヲ更ニ絶對的不能犯ト相對的不能犯ニ細別スルハ普通學者ノ區別スル所ナリ故ニ余モ又此ノ主義ニ從フ

先ツ之ヲ説明スルニ當リ目的物ヨリ生スル絶對的不能犯ヨリ説明センニ

A、目的物ヨリ生スル絶對的不能犯トハ犯罪ノ目的物カ元來ナカリシ場合ナルカ又ハ犯罪ノ成立ニ必要ナル性質ヲ備ヘザルトキハ之レ絶對的不能ナリ例ヘハ婦女ガ自カラ懷胎ナリト信ジテ墮胎藥ヲ使用シタルニ實際懷胎ニアラザリシトキノ如キハ何人ガ行フモ決シテ其効果ヲ發生スベキモノニアラズ又甲者ガ乙者ノ已ニ生存セザルコトヲ知ラズシテ夜間其寢室ニ忍ビ入リ白刄ヲ以テ斬付ケタルガ如キ或ハ有夫ノ婦ナリト信ジテ未婚婦ト通ジ或ハ甲者、乙者ノ倉庫ニ忍ビ入リ物品ヲ窃取シタルニ何ゾ圖ラン其物品ハ自己所有ノモノナリシ場合ノ如キハ決シテ罪ト

ナルベキモノニアラズ

B 目的物ヨリ生ズル相對的(人ニヨリ關係的ノモノトモ云フ)不能犯トハ前段ノ場合ト異ナリ犯罪ノ目的物ハ存在セザルニアラズト雖モ犯人ガ之レアリト思料シタル地所ニ現存セザリシガ如キ場合ニシテ何人カ之レヲ行フモ到底達シ得ザルモノトハ差異アリ例ヘバ甲ハ其友人乙ヲ殺サント謀リ乙ガ常ニ居室ノ一隅ニ臥床スルコトヲ知リテ發砲シタルモ乙ハ偶々其一隅ニアラズシテ厠ニ往キタル不在ノ時ナリシ此ノ場合ニ於テハ時間ノ遲速ニ依リ目的ヲ達シ得ベキモノナリシモ只其時其人ニ依リ遂ケ得ザリシノミ故ニ相對的不能犯ナリ又他ニ例ヲ求メバ金錢ヲ窃取セント欲シテ神社ノ賽錢箱又ハ人ノ袂ニ手ヲ入レタルニ偶々無一物ナリシ場合ノ如キ或ハ甲ヲ毒殺セント欲シテ毒物ヲ服用セシメシニ甲ハ消毒藥ヲ用ヒ居リ爲メニ効ヲ奏セザリシ場合ノ如キ何レモ其人ノ如何ニ依リ或ハ窃取シ毒殺スルコトヲ得ベキ性質ノモノナレバ此場合ニハ尚不能犯ナリ

C 犯罪ノ手段ニヨリ生ズル絶對的不能犯トハ手段自體ガ犯罪ヲ構成スルニ足ラザルモノヲ云フ例ヘバ人ヲ銃殺セント欲シテ空砲ヲ放チタル場合ノ如キ又ハ人ヲ毒殺セント欲シテ淨水ヲ飲用セシメタル如キ或ハ殺生禁斷ノ池ニ於テ無鉤ノ糸ヲ垂レタルガ如キ如何ナル時如何ナル場合ニ何人ガ行フモ決シテ其目的ヲ達スルコト能ハズ之レ手段方法ヨリ來ル絶體的不能犯ナリ

D 手段上ヨリ來ル相對的不能犯トハ犯罪ヲ爲シ得ル方法手段ナリト雖モ其手段ニ欠クル所アリテ之レヲ遂ゲ得ザル場合ヲ云フ例ヘバ人ヲ毒殺セント欲シテ死ニ至ル丈ケノ分量ヲ有スル毒藥ヲ與ヘズ「又人ヲ銃殺セン爲メ狙擊シタルモ誤リテ其人ニ中ラザル」或ハ彈丸不達ノ所ニ於テ發砲シタル爲メ被害者ニ命中セザリシ場合ノ如キハ其分量ヲ誤ラズ「狙ヘヲ達ハス」命中スベキ近距離ニ於テ發砲シタルナランニハ目的ヲ達シ得タランニ然ルニ前例ノ如キ場合ニハ既ニ犯罪ヲ構成スルニ足ル手段ヲ施シタルモ障碍ノ爲メ結果ヲ生ズルヲ得ザリシナリ故ニ此場合ハ手段ニ

依ル相對的不能犯ト云フ

上述ノ如ク不能犯ニハ目的ヨリ生ズル絶對的相對的不能及ヒ手段方法上ヨリ生ズル絶對的及ヒ相對的不能ノ四ツノ場合アリト雖モ學者間ニハ之レニ就キ種々ノ議論存スルモ余ハ目的物ヨリ生ズル不能及手段ヨリ生スル絶對的不能ノ各場合ハ疑ナク眞正ノ不能犯ナリト云ヒ尚ホ學者ガ云フ手段ヨリ生スル干係的相對的不能ノ場合ヲ無効犯ナリトノ主張ヲ貫徹セント欲ス何トナレバ此場合ニ於テハ犯人ガ其希望スル所ノ目的ヲ直接ニ遂ゲルマデニ所爲ヲ進メタルモ偶々之ヲ遂ゲ得ザルハ即チ犯人意外ノ障碍舛錯ニ依リテ犯罪ヲ構成スルニ足ルベキ要件ヲ欠キタルニ過キズ決シテ此場合ニ目的物ノ死亡ト見ル能ハザレバナリ之レ余ガ手段ニ依ル相對的不能犯ハ不能犯ト云ハズシテ無効犯ナリト云フ所以ナリ

然ルニ學者曰ク説者ノ言フガ如クスルトキハ不能犯ト實行欠効犯即チ無効犯トハ如何ナル點ニ於テ區別ノ標準ヲ立ルヤト故ニ余ハ其區別ノ標準ヲ示シ以テ讀者講學ノ一端ヲ開キ置カン

法律ガ罪トシテ罰ジタル結果ノ發生ヲ妨ゲタル犯人意外ノ障碍若クハ舛錯ガ犯人ノ誰レタルヲ問ハズ必ズ來ルモノト犯人ニ據リテ而已生ズル場合トヲ區別ノ標準トナス即チ前者ハ不能犯ニシテ後者ハ未遂犯ナリト云フベキナリ

讀者乞フ此場合ノ標準ヲ前掲各例ニ照シテ研究セラレンコトヲ

(二)意思　トハ行爲ノ外部ニ表ハレザル心内ノ狀態ニシテ是非善惡ヲ識別スルノ能力ト自由ヲ有スル事ヲ要ス換言スレバ吾人ガ或ル行爲ヲナサントスルニハ之ヲ爲スノ知覺ト意思ノ自由ヲ有セザル可カラズ若シ之ヲ欠キタリトセンカ其ノ行爲ハ之ヲ行爲ト云フコトヲ得ズ故ニ斯クシテ爲シタル行爲ハ刑法上決シテ責任ヲ生ズベキモノニアラズ

今我刑法ノ規定スル意思欠缺ノタメ犯罪無責任ヲ宣告シタル場合ヲ案ズルニ第一、精神ノ喪失第二、年齡ノ幼弱第三、五感ニ重大ナル欠損ヲ生ゼルトキ第四、抗拒スベカラザル強制ノ四者ヲ以テセリ而シテ此四者ニ對シテ何故犯罪ノ責任ヲ負ハセザルヤトノ理由ニ至リテハ各條ニ於テ之ヲ說明セン而シテ此意思ガ犯罪ヲナサントスルトキハ之ヲ犯意トイフ犯意トハ法律ニ於テ規定シタル惡事ヲ行ハントスルノ決意即チ或ル犯罪ヲナサントスルモノヲ云フ故ニ刑法上犯意トナルベキモノニ就テハ善惡是非ヲ辨別スル能力ト自由ヲ有シ而シテソノ意思ノ働ニ依リ惡事タルコトヲ知リテ行フ意思ナラザルベカラズ玆ニ注意ヲ要スル點ハ犯意ト犯罪原因ノ混同ナリ例ヘバ人アリテ他人ヲ殺シタルトキ其殺害ハ復讐ノタメニスルアリ或ハ他人ノ依賴ニ依ルアリ嫉妬ノタメニスルコトアリ之レ其犯罪ノ原因ナリ此種ノ原因ハ枚擧ニ遑アラズト雖モ犯罪構成ノタメニハ何等影響ナシ只犯罪ヲ犯スノ意思アリテ犯シタル而已ヲ以テ足ルモノニシテ原因ノ如何ハ問フ所ニアラズ時ニ酌量減刑ノ資料ニ供セラルルモノアルニ過ギズ例ヘバ孝子アリ家貧ニシテ父母ニ與フルモノナシ止ムヲ得ズ他家ニ忍ビ入リ窃取シテ之ヲ其父母ニ與ヘタルガ如キ原因ハ父母ニ孝養ヲ盡サンタメナルモ其行爲タルヤ惡事ナリ故ニ犯罪ノ原因ハ自己ノタメニスルモ他人ノタメニスルモ敢テ問フ所ニ非ラザルモ聊カ酌量スル價アルモノナリ

尙此ノ犯意ハ犯罪構成ニ最モ必要ナル原則トスレドモ時トシテハ其犯意ナキ場合ニ責任ヲ負ハシムルコトアリ過失罪ノ如キ是ナリ然モ其理由ハ各論ニ於テ說明セン

(三)刑ヲ制裁トシタル明文アルコト　之レ亦必要件ニシテ舊刑法モ之ヲ其第二條ニ定メテ曰ク『法律ニ正條ナキモノハ何等ノ所爲ト雖モ之ヲ罰セズ』ト由之觀ルモ刑ヲ制裁トシタル正條ヲ要スルヤ論ナシ然ルニ本刑法ガ之ヲ删除シタル理由ハ刑法ノ解釋上明白ノ原則ニシテ之ヲ成文トナスノ必要ナシト認メタルガ故ナリ而シテ法律ニ刑ヲ制裁トシタル明文ヲ要スル所以ノモノハ少シク沿革ニ涉ルガ如クナルモ解釋上之レガ說明ヲ試ミン古代未開ノ時代ニハ條目ニ關シテモ又刑罰ノ程度ニ關シテモ渾テ之ヲ當時ノ主權者若シクハ之ヲ代表スル裁判官ノ意見ニ一任シ法律ニ明文ヲ設ケズ從ツテ此時ニハ如何ナル行爲ヲ罪トシテ如何ナル刑ヲ科スベキヤハ裁判官ノ方寸ニアリタルモ社會漸ク進化シ茲ニ法律ノ必要ヲ見ルニ至リ此ノ種ノ事ヲ渾テ裁判官ノ考ノミニ任サザルコトトセリ乍併尙其犯罪及刑罰ノ程度ニ至リテハ共

ニ一定ノ標準ヲ示シタルモノ而已ニシテ隨時比附援引スルコトヲ許セリト雖モ近世ニ至ツテハ如斯裁判官ニ比附援引ヲ許スノ危險ナルヲ顧慮シ或ル時代ニハ犯罪ハ勿論刑罰ノ程度ニ於テモ法ヲ以テ之ヲ規定シ其間裁判官ノ意思ヲ用ユルコトヲ許ザルコトトセリ佛國革命ノ際ノ法律ノ如キ全ク此主義ヲ採レリ然レドモ更ニ其後ニ至テ刑罰ノ程度マテモ尙裁判官ノ自由ヲ許ザザルハ全一犯罪ノドニモ情狀ニ關シ種々ノ階級アルガ故ニ不都合ナリトノ感ヲ生ジ犯罪ハ之ヲ動スベカラザルモノトスルモ刑罰ニ於テハ或ル程度ヲ限リテ伸縮ノ自由ヲ裁判官ニ許スニ至レリ之レ我ガ舊刑法及其母法タル佛國現行法並ニ之レニ倣ヘル歐米諸國ノ法律之ナリ然レドモ今ヤ漸ク中世ノ立法主義ヲ是認シ犯罪目ハ極メテ之ヲ廣ク抽像的ニ刑罰ノ標準モ又極メテ汎ク規定シ臨機裁判官ヲシテ適法ノ處分ヲナサシムルヲ可トスルニ至リ其甚シキハ犯罪條目スラモ尙古代刑ノ如ク特別條件ノ下ニ擴張シ得ルノ主義ヲ取ルモノアルニ至レリ而シテ前者ハ近時歐米諸國ノ新刑法ニ多ク後者ハ有名ナル西班牙刑法ニ採用スル所ナリ本刑法又此ノ前者ヲ採用シテ立法

セラレタルモノナリ、

刑ヲ制裁トシタル明文即チ刑法ハ帝國憲法ノ條規ニ依リ制定セラレタル處ノ法律ナレバ刑法以外ニ尙刑ヲ制裁トシタル法律命令アルコトハ讀者ノ既ニ知ラルル所ナラン此種ノモノニハ何レモ憲法上帝國議會ノ協贊ヲ經タル法律又ハ其委任若クハ天皇ノ發スル勅令ニヨリ各種行政機關ノ發スル者アリト雖モ要スルニ刑ヲ制裁トシタル禁制命令ナラザルベカラズ而シテコノ禁制命令ガ効力ヲ有スルニハ憲法條規ニ基キ正當ノ手續ヲ經テ公布セラレタル者ナラザル可カラズ故ニ假令一個ノ法律ガ公布セラルルモ其法律カ法律タル資格ヲ備ヘザル者即規定ニ從ヒ帝國議會ノ協贊ヲ經ザルモノノ如キハ勅令ヲ以テ公布セラルルコトアルモ人民乃至之ヲ適用スル裁判官ハ毫モ遵奉ノ義務アルナシ命令モ又然リト解釋セザルベカラズ假令勅令ナリト稱シテ公布スルモ行政機關ノ名ヲ以テ公布シタルモノモ又勅令トシテノ効力ナシ以上ノ如ク法律ハ嚴格ナル條規ノ下ニ發生シタルモノナレバ法律ノ消滅セザル間ハソノ効力ヲ失ハズ而シテ法律消滅ノ原因ハ廢止ナレバ法律ノ

廢止ハ法律ヲ以テセザルベカラス決シテ命令ヲ以テ法律ヲ廢止又ハ變更スベキ者ニアラズ但シ法律ニ代ル命令即憲法第八條ニヨリ發スル者ナレハ法律ノ廢止及其變更自由ナリト雖モ其他ノ場合ニ於テハ廢止變更スルヲ得ズ之レニ反シテ均シク刑ヲ制裁トシタル禁制命令ナリト雖モ實體カ命令ニ出テタルモノナル片ハ法律ヲ以テモ又命令ヲ以テモ之ヲ廢止スルヿヲ得而シテ此消滅ニハ明示ノ場合ト默示ノ場合トアリ明示ノ場合トハ廢止セラルベキ法律カ法律又ハ命令ニ依リテ明ニ廢止スルモノ默示ノ廢止ハ前法ト後法トノ衝突ニヨリテ行ハルヽナリ之レ新法ハ舊法ニ優ルノ原則ヨリ新舊二法ガ相抵觸スル片ハ前法ハ後法ニ因リテ廢セラレタリトスル者ナリ然レドモ此場合ニ於テハ抵觸シタル部分ハ洩レナク後法ニ規定シアルヿヲ必要トス

(四)有害不正ノ行爲　トハ正當ノ行爲ニアラザルモノタリ茲ニ犯罪ノ所爲アリ犯罪ノ意思アリ更ラニ之ヲ罰スルノ明文アルモ若シ夫レ其行爲カ法律又ハ慣習上無害ニシテ且ツ正當ノ行爲ナルトキ換言スレバ犯人ニ於テ之ヲ犯カスノ權利又ハ義務ヲ有スル場合ニ於テハ法律ハ罰セズ之レ正當ノ行爲ナ

ルヲ以テナリ蓋シ正當行爲ハ犯罪ヲ滅却スルモノナルヲ以テ恰モ無責任行爲ト同一ノ結果ヲ生ズ

第二　刑罰

刑罰トハ解釋家ノ異ナルニ從ヒ古來數多ノ説アル處ナリト雖モ今余ノ信ズルモノヲ擧クレバ

刑罰トハ國家ガ權力ノ作用ニヨリ有罪者ニ其犯罪ノ害惡ノ程度ニ均衡ヲ保ツ所ノ苦痛ヲ感ゼシムルモノヲ云フ

刑罰ハ國家ガ其權力ノ作用ニヨリ犯罪者ニ科スル所ノ苦痛ナレバ犯罪ノ當時被害者ニ於テ之ヲ防禦センガ爲メ加害者ニ與フル所ノ苦痛アリタルモ之ヲ刑罰トハ云フ能ハズ之レ犯罪ヲ防禦スルヨリ來ル結果ニ外ナラズシテ刑罰ニアラズ之等被害者ノ行フベキ行爲ハ加害者ニ對シテハ實體上苦痛ニハ相違ナキモ國家ノ權力ニヨリテ行ナワレシ苦痛ニアラザレバ未ダ以テ刑罰ト云フヲ得ズ

要スルニ苦痛ヲ感ゼシムルハ刑罰ニ必要ナル目的ナレバ苦痛ナキ刑罰ハ之

ヲ刑罰ト云フヲ得ズ換言スレバ刑罰ハ犯罪者ヲ苦シムル所ノ主義ヨリ出デタルモノトナスヲ穩當トス果シテ然リトセバ如何ナル方法ヲ以テ其苦痛ヲ感セシメントスルヤ他ナシ犯罪者ノ幸福ヲ奪フカ或ハ幸福ヲ減少スルヲ最モ可ナリトス而シテ此幸福ヲ奪ヒ或ハ減少スルニハ如何ナル方法ヲ以テナスベキカ或ハ犯罪者ノ所有財産ヲ奪ヒ或ハ公ニ有スル社會上ノ權利ヲ奪ヒ或ハ犯人ノ名譽自由生命ヲ奪フガ如キ何レモ皆犯人ノ幸福ヲ侵シ苦痛ヲ感ゼシムルモノナリ何者吾人ノ幸福トハ要スルニ自由生命若シクハ公私諸般ノ權利ヲ享受スルニアレバナリ斯ノ如ク幸福ヲ奪ヒ若シクハ減少シテ苦痛ヲ感ゼシムル所ノ刑罰主義ハ何レノ國ニテモ古來ヨリ變化セザル所ノ主義ナリト雖モ昔時未開野蠻ノ時代ニアリテハ犯人ニ苦痛ヲ與フルノ主義ヲ貫徹センガ爲メ嚴酷ヲ專ラトシ或ハ斬罪磔殺又ハ牛裂鋸殺火刑炮烙等聞クモ戰慄スルノ酷刑ヲ以テ爲シタルコトハ東西ノ歷史ニ證スル所ナリ然ルニ漸次社會ノ進化ニ伴ヒ如斯酷刑ヲ避ケ適度ノ苦痛ヲ與フルニ至レリ即チ昔時ハ苦痛ノ程度嚴酷ニ過ギタルモ現今寬仁ヲ主トシテ犯罪ト苦痛トノ程度ノ

比例ヲ完全ナラシメントス

以上ノ如ク世ノ開明進化ニ伴ヒ刑罰ノ方法大ニ改マリ可成適度ノ刑ヲ科セント欲シ刑罰ノ種類ヲ異ニシ刑期ニ長短ヲ設ケ多寡ヲ定メ以テ千變萬化ノ犯罪ニ極メテ均衡ヲ得タル刑ヲ科セントナシツヽアリ、國家ガ其權力作用ニヨリテ犯人ニ刑罰ヲ科スルハ如何ナル基本ニ因ルヤ即チ社會刑罰權ノ基礎如何ハ少ク研究セサル可ラズ

社會刑罰權ノ基本如何換言スレハ國家ハ刑罰ノ權力アリヤ否ヤノ問題ニ就テハ古來種々ナル學説アリテ甲論乙駁未ダ定説ナキガ如キモ要スルニ國家ニハ刑罰權アルモ何ニ依リテ此權力ヲ有スルヤト云フニ歸着スルモノヽ如シ其重ナルモノヲ擧クレハ

甲、刑罰權ハ社會成立ノ時ニ當リ爲シタル契約ニ基ク者ナリトノ説

佛國刑法學者トシテ有名ナル|ルーソウ|氏ノ首唱セル所ニシテ此説ニ因ル時ハ吾人ハ自己ノ身體財産ヲ防衛スルノ權ヲ有ス換言スレバ人類ガ社會ヲ組織シテ茲ニ生息スルトキハ一般人類ノ身體財産ノ安固ヲ圖ランガ爲メ各

其固有ノ權利ヲ讓渡シ社會ヲシテ行ハシムルト云フニアリ然レトモ刑罰權ハ社會ノ契約ニ基クモノナリトノ說ヲ主張スル論者中ニモ又二派ニ分レ或ル論者ハ吾人ハ自己ノ身體財產ヲ防衞スルノ權利ノミナラス自己ニ害ヲ加ヘタルモノヲ罰スル權利アリ而シテ社會ニ此權利ヲ讓渡シタルモノナリト云ヒ他ノ論者ハ吾人ガ社會ニ於テ生息センニハ法ヲ以テ其秩序ヲ維持スルヲ要ス法律アリト雖モ制裁ノ之ニ伴フナクンバ法律行ハレザルニ至ル故ニ制裁ヲ加ヘテ之レヲ刑罰ト云フト要之吾人ガ社會ニ生息スルニハ法律ヲ要シ又法律ヲ行フニハ其制裁ヲ要ス社會ヲシテ此ノ制裁ヲ行ハシメンガ爲メ吾人ハ各自ニ對シテ刑罰ヲ行フノ權ヲ付與シタリト云フニ歸着ス其說ク處全ク理ナキニアラスト雖モ條理ニ背ク點甚タ多シ(1)社會ノ成立ニ際シ吾人相互ノ間ニ右ノ如キ契約ヲ爲シタリトノ形跡ハ一モ歷史ノ徵スルモノナシ如斯其論據トスル契約ノ證據ナキトキハ此說根據ヲ失フニ至ル(2)吾人ハ自己ヲ防衞スルノ權アリ刑罰權アルナシ由來防衞權ハ他人ガ權利ナクシテ吾人ニ危害ヲ加フルニ該リ其危害ヲ防禦スルニ止マリ危害一度去レバ人其權利

ヲ行フ能ハズ反之刑罰權ハ危害ノ存在スル間ニ止マラス危害去ルノ後尙ホ進ンテ之ヲ行フコトヲ得ルモノナリ玆ニ於テ乎各人ノ防衛權ガ社會ニ移リ刑罰權ニ變化シタリト云フ能ハズ論者ハ吾人ニ危害ヲ加ヘタルモノヲ罰スルノ權アリト云フハ謬說ナリ凡ソ刑罰ヲ行フニハ必ラス命令權ヲ有セサル可カラス然レトモ吾人ハ同等ニシテ他ニ命令ヲナスノ權ヲ有スルモノニアラス(3)社會ハ法律ヲ必要トス而シテ法律ヲ行フニ制裁ナクンバアル可カラス故ニ吾人ハ自己ヲ罰スル權ヲ社會ニ付與セリト云フ說モ理論ニ合セス何者吾人自カラ抛棄スルコトヲ得ベキ權ナランカ之レヲ社會ニ付與スルヲ得ベキモ自カラ處分スルヲ得サル權ハ人ニ之レヲ讓渡スヲ得ス加之吾人ガ自由ニ處分シ得ベキ權ハ獨リ財產權ノミ生命自由ハ之レヲ處分スルヲ得ス豈ニ此生命自由ヲ奪フノ權ヲ社會ニ付與シ得ベキ理アランヤ故ニ此說ハ理論上財產ニ對スル刑罰ニノミ制限セラレ到底全部ノ刑罰權ヲ說明スルニ足ラザルナリ。

乙　刑罰權ハ實際ノ必要ヨリ起リタルモノナリトノ說

抑モ社會ヲ維持スルニハ危害ヲ加フルモノヲ罰セザルベカラズ此必要ハ所謂刑罰權ノ基礎ナリト此説ハ稍ヤ至當ナルガ如シト雖モ然モ此説ノミニヨル時ハ必要ヲ基礎トスルガ故ニ遂ニ刑罰ノ過酷ニ失スルノ恐アリテ未ダ以テ完全ノ説ト爲スニタラズ

丙　刑罰ハ契約ニ基クニアラズ又必要ニヨルニアラズ只自然ノ道理ニ基クモノナリトノ説

道理ノ上ヨリ推ストキハ善ニ報ユルニハ善ヲ以テシ惡ニ報ユルニ惡ヲ以テスルハ當然ナリサレバ天理人道ニ反スル行爲ヲ行フモノニ刑罰ヲ以テ報ユルハ至當ナラズヤト然レトモ此説モ亦誤レリト何トナレバ善ニ報ユルニ善ヲ以テシ惡ニ報ユルニ惡ヲ以テスルハ道理ニ適スルモ其應報ノ方法トシテ刑罰ヲ社會ガ何故ニ實行スルヤノ點ニ至テハ未ダ明瞭ナラサルナリ

丁　乙説ト丙説トヲ折衷シテ立テタル説

此説ニ從フトキハ刑罰ノ起源ハ善ニ報ユルニ善ヲ以テシ惡ニ報ユルニ惡ヲ以テストノ理ニ基クニ相違ナシト雖モ社會ガ刑罰權ヲ實行スルハ必要説

ニ基キ之ヲ説明セサルベカラズ

社會ハ若シ惡事ヲナスモノニ向ッテ自由ニ惡事ヲナサシメハ遂ニ社會ヲ維持スルコト能ハサルニ至ランサレバ之ヲ維持スルニハ惡事ヲナスモノニハ必ズ之ヲ懲戒スルノ刑罰ヲ行フ必要アリ故ニ天理人道ニ基キ必要上刑罰ヲ行フモノナレバ、乙丙二説ヲ合シ之ヲ折衷シテ初メテ刑罰權ノ基本確定スト云フベキナリ故ニコノ丁説コソ其當ヲ得タル説ニアラズヤ余モ又此説ニ贊成スルモノナリ

以上ノ如クナルヲ以テ先ツ刑罰權ノ基本ハ條理必要ヨリ生セシモノナルロト茫漠ナガラ究ムルコトヲ得タリト云フベシ換言スレバ道理ニ依テ善惡ヲ區別シ果シテ惡ナリト定マルニ於テハ之ニ强者ノ權力作用ニテ必要ナリト思料スル刑罰ヲ以テ報ヒ社會ヲ維持ス之レ刑罰ノ存スル所以ナリ

以上余ハ犯罪及ヒ刑罰ノ意義ヲ述ベ併セテ社會ガ刑罰ヲ行フ基本如何ニ就テ略説セリサレド尚各條ニ入ルニ先ダチ説述シ置カントスルモノハ犯罪ノ主體及客體トナリ得ベキモノ是ナリ犯罪ノ主體タルベキモノ換言スレバ犯

罪ヲ行ヒ得ベキモノハ如何ト云フニ前ニモ說キタル如ク是非善惡ヲ識別スルノ力アリ且ツ自由ナル意思ヲ以テ行爲又ハ不行爲ヲ爲サヾルベカラズ故ニ此ノ能力ト自由ノ二者ヲ具備スル自然人ナラザレハ假令他人ニ害ヲ加フルコトアルモ犯罪タルコトナシ例ヘバ法律ノ擬制ニヨリ人格ヲ與ヘラレタル法人ノ如キハ或點ニ就テ全ク害ヲ加ヘザルニアラズト雖モ他人ニ害ヲ加フルハ法人其者ニアラズシテ法人ヲ代表スル自然人タル理事カ或ハ其使用人ノ行爲ニシテ決シテ法人ノ所爲ト云フ能ハズ尤モ私法ノ規定ニヨリ私法上ノ干係ニ於テハ或程度マデハ法人ガ其代理人ノ行爲ニツキ責任ヲ負フト雖モ(民法第四十四條)公法タル刑事法ノ上ニ於テハ犯罪ヲ行ヒ得ベシト云フヲ得ズ又鳥獸類ノ如キ精神喪失者ノ如キ實際ニ害ヲ加フルコトアリト雖モ責任ヲ負フコトナシ責任ヲ負フコトナキヲ以テ犯罪ノ主體トナルコトヲ得ザルヤ又明ナリ犯罪ノ客體トハ所謂被害者ヲ指稱スルモノニシテ被害者タリ得ベキモノハ自然人ハ勿論公法人タルト私法人タルトヲ問ハサルナリ故ニ主體ト客體トノ區別ノ要點ハ一ハ意識自由ヲ有スル自然人ニ限ルト他ハ自

然人タルト法人タルト將タ白痴者タルト幼者タルトヲ問ハザルニアリトス

第一編　總則

本刑法ハ全編ヲ二大別トシ其第一編ヲ總則トシテ第二編以下ノ各罪ニ對スル基本ヲ示シ尚本法以外ノ刑罰法典ニ總則ノ定ナキモノハ凡テ本法ノ總則ニ則ルベキコトヲ定メタリ而シテ第一編總則中ニハ第一章法例以下十三章ヲ置キ以テ刑法ノ効力刑罰ノ種類其他科刑ニ必要ナル標準ヲ定メタリ即チ第一章ニハ法例ヲ置キ本法ノ各種ノ効力ヲ示シ第二章ニ刑ヲ定メテ刑名ヲ明カニシ第三章ニハ刑ヲ執行スル標準タル期間ノ計算ヲ説キ第四章ニ刑ノ執行猶豫ナル新主義ヲ採用シ刑ヲ言渡サレタル犯人中拘禁セザルモ改悟スル性質ノ犯人ニハ一定ノ期間刑ヲ言渡シタル儘執行ヲ猶豫シ其期間内ニ更ニ罪ヲ犯サズ謹愼ヲ表シタル時ハ刑ノ言渡ヲ消滅セシメ以テ累犯ヲ防キ第五章ハ更ニ進ンテ一度刑ノ執行ヲ受ケタル者拘禁中改悛ノ情狀顯著ニシテ且ツ將來犯罪ヲ累ヌルコトナキモノト認メタルトキハ假リニ出獄ヲ許スベキ旨ヲ示シ第六章ニ至リテハ時効ノ制ヲ置キ第七章ニハ犯罪ノ不成立及ヒ

刑ノ減免ノ原則ヲ規定シ如何ナル場合ハ犯罪不成立ニシテ如何ナル場合ニハ刑ヲ減免シ得ルヤ等ノ規定ヲ置キ執法官ニ適用ノ範圍ヲ示シ第八章ニハ未遂罪ノ性質及刑ヲ適用スル準則ヲ定メ第九章ハ併合罪第十章ハ累犯ノ性質及此等犯人ニ科スル刑罰ノ標準ヲ設ケ第十一章ニハ二人以上共ニ罪ヲ犯シタル場合ノ制裁及各人ニ對スル處分方法ヲ示シ第十二章ニハ酌量減刑第十三章ハ加減ノ順序ヲ定ムル爲メ加減例ヲ定メ據テ以テ刑罰法ノ原則ヲ網羅セリ以下此順序ニ基キ逐條的ニ之カ説明ヲ試ムベシ

第一章　法例

本章ニ於テハ刑法ノ効力如何ヲ定メタルモノナリ名ヅケテ法例トイフ今本章ニ規定シアルモノヲ通覽スルニ(1)刑法ノ時ニ關スル効力(2)刑法ノ土地ニ關スル効力(3)刑法ノ人ニ關スル効力(4)刑法即チ本法ノ總則ノ他ノ法令ニ對スル効力ヲ定メタルモノニシテ舊刑法ノ下ニ種々疑ノ存セシ不備ノ點ニ就テ勉メテ解決セントシタル立法ノ主旨ニ出デタルモノナレバ刑法ノ効力如

何ハ本章ノ規定ヲ通覽セバ略ボ解決スルヲ得ン

第一條 本法ハ何人ヲ問ハス帝國内ニ於テ罪ヲ犯シタル者ニ之ヲ適用ス帝國外ニ在ル帝國船舶内ニ於テ罪ヲ犯シタル者ニ付キ亦同シ

本條第一項ハ刑法即チ本法ノ効力ノ及ブベキ場所ノ範圍即チ土地ノ範圍ニ就テノ原則ヲ規定セリ又第二項ハ帝國外ニアル帝國ノ船舶内ニ於テ罪ヲ犯シタルモノニ對シテ何レノ法律ヲ適用スベキカヲ定メタリ

古來刑法ノ土地ニ關スル効力ニ就テハ種々ノ學說行ハレ或ハ屬人主義ヲトリ或ハ屬地主義ヲ採用シ或ハ屬人屬地ノ二主義ヲ折衷シテ一種ノ說ヲ立テ或ハ更ニ折衷主義ヲ細別シテ屬人的折衷主義自衞主義世界主義等ノ數說行ハレタリ

屬人主義ハ最モ古キ時代彼ノ經濟學者ノ謂フ原始時代ヨリ行ハレシ者ニシテ何故此時代ニ如斯主義ノ行ハレタルヤニ就テ一言セン二文化全ク進マザル時代ニハ其團體ヲ形成スルト雖モ一種ノ酋長ノ下ニ團體員ハ從屬シ水草ヲ逐フテ各地ニ移轉シ居リシ故ニ團體的觀念ハ只人ト人トノ間ノミニテ今

日ノ如ク人ト土地トノ關係ヲ認メ國家ヲ立ツル觀念ヲ生ゼザリシヲ以テ從テ之ニ適用セラルヽ法ノ範圍モ亦人ヲ限界スル外他ニ何等ノ觀念ヲモ生ゼズ法ノ範圍ハ人ニノミ及ブ屬人主義ノ行ハレタルナリ稀ニハ現今尙此主義ヲ捨テザルモノアリト雖モ是等ハ主權ノ關係上政畧的ニ出デタルモノニシテ決シテ一般ニ採用セラルベキ主義ニアラズ玆ニ於テカ屬地主義ナルモノ行ハルヽニ至レリ屬地主義ハ社會漸ク進化スルニ從ヒ人民ノ團體ハ漸ク或ル一定ノ土地ニ定着スルニ至リ昔時ノ如ク人ト人トノ關係ニ止マラズ別ニ人ト土地ナル觀念ヲ生シ一主權ノ存在スル土地ニ住スル人民ハ渾テ其主權ニ服從スルコトヽナレリ從テ刑法ノ及ブベキ場所ノ範圍モ亦屬地主義ヲ採用スルニ至リ爾來今日ニ至ルマデ此主義ヲ採用スルモノ甚ダ多シ而シテ其主義ハ一國主權ノ領土內ニアルモノハ國籍ノ如何ニ關セズ皆之ヲ管轄シ領土外ニ在住セルモノ假令其國籍ヲ同フスルモ之ヲ支配セザルモノナリ要スルニ屬人主義ハ主權ノ下ニ服從スベキモノハ何レニアルヲ問ハズ之ヲ管轄シ其主權ニ服從セサルモノハ假令領土內ニ住スルモ之ニ及バサルモノ

ナリサレバ何レカ一ニ依ルモ實際ニ適セズ不便尠ナカラザル故更ラニ折衷主義行ハルヽニ至レリ而シテ此主義ハ前ニ説キタル如ク數説アリテ或ハ其國ノ領土内ニ於ケル犯罪ニ就テハ內外國人ヲ問ハズ之ヲ管轄シ特ニ内國人ニ對シテハ外國ニアル場合ト雖モ尙之ヲ管轄スト云フ屬人的折衷主義ノ如キ又自衞主義トテ其領土内ノ犯罪ヲ管轄スルニハ前主義ト同ジク管轄シ更ラニ國家ノ安寧秩序ヲ維持スルニ必要ナル塲合ニアリテハ國籍ノ如何ニ關セズ所在ノ何處ニアルヲ論ゼズ自家ノ存在ヲ全フスル爲メニ準テ之ヲ管轄セントスルニアリ我ガ刑法ハ此主義ヲ採用シタルモノナルコト規定ノ明文ニ據テ明カナリ然ルニ立法者ガ本法修正案ヲ議會ニ提出スルニ該リ説明セル其修正理由ニヨルトキハ屬地主義ヲ採用シタリトアリ余其失言ニアラザルヤヲ疑フ何トナレバ前既ニ説明セル如ク折衷主義ハ屬地主義ヲ基本トシテ屬人主義ヲ加味シタルモノナルヲ以テ特ニ屬地主義ヲ採用シタリト云フハ規定全文ノ上ニ於テ少シク異樣ノ感ナキ能ハザレバナリ

更ニ自衞主義ノ他ニ近來學者ノ著書演説等ヲ散見スレハ往々世界主義ト名

ヅクル說ヲ爲スモノアリ現ニ伊太利ノ如キハ之レヲ採用セリ而シテ此主義ハ惡事ハ其何處タルヲ問ハズ一ノ害惡ニシテ萬人ノ共ニ憎ム所換言スレバ甲ノ國ニ於テ惡事トスルモノ乙國ニ於テモ亦惡事トセザルヲ得ズ凡ソ犯罪行爲ト看做サルルモノハ何國ニ於テモ其非行ニ對スル責任ヲ免ルルモノニアラズトノ觀念ニ出テタルモノナリ此主義ハ前主義ト同ク屬地主義ニ依ルハ勿論更ニ進ンデ道德上諸國ノ刑法ガ一致シテ犯罪ト認ムルモノニ對シテハ之ヲ罰セントスルモノナリ

以上ノ諸說中我刑法ハ自衛主義ヲ採用シタルカ如キモ本條第一項而已ニ就テ見ルトキハ屬地主義ヲ原則トナシタルカ如シ即チ何人ヲ問ハズ帝國內ニ於テ罪ヲ犯シタル者ニ之ヲ適用ストアルヲ以テ其犯人ハ我國人ナルト外國人ナルトヲ論ゼズ苟モ犯罪ニ必要ナル條件ヲ具備シ且ツ帝國內樺太南部ニ於テ犯シタル時ハ本法ノ制裁ヲ受クルモノナリ詳言スレバ本邦主權ノ行ハルル土地ノ範圍內ニ於テ犯シタル犯罪ニ對シテハ陸地ヲ圍クル領海內(領海トハ沿岸三哩以內ノ海面ヲ云フ)ナルト外國ニ於テ本邦軍人ガ戰爭ニヨリ占

領シタル土地ニ於テ爲シタルモ尚本法ノ支配ヲ受ケルモノナリ又第二項ノ規定ハ國際法上船舶ハ一國主權ノ領土タル陸地ノ延長シタルモノナリトノ原則ヲ採用シタル結果此規定ヲ設クルノ必要ヲ見ルニ至リタルナリ故ニ此ノ船舶ハ公海ハ勿論他國ノ領海內ニアルトキト雖モ必要上我國法ヲ適用セサルヘカラス而シテ此船舶ニ就テ刑法ノ認メタル種類ハ軍艦商船ノ二ツニ外ナラズ此軍艦ハ啻ニ原則上陸地ノ延長ト看做スノミナラス常ニ主權ノ一部ヲ代表シ居ルモノナレバ他國ノ領海ニアルト公海ニアルトヲ問ハズ其軍艦ノ屬スル國ト見ルヲ以テ其中ニ起リシ犯罪ニ本法ヲ適用スルハ勿論ナリ又商船ハ軍艦ノ如ク別ニ主權ヲ代表スルモノニアラスト雖モ而カモ其國ノ陸地ノ延長ト見ルニ支障ナキヲ以テ其船中ニ生ジタル犯罪ニ本法ヲ適用スルハ毫モ不都合アルナシ只他國ノ領海內ニアルトキ即チ他國ノ領土ニアリタルトキハ如何トノ問題ニ就テハ議論紛々トシテ現ニ英國ノ如キハ商船ニ對シテハ何レノ國籍ニ屬スル商船タルヲ問ハズ苟クモ自國ノ領海內ニ止マルモノハ自國ノ法律ニ服從スベキモノナリトノ主義ヲ主張シ居ルモ其他ハ

船籍ノ屬スル國ノ一部延長セシモノトノ理由ヲ認メテ通常一般ノ原則トシテハ假令他國ノ領海內ニ存スルモ他國ハ之ヲ管轄セザルモノトシ僅ニ二三ノ例外ヲ設ケシモノアリ其他相殺主義ナルモノ行ハレ其船籍國ニ於テ若シ自國ノ船舶ガ其領海內ニアル間ハ其國ガ自國ノ法律ヲ行フヲ認ムル場合ニ於テハ其國ノ船舶ガ自國ニアル間ハ其國ノ法律ヲ行フヲ認メズトノ主義ヲ採ルモノアリト雖モ本邦ハ原則トシテ所屬國法ヲ適用スルト云フ主義ニ則リ如何ナル國ノ領海ニアルヲ問ハズ本法ヲ適用セントスルモノナリ本條ノ解說ヲ終ルニ臨ミ一言想像シ置クモノアリ开ハ現今我國ノ有スル淸國及韓國ニ於ケル治外法權之ナリ治外法權ノ行ハルル國ニ於ケル諸般ノ行爲ハ從來歐米人ノ主張スル所ニ據レハ單純ニ自國ノ法律ヲ以テ處斷スベキモノナリトシテ其間ニ毫モ區別ヲ設ケス然レドモ治外法權ハ單ニ自國人ヲ保護センガ爲メニ設ケラレタルモノニシテ只兩國ノ風俗慣習等ガ異ルヨリ止ムヲ得ザル規定ト見ルベキモノナルヲ以テ其結果治外法權ノ存スル國權ヲ傷害セザル事ヲ注意スル要アリ治外法權ハ自國ノ人民ヲ外國ノ法律ニ服セシメ

ザルニアリテ決シテ他國ノ領土ヲ占領シタルモノニアラズ要スルニ治外法權ハ他國ノ領土內ニ於テ自國人民ノ行爲ヲ自國ノ法律ニ依テ支配セントスルモノナリ

第二條 本法ハ何人ヲ問ハス帝國外ニ於テ左ニ記載シタル罪ヲ犯シタル者ニ之ヲ適用ス

一 第七十三條乃至第七十六條ノ罪

二 第七十七條乃至第七十九條ノ罪

三 第八十一條乃至第八十九條ノ罪

四 第百四十八條ノ罪及ヒ其未遂罪

五 第百五十四條、第百五十五條、第百五十七條及ヒ第百五十八條ノ罪

六 第百六十二條及ヒ第百六十三條ノ罪

七　第百六十四條乃至第百六十六條ノ罪及ヒ第百六十四條第二項、第百六十五條第二項、第百六十六條第二項ノ未遂罪

本條ハ帝國外ニ於テ生ジタル罪ニ就テ尙本法ヲ適用セントスル場合ヲ規定シタルモ前條トハ同シカラズ即チ前條ニ於テハ帝國內ニ於テノミノ場合ニシテ純然タル屬地主義ニヨリタルモノノ如クナルモ本條ニ至リテハ全ク前條ニ於テ說述セル自衞主義ヲ採用シタルモノト云フベシ而シテ本條ノ規定ヲ見ルニ犯人ハ自國人タルト外國人タルトヲ問ハズ本條列擧ノ犯罪ヲ帝國外ニ於テ犯シタル場合ニハ必ラズ適用ス蓋シ本條列擧ノ罪ハ何レモ我國ノ安寧秩序ヲ害スル程度大ナルヲ以テ之ヲ罰スルノ必要アルモ外國ニ在テハ何等ノ罪ヲモ構成セサル場合尠シトセズ是レ本條ヲ設ケタル所以ナリ而シテ玆ニ擧擧セラレタル犯罪ハ第二編以下ヲ通讀スルトキハ明瞭ナリト雖モ今試ミニ其條目ノ規定ヲ第二編以下ニ徵スルニ第七十三條乃至第七十六條

ハ皇室ニ對スル罪ノ全部ニシテ第七十七條乃至第七十九條ハ內亂ニ關シテ規定シタル罪ノ全部第八十一條乃至第八十九條ハ外患ニ關スル罪ノ全部第百四十九條以下各規定ノ條項ニ包含スルモノハ曰ク通貨僞造又ハ變造罪ノ既遂及未遂僞造又ハ變造ノ通貨行使罪ノ既遂及未遂眞正又ハ僞造ノ御璽若クハ御名使用文書僞造ノ罪御璽國璽ヲ押捺シ又ハ御名ヲ署シタル文書ノ變造罪公務所又ハ公務員ノ作ルヘキ文書若シクハ繪圖ノ僞造罪又ハ其ノ變造罪公務員其職務ニ關シ虛僞ノ文書又ハ繪圖ヲ製作シタル罪又ハ之ヲ變造シタル罪前揭三種ノ文書若クハ繪圖ヲ行使シタル罪ノ既遂及未遂有價證券ノ僞造又ハ變造罪有價證券ニ虛僞ノ記入ヲナシタル罪僞造變造若シクハ虛僞ノ記入ヲナシタル有價證券行使罪ノ既遂及未遂罪御璽國璽御名公務所又ハ公務員ノ印章若シクハ公署又ハ公務所ノ記號ノ使用罪ナリ

以上列記ノ犯罪ハ前段既ニ述ヘダル如ク國境外ニ於テ內外國人ヲ問ハス我刑法ヲ以テ罰スルモノナリ於玆乎一個ノ疑問ヲ生ズ即チ如斯場合ノ犯罪ハ如何ニシテ之レガ處罰ノ方法ヲ採ルヤ換言スレバ若シ外國人ガ外國ニ於テ

本條ノ罪ヲ犯シタルトキ又ハ日本人ガ外國ニ在住シ本條ノ罪ヲ犯シタルトキハ如何ニシテ日本ソ裁判所ニ引致シ裁判スルヤ我國主權ノ力ハ外國主權ノ領土ニ於テ隨意ニ行使スベキモノニアラズ之レ近世各國ガ犯罪人引渡條約ナルモノヲ設ケ如斯場合ノ生スル時ハ其條約ニ基キ犯罪ノ授受ヲ各國政府ガ安全ニナサントスル所以ナリ

此犯罪人引渡條約トハ如何ナルモノナルヤ之レ自ラ國際法或ハ刑事訴訟法ニ於テ研究スベキ問題ナリト雖モ余ハ讀者參照ノ資料ニ供センタメ聊カ犯罪人引渡ノ主義ニ付キ說述スル所アラントス犯罪人引渡ノ必要ナル所以ハ一國主權ノ力ハ通常其國境ヲ以テ限ラルルモノニシテ假令國境以外ニ於ケル犯罪ヲ罰スルノ規定アル場合ニ於テモ一國ノ法律ハ悉ク外國ニ於ケル犯罪ヲ罰スルコト能ハズ故ニ到底自國ニ於テ處斷シ得ベカラザル外國ノ犯罪人若クハ假令自國ニ於テ處斷權ヲ有スル場合ニ於テモ之レト同時ニ他國ノ法律ガ處斷權ヲ有スル者自國ニ逃レ來ルコトアリテ他國ノ法律ハ自國ニアルモノヲ逮捕スルコトヲ得ザル結果遂ニ犯人ハ責罰ヲ免ルルニ至ル於玆乎

近世文明諸國ニ於テハ何レモ犯人ノ引渡ヲ認メザル國ナキニ至ル而シテ犯人ノ引渡トハ他國ガ刑事裁判權ヲ實行スルタメ請求セル在住外國人若シクハ内國人ヲ其請求國ニ引渡ヲナスヲ謂フモノニシテ之ハ國ト國トノ關係ヨリ生ズル國際法上ノ條約若クハ慣例ニ依テ定メラルルモノナリ

此引渡ニ關シテハ如何ナル條件ノ下ニ如何ナル手續ニ依テ爲シ而シテ其効果ハ如何ナルモノナリヤト云フニ由來犯人ノ引渡ハ罪ヲ犯シタル人ヲ引渡スモノナレバ普通學者ハ人ニ下スル條件及犯罪ニ關スル條件トニ區別シ現ニ多クノ條約モ又之ヲ認メ居レリ左ニ其大要ヲ述ブベシ

(A)人ニ關スル條件　彼ノ奴隷ハ一般ノ人情ニ反スルモノニシテ諸國ノ法律ハ其存在ヲ認メズ故ニ奴隷ガ其主人ノ國ニ於テ罪ヲ犯シ他國ニ逃レ在リタル場合ニ於テハ其犯罪ノ如何ヲ問ハズ他國ノ法律ハ之ヲ主人ノ在留國ニ引渡サザルコトヽス之レ必竟奴隷ヲ引渡ストキハ再ビ人情ニ反セル境遇ニ陷ル結果ヲ生ズルヲ以テナリ

若シ犯人ガ被請求國ノ人民ナル場合ニ於テハ今日一般ノ原則トシテ他

國ニ引渡サザルコトトセリ然レドモ之ヲ引渡サザルハ必竟他國ノ法權ヲ疑フ一片ノ猜忌心ヨリ生ズルモノニシテ犯人引渡ノ條約ヲ締結シタル各國間ニ於テハ是認スベキモノニアラズ蓋シ外國人ト雖モ之ヲ引渡スハ已ニ相互ノ法權ニ信用ヲ置ク以上ハ内外人ヲ區別スベキ理由ナク加之自國人民ヲ他國ニ引渡サストイフハ一般ノ原則ニ反シ其犯人ノ爲メニ往々不利益ヲ生ズベキモノナシトセズ例ヘバ犯罪國ニ於テハ容易ニ諸般ノ證據ヲ得テ眞實ヲ發見スルコト易易タルモ之ヲ引渡サザル塲合ニ於テハ犯人ハ永ク犯罪アリトノ嫌疑ノ裡ニ葬ラルル結果ヲ生ズ故ニ正理上ヨリ云フモ便宜上ヨリ云フモ自國人民ヲ引渡サズト云フハ單ニ他國ノ法權ヲ疑フト云フ固陋ナル思想ニシテ毫モ喜ブベキコトニアラズ殊ニ此ノ主義ヲ飽迄主張センカ或ハ犯人ニ於テ故ラニ責罰ヲ免レンコトヲ謀リ國籍ヲ變ジテ自國民トナルコトアリ此ノ塲合ニ於テハ一國ハ之ヲ不問ニ付スベキモノナリヤ自國人ハ引渡サズトノ原則ニヨル時ハ到底之ヲ不問ニ付セザル可カラザルガ故ニ歐洲諸國ニ於テハ之ヲ

匡正スルノ策ヲ講ゼリ其方法二種アリ一ハ獨乙刑法等ノ認ムルモノニシテ此ノ場合ニ於テハ法律ヲ遡及セシメ恰モ其犯罪ガ自國在留中ニ行ハレタルモノノ如ク見做シテ罰スルモノナリ他ハ佛國等ニ認ムル處ニシテ未ダ自國ノ國籍ヲ獲得セザルモノトシテ犯人ノ引渡ヲナスモノナリ

（B）犯罪ニ關スル條件　犯罪ノ事實ニ關シテハ凡ソ犯罪タルベキモノハ其如何ナル種類ヲ問ハズ被害國ニ於テ之ガ處罰ノ必要ヲ有スルヲ以テ單純ナル原則ヨリ云フトキハ犯罪ノ輕重大小ヲ問ハズ渾テ之ヲ引渡スベキモ今日一般ノ條約又ハ慣習其他一國ノ法律ニ於テハ重大ナル犯罪ニシテ何レノ國ニ於テモ犯罪ナル性質ヲ有スベキモノニアラザレバ引渡サズ從テ或ル特別若シクハ輕微ナル犯罪ハ絶對ニ之ヲ引渡サザルコトトセリ例セバ日米犯人引渡條約ニ於テ政治犯ハ引渡サザルコトヲ規定セルガ如キ其一例ナリ

以上ハ犯人引渡條約ノ大要ナルモ更ニ其手續ニ關スル規定ヲ見ルニ各國之

ヲ異ニセリト雖大別スレバ(1)犯罪人引渡ノ請求ヲ受ケタル場合ニハ先ヅ裁其判官ヲシテ請求ノ當否ヲ判斷セシメ若シ其請求ガ正當ナリト決定セシ時ハ行政官ニテ執行ス即チ引渡ヲ爲スベキヤ否ヤノ審査ハ裁判官之ヲ爲シ執行ハ行政官之ヲ行フト云フ主義ニシテ現時英國ニ行ハルル所ナリ(2)犯人引渡ノ請求アリタルトキハ行政官ガ請求ノ當否ヲ決定シ從テ之ヲ執行スルモノナリ其詳細ナル手續ハ通常外務大臣ヨリ之ヲ司法大臣ニ廻送シ司法大臣ハ犯人所在地ノ檢事ニ命令シテ逮捕セシメ檢事ハ訊問ノ上調書ヲ作リ意見ヲ付シテ檢事總長ニ提出シ檢事總長ハ更ニ司法大臣ニ送達シ司法大臣ハ一切ノ記錄ヲ調査シタル后之ヲ國ノ酋長ニ呈ス酋長ハ司法大臣ノ廻送シタル勅令案ヲ見テ裁可ス之レ佛國主義ト稱シテ歐洲大陸諸國ノ採用セル所ナリ(3)白耳義ニ行ハルヽハ前二者ヲ折衷シテ立テタル主義ニシテ引渡ノ請求ヲ受ケタルトキハ其請求ヲ一應審査シタル上裁判所ニ交付シ裁判所ハ犯人ニ對シテ逮捕狀若クハ請求國ヨリ送リ來レル判決書ヲ發付シ被告人ヲ逮捕ス斯クテ被告人ガ逮捕セラレタル場合ニハ一名ノ補佐人ト共ニ控訴院ノ重罪

取調所ニ出廷シ控訴院ハ公ニ檢事長ノ意見ヲ聞タル上其引渡ニ關スル意見ヲ定メ政府ニ報告ス政府ハ更ニ報告セラレタル意見ニ基キ或ハ引渡シ或ハ引渡サザルコトトナスモ英國ノ如キハ政府ハ裁判官ノ意見ニ覊束セラルルコトナキ爲メ場合ニヨリ控訴院ノ意見ニ反シテモ其所信ヲ實行スルコトアリ要スルニ折衷主義ハ引渡ヲ爲ス前ニ先ツ裁判官ノ意見ヲ徵スルニ過キズシテ許否ノ實權ハ政府ニ屬スルヲ以テ實際上ヨリ云フトキハ前段ノ主義ニ聊カ注意ヲ加ヘタルモノニ過キズ

以上ノ各手續ヨリ實際上ノ問題ヲ生ズ即チ請求セラレタル人ハ引渡ヲ要スベキモノナリヤ否ヤヲ判決スルニ付テ先ツ條約ノ規定ヲ審査スルコトヲ要ス而シテ條約ノ規定ニ於テハ先キニ說明シタル如ク政事犯若クハ自然上ノ犯罪ナリト雖モ已ニ時効ヲ經過スルトキハ之ヲ引渡スコトヲ得ズ此場合ニハ其政事上ノ犯罪ナルカ將タ又時效ヲ經過シタルカノ判斷ハ請求國被請求國何レノ法律ニ依テ判斷スルコトナルガ之レ又多少ノ議論アランモ著者ハ前者即チ請求國ノ法律ヲ以テ判斷スルヲ至當ト信ズルモノナリ而シテ其効

果タルヤ先ニ述ヘタル如ク犯罪人ノ引渡ハ請求國ノ請求ヲ基本トシテ爲スモノナルヲ以テ引渡ヲ受ケタル裁判所ハ引渡ヲ爲サレタル原因ニ羈束セラルルモノナリ故ニ引渡ヲ請求シタル犯罪事實ニ付キ審判スルノ權アルハ素ヨリナルモ其他ニ於テハ特別ノ條例又ハ被請求國ニ於テ明示若クハ默示シテ之ヲ承諾スルカ又ハ犯人ガ自ラ引渡以外ノ犯罪ニ就テモ裁判ヲ受クル事ヲ承諾スル等ノ場合ヲ除クノ外犯人ハ尙外國ニアルモノト看做シ對席ニテハ審判スルコトヲ得ズ然レドモ單ニ事實ノ變更ヲ來スコトナク罪名而已ニ變更アリタル場合例ヘバ請求國ハ强盜犯人又ハ謀殺犯人ナリトシテ引渡ノ請求ヲ爲シタルニ其事件審理ノ結果强盜犯人ハ竊盜罪ヲ犯シタルニ過ギズ又謀殺犯人ハ歐打致死罪ナルトキハ事實ノ上ニハ毫末ノ變更ナキヲ以テ審判スルコト自在ナリト謂ハザル可カラズ如斯場合ニ於テハ事件ヲ基本トシテ引渡ヲ受ケタルモノナレバ被請求國モ其基本ニ依リ引渡シタルモノナルヲ以テ前例ノ如キ變更アリト雖モ對審トシテ判決スルニ支障アルコトナ其シ

其他尙犯罪人引渡ノ點ニ付テハ大ニ硏究ヲ要スルモノアリト雖モ之ハ刑事訴訟法又ハ國際法ニ於テスルモノナルヲ以テ之ヲ省ク讀者ハ本條ノ說明ニ據テ略ホ犯罪人引渡ノ何タルヤヲ了解セラレタルベシ

第三條 本法ハ帝國外ニ於テ左ニ記載シタル罪ヲ犯シタル帝國臣民ニ之ヲ適用ス

一 第百八條、第百九條第一項ノ罪、第百八條、第百九條第一項ノ例ニ依リ處斷ス可キ罪及ヒ此等ノ罪ノ未遂罪

二 第百十九條ノ罪

三 第百五十九條乃至第百六十一條ノ罪

四 第百六十七條ノ罪及ヒ同條第二項ノ未遂罪

五 第百七十六條乃至第百七十九條、第百八十一條及

ヒ第百八十四條ノ罪

六　第百九十九條第二百條ノ罪及ヒ其未遂罪

七　第二百四條及ヒ第二百五條ノ罪

八　第二百十四條乃至第二百十六條ノ罪

九　第二百八十條ノ罪及ヒ同條ノ罪ヲ犯シ因テ人ヲ死傷ニ致シタル罪

十　第二百二十條及ヒ第二百二十一條ノ罪

十一　第二百二十四條乃至第二百二十八條ノ罪

十二　第二百三十一條ノ罪

十三　第二百三十五條、第二百三十六條、第二百三十八條乃至第二百四十一條及ヒ第二百四十三條ノ罪

十四　第二百四十六條乃至第二百五十條ノ罪

十五　第二百五十三條ノ罪

十六　第二百五十六條第二項ノ罪

帝國外ニ於テ帝國臣民ニ對シ前項ノ罪ヲ犯シタル外國人ニ付キ亦同シ

本條モ亦前條ト同ク犯罪ノ土地ニ關スル規定ヲ爲シタルモノナリ本條第一項ハ屬人主義ヲ採用シ第二項ハ所謂自衞主義（又ハ保護主義）ヲ採リタルモノニシテ之レ刑法ハ公ノ秩序ヲ維持スルコトヲ目的ト爲スモノナルヲ以テ其犯人ノ帝國人ナルト將タ外國人ナルトヲ問ハス苟クモ生命、身體、自由、財産或ハ信用ニ關スル罪ヲ犯シタルモノハ必ズ相當ノ刑罰ヲ科セザルベカラズ之レ本條ニ於テ其規定ヲ設ケシ所以ニシテ獨リ我國ノミナラズ最新外國ノ立法例概ネ此主義ヲ採用スル所ナリ

我刑法ニ於テ前段各罪ノ場合ハ例ヘ外國ニ於テ犯サレタリト雖モ尚且ツ公ノ秩序ヲ紊亂スルモノトセリ今各條ノ場合ヲ第二編ヨリ需ムレバ人ノ現住

又ハ現住スル建造物其他ニ放火スル罪ノ既遂及未遂自己ノ所有物ナラサル建造物其他自己ノ所有ニ係ルト雖モ法定ノ權利義務ヲ設定シ又ハ負擔セシメタル建造物其他ニシテ人ノ現住又ハ現在セザルニ放火セル罪ノ既遂及未遂激發スヘキ物ヲ破裂セシメテ前掲二罪ノ目的タル物ヲ損壞シタル罪人ノ現住又ハ現在スル建造物其他ノ侵害罪眞正又ハ僞造ノ他人ノ印章若クハ署名ヲ使用シテ權利義務又ハ事實證明ニ關スル文書若クハ繪圖ヲ僞造シ又ハ他人ノ印章若クハ署名ヲ有スル權利義務又ハ事實證明ニ關スル文書若クハ繪圖ヲ僞造シタル罪及ビ前掲ノ文書若クハ繪圖ヲ行使シタル罪他人ノ印章若クハ署名ノ僞造罪及眞正又ハ僞造ノ他人ノ印章若クハ署名ノ使用罪男又ハ女ニ對シ猥褻行爲ヲナシタル罪ノ既遂及未遂罪婦女ヲ姦淫シタル罪ノ既遂及未遂殺人罪ノ既遂及未遂致死其ノ他重大ナル法定ノ結果ヲ生セシメタル傷害罪自己又ハ配偶者ノ直系尊屬ニ對スル傷害罪保護ノ責任ヲ有スル老者幼者又ハ病者ヲ遺棄シ又ハ其生存ニ必要ナル保護ヲ爲ササル罪逮捕又ハ監禁ノ罪人ヲ拐取シ又ハ被拐取者ヲ藏匿隱秘又ハ收受シタル罪ノ既遂及ビ

未遂財物ノ竊取强取準强取奪取又ハ騙取罪及强迫ヲ用ヒ又ハ欺瞞シテ財産上ノ利益ヲ得又ハ他人ニ之ヲ得セシメタル罪ノ既遂及未遂業務上占有スル他人ノ物ノ横領罪及贓物ノ運搬寄贓故買罪又ハ牙保罪ナリ、

以上列擧ノ罪ヲ特ニ罰セントスル所以ノモノハ公ノ秩序ヲ侵害スル犯罪ナルヲ以テ國家自衛ノ上ヨリ必要不可缺ノ規定ト謂フ可キナリ尚本條掲記ノ各犯罪ノ性質及其成立不成立等ニ至リテハ隨所ニ於テ詳說セント欲ス

第四條　本法ハ帝國外ニ於テ左ニ記載シタル罪ヲ犯シタル帝國ノ公務員ニ之ヲ適用ス

一、第百一條及ヒ其未遂罪

二、第百五十六條ノ罪

三、第百九十五條第二項、第百九十七條ノ罪をよヒ第百九十五條第二項ノ罪ヲ犯シ因テ人ヲ死傷ニ致シタル罪

本條ハ帝國外ニ於テ職務ニ關スル罪ヲ犯シタル帝國ノ公務員ヲ罰セントスル規定ナリ之レ我カ刑法ガ屬人主義ヲ原則トシタル結果當然此規定ヲ要スル所以ニシテ其如何ナル犯罪ヲ職務ニ關スルモノナリヤト云フニ、看守者又ハ護送者被拘禁者ヲ逃走セシムル罪公務員ノ職權濫用罪看守者又ハ護送者被拘禁者ニ對シ暴行ヲ爲ス罪看守又ハ護送者避難ノ爲メ必要ノ處分ヲ爲スコトヲ怠リタル罪公務員又ハ仲裁人收賄ノ罪、公務員又ハ仲裁人偏私處分ヲ爲ス罪、公務員又ハ仲裁人秘密漏泄ノ罪ナリトス

以上列擧ノ罪ノ如キハ公務員ガ其職務上當然遵守スベキ行爲ヲ故意ニ遵守セスシテ反テ如斯重大ナル犯罪ヲ構成スルモノナルヲ以テ其職ニアルノ士ハ宜シク熟讀シテ苟シクモ法ニ觸レザランコトヲ注意セザル可カラズ

第五條　外國ニ於テ確定裁判ヲ受ケタル者ト雖モ同一行爲ニ付キ更ニ處罰スルコトヲ妨ケス但犯人既ニ外國ニ於テ言渡サレタル刑ノ全部又ハ一部ノ執行ヲ受ケタル

トキハ刑ノ執行ヲ減輕又ハ免除スルコトヲ得

本條ハ外國裁判所ノ判決ノ効力ヲ定メタルモノニシテ本條ハ彼ノ一事不再理ノ原則ヲ打破シタルナリ然レトモ實際ノ條理必要上其一度外國ニ於テ確定判決ヲ受ケタル場合ト雖尚本法ニ依テ處分スル必要ナキニ非ズ勿論犯人ハ一個ノ犯罪行爲ニ付キ再度ノ處分ヲ受クル不幸アリテ頗ル酷ニ失スル嫌アレバ古來此主義ニ就テハ種々ノ議論アル處今其重ナル學説ヲ列擧スレバ、

(A)凡ソ一ノ犯罪ハ再ビ裁判セラルベキモノニアラザレバ既ニ外國ニ於テ確定判決ヲ經タル上ハ假令犯人ガ其如何ナル國籍ヲ有スルト犯罪地カ何國ナルトヲ問ハス其放免セラレタルト處罰セラレタルトヲ論ゼズ再ヒ我國ニ於テ裁判スルコトヲ得ス

(B)一事不再理ノ原則ハ全一法律ノ下ニノミ適用スヘキモノニシテ法律ヲ異ニセル甲國ト乙國トノ裁判ニ就テ論スヘキモノニアラズ從テ假令外國ニ於テ如何ナル判決ヲ爲シタル場合モ自國ハ其國固有ノ裁判權ニ依テ獨

立處罰スルコトヲ得只多少ノ例外トシテ若シ犯人ガ已ニ刑ノ執行ヲ受ケタル場合ニ於テハ或ハ之ヲ減免スヘキ餘地アルニ過キス

(C)凡ソ一國ノ法律カ或ル犯罪行爲ヲ罰スル必要アルハ若シ自國ニ於テ之ヲ論セス他國モ亦之ヲ不問ニ附シテ遂ニ罰スヘキ犯人カ故ナク刑ヲ免ルル不都合ヲ生ズルニ依ル然ルニ今若シ犯罪行爲ヲ爲シタル國ニ於テ確定判決ヲ經タル場合ニハ犯罪ニ關シテ直接ノ利害干係ヲ有スル國カ已ニ之ヲ處罰シタル結果犯人ヲ故ナク放免スルノ不都合ヲ生セザルヲ以テ一事不再理ノ原則ニヨリ此場合ニ於テハ我裁判權ハ消滅セルモノトセザルヲ得ス其如何ナル場合ニ於テモ之レカ存在ヲ認ムベキハ帝國ニ對スル犯罪又ハ他國ニ於テ裁判ヲ受ケタルモノカ其執行ヲ受ケスシテ我國ニ逃レ來リシ場合ノミナリ

以上ノ學說ヨリ本法ノ規定ヲ見ルトキハ明カニ第二說ヲ採用シタルモノニシテ一事不再理ノ原則ノ解釋又釋然タルモノアリ卽チ本條ヲ見ルニ原則トシテハ外國裁判ノ確定力ヲ排斥シ其但書ニ於テ犯人カ外國裁判所ノ判決ニ

ヨリ刑ノ執行ノ全部又ハ一部ヲ受ケタル場合ニ裁判所カ更ラニ刑ヲ言渡スニ該リ刑ノ執行ヲ減免スルコトヲ得セシメタルヲ以テ見ルモ明カナリ、以上ノ如ク規定シタル所以ノモノハ畢竟外國裁判所ノ判決ハ直接ニ其効力ヲ我國ニ及スヘキモノニアラサレハナリ何トナレバ一國主權ノ下ニ於テハ裁判ハ各自獨立ノ効力ヲ保ツモノナルガ故他國裁判所ノ裁判ハ我國ニ於テ毫モ執行力ヲ有スルモノニアラス例ヘハ外國ニ於テ有罪ノ確定裁判アリタル者カ我國ニ逃走シ來ルモ我國ハ犯人有罪ノ確定裁判ヲ受ケ居ルトノ理由ヲ以テ直ニ逮捕シ其刑ヲ執行シ得サルカ如キ事ナシ然ルニ之ニ反シテ刑罰ノ目的トシテ一度刑ノ執行ヲ受ケタル者カ我國ニ來リシ時ハ假令我國法ヲ犯セル場合ト雖モ尚進ンテ之ヲ罰シ刑ノ執行ヲ為スノ必要ナキ場合多カルヘシ此場合ニ於テハ裁判ハ言渡スモ執行ノ全部若クハ一部ヲ免除スルコトアルモ之カ為メ我國主權ヲ侵害スルモノニアラス

第六條　犯罪後ノ法律ニ因リ刑ノ變更アリタルトキハ其輕キモノヲ適用ス

本條ハ時ニ關スル刑法ノ効力ヲ定メタルモノナリ卽チ犯人カ或ル不正行爲ヲ爲シ既ニ犯罪トシテ成立シタル後適用スヘキ法律ニ因リ刑ノ變更ヲ來シタル場合ニハ前後ノ法律ヲ比較シテ輕キ刑ヲ適用セントスルモノナリ蓋シ刑法ノ時ニ關スル規定ニ就テハ古來幾多ノ疑問存シ法律ハ多ク明示ノ規定ヲ採ルモ其實際適用ノ場合ニハ疑問頻々トシテ學說亦一定セス故ニ今少シク之カ研究ヲ試ミントス凡ソ法律ノ効力ヲ有スルハ憲法ノ規定ニ從ヒ帝國議會ノ協贊ヲ經タル法律案ヲ天皇カ裁可シ公布實施セラルルニ至リテ始メテ効力ヲ發生スルモノナレハ其廢止モ亦前ノ順序ニ依リ廢セラルルモノナリ故ニ刑法モ法律ナル以上裁可公布廢止ノ手續ヲ經タルモノナルヤ疑ナシ然レトモ法律ハ公布後實施ニ至ル間多少ノ時日ヲ與フルヲ明示シタル場合ト然ラサル場合トアリ而シテ其實施期ヲ明示シタルトキハ其期限到來ト共ニ直ニ効力ヲ生スルモノナリト雖モ實施期日ヲ定メサル場合ニ於テハ法例ノ規定ニヨリ發布後二十日ヲ以テ其効果ヲ發生スルモノト定メタリ而シテ此期間ヲ普通周知期間ト謂フ故ニ右期間ヲ經過シタルトキハ何人モ其法律

ヲ知レルモノトシテ効力ヲ生セシメタルモノナリ之レト同ク法律ノ廢止モ其明示タルト默示タルトヲ問ハス一度廢止ノ運命ニ遭遇セハ直ニ法律トシテノ効力ヲ失フモノナリ而シテ明示ノ廢止ニアリテハ失効明カナレハ時ニ關スル疑ヲ容ルル餘地ナシト雖モ默示ノ廢止ニ就テハ如何ナル場合ニ廢止セラレタルモノナリヤ舊法ニ牴觸シテ相容レサル新法ノ制定アリタル時ノ如キハ舊法ハ明カニ廢止セラレタリト云フヘク例ヘハ本刑法ニ於テ舊刑法ヲ廢止スルコトヲ明示セストセハ兩者ノ間ニ牴觸ヲ來ス所アルカ故ニ此ノ點ニ就テハ舊刑法ハ已ニ廢止セラレタルモノト謂フ可シ然レトモ法律ノ明文ヲ以テ其法律ヲ廢止スト云ハサルトキハ新法ト舊法ヲ比較シ同一事ヲ規定シタル點ノ外舊法ハ依然存在スト云ハサル可ラス即チ舊法ト同一ナルカ又ハ少クトモ異ル點ハ舊法廢止セラレタリトスルコト當然ナルモ新法ニ規定ナキ箇條ニ付テハ舊法存在スルコト當然ナリ

法律ハ廢止ニ依リテ直ニ効力ヲ失フモ其法律カ無用トナルカ又ハ習慣ト反對スルニ至リ事實上法律ノ適用ヲ見ルコトナシト雖モ法律ハ廢止セラレタ

リト云フヲ得ス故ニ法律トシテ依然効力ヲ有シ假令反對ノ習慣行ハルルコトアルモ法律ヲ打破スル効力ヲ有スルモノニアラス

以上ノ如ク本條ノ規定ハ其法律カ有効ナル場合ニ限リ適用セラルルコトハ別ニ法文ニ明示ナキモ解釋上當然ト謂ハサル可カラス從テ本條ノ解釋トシテ法律ハ既往ニ遡ルコトナキモ明カナリ法律カ既往ニ遡ルコトヲ得サルハ其ノ原則ナルコトヲ知ルヘシ然レトモ此原則ニハ概子例外規定ノ設ケアルコトヲ忘ルヘカラス即チ犯罪後ノ法律ニ因リ刑ノ變更アリタルトキハ其輕キモノヲ適用スルヲ以テ見レハ若シ新舊法ヲ比照シテ舊法輕キ時ハ本條ノ規定ヨリ當然犯罪當時ニ遡ッテ之ヲ適用セサル可カラス

法律ハ社會全般ノ利益ヲ慮ルト同時ニ被告人ノ利益ヲモ顧ミルモノナルニ依リ嚴格ニ謂フトキハ舊法時代ニ行ハレタル犯罪必ラス舊法ニ依ラサル可カラサルモ一方ニ於テ被告人ニ利益ヲ與ヘ他方ニ於テ國家ニ何等ノ損害ヲ生セシメサル場合卽チ强ヒテ舊法ノ適用ヲ必要トセサル時ハ新法ヲ公布以前ノ犯罪ニ適用スルモ何等ノ不可ナシ之レ前段例外規定ノ存スル所以ナリ

ト謂フ可キナリ
斯ク法律ハ犯罪ノ時ニ於ケル刑法ノ効力ヲ定メタルモ要ハ新舊法ヲ比較シテ可成輕キ刑ヲ科セントスルモノナリ故ニ新舊何レカ輕キヤヲ定ムル標準何ニ依テ立ツルヤ此問題ニ就テ余ハ刑法第九條第十條ノ規定ヲ標準トシテ之ヲ判別スルヲ最モ適當ナル方法ナリト思料スルモノナリ即チ同條ニ依レバ死刑ハ懲役ノ刑ヨリ重ク禁錮ハ懲役ノ刑ヨリ輕ク罰金刑ハ拘留科料ノ刑ヨリ重キヤ明ナリ而シテ無期ノモノハ有期ノモノヨリ重ク又仝種ノモノハ長期ノ長キモノ或ハ多額ノ多キモノヲ以テ其短キ又ハ寡額ノモノヨリ重シトセリ之レ常識上當然來ル解釋ナリト雖モ若シ夫レ此種ノ標準ヲ示シ置カザランカ實際ノ取扱上疑ノ生ズルコトヲ免レズ新舊法比較ノ場合ニ於テモ又此標準ニ依リテ判定スレバ誤ルコトナカラン例ヘバ懲役六月以上五年以下ノ規定ト單ニ十年以下ノ懲役ニ處ストノ規定ヲ比照スルトキハ十年以下ノ懲役ノ場合ニ於テハ第十二條ノ規定ニヨリ一月ノ刑ヲ科スルコトヲ得ト雖モ六月以上五年以下ノ場合ニ於テハ長期ヲ五年以上ニ上スコト能ハザル

ト同時ニ六月以下ノ刑ヲ言渡スコトヲ得ズ如斯場合ニ於テハ一見六月以下ニ下スコトヲ得サル刑重キガ如シト雖モ然ラズ長期ノ長キモノヲ尚重シトセザル可ラズ之レ即チ本刑法ガ特ニ標準ヲ定ムル必要ヲ認メタルモノニシテ此場合ニ於テハ別ニ深キ疑ヲ狹ム餘地ナシ然レドモ若シ舊刑法ガ刑罰吸收ノ主義ヲ採リテ酌量減刑ヲ許サザルニ本刑法ハ反之刑罰併科主義ヲ採用シテ酌量減刑ヲ許シタル場合アリトセンカ新舊法何レカ輕キカ判斷ニ苦ム場合アリ如斯時ニ於テハ當然新法ハ舊法ニ優ルト云フ原則ニ基キ宜シクコレニ依ルベキモノト解スルヲ穩當ト信ズ

法律ノ効力ヲ有スル時期ハ其法律ガ効果ヲ有シ居ル間ナルハ當然ナリ然ルニ新舊法ヲ比較スベキ時期ハ如何ナル時ニマデ及ブヤ換言スレバ犯人ガ舊法ニ於テ處斷セラレタル後ニ於テモ尚且ツ新法ニ於テ其刑ヲ癈止シ或ハ輕ク變更アリタルトキハ新法ニ因ラザル可カラザルヤ此點ニ付テハ二三ノ外國法律ハ新法若シ舊法ヨリ輕キ時ハ新法ニ依テ舊法ノ下ニ處斷セラレタル刑罰ヲ改ムルノ規定ヲ設ケタルモノアレトモ我刑法ハ此點ニ付キ別ニ規定

ノ見ルベキモノナキヲ以テ解釋上未ダ判決ヲ經ザルモノト解スルヲ當然トス從テ前段ノ塲合ニ於テ例ヘ其後ノ法律ヲ以テ刑ノ廢止變更アルモ問フ處ニアラズト解スベシ。

以上ハ刑罰ノ廢止變更ニ止マルモ若シ新法ガ刑ノ執行方法ヲ變更シタル時ハ如何此塲合ニ於テハ余ハ刑ノ執行ハ公益規定換言スレバ公ノ秩序ニ關スル規定ナルヲ以テ常ニ新法ニ依リ執行スルヲ穩當ナリト信ズ然レドモ之ニ伴フ執行方法ガ若シ舊法ノ刑ヲ廢止シタル塲合ハ特ニ附則若クハ施行規則ニ依リテ其執行方法ヲ定ムルナルベク從テ別ニ困難ヲ生ズルコトナシ

更ニ眼ヲ轉ジテ新法カ訴訟手續裁判所ノ構成或ハ管轄ニ付キ變更アリタルトキハ如何ト云フニ原則トシテハ新法ニ依ルヲ可トス何トナレバ斯ル塲合ハ渾テ公ノ秩序ヲ保持スルヲ眼目トシテノ規定ナルヲ以テ被告人ノ利害得失ヲ考慮スルノ要ナケレバナリ然レトモ裁判所ノ管轄ノ點ニ限リ學者間左ノ如キ異說アリ

甲說　被告人ハ犯罪當時ノ裁判官ニ依テ審判セラルルノ權利ヲ既得シ

タルモノナルヲ以テ假令管轄ニ付キ法ノ變更アルモ舊法ニ依ルベキモノナリ

乙說　手續ニ關スル法律ハ公益ニ關スル法律ナルガ故ニ常ニ新法ヲ適用スベシ

丙說　若シ被告人ガ舊法ノ下ニ於ケル裁判所ニ於テ審理ヲ開始セラレタル場合ニハ舊法ニ依ルベキモノナリ

丁說　被告人ガ第一審ノ判決ヲ受ケ終リタルトキハ舊法ニ依ルベキモノナリ蓋シ此場合ニ於テ新法ニ從フトスルトキハ第一審裁判所ニ於テ無罪ノ宣告ヲ受ケタルニモ拘ラズ更ニ有罪ノ判決ヲ受クルノ恐アリ又舊法ニ於テハ控訴ヲ許シタルニモ拘ラズ新法ニハ之ヲ許サズトシ第一審ニテ終審ノ制度ヲ採リタル場合ニ於テハ被告人ハ遂ニ控訴ノ道ヲ失フ可シ

右四說中余ハ舊法ニ依リ或ハ場合ニ依リ舊法ニ從フベキモノナリトノ說ニ對シテ絕對ニ反對セザル可カラズ何トナレバ手續法ハ公益ノ規定ヨリ來ル

ロトヲ知ラザルモノナレバナリ
新舊法時ノ效力ニ關スル點ハ略ボ說明シ來リタリト雖モ尚研究ヲ要スルモノアリ卉ハ新舊法時效ノ規定ニ差アル場合是ナリ。新法頒布ノ結果舊法ノ規定シタル公訴ノ時效又ハ刑ノ時效ノ期間ヲ伸張シ又ハ短縮シタルトキハ新舊法何レニ從フベキヤヲ論究セザル可カラズ但シ公訴ノ時效ハ刑事訴訟法之ヲ規定シ刑ノ時效ハ刑法之ヲ規定ス故ニ刑法ノ說明トシテハ刑ノ時效ニ止ムルハ當然ナルモ公訴ノ時效ト刑ノ時效ハ共ニ理論ニ異ナル所ナキヲ以テ二種ノ時效ヲ併論セントス
刑事訴訟法ノ規定ニ依レバ犯罪アリテ久シク發覺セズ檢事及警察官之ヲ搜查セズ從テ未ダ其公訴ヲ起サズシテ或ル時期ヲ經過スレバ其公訴權消滅シ犯罪人ヲ罰スルコト能ハザルニ至ルモノナリ或ハ檢事又ハ警察官既ニ其犯罪ノ搜査ニ着手セシモ後之ヲ打捨テ繼續搜查ヲ爲サザルトキハ終リノ手續ヲ爲シタル日ヨリ再ビ時效ノ經過ヲ始メ其期限經過後ハ公訴ヲ提起スルコト能ハズ又裁判所ハ其犯罪ニ付テ判決ノ言渡シヲナシ有罪ナリトノ宣告ヲ

下スモ被告人逃走シテ踪跡ヲ晦マスカ若クハ檢事ノ起訴アリタルニ拘ラズ被告人出頭セズシテ缺席裁判ノ言渡アリタルトキハ其被告人ハ現ニ刑ノ執行ヲ免レ居ルモノナリ若シ其被告人久シク捕獲セラレズシテ第三十八條ニ掲ゲタル期間ヲ經過スルトキハ時效ニ因リ社會ハ其被告人ニ對シテ刑ヲ執行スルコト能ハザルニ至ル、如斯被告人ガ久シク所在不明ナルトキ或ハ公訴權消滅シ或ハ刑ノ執行ヲ免ルルニ至ル所以ノモノハ何ゾヤ曰ク時久シキヲ經レバ社會ノ各人ハ其犯罪ニ因リテ生ジタル惡感若クハ嫌惡心ヲ遺忘シ更ニ公訴ヲ起シ刑ノ執行ヲ爲サバ社會ハ新タナル惡感ヲ惹起スルニ至ル如斯ハ決シテ公益ヲ保ツモノト云フ可カラズ之レ公訴ノ時效及刑ノ時效ヲ設クル所以ナリ

時效ノ性質及時效ノ起リシ所以ハ右ノ如シ然ルニ刑ノ時效モ公訴ノ時效モ其期間ヲ新法ニ因リテ變更シタルトキハ新舊法何レヲ適用スベキヤ例ヘバ時效ノ期間ヲ新法ニ於テハ十年若クハ十五年ト定メタルモ舊法ニ於テハ同一犯罪ニ付キ七年若クハ二十年ナリトノ規定アリトセンカ新舊法ヲ比較シ

テ何レノ期間ヲ適用スベキヤ本條ニハ別ニ規定ナキヲ以テ解釋上疑ヲ存スルモ此點ニ付テハ左ノ三說アリ

第一說　新法ヲ以テ舊法ノ時効期間ヲ改正シタルトキハ何レノ場合ニ於テモ舊法ヲ適用セザル可ラズ、此ノ如ク常ニ舊法ノミヲ適用セバ新法カ舊法ノ期間ヲ短縮シタル場合ニ於テ犯罪人ハ新法ノ利益ヲ受クルコトヲ得ズト雖モ之レニ反シテ若シ新法ガ却テ舊法ノ期間ヨリ延長シタルトキハ犯人ハ新法ノ爲メニ不利益ヲ受クル要ナシ故ニ期間ノ延長ト短縮トニ拘ラズ常ニ舊法ヲ適用スルヲ可トス

第二說　時効ノ期間ハ常ニ新法ヲ適用スベシ、時効ハ犯罪ノ利益ノ爲メニ設ケタルモノニアラズ社會ノ惡感情ヲ再發セシメザル公益的規定ナリ新法ニ於テ舊法ノ時効期間ヲ改正セバ新法ハ舊法ニ優ル所ノ法律ナリト云ハザルヲ得ズ故ニ一日モ早ク新法ヲ適用スルハ社會ノ利益タリ若シ刑ノ改正アリテ舊法ノ刑輕キ

ガ如キ場合ニアリテハ犯人ハ既得ノ權利アリテ新法ヲ適用スヘカラザルコトハ前述ノ如シ然レドモ時效ニ就テハ既得權ナク假リニ既得權アリトスルモ新法ガ時效ノ期間ヲ短縮シタル場合ニ於テ犯罪人ハ新法ヲ適用スルガ爲メ何等ノ損害ヲモ受クルモノニアラス又新法ガ其期限ヲ延長シタル場合ト雖モ犯罪人ハ新法ノ適用ヲ拒絶スルノ權利ナシ何トナレバ罪ヲ犯シ既ニ言渡サレタル刑ノ執行ヲ免ルヽモ之ヲ免ルノ權利ヲ得ベキモノニアラザレバナリサレバ被告人ハ時效ノ延長アリタレバトテ權利ヲ害セラルルニアラザルヲ以テ之ヲ訴フルノ途ナキナリ又檢事モ時效期間短縮ノ爲メ犯罪人ヲ罰スルコト能ハザルニ就キ起訴スルコト克ハス之レ檢事ハ社會ノ代表者ナルガ故社會ニ於テ時效ノ期限ヲ短縮シ犯罪人ノ早ク罪ヲ免ルルコトヲ利益トセバ之ニ對シテ異議アルベキ理由ナケレバナリ故ニ何レノ場合ニ於テモ新法ヲ適用スベシト

第三說

此說ハ前二說ヲ折衷シテ立論スルモノナリ而シテ此說ハ又分レテ甲乙二派アリ甲說ニ曰ク時効モ亦刑ノ改正アリタルトキト全ジク新舊法ヲ比較シテ最モ短キモノニ從フベシ即チ若シ新法ノ時効期間ガ舊法ヨリ短カキトキハ新法ヲ適用シ之ニ反スルトキハ舊法ヲ適用ス蓋シ時効ハ單ニ訴訟手續ニ屬スルニアラズ其期間ヲ經過スル時ハ犯罪人ヲ罰スルヲ得ザルガ故ニ刑罰執行上ノ條件ナリ

乙說ニ曰ク新舊法ヲ折衷シ相混合シテ適用スヘシ例ヘバ舊法ノ時効ハ其期間十年ニシテ新法ハ之ヲ五年ニ短縮シタリトセンニ舊法ノ下ニ於テ既ニ四年ヲ經過シタル犯罪ニハ新法ノ割合ヲ以テ新法ノ期間ヲ適用ス可シ即チ十年ノ內四年ヲ經過スルモノナレバ殘期ハ六年ナリ而シテ新法ノ一年ハ舊法ノ二年ニ當ルヲ以テ新法實施後三年ヲ經過スレハ時効ニ係ルコトヲ得セシム可シサレバ其犯罪ハ前後七年ヲ經過スル時ハ全ク言

係ル犯罪ニ及ボスコトヲ得ス
若シ所犯頒布以前ニ在テ未タ判決ヲ經サル者ハ新舊ノ法ヲ比照シ輕キニ從テ處斷ス

渡サレタル刑罰ヲ免ルルコトヲ得ルモノトス若シ如斯主義ヲ以テ刑法ヲ適用セバ嚴ニ失セズ寛ニ過ギズ極メテ穩當ナリト云フニアリ

以上ノ諸説中余ハ第二説ヲ穩當ト認ム蓋シ他ハ種々ノ點ニ於テ欠點アレバナリ讀者幸ニ自カラ研究シテ得ル處アレ（舊法第三條參照）

第七條　本法ニ於テ公務員ト稱スルハ官吏、公吏、法令ニ依リ公務ニ從事スル議員、委員其他ノ職員ヲ謂フ

公務所ト稱スルハ公務員ノ職務ヲ行フ所ヲ謂フ

本條ハ公務員ノ定義ヲ與ヘタル規定ナリ公務員トハ官吏法公吏令ニ依リ公務ニ從事スル議員委員及其他ノ職員ヲ云フトアリ而シテ官吏公吏トハ如何ナルモノヲ云フヤニ付キテハ事行政法ヲ研究セザル可カラザルモ余ハ讀者參照ノ便宜ヲ慮リ官吏公吏ノ性質ヲ概論シテ本條ノ大體ヲ明カニセント欲ス

（一）官吏トハ何ゾヤ　此ノ觀念ニ就テハ古來學者ノ説一定セザル所ナルモ今其最モ普通ニ行ハル者ヲ擧グレハ「官吏トハ官職ヲ奉スルモノナリト云フ」然レドモ此見解ノ不完全ナルハ休職官吏待命中ノ官吏停職中ノ官吏及賜暇中ノ官吏ノ如キハ現ニ何等ノ職ヲ奉スルコトナキニ拘ラス官吏タルニ妨ナキ事實ニ徴スレハ明ナリ或ハ又「官吏トハ官職ヲ奉スル義務アルモノヲ云フ」ト此説ハ前ノ見解ニ比スルトキハ大ニ正確ナルガ如シ然レトモ此官職ノ何タルカハ未タ明確ナラス官職ノ文字ハ獨逸語ノ「アムト」ノ如ク意義漠然ナルト同シク我國ニ於テモ亦不明確タルヲ免レズ思フニ官職ノ意義ハ(1)官吏ノ奉スル職務(2)官廳ノ職務(3)官ノ職務ノ三個ノ中ニアルモノヲ云フベキナリ而シテ官吏トハ公ニ任命セラレ形式上ヨリ見ルモ官吏ノ待遇ヲ受ケルモノヲ云フ斯ク論斷スルトキハ學者或ハ甚タ不親切ノ説明ト云フナラン然レトモ我國法ノ上ヨリ云フトキハ上ノ如ク解釋スル外他ニ好恰ノ説明ヲ認ムルコト能ハサラン而シテ此ノ公ニ任命セラレタルトハ即チ普通辭令ヲ用ヰテ一個人ニ公ノ權

力ヲ以テ命スルモノナリ此命令ノ中ニハ（行政法規ノ上ヨリスルトキハ）勅奏判任官等ノ種類アリ其他尚ホ待遇官吏ナルモノアリ蓋シ現行法ニ於テ官吏ノ待遇ヲ受クル中ニ實質上官吏ニ屬スルモノト然ラサルモノトアリ例ヘハ市町村立小學校敎員巡査看守及ヒ貴衆兩院ノ守衞等ハ判任官ヲ以テ待遇セラルル而已ナラス實質ニ於テモ官吏ニ屬スルモノナリ然ルニ佛敎各宗管長ハ勅任官ノ待遇ヲ受クルニ拘ハラス其實質ハ官吏ニアラズ從テ前者ハ現行行政法ノ上ニ於テ官吏ナリト云ヒ得ルモ後者ハ然ラス又實質上官吏タルコト明ナルモ國家ガ形式上之レヲ官吏トシテ待遇スルノ意ナルヤ否ヤ判明セサル場合アリ斯ル場合ニ國家ガ之レニ對シテ如何ナル特權ト如何ナル特種ノ義務ヲ享有セシムルカニ依リ判斷スルノ外ナシト信ス然ルニ此判斷往々困難ナル場合アリ蓋シ執達吏公證人消防夫日本銀行總裁副總裁ノ如キハ實ニ其一例ナリ故ニ今一々之レガ説明ヲ要スルモ寧ロ行政法ニ於テ研究スルヲ當然トスレバ玆ニ省キヌ

（二）公吏トハ何ゾヤ、之ニ就テモ又官吏ト同シク頗ル至難ノ問題アリト雖例ニ依リ其大要ヲ摘述スレハ

第一自治制　例ヘハ市町村制ニ就キテ云ヘハ市町村吏員ト題スル欵中ニ列擧セラルルモノ凡テ公吏ナリト

此說ニ從フトキハ市町村ニ於テ公吏ト看做スベキモノハ市町村長助役收入役書記其附屬員區長委員及ヒ使丁ヲ包含スルモノナリ使丁ヲ公吏ナリト云フハ頗ル不當ナリト云ハザル可カラズ使丁ハ私法上ノ關係ニ基キ其職務ヲ奉スルモノナリ公吏ハ少クトモ公法上ノ關係ニ於テ其職務ニ就クモノナラザル可カラザレバ此點ヨリシテモ不可ナルノミナラズ府縣制及郡制ニ於テハ其吏員ヲ列擧セズ從テ此ノ說ハ當ヲ得タルモノニアラザルナリ

第二、地方團體ガ自カラ選任シテ自己ノ事務ヲ行ハシムルモノ即チ公吏ナリト

此說ニ依ルトキハ本條ノ所謂議員委員等ヲ特ニ揭グルノ必要ナシ故ニ

亦此ノ說ハ廣キニ失スルノ嫌アリ

第三、地方團體ノ吏員中ニテ處分權ヲ行使スルモノ即チ公吏ナリト此說ハ第二說ヲ補ヒタルモノナリ即チ議員及委員ノ如キ通常議決ニ參與スルヲ職務ト爲スニ過キザルモノハ公吏ニアラストナシ且ツ處分權ヲ行使スルモノガ公吏ナルガ故ニ參事會員ノ如ク時トシテ訴願ヲ裁決スルモノ及ビ委員中ノ彼ノ市町村ノ傳染病豫防係員ノ如ク人民ニ對シ權力ヲ行使スルモノハ又公吏ニ屬スルコトヲ認ムル者ナリ公吏ノ見解ニツキテハ此說最モ可ナルカ如シ只參事會員ヲ公吏ト云フヲ得ルヤ否ノ點ニ就キテハ多少ノ異論アルコトヲ忘ル可カラス又公證人ヲ公吏ト云フモ此レ其職務ノ性質上云フモノニシテ行政法ノ意義ニ於テハ單ニ官吏ニアラザルカ故ニ然リト云フノ外ナシ

其他公共團體ノ役員ノ如キモ行政法ニ於テハ公吏ト云フヲ得ザルモ本條ノ下ニ云フ公吏ノ中ニハ之レヲ包含セシムルヲ可ナリト信ス又本條ノ所謂法令ニヨリ公務ニ從事スル議員委員其他職員トハ何ソヤ之ノ種類ニ屬スルモ

ノハ普通法令ニ基キ組織スル議會ノ各員ヲ稱シテ議員ト云ヒ各種ノ名稱ヲ付シテ任命セラレ或ハ選擧セラルルモノヲ委員ト云フ例ヘハ國家ノ機關タル帝國議會ノ議員ノ如キ若クハ地方團體ノ機關タル府縣郡市町村會議員ノ如キハ皆公務ニ從事スレバ何レモ茲ニ議員ト云フベシ又委員ニハ國家ノ機關タル中央衛生會委員、法典調査會委員等アリ地方團體ニハ傳染病豫防ノタメニ檢疫委員ヲ設ケ所得税審査委員ノ如キ何レモ公務ニ從事スルモノナリ更ニ今本條ヲ終ルニ臨ミ其他ノ職員トハ如何之等ハ通常私法上ノ契約ニ基キ而モ其形式及ヒ職務ノ實質ハ官吏ト同シキ雇員ノ如キモノヲ云フ故ニ刑法ニ於テハ雇員モ又普通一私人外ノ取扱ヲナスコトヲ定メタルモノト云フ可キナリ

第二項ノ公務所トハ前段説明ノ各種ノ公務員其他ノ職員ノ業務ヲ執行スル所即チ官署公署其他ノ事務所ヲ云フナリ（明治廿三年法律第百號公吏及公署ニ關スル件參照）

第八條　本法ノ總則ハ他ノ法令ニ於テ刑ヲ定メタルモノニ亦之ヲ適用ス但其法令ニ特別ノ規定アルトキハ此限

第五條　此刑法ニ正條ナクシテ他ノ法律規則ニ刑名アル者ハ其法律規則ニ從フ若シ他ノ法律規則ニ於テ則ニ總則ヲ揭ケタル者ハ此刑法ノ總則ニ從フ

ニ在ラス

本條ハ刑法總則カ他ノ法令ニ對シテモ尙ホ効力ヲ有スルコトヲ示セリ而シテ他ノ法令トハ即チ本法以外ノ法律命令ニシテ例ヘハ森林法ノ如キ或ハ民法、商法等ニ於テ罰則ヲ定メタル場合其他地方團體ニ於テ發スルコトヲ得ベキ諸般ノ規則命令等苟クモ刑ヲ定メタルモノハ渾テ本法ノ總則ニ依ルコトヲ原則トセリ然レトモ此原則ニハ必ラス例外ノ存スルハ當然ノ事ナリ故ニ本條ニ於テモ其例外ヲ認メ若シ他ノ法令ニ特別ノ規定アルモノハ之レヲ適用セス例ヘハ森林法第五十一條ニ於テハ本法ニ規定シタル罪ヲ犯シタルモノニハ刑法ノ數罪倶發ノ例ヲ用ヰストアルガ如キ其適例ナリト云フベシ(舊法第五條參照)

第二章　刑

本章ニ於テハ刑ノ種類及刑ノ執行ニ關スル大則ヲ定メアリ今本章ヲ通覽ス

ルニ刑ノ種類ヲ大別シテ主刑附加刑ノ二種ト爲シ更ニ本法ノ規定ニ基キ刑ノ種類ヲ細別スル𪜈ハ死刑懲役禁錮拘留及罰金科料ノ六種ヲ主刑トシ沒收ヲ附加刑トス之ヲ舊刑法ニ比スル𪜈ハ大ニ其種類ヲ減少セリ蓋シ舊刑法ノ如ク多數ノ種類ヲ設クルモ何等實益ナキノミナラズ刑ヲ執行スルニ當リ甚ダ錯綜ヲ極メ十分ノ目的ヲ達スル能ハズ殊ニ本法ハ先キニ説述シタル如ク罪名ノ區別ヲ捨テ單ニ罪ト爲シタル結果自然刑ノ種類モ減少セル所以ナリ

以上刑ノ種類ハ刑法ニ明カニ定メアルニモ拘ハラス從來學者ノ多クハ刑ヲ大別シテ生命刑、自由刑、財產刑、名譽刑トシテ説明シ來ルヲ普通トセルヲ以テ余モ暫ク此分類ニ依リ其種類ノ大要ヲ概説セント欲ス

第一、生命刑、

生命刑ハ一ニ施躰ノ刑トモ謂ヒ死刑アルノミ此ノ生命刑タル死刑ハ古來ヨリ各國共ニ行ヒ來リタル刑罰中ノ最極刑ニシテ一度生命ヲ剝奪スルコトアランカ後日裁判ノ錯誤事實ノ相違等ヲ發見スルコトアルモ最早挽回スルコト能ハス又社會ノ利益ヨリ觀察スルモ改過遷善ヲ企望スルハ刑罰ノ本旨ナ

ルヲ以テ一度生命ヲ奪ハンカ其犯人ニ向ツテハ最早希望ヲ充タス能ハス故ニ死刑ハ果シテ適當ナル刑罰ナリヤ否ヤニ就キ十九世紀ノ始ヨリ盛ニ學者間ニ議論紛爭シ死刑ヲ全廢スヘシ否死刑ハ存置ノ必要アリト相互ノ論鋒殆ド當ルベカラザルモノアリ故ニ我ガ刑法ガ此ノ紛爭ノ中ヨリ特ニ死刑ノ存置ヲ敢テ爲シタル所以及著者ガ主張セントスル主義ヲ茲ニ紹介セン而シテ之ガ斷定ニ移ルニ先チ本刑法ノ立法者ガ其修正ノ理由ニ述ベタル處ヲ擧ゲンカ立法者ハ說明シテ曰ク『政正案ハ現行法(舊刑法)ノ死刑ヲ存置シタリ蓋シ死刑ヲ設クル可否ニ付テハ從來學諸ノ未ダ一致セザル處ニシテ外國ニ於テモ一二之ヲ廢止シタル立法例ナキニアラスト雖モ今日ノ狀況ハ未ダ之ヲ全廢スルヲ許サス夫レ死刑ノ刑罰トシテ慘酷ニ過クルコトハ爭フ可カラサル事實ナリト雖モ之ヲ從來ノ實驗ニ徵シ又之ヲ理論ニ鑑ミルニ刑トシテ十分ナル成果ヲ擧ルニ足ルコト疑ヲ容レズ即チ改正案ハ死刑存置ノ必要ヲ認メ現行法ノ死刑ヲ襲用シタリ』ト以上ハ本刑法ノ立法者ガ存置ニ必要ナル理由ノ如シト雖モ單ニ此理由ノミニテハ此大鐵案ヲ斷定スルニ足ル底ノモノニ

アラザルコトハ讀者既ニ解セラレタルナランヲ以テ著者ノ意見モ亦死刑存置ノ必要アリト云フニアルモ先キニ述ベタル如ク此問題ニ付テハ學者異說ノ甚シキ處ナレバ茲ニ少ク其學說ノ批評ヲ試ミントス

社會ガ死刑ヲ行フハ正當ナリヤ否之ヲ正當ナリトスル論者ハ曰ク死刑ハ世界各國ニ於テ刑罰ヲ行フコトヲ始メタル以來皆之ヲ用ヰ近世ニ至ルマデ不當ヲ鳴スモノ無ク之ヲ疑フモノナカリキ是レ其不當ニアラサルヲ以テナリト此說現ニ死刑ノ不當ヲ鳴ラシ之ヲ廢止セントスル者簇出シ加之斷然或ル國ニ於テハ之ヲ廢止シタル立法例アルコトハ本刑法立法者ノ說明ヲ見ルモ明カナリ古來何レノ國ト雖モ自カラ不正ナルヲ疑ハザル制度モ文明ノ進步スルニ從ヒ漸時其非ヲ悟リ之ヲ廢セントスルモノ尠ナカラス例ヘバ歐米ニ於ケル奴隷制度ノ如キ今日ニテハ何人モ非トスルモ昔時ハ之ヲ恠シマズ又拷問ノ如キモ西洋諸國ハ勿論我德川時代ニ於テモ皆之ヲ用ヒ敢テ其不當ヲ疑フモノナカリキ然レドモ今日ニ至ッテハ遂ニ之ヲ廢止シタリ死刑モ之ニ

類シ瑞西ノ二三州羅馬尼亞、葡萄牙、和蘭、北米合衆國ノ或ル州ニ於テハ死刑ヲ廢セリ之等各國ニ於テ死刑廢止後統計上犯人ノ數更ニ增加セズト云フ故ニ死刑ノ正當ナリヤ否ヤノ問題ハ必ラズ之ヲ他ニ需メザル可カラズ、又死刑廢止論ヲ主張スル者ハ曰ク『死刑ハ道理ノ上ヨリ見テ正シキモノニ非ラズ刑罰ハ前人ノ犯罪ヲ後人ガ敢テ爲サザル爲メニ設ケタルモノニシテ復讎ノ爲メニ非ス殺人行爲ヲナシタル者ニ對シテ假令法律ニヨリ裁判官ガ言渡行刑執行者ガ之ヲ殺スト雖モ人ヲ殺シ其生命ヲ奪フ以上ハ法律ガ人ヲ殺ス事ヲ止メタルニモ拘ハラス法律ニ依テ其法律ヲ犯シタル者ヲ殺スト云フハ道理ニ反ス故ニ死刑ハ廢スヘキモノナリト又甚シキハ其生命ハ造物者ニアラザル限リハ何人モ自由ニ之ヲ剝奪スルコトヲ得ストノ說ヲ主張スルモノアリト然モ之等ハ決シテ理論ノ正鵠ヲ得タルモノト云フ能ハズ死刑ハ道理上何故不正ナルカ余ハ前段ノ理由ノミニテハ未タ容易ニ服スル克ハサルノミカ却テ死刑ハ道理ニ背クモノニアラズト信ズ何トナレバ豫メ謀リテ人ヲ殺害シタル者ノ如キ其情狀甚ダ惡ムベキモノアリ故ニ其極惡者ノ生命ヲ奪ヒタリトテ何ゾ道理ニ反スルアランヤ現ニ人ノ生命ヲ奪ヘリ己ノ生命ヲ奪ハルルハ因果ノ道理ナリ又實際上ヨリ云フモ殺人者ノ如キハ實ニ社會ニ取リテハ危險ノ甚シキモノ之ヲ宥恕スルコトアランカ犯人ハ益々極惡ノ英氣ヲ逞フシテ更ラニ人ヲ殺害セントスルヤ計ル可カラズ社會ハ素ト惡人ヲ社會外ニ驅除シ安寧秩序ヲ維持スルノ權義ヲ有ス若シ殺人罪ヲ犯ス程ノ惡人ヲ助ケ置カンカ再ヒ良民ヲ害スルノ恐アリ故ニ犯人ヲ死刑ニ處スルハ結局良民ヲ殺スヨリモ惡人ヲ殺スノ優レルニ如カズ果シテ然リトセバ死刑ハ決シテ不當ノモノニアラザルヤ明カナリ又死刑ヲ社會ガ行フ能ハザラントセバ恐クハ罰金刑ノ外刑罰ハ行フ能ハズ死刑廢止ノ說又反對スルヲ得ザラン死刑廢止論者ハ社會ハ人ノ生命ヲ奪フノ權ナシト謂ヘリ抑人間ハ其生命ヲ保ツノ權利アリ是ヲ以テ直ニ社會ガ人ノ生命ヲ奪フハ不正ナリト云ハバ又一方ニ人ハ自由ヲ守ルノ權アリ然ラバ人ノ自由ヲ剝奪スル處ノ刑罰モ亦不正ナリト言ハザル可カラサルニ彼ヲ非トシ之ヲ是トスルニ至ツテハ矛盾モ又甚シト云フヘシ人ノ生命ヲ奪フヲ不正ナリトセバ自由ヲ奪フモ又不正

ナルベク又自由ヲ奪フヲ正當トセンカ生命ヲ奪フモ亦正當ナリト云ハザル可カラズ人ノ權利ハ決シテ絶對ノモノニアラズ絶對ナラザル權利ハ相對的ノモノタルヤ疑フ可カラズ換言スレバ自己ノ權利ヲ行フ爲メニ他人ノ權利ヲ害スルコト能ハズ人ヲ殺スガ如キハ人ノ權利ヲ害スルコトノ最モ甚シキモノナリ犯人ハ自己ノ權利ノ限界ヲ超ヘ他人ノ權利ヲ害セリ此侵犯ノ行爲ヲ他ノ方法ニテ防グコトヲ得レバ可ナレトモ極惡ノ徒ニ至ツテハ其生命ヲ奪フニアラザレバ之ヲ防グ能ハズ斯ル場合ニハ是非トモ其生命ヲ奪ハザル可カラズ以上ノ說明ニ依テ讀者ハ死刑ノ道理上不正ナラザルコトヲ了解セラレタルベシ

死刑ノ不當ナラザルハ前段說明スル處ノ如シト雖モ現時行ハルル社會刑罰權ハ曾テ緖言ニ於テ述ベタル如ク條理ニ背カズシテ罰スルノ必要アル場合ナレバ死刑ハ條理上既ニ正當ナリ然ラバ此死刑ヲ科スルノ必要現ニ存スルヤ否ヤハ聊カ研究ヲ要スル點ナリ

由來刑罰ナルモノハ罰スルト罰セザルトハ其問題ノ起リタル國ノ狀況ニ依

テ必要不必要ヲ判定セザル可カラザルハ何人モ認ムル所ナリ故ニ若シ其國文明ニシテ刑罰ヲ行ハザルモ惡人ヲ防グコトヲ得レバ刑罰ヲ科スルノ必要ナシ死刑又刑罰ナルヲ以テ之ヲ科スルト科セザルハ均シク其國情ノ如何ヲ觀察セザル可カラズ若シ一國ガ死刑ヲ廢スルモ殺人犯ノ如キ極惡ナル犯罪ナク又アリトスルモ他ノ方法ニ依テ惡人ヲ責罰スルノ途アランカ之ヲ行フノ必要ナシ從テ死刑ハ廢止セザル可カラズ之ニ反シ死刑ヲ廢止スレバ犯人增加スルノ恐アラン即チ其國ニハ死刑ヲ行フノ必要アレバ之ヲ存スル要アリ我國ノ現象ニ於テ若シ死刑ヲ廢止センカ極惡者增加スルノ恐アリヤ否ヤ余ノ考慮ヲ以テセバ犯人ノ增加ハ兎ニ角我ガ國ニ於テハ如何ニシテモ死刑廢止ヲ爲ス能ハズ見ヨ現ニ死刑ノ制度ヲ設ケアルニモ拘ラズ殺人犯ノ未ダ世ノ中ニ行ハレ居ルコトハ日々新聞ノ之ヲ證明シテ餘アリ殊ニ臺灣ノ如キ無頼漢ノ多キ一朝死刑ヲ廢センカ到底他ニ適當ノ方法ヲ以テ防止スル能ハザルナリ故ニ我改正刑法、立法者モ之ニ看ル處アリテ存置シタルヤ疑ナシ要スルニ我國現今ノ狀態ヲ改ムル能ハズンバ尚永遠ニ死刑ヲ行フノ必要アリ

之レ余ガ多クノ學者ト共ニ死刑存置ノ必要ヲ叫ブ所以ナリ

第二、自由刑

自由刑トハ各人天賦ノ自由ヲ剝奪シ或ハ制限スル刑ヲ云フモノナリ此ノ制度ニ就テハ后ニ明カナル如ク終身自由ヲ剝奪シテ獄內ニ拘禁シ身躰ノ自由及社會ニ於ケル自由ヲモ束縛シ監獄則ナル法令ノ下ニ就役セシメ或ハ日夜囹圄ノ下ニ呻吟セシメ毫モ就業セサルカ如キ何レモ監獄ナル別天地ニ餘生ヲ送ラシメ社會トノ交通ヲ斷ツモノアリ前者ヲ無期ノ懲役トシ后者ヲ無期ノ禁錮トナス此制度ニ就テモ彼ノ死刑ト仝ジク學者間批難ヲ加フルモノアリト雖モ這ハ死刑ノ塲合トハ大ニ其趣ヲ異ニシ他ニ救濟ノ方法多々アリ例ヘバ犯人前非ヲ悔ヒ改悟遷善ノ情狀アレハ一定ノ期間內ニ於テ充分執行官吏ガ試驗ヲナシ全ク再犯ノ虞ナシト認メタルトキハ第三十四條ノ規定ニ基キ假リニ出獄ヲ許スコトヲ得ルアリ又大赦特赦等ノ恩典ニ浴セシムル方法アルヲ以テ犯人ノ反省如何ニ因リテハ終身拘禁スルコトナク絕對ニ犯人ノ希望ヲ絕チ以テ自暴自棄ヲ發作セシムルガ如キコトアラザレバ社會ニ取リ

テモ利益アル制度ト云ハザル可カラズ故ニ死刑ハ廢止セル國アリト雖モ未ダ無期刑ヲ廢止セルノ立法例アルヲ聞カズ

無期ニ反シ有期ノ自由刑ナルモノアリ這ハ彼ノ有期ノ懲役禁錮拘留ヲ指スモノニシテ此ノ種類ニ屬スルハ一定ノ期間監獄ナル鐵窓ノ下ニ拘禁シテ勸善懲惡ノ策ヲ講ズルヲ刑罰トシテ最モ適當ナルモノト云フベシ然レトモ此ノ方法絕對ニ弊害ナシト云フ能ハズ即チ社會ハ廣ク惡人ハ種々ナル性質ヲ有スルモノアルヲ以テ容易ニ其期間內ニ改悛スルモノナキヲ保セズ然レトモ之レ亦止ヲ得ザルモノニシテ罪刑其權衡ヲ得セシメン爲メニハ先ツ以テ有期ノ自由刑コソ策ノ宜シキヲ得タルモノト云フベキナリ

自由刑ハ以上ノ如クニシテ尙其刑期執行方法等ニ付キ學者ノ說ク處大ニ異ナルモノアリト雖モ玆ハ渾テ各條ノ說明ニ讓ラン

第三、名譽刑

名譽刑ニ付テハ本法ニ何等規定スルモノナシト雖モ之レ刑罰法ヨリ除キタルモノニアラス要ハ特別法ヲ以テ科セントスルモノナリ故ニ余ハ參考ノ爲

メ從來行ハレタル名譽刑ニ付キ聊カ説明ヲ加ヘント欲ス而シテ其尤モ重キモノハ公權剝奪ノ一ナリ蓋シ吾人ハ帝國憲法ノ規定ニ依リ臣民トシテノ權利ハ渾テ行使スルコトヲ得尤モ特別ノ法律ニ於テ制限セラレタル場合ハ例外ナリト雖モ憲法ハ吾人ノ權利ヲ保障セリ然ルニ一度罪ヲ犯シ刑法上ノ處分ヲ受ケ主刑ノ外ニ此公權剝奪ナル刑ヲ科セラレンカ最早社會ニ立チテ自己ノ名譽ニ關スル權利ヲ行使スル能ハサルニ至ル之レ良民トシテ最モ忌ムヘキコトナルモ禁制命令ニ背キタル罪人即チ監獄內ニ拘禁セラレアルモノ或ハ社會ニ重大ナル破廉耻ノ害ヲ加ヘタルモノノ如キハ條理既ニ名譽ヲ重シタルモノト云フ可カラス自カラ名譽ヲ輕シタルモノニ向ツテハ理論上ヨリスルモ將タ政策上ヨリスルモ尙名譽保障ヲ與ヘントスルカ如キハ治國ノ宜シキヲ得タルモノト云フヲ得ス名譽刑トシテノ公權剝奪ハ如何ナル權利ヲ剝奪スルモノナリヤニ付テハ特別法ノ制定ヲ竢ツテ更ニ硏究セン

第四、財產刑

財產刑トハ犯人ノ財產ニ對シテ行フ所ノ刑罰ナリ故ニ前三ノ場合トハ全ク

異ナリ種々ノ批難ヲ免レズ即チ(1)刑ハ一身ニ止マルトノ原則ヲ貫ク能ハス何トナレハ犯人ノ所有財産ニ對スト雖モ其影響ハ我カ國ノ如キ家族制度ニアリテハ直接家人ニ及フヤ必セリ然レトモ之レ亦止ヲ得サル所ニシテ彼ノ死刑ノ如キ自由刑ノ如キ又必ラス間接ニ家族ニ及フモノナルヲ以テ獨リ財産刑而已批難スル能ハス直接ト間接トヲ區別シテ之ヲ批難スルハ勿論ナリト雖モ制度上萬止ムヲ得サルモノハ理論ノ透徹ニノミ歸スベキモノニアラズトノ理由ヲ以テスレハ穴勝甚シキ弊害ヲ生ズルコトナケン(2)刑ハ均一ナルヲ要ストノ原則ニ反ス之レ實ニ然リト云ハザルベカラズ例ヘハ巨萬ノ富ヲ有スル者ニ百圓ノ罰金ヲ言渡スト赤貧洗フガ如キモノニ百圓ノ刑ヲ科スルトハ決シテ權衡ヲ得タリト云フヲ得ス只幸ニ此點ニ就テ伸縮ヲ或ル範圍マテ許シアル刑法ノ下ニ於テハ裁判官カ意ヲ用ヰテ刑ヲ定メンカ多少之カ批難ハ免ルルコトヲ得ン又刑ノ執行ニ當リテモ富豪ノ犯人ハ常ニ罰金ヲ徵收セラルルト雖モ赤貧者ハ徵收スルノ途ナキヲ以テ之ノ刑ヲ免ルル如キ觀アリ然レトモ此ハ刑ノ執行ニ該テ換刑處分アルヲ以テ絶對ニ救濟ノ途ナキ

第六條　刑ハ主刑及ヒ附加刑トナス主刑ハ之チ宣告ス附加刑ハ法律ニ於テ其宣告スル者ト宣告セサル者トチ定ム
第七條　左ニ記載シタル者チ以テ重罪ノ主刑ト為ス
一　死刑
二　無期徒刑
三　有期徒刑
四　無期流刑
五　有期流刑

ニアラズ

財産ニ對スル刑ノ種類ハ我刑法ノ規定スル處ニヨレハ罰金科料及沒收ノ三種ナリ罰金科料ハ極メテ輕易ナル犯罪ニ對シテ行フモノナルカ故ニ刑罰中尤モ輕キ刑ナリ故ニ兩者ノ權衡ヲ得セシムル爲メニハ罰金科料ノ刑ヲ設クルハ最モ必要ニシテ各國亦此別ヲ見ザル處ナシ然レトモ學者ノ其刑ニ對スル紛噪又少ナカラザルモ要スルニ一身ニ止マルト云フ原則ニ反スト云フニ過ギズ未ダ曾テ制度ノ如何ニ論及スルモノナシ之レ我刑法立法者ノ採用シタル所以ナラン

第九條　死刑、懲役、禁錮、罰金、拘留及ヒ科料ヲ主刑トシ沒收ヲ附加刑トス

本條ハ刑名ヲ列擧シタルモノニシテ刑法ニ於テ罰スベキ刑名ハ本條規定ノ外他ニアルコトナシ而シテ其刑ヲ大別シテ主刑、附加刑トノ二ニ區別シタル所以ハ刑ノ性質上犯罪ニ伴ハザル嫌ヒアルヲ以テ先ヅ犯罪ノ性質ニ依リ何

六　重懲役
七　輕懲役
八　重禁獄
九　輕禁獄
第八條左ニ記載シタル者ヲ以テ輕罪ノ主刑ト爲ス
一　重禁錮
二　輕禁錮
三　罰金
第九條左ニ記載シタル者ヲ以テ違警罪ノ主刑ト爲ス
一　拘留
二　科料
第十條左ニ記載シタル者ヲ以テ附加刑ト爲ス
一　剝奪公權
二　停正公權

々ノ刑ヲ科スル者ニハ附加刑トシテ何々ノ刑ヲ併科セントスルモノナル故犯罪ノ性質ニ依テハ單ニ主刑ノミニ止メ又附加スル必要アルモノニハ尙之ヲ附加セザル可ラザルヲ以テ特ニ主刑附加刑ノ二種ヲ認メタルモノナリ而シテ其主刑トハ如何附加刑トハ如何ト云フ點ニ付テハ條文讀過直ニ明瞭ナルヲ以テ茲ニ說カズ（舊法第六條乃至第十條參照）

第十條　主刑ノ輕重ハ前條記載ノ順序ニ依ル但無期禁錮ト有期懲役トハ禁錮ヲ以テ重シトシ有期禁錮ノ長期有期懲役ノ長期ノ二倍ヲ超ユルトキハ禁錮ヲ以テ重シトス

同種ノ刑ハ長期ノ長キモノ又ハ多額ノ多キモノヲ以テ重シトシ長期又ハ多額ノ同シキモノハ其短期ノ長キモノ又ハ寡額ノ多キモノヲ以テ重シトス

二個以上ノ死刑又ハ長期若クハ多額及ヒ短期若クハ寡

額ノ同シキ同種ノ刑ハ犯情ニ依リ其輕重ヲ定ム

本條ハ主刑輕重ノ標準ヲ定メタルモノナリ今此ノ規定ヲ通覽スルニ其輕重ハ前條列記ノ順序ニ基キ死刑ヲ以テ主刑中ノ最モ重キモノトナシ以下之ニ傚ヒ科料ヲ以テ主刑中最輕ノ刑トナセリト雖モ犯罪ノ主躰ハ常ニ活動スルモノニシテ靜止ノ狀態ニ止マルコトナシ故ニ犯人ハ決シテ法文規定ノ順序ニヨリ罪ヲ犯スコトナシ或ハ罪質交叉シテ一時ニ二個以上ノ刑名ニ觸ルル犯罪行爲ナキニ非ラズ如斯塲合ニ於テ其行爲ノ程度ガ禁錮ト懲役ノ刑ニ該ルモ倶發シタリトセンカ之ヲ各本條ニ照シ禁錮ヲ以テ罰スル有期ノ日數ガ懲役ヲ以テ罰スル刑ノ期限ヨリ長キコトアラバ玆ニ一個ノ問題ヲ生ズ即チ刑自躰ハ輕キモ之ヲ實質的ニ觀察セバ輕キ禁錮ノ拘禁日數永ク爲メニ自由ノ束縛ヲ受クルコト久シク毫モ刑ノ輕重ヲ定メタル實益ナシ玆ニ於テ乎本條ハ特ニ但書ヲ設ケ此問題ヲ解決シタリ即チ有期禁錮ノ長期カ有期懲役ノ長期ノ二倍ヲ超ユルトキハ禁錮ヲ以テ重シトノ標準ヲ立テタリ然レトモ尚玆ニ一言セサル可カラザルモノハ本條但書ヲ通讀スルニ有期禁錮ノ長期カ

有期懲役ノ長期ノ二倍ヲ超ユルトキトアルヲ以テ若シ二倍以下ナルトキハ例ヘ一日不足ト雖モ禁錮ヲ以テ輕シト爲サヽルヘカラス之レ皮想ノ見解ヲ以テスレハ甚タ奇異ノ規定ナルモノヽ如シト雖モ由來禁錮ノ刑ヲ以テ科スル犯罪ト懲役ノ刑ヲ科スル犯罪トハ罪質大ニ異ナリ且ツ禁錮ノ刑ニ依リ執行ヲ受クルモノト懲役ニ處セラレ執行ヲ受クルモノトハ拘禁中ノ待遇大ニ逕庭アリ亦大赦特赦假出獄等ノ恩典ニ至ツテモ頗ル異ナル處アルヲ以テ單ニ拘禁日數長キヲ以テ直ニ刑ノ輕重ヲ判斷スルハ早計ノ誹ヲ免レサラン然レトモ既ニ二倍以上ナル日數ノトキハ先ツ重キモノヨリ執行スル主義ナルヲ以テ茲ニ此標準ヲ採リタルハ本法ノ注意周到ナル所ナリ

本條第二項ノ規定ハ全種ノ刑ノ輕重ヲ定メタルモノナリ此種ノ規定ハ其要ナキカ如シト雖モ時ニ文字ニ拘泥シテ曲解ヲ試ムルモノナシト云フ可カラス茲ニ於テ乎法律ハ特ニ意ヲ用ヰテ誤解ヲ免レシメントセリ例ヘハ五年以下ノ有期懲役ト五年以上ノ有期懲役トハ五年以上ノモノヲ以テ重シトシ又百圓以下ノ罰金ニ處スヘキモノト百圓以上ノ罰金ニ處スヘキモノト混同シ

タルトキハ此上ノモノヲ以テ重シトスルガ如シ尙長期若シクハ多額ノ均シキモノアルトキハ其短期若シクハ寡額ノ多キモノヲ以テ重シトスルハ本條ノ明文ニ示セルガ如シ例セバ甲ノ刑ハ二月以上五年以下ノ懲役ニシテ乙ノ刑ハ六月以上五年以下ノ刑ナルトキハ乙ノ刑ヲ以テ重シトスルノ類ナリ更ニ本條第三項ノ規定ニ就テ一言センニ本項ノ場合ノ如キ二個以上ノ刑罰ガ混同シタルトキニアリテ其二個共同一規定ニシテ刑ノ上ニ於テ輕重ヲ判別スル能ハザルトキハ直接犯情ニ依テ之レガ區別ノ標準ヲ定メントスルモノナリ蓋シ同種ノ刑ニシテ同一期間若クハ同額ノ刑ナルトキハ何レヲ重シトシ何レヲ輕シトスルヤ規定シ難シ故ニ犯罪ノ情狀ニ依リ決スルノ外道ナカラン何トナレバ犯質異ナル二個以上ノ罪ヲ犯シタル犯人ニ刑ヲ科スルニ際シ全一期間ノ刑ナルモ其一ノ重キモノヲノミ科スル必要アリトセンカ裁判官ハ本項ノ規定ナキトトキハ其何レヲ科スルヲ正當トスルヤ多數裁判官ノ內ニハ或ハ解釋ヲ異ニシ往々甲裁判ト乙裁判ト齟齬スル場合ナキヲ保ス可カラズ故ニカカル場合ニハ犯罪ノ淸狀ニ基キ輕重ヲ區別スルヲ穩當トス

然レトモ其情狀如何ハ一ニ裁判官ノ責任ニアルヲ以テ職ヲ司法ノ機ニ參スルモノハ宜敷冷靜ナル判斷ヲ下サザル可カラズ

第十一條 死刑ハ監獄內ニ於て絞首シテ之ヲ執行ス

死刑ノ言渡ヲ受ケタル者ハ其執行ニ至ルマテ之ヲ監獄ニ拘置ス

本條ハ死刑執行ノ方法ヲ定メタリ蓋シ死刑ノ執行方法ニ就テハ古來何レモ其規定ヲ異ニス今我國德川幕府以前ノ史ヲ案ズルニ或ハ犯人ヲ馬ニ載セ江戶八百八町ヲ引廻シテ鈴ケ森ニ至リ公衆ニ縱覽ヲ許シテ火刑、牛裂礫刑、或ハ斬首ノ刑ニ處シタリ然レドモ制度文物揮テ舊態ヲ脫シ文明進捗ノ今日ニ至リテハ何人モ其慘酷ナルヲイトヒ死刑ノ執行ハ極メテ秘密ヲ守リテ執行官吏ノ外知ルヲ得ザラシメタリ若シ夫レ舊時ノ如キ手段方法ニ依ランカ或ハ親戚故舊ニ慘忍ヲ知ラシメ或ハ又死刑ノ恐ルベキモノニアラズ却テ衆人公衆ノ前ニ於テ斷頭臺ニ上ルヲ屑シトシ名譽ノ如ク迷信スル愚者ノ輩出スルナキヲ保セズ斯ル事假リニ存ストセンカ一ハ國法ノ慘酷ヲ憤リ一ハ國法ヲ輕視スルガ如ク行刑上爲メニ法ヲ死物ニスルノ恐アリ故ニ舊刑法以來死刑ノ執行ハ必ラズ監獄内ニ於テ絞首シテ執行スルコトトセリ此執行ハ如何ナルモノガ司掌スルヤニ就テハ實體法タリ原則法タル刑法ニハ規定セザルモ現行我國ノ法律ニ於テハ之ヲ監獄則ニ定メタリ今其レヲ見ルニ死刑ノ執行ニハ檢事裁判所書記立會ノ上典獄ハ部下ノ看守押丁ヲシテ之ガ絞首ノ職ニ從事セシムル外犯人警閫ノ官吏アルノミ決シテ他人ノ立寄ヲ許サザルナリ本條ノ規定ニ依ルトキハ死刑ハ絞首シテ之ヲ執行ストアルヲ以テ俗ニ云フ首ヲ縊リテ生命ヲ斷ツモノナリ此絞首ニ就テハ學者ノ間ニ往々異論アル處其絞首ヲ否トスルモノハ曰ク絞首ハ死ニ至ルマデニハ長時間ヲ要スルモノナルガ故無益ノ苦痛ヲ感ゼシムル事甚ダシク寧ロ一ト思ヒニ斬首スルノ優レルニ如カズト論旨巧妙ナルガ如キモ具サニ考慮セバ凡ソ人トシテ五躰ヲ備ヘ來ルモノ假令其死後ト雖モ身首處ヲ異ニスルハ慘酷ナラズヤ然ルニ斬首論者ノ如キ死ニ至ルマデ長キ苦痛ヲ與ヘンヨリモ寧ロ斷頭ニ處スルヲ上

策ナリト云フモ執行ヲ受クル者モ白刃氷ノ如キモノ今ヤ頸ニ落チ來ラントスルヨリモ絞首ノ寛ナルヲ可トス又死體ヲ請ヒ受クル遺族ニ取リテモ五體完全ノママ死者ニ接スルハ國法ノ寛仁ヲ思ハシム死刑ノ執行ハ一ナリ然カモ吾人ノ思ヒ及ブ所夫レ絞首ノ優レルニ如クモノアランヤ之レ吾刑法モ絞首ヲ採用シタル所以ナラン歟

法文ニ絞首シテ執行スト特ニ規定シタルハ舊刑法ノ單ニ絞首スト規定シタルヲ修正シタルモノナリ而シテ此修正ノ理由ハ絞首シテ生命ヲ絶ツコトヲ明カニシタルモノナリ蓋シ舊刑法ノ下ニ於テハ單ニ絞首ストノミアルヲ以テ絞首ハ往々蘇生スルコトアルガ故此場合ニ疑ヲ生ジ學者或ハ一度絞首シテ制規ノ時間ヲ經ルモ尚死セズ死シテ而シテ後蘇生スルモノアランカ最早再ビ執行スル克ハズト論ズルモノアリ然レドモ死刑ハ素ト生命ヲ絶ツヲ目的トスルモノナルガ故全ク死ニ至ルマデハ幾度ニテモ之ヲ絞首シテ執行セントスル原則ヲ明カニシタルナリ

第二項ハ死刑ノ言渡ヲ受ケタルモノハ其執行ニ至ルマデ如何ナル處ニ居ル

第十二條 死刑ハ絞首ス但規則ニ定ムル所ノ官吏臨檢シ獄內ニ於テ之ヲ行フ

カヲ定メタルモノナリ蓋シ死刑ノ言渡ヲ受ケ其言渡確定スルモ直ニ執行スベキモノニアラズ故ニ確定後執行ニ至ルマデノ間犯人ハ何レニ置クモノナリヤニ付キ多少疑ヲ存スル點アルヲ以テ特ニ立法者ガ意ヲ之レニ用ヰタルモノナリ況ンヤ現行刑事訴訟法修正ノ曉ニハ或ハ彼ノ重罪ノ嫌疑アル刑事被告人ハ其豫審決定ト同時ニ拘置監ニ拘留セラルヽ者モ漸次進歩發達ニ連レ人權ヲ重ンズル結果刑ノ言渡確定スル迄保釋責付等ニ依リ拘禁セザル場合生ズルヤモ知ルベカラズ蓋シ一度死刑ノ言渡ヲ受ケタル者ノ如キハ例ヘ判決確定前ト强モ拘置ノ必要ヲ存ズルヤ敢テ呶々ヲ要セズ依是觀之本項ノ規定ハ刑事訴訟法修正ノ上ハ一層重要ナルモノナリ即チ他ノ犯罪人ハ執行ニ至ル場合マデ或ハ釋放セラレ居ルコトアラン然レドモ死刑ノ言渡ヲ受ケタル者ハ執行ニ至ル間幾年ノ久シキニ渉ルモ監獄ナル別天地ニ拘禁スルモノト知ル可シ只茲ニ一ノ間題ヲ生ズル場合ナキニアラズ即チ刑ノ言渡確定シテ未ダ執行ニ至ラザル間ハ他ノ犯罪人ノ如ク確定後直チニ執行ヲ受クル者ト異ナルヲ以テ此間ノ拘禁ハ如何ナル種類ノモノナリヤ右ハ本項末段ニ拘

第十二條　死刑ハ絞首ス但シ規則ノ定ムル所ニ官吏臨檢シ獄内ニ於テ之ヲ行フ

置ストアルヲ以テ余ハ未決拘置ト異ナルコトナカランコト尚本問ニ對スル詳細ハ監獄則ノ說明ニ讓ルヲ便トス（舊法第十二條參照）

第十二條　懲役ハ無期及ヒ有期トシ有期懲役ハ一月以上十五年以下トス懲役ハ監獄ニ拘置シ定役ニ服ス

本條ハ懲役ニ關スル規定ナリ懲役ヲ科スル犯罪ハ第二編以下ヲ案ズレバ國事犯ニハ科セザル處ニシテ本條規定ノ精神ハ懲役ノ期限及執行方法ヲ定メ空文徒法ノ誹ヲ免ガレンガ爲メナリ凡ソ刑法ハ刑罰ノ適用ヲ目的トシ而シテ之ヲ適用センニハ夫レニ必要ナル期間ヲ定メザル可カラズ

本條ノ規定ヲ見ルニ懲役ノ期間ハ有期ト無期ノ二ニ分チタリ之レガ區別ノ利益ハ那邊ニアリヤ一般ノ說ノ如ク罪刑其度ヲ得セシメントスル原則ヨリ出デタルモノナラン故ニ罪ノ極メテ重キモノ換言スレバ社會ニ流セル害毒ノ甚シキ犯罪ニハ重キ刑ヲ科シ反之罪ノ輕キモノニハ輕キ刑ヲ科スルハ條理上然ラザルヲ得ザルモノナク之レ我舊刑法其他文明諸國ノ法律ニ於テ何

レモ行ハレツツアル所ナリ然ルニ刑ニハ或ル一定ノ範圍內ニ於テ期限ヲ定ムルヲ穩當トスルニ拘ハラズ本條規定ノ如ク有期刑ニハ一月以上十五年以下ノ範圍ニ於テ罪刑其度ヲ得セシムル方針ニ依テ適用スルモ無期刑ニハ此範圍ナシ加之無期刑ハ受刑者ノ年齡ノ老壯ニ依リ大ニ幸不幸アリ例ヘバ六七十歲ノ老人ガ無期刑ノ執行ヲ受クルモ餘生僅少ナルガ故ニ三十歲ノ壯年無期刑ニ處セラレタルニ比スレバ大ニ輕易ナリト云ハザル可カラズ又本章ノ始メニ於テ一言シ置キタル如ク無期刑ヲ受ケンカ再ビ社會ニ出ヅルコトナキヲ以テ皆絕望シテ毫モ改悛スルコトナク益々惡人トナルハ人情ノ常ニシテ遂ニ刑罰ノ目的タル改過遷善ノ途ヲ失ヒ社會ニ及ボス利益ナシ玆ニ於テ無期刑廢ス可シトノ議刑法學者間ニ一時喧噪ヲ極メタリ然レドモ余ハ立法者ト全ジク無期刑ハ廢スベキモノニアラズト信ズ何トナレバ有期刑ノ長期ハ十五年ヲ超ユルヲ得ズ然ルニ若シ犯人ノ情狀十五年ノ刑ニテハ輕キニ失シサリトテ死刑ハ又重キニ失スルモノ少カラス此場合ニ處スルニ無期刑ヲ以テスルハ當ヲ得タルモノトセザル可カラズ又彼ノ犯人ニ終身絕望セシメ

改悛ノ情ヲ惹起サシムル能ハザル救濟トシテハ幸ニ大赦特赦減刑假出獄等ノ恩典ニ浴セシムルヲ以テ此弊害ハ除去スルコトヲ得ン

第二項ハ懲役ノ執行方法ヲ定メタルモノナリ由來刑罰ハ緒言ニ於テ述ベタル如ク苦痛ヲ感ゼシムルト全時ニ前非ヲ悔ヒ善心ニ立戻ラシムル方法ヲ講ゼザル可カラズ蓋モ犯人ガ始メテ罪ヲ犯ス時ハ偶然ニ出ツル者多ク此種ノ者一度監獄ナル別天地ニ生活センカ漸次惡事ニ慣レ遂ニハ純然タル惡人トナリ善人トナルコト能ハザル悲境ニ陷ルハ今日普通ノ状態ナリトス、豈概セザル可ケンヤ於茲乎近來大ニ監獄改良ノ説行ハレ刑罰ノ目的ヲ達スルニハ如何ナル方法ニ依テ執行スルヲ可ナリヤトノ點ニ付キ學者ノ説數派ニ分ル今其大要ヲ擧ゲテ讀者研究ノ便ニ供セン

A　內地監獄説

B　島地派遣説

A　內地監獄説

此説又分レテ左ノ三説ヲ代表ス

(a)　監獄内ニ數多ノ囚人ヲ入レ置キ晝夜共ニ同囚ト起臥セシメ又共ニ定役ニ服セシムルコト

(b)　晝ハ共ニ定役ニ服シ夜ハ一人毎ニ分離スルコト

(c)　分房制即チ晝夜囚人ヲ全居セシメザルコト

(a)　雑居制即チ晝夜共囚人ヲ全居セシムルコト

此方法ハ今日排斥シツツアルモノニシテ頗ル弊害多シ蓋シ惡人多數集合スレバ日常ノ談話皆惡事ノミニシテ其惡人間ニハ或ハ大ナル犯罪ヲ爲シタル者アリテ他日放免ノ曉ニハ如何ナル手段ニ依リ犯罪ヲ行ヒ如何ナル工夫ヲ爲セバ容易ニ犯罪ヲ爲スヲ得ル等恰カモ監獄ハ犯罪研究所ノ如キ奇觀ヲ呈ス故ニ偶々罪ヲ犯シテ入監スル者アリテ前非ヲ悔ヒ再犯等ハ夢想ダニセザルモ一度極惡ナル囚徒ト交ハレバ彼ノ朱ニ交ハレバ赤クナルノ諺ニ洩レズ益々犯罪ノ研究ヲ爲スニ至ルベシサレバ此制度ハ再犯防遏ノ目的ヲ達スル能ハザルノミナラズ多々益々惡人ヲ養成スルガ如キ結果ヲ生ズルニヨリ各國何レモ全廢説ヲ主張シ居ルモ政府ノ財政之ヲ許サヾル爲メ今尚此主義ヲ

採用セルモノ最モ多シ

(b) 晝ハ共ニ定役ニ服セシメ夜ハ分房ニスルコト

此方法モ未ダ完全ナリト云フヲ得ズ何トナレバ晝ハ全囚ト共ニ定役ニ服スルニ因リ尚相互ニ惡事ヲ談ズルノ機會ヲ與フ故其利益著シカラズ於玆乎晝間共ニ定役ニ服スル間他囚ト談話ヲ禁ズル規則ヲ設クル國アルモ口ニ關ナク言語ヲ發スル事容易ナレハ低聲高聲之ヲ制止スル能ハズ強ヒテ之ヲ制止セントスルニハ囚人一人ニ看守一人ヲ付シ犯ス者ニハ嚴重ナル制裁ヲ加ヘザル可カラザルモ其實行殆ト不可能ナリ

(c) 分房制(晝夜全囚ト全居セシメザルコト)

此制度ハ尤モ効果ノ大ナルモノナリ凡ソ吾人人類ハ獨居沈默スルヨリ苦痛ヲ感ズルコトナク剩サヘ他ニ惡事ノ相談相手ナキヲ以テ自然良心ニ立戻ルベシ然レドモ獨居沈默ノ久シキニ亘ルトキハ之ヨリ生ズル弊害亦僅少ナラズ或ハ發狂スルアリ或ハ悒鬱疾病ヲ求メ或ハ衛生上非常ノ害惡ヲ來スコトナキニアラザレバ此制度ハ稍ヤ慘酷ニ失スルノ虞アリ加之獄中冬季ハ暖ヲ

採ル能ハズ爲メニ寒國ニアリテハ獨居ノ結果往々凍病者ヲ出スコトヲ免レズ

以上ノ如ク分房制ハ苛酷ニ失スルノ嫌ヲ免レズト雖モ囚人ヲシテ他人ト談話セシムルトキハ多少苦痛ヲ慰ムル故或國ニ於テハ同囚トハ談話ヲ禁シ看守押丁又ハ敎悔師ト談話スルヲ許セリ此方法ハ分房制ノ善ナルモノト云フベキナリ

分房制ハ最初ハ刑期ノ長キモノニノミ適用セシモ終身刑又ハ其他終身ニ近キ者ノ如キハ苛酷ニ失スルノ弊アレバ後ニハ全ク反對ノ主義ヲ採リ刑期ノ短キ者ニ對シテ執行スルコトトセリ然レドモ此方法ニモ尙短所アルヲ免レズ一朝分房ニ依リ効果ヲ奏シ犯人先非ヲ悔ヒ良民トナルニ至リ俄ニ放免セラレ自由ノ社會ニ出ヅル時ハ在監ノ時ニ反シテ身體擧措只己レガ意ノ如クナルヲ以テ遂ニ不知不識ノ中ニ再ビ罪ヲ犯スコト少カラズ且ツ犯人放免セラレ社會ニ出ヅル時ハ人之ヲ嫌忌スルヲ常トスレバ容易ニ其職業ヲ得ル能ハズ之レ又新犯罪ノ一原因ヲ爲スモノナリ近時此弊害ヲ矯正セン爲メ犯人

漸次自由ノ身トナル方法ヲ講セリ即チ犯人ノ處刑ヲ六年トセバ先ヅ之ヲ三期ニ區分シ最初ノ一期間ノ二年ハ獨房ニ容レ第二期ノ二年ハ同囚中既ニ改悛ノ情アルモノト同房ニ居リ第三期目ハ半バ自由ヲ得滿期ニ至リ初メテ全キ自由ヲ以テ社會ニ立ツト云フガ如ク順ヲ逐ヒ序ヲ踏ミ初メテ晴天白日ノ身トナルノ方法トス

此方法ハ二三ノ國ニ於テ實行シタリト雖モ之ヲ行フニハ莫大ノ費用ヲ要スルガ故ニ其法善良ナルモ普ク之ヲ行フ能ハズ今我國若シ渾テニ之ヲ實行スルトセバ監獄費大ニ增加シ例ヘ國庫支辨ノ今日ト雖モ歸スル處ハ民財ヲ徵收スルニアルヲ以テ人民其負擔ニ耐ヘザルベシ故ニ國家ノ經濟上ヨリ打算スルトキハ第一ノ方法ニ改良ヲ加ヘ第三ノ方法ヲ加味セシメントスルヲ目下ノ急務トスベキナリ、

(a)ノ方法ヲ實行スルニ際シ我國ノ實際ヲ見ルニ罪質ノ同ジキ者ハ何レモ同一監房ニ入レ置ク有樣ナルモ此點ハ大ニ鑑ミザル可カラザル處ナリ例ヘバ持兇器强盜罪ヲ犯シタルガ如キ大惡人ヲ一房ニ集居セシメンカ互ノ意氣投

合シ或ハ破獄ヲ圖リ或ハ大惡ヲ企テ其危險謂フ可カラズ北海道收治監ニ居ル囚人ガ往々共謀シテ暴行ヲ企ツルガ如キ其他地方監獄ニ於テモ此ノ種ノ弊害ヲ生ゼシ實例アルハ以テ此制ノ當ヲ得ザル所以ナラン若シ夫レ之ニ反シ大惡人ト小惡人ト混同シテ同房ニ拘禁センカ其間意氣ノ投合ヲ妨ゲ相謀リテ危險ノ行爲ヲ企ツルコト甚ダ困難ナリ加之例ヘ一部ノ者之レカ謀計ヲ廻ラスコトアルモ發覺容易ナルガ故此方法ハ寧ロ前者ニ優ルコト千萬ナラン

B　島地派遣說、

此說ハ夙ニ英國ニ於テ實行セラレタリ英國ハ當初囚徒米國ニ送リタルモ米國獨立後ハ之ヲ濠洲ニ送致セシヨリ濠洲今日ノ繁盛ヲ見ルニ至レリ島地派遣ノ利益ヲ擧グレバ殖民地ハ土地廣ク物產ニ富ムト雖モ人口割合ニ少ナク從テ勞力甚ダ乏シキ如斯ク勞力者ノ欠乏センカ他ノ供給ニ依テ補ザル可カラズ故ニ斯クノ如キ土地ニアリテハ例ヘ刑餘ノ人ナリト雖モ需要急ナル點ヨリシテ內地ノ如ク其人ヲ嫌惡スルニ遑アラズ是ガ爲メ獨逸人悔悛シテ正

業ニ就カントセバ其志ヲ達スルヤ容易ナリ既ニ此點ノミニテモ囚徒ヲ殖民地ニ發遣スルハ大ニ利益アリ加之本國ニテハ惡人ヲ疆域外ニ驅逐スルヲ以テ最早其犯人ヲ顧慮スルニ及バズ又殖民地ニ於テハ其勞力ニ依リテ土地ヲ開拓スルノ便利アリ以上ノ利益ハ島地發遣說ヲ主張スル者ノ喋々スル所ナリ然レトモ之ハ如何ナル邦國ニテモ必ラズ實行シ能フ可キ者ニアラズ我國ノ如キハ從來遠隔ノ島嶼ヲ有セズ從テ適當ノ殖民地ナカリシモ臺灣樺太ヲ得タル今日ハ重罪ノ犯人ノミニテモ發遣スルハ適當ナル政策ナルベシ右ノ如クナルヲ以テ此方法ヲ行フニハ第一、犯人ヲ發遣スルニ適當ナル殖民地ヲ有セザル可カラザルコト第二其殖民地アリト雖モ之レ亦決シテ永久ノモノニアラズ例ヘバ英國ノ如ク當初囚人ヲ米國ニ送リ米國獨立後濠洲ニ送リシモ未ダ百年ヲ經ザルニ囚徒ノ發遣ハ今ヤ嶋人ノ拒ム所トナリ發遣囚人ヲ乘セタル船舶ニ向ッテ發砲スルノ危險ヲ見遂ニ其方法ヲ廢止シタルハ一ノ好適例ト云フベキニアラズヤ

加之島地發遣ノ方法ハ多額ノ費用ヲ要ス我舊刑法ノ下ニ於テ徒刑囚ヲ北海

第十七條　徒刑ハ無期有期ヲ分タス島地ニ發遣シ定役ニ服ス
第十二條　懲役ハ內地ノ懲役場ニ入レ定役ニ服ス但六十歳ニ滿ル者ハ第十六條ノ例ニ從フ
第二十四條　禁錮ハ禁錮場ニ留置シ重禁錮ハ定役ニ服シ輕禁錮ハ定役ニ服セス

道ニ送ルノ制ヲ採リタルハ幾分嶋地發遣說ヲ用ヒタルモノナランモ送致費用ノ支辨ニ困難ヲ來タシ內地ノ集治監ニ拘禁スルノ止ムヲ得ザルニ至ルガ如キ要スルニ刑ノ執行方法ニ就キテ效果宜シキヲ採ランカ財源ニ餘マル費用ヲ要シ然ラザレバ效果ノ完全ナルコトヲ得ズ執行方法亦難ヒ哉然レドモ本刑法ニ於テハ單ニ懲役場禁錮場等ノ規定ニ過ギズシテ其懲役場ハ何レニ設置スルヤ禁錮ハ何レノ監獄內ニ置クヤニ就テハ別ニ規定スル處アラザルモ恐クハ內地監獄說ヲ採用シタルモノナラン

第二項末段ノ定役ニ服ストハ懲役場內ノ工作場ニ於テ一定ノ就役時間勞働ニ服セシムル事ヲ云フモノニシテ詳細ハ監獄法ニ屬スレバ說明セズ(舊法一七ノ一項、二二ノ一項、二四條一項參照)

第十三條　禁錮ハ無期及ヒ有期トシ有期禁錮ハ一月以上十五年以下トス

禁錮ハ監獄ニ拘置ス

本條ハ禁錮ニ關スル規定ナリ本條モ又前條ト同ジク禁錮ノ刑ヲ分チテ二種ト爲シ一ヲ無期禁錮トシ他ヲ有期禁錮トス其之ヲ分チタル利益及執行方法ニ付テハ渾テ前條ヲ參照セラルベシ只異ナル點ハ刑名ト之ヲ科スル犯罪ノ質ニアルノミ今我ガ刑法第二編以下ヲ見ルニ禁錮ノ刑ヲ科スル犯罪ハ何レモ其罪質懲役ヲ科スル場合ノ如ク破廉恥ナルモノニアラズ從テ禁錮ニ對スル特別ノ待遇時トシテ之レアリ本條第二項ノ禁錮ハ禁錮場ニ拘置ストアルノミニテ懲役ノ如ク定役ニ服セシメズ其重ナル理由ハ禁錮ニ處スベキ犯罪ハ政事犯罪即チ内亂ニ關スル罪ヲ犯シタル者ニ科スル處ノモノ之等ノ犯人ハ時ノ政府ノ處置ヲ批難シ憤慨スルノ餘リ其政府ヲ轉覆セン爲メ軍備ヲ立テ暴擧ヲ謀リシ罪素ヨリ恕スベキモノニアラズト雖モ其犯意タルヤ彼ノ常事犯ノ如ク背德汚行ノ自利心ナク公共ノタメニ自己ノ身ヲ犧牲ニスル者多キガ如シ之レ法律ガ特ニ此種ノ犯人ニハ常事犯者ニ科スル刑トハ其趣ヲ異ニシ拘禁中定役ニ服セシムルガ如キコトナカラシメタル所以ナリ然ルニ論者ハ此制度ハ全ク行刑ノ主義ニ反ス苟クモ刑罰ヲ科スル以上ハ必ラズ定役

第二十條　流刑ハ無期有期ヲ分タス島地ノ獄ニ幽閉シ定役ニ服セス
第二十三條　禁獄ハ內地ノ獄ニ入レ定役ニ服セス
第二十四條　禁錮ハ禁錮場ニ留置シ重禁錮ハ定役ニ服シ輕禁錮ハ定役ニ服セス

ニ服セシメザルベカラズ然ラザレバ犯人ヲ懲戒スルノ効果ナシ宜シク此種ノ犯人ニ對シテモ服役ヲ命ズ可シ且ツ人ハ終生鐵窓ノ下ニ呻吟シ囹圄ノ中ニ坐食セシムル如キハ其性質ニアラズ二六時中適當ニ活動シ安眠休息勞務ニ服スル等其度ヲ得ザル時ハ遂ニハ健康ヲ害シ終生治ス可カラザル疾病ヲ招カンモ計リ難シ若シ夫レ假リニ如斯事アランカ恰モ精神的死刑ヲ言渡シタルト一般ニシテ無形的苦痛ヲ感ゼシムル事甚シサレバ須ラク適當ノ作業ヲ科シ活動セシメザル可カラズト所論頗ル巧妙ナルモ未ダ皮想ノ見解タルヲ免レザルナリ何者凡ソ政事犯者ノ如キハ事實上勞役ニ服スルガ如キ者アラザル可シ故ニ犯人ノ多クハ曾テ遭遇セザル痛苦ヲ感ズルヤ勿論ナレバ如斯刑ヲ科ス可キモノニアラズ殊ニ禁錮場ニ拘置スト雖モ終生坐食呻吟セシムルモノニアラズ適當ノ運動ヲ爲サシメ望ニ依リテハ自己ノ好ム處ノ讀書ヲモ許スモノ故精神ヲ慰スルコトナキニアラズ尚監獄法ニヨリ若シ就役ヲ望ムトキハ躰力相當ノ作業ニ服セシムルコトヲ得ルヲ以テ此方法ニ從フトキハ論者ノ謂フガ如キ結果ヲ生ズルコトナシ之レ我刑法ガ特ニ舊刑法ト仝

ジク禁錮ニハ無定役主義ヲ採用シタルモノナリトス(舊法第二〇ノ一項二三ノ一項、二四ノ一項參照)

第十四條 有期ノ懲役又ハ禁錮ヲ加重スル場合ニ於テハ二十年ニ至ルコトヲ得之ヲ減輕スル場合ニ於テハ一月以下ニ降スコトヲ得

本條ハ有期刑ノ加重及減輕ノ標準ヲ示シタル規定ナリ蓋シ之ヲ示サヾルトキハ加重ノ場合ノ如キ殆ド無期刑ト異ナラザルガ如キ奇觀ヲ呈スルニ至ルベシ然レドモ本條ニ於ケル制限タル二十年ヲ限度ト定メシハ何ニ出デタルヤ不明ナリト雖ドモ私カニ慮ルニ二十年以上ニ上ストキハ殆ド無期刑ト選ブコトナキニ至リ亦有期刑ヲ科スル罪人矯正策トシテハ如何ニ極惡ナル徒ト雖ドモ二十年間獄舍ニ拘禁セラルルトキハ夫レ以上尚監獄內ニ留メ置ク必要ナシト立法者ガ認メタルニ因ルナルベシ有期刑ヲ減輕スル場合ニ於ケ

第七十一條　禁錮ヲ減輕シタル時ハ拘留ニ處シ罰金ヲ減輕シタル時ハ科料ニ處ス禁錮罰金ヲ減シテ其短期十日以下寡數一圓九十五錢以下ニ及フ時ハ亦拘留科料ニ處スルコトヲ得

ル舊刑法ハ拘留ニ處スベク規定シタリト雖ドモ此等ノ規定ハ何等據ルベキ處ナキ無意味ノモノト云ハザルベカラズ何者懲役若クハ禁錮ヲ科スベキ性質ノ犯罪ト拘留ニ處スベキ犯罪ノ性質トハ自カラ異ナリ居ルモノナルヲ以テ如何ニ減輕ノ必要アリトハ云ヘ刑名マデモ變更スルニ至リテハ到底理論ノ透徹ヲ期スル能ハズ之レ本法ガ此點ニ於テ舊法ヲ修正シタルモノニシテ至當ノ修正ト云フ可ク亦更ニ本條減輕ノ場合ニ特ニ一月以下ニ下スコトヲ得ル旨規定シタルハ原則トシテ有期ノ懲役禁錮ハ最低限ヲ一月トシタル故本條ノ規定ヲ置カザルトキハ法律上ノ減輕酌量減輕等ヲ併セテ適用セントスル場合ニ適用スベキ法文ヲ欠クノ虞アルヲ以テ特ニ規定ノ必要アルベシ従テ本法ノ適用上十五年以上二十年以下ノ有期刑ヲ生ズベク亦一月以下ノ懲役禁錮ノ刑モアリ得ルコトヲ記臆セザルベカラザルナリ(舊法第七十一條參照)

第十五條　罰金ハ二十圓以上トス但之ヲ減輕スル場合ニ

於テハ二十圓以下ニ降スコトヲ得

本條ハ財産刑中ノ主要ナル罰金ニ關スル規定ナリ而シテ本條ハ原則トシテ罰金ハ二十圓以上トセリ蓋シ罰金ノ刑ハ自由刑ヲ科ス底ノ重大ナル犯罪ニハアラザルモ去リトテ刑罰トシテ之ヲ科スル以上ハ犯人ヲシテ其罪質ニ伴フ丈ケノ苦痛ヲ感ゼシメ以テ法ノ神聖ヲ保ツ可キナリ然ラザルトキハ刑罰ノ本旨ニ反ス故ニ本法ハ罰金刑トシテ科スルニハ原則トシテ二十圓以上トセリ二十圓以下ノ罰金ノ如キハ減輕ノ結果特別ノモノヽミナリ若シ夫レ罪質輕微ニシテ二十圓以下ノ刑ヲ科スル時ハ特ニ罰金トセズシテ科料ナル刑名ノ下ニ之ヲ罰スルノ妥當トシタル所以ナリ

以上ハ本條ノ解釋ナリト雖モ茲ニ一言セザルベカラザルモノアリ开ハ罰金モ一ノ刑ナルヲ以テ犯人等ガ其言渡ヲ受ケ完納シタル塲合ト雖モ曾テ犯人ガ被害者ニ蒙ラシメタル損害即チ民法上ノ損害賠償ノ責ヲ免ルル能ハズ之レ往々世人ノ誤解スル所ニシテ罰金ハ恰カモ被害者ニ對スル賠償金ノ如ク思推スル者アレバ特ニ注意ヲ要スルナリ又罰金ハ一ノ刑ナルヲ以テ犯人ノ

一身ニ止マラザル可カラズ從テ罰金ノ刑ニ處セラルベキ者未ダ裁判ヲ受ケザル前ニ死亡シタル時ハ其相續人ニ對シ之ヲ言渡スコト能ハズ之レ民法上ノ損害賠償ト異ナル所ナリ又犯人罰金ノ言渡ヲ受ケ完納セザル中ニ死亡シタル時ハ既ニ罰金ヲ納ムルノ義務生ゼシヲ以テ犯人ノ財産ヲ相續シタル者ハ之ヲ納ムルノ義務アリヤ此點ニ付テモ民法上死亡者ノ遺産ハ財産相續人ノ相續ト共ニ其遺産ニ對スル權利義務ヲ繼承スルモノナルガ故ニ恰カモ罰金ノ義務相續人ニ移轉スルガ如キモ罰金ハ刑ナリ刑ハ一身ニ止マルト云フ原則ノ適用上相續人ヨリ徵收スル能ハザルヤ明カナリ尙一個ノ疑問アリ罰金ニ該ル犯罪ヲ數人共謀シテ犯シタル場合ニ於テハ負擔スベキ犯罪ハ一ナルヲ以テ言渡サレシ罰金モ數人之ヲ分擔シテ完納スベキモノナリヤ又ハ各自ニ其刑ヲ受ケザルベカラザルヤ第七十一條ノ規定ニ依リ各自ガ正犯ナル故各自ニ納メザル可カラズ然レドモ會社其他ノ法人ガ罰金ニ該ルベキ犯罪ヲ行ヒタル場合ニハ右ノ原則即チ第七十一條ノ規定ニ因ル能ハズ會社ノ社員又ハ自治團躰ノ法人ナル時ハ其町村ノ住民ガ分擔シテ納メザル可カラザ

ルガ如キ觀ナキ能ハズ然レドモ之等ハ犯罪ノ主躰客躰ヲ究メザルノ誤ヨリ來ル解釋ト云フベシ

由來法人ノ如キ無形ノ者ハ犯罪ヲ爲ス能力ヲ有セズ即チ法人ニハ犯意ナシ何トナレバ法人其者ハ無形ナルヲ以テ意思ヲ發表スル能ハズ然レドモ實際ニ當リテ尙疑ハシキ場合ナキニアラズ例ヘバ法人ガ或ル契約ヲ爲シ證書ノ授受ニ付テ其金額ニ相當スル印紙ヲ貼用シ又帳簿ニハ相當ノ印紙ヲ貼用セザル可カラザルハ印紙稅則ニ依リ法人ト雖モ異ナルコトナシ若シ此場合ニ於テ印紙ヲ貼用セザル時ハ其脫稅金額二倍ノ罰金ニ處セラルベシ如斯事ハ往々無形ノ法人モ爲スコトヲ得ベシトノ疑ヲ生ゼザルニアラズト雖モ此場合ハ無形人ノ犯シタルモノニアラズシテ其法人ヲ代表シタル者ガ犯シタル犯罪ナリト論結スルヲ正當ト信ズ故ニ其代表者ハ自己ノ財産中ヨリ罰金ヲ納メザル可カラズ然レドモ其代表者ガ支配人若シクハ重役ト熟議ノ上ニ爲シタルトキハ其協議ニ與リタル者各自ガ責ニ任ゼザル可カラズ又會社ガ總會ノ決議ニ依テ爲シタルトキハ其當時決議ニ賛成シタル者ハ皆犯人ナルヲ

第二十六條罰金ハ二圓以上ト爲シ仍ホ各本條ニ於テ其多寡ヲ區別ス

以テ各自ハ何レモ一個ノ責任ヲ負フハ當然ナリト云フベキナリ

以上ハ例ヲ罰金ニ採リタリト雖モ普通ノ犯罪責任ニ付テモ又同一ノ解釋ヲ爲サザル可カラザルヲ以テ讀者ハ常ニ此點ニ付テ充分注意セラレンヿヲ乞フ（舊法第二十六條參照）

第十六條　拘留ハ一日以上三十日未滿トシ拘留場ニ拘置ス

本條ハ拘留ノ刑期ヲ定メ且ツ其執行方法ヲ示セリ拘留ハ素ヨリ極メテ輕易ノ犯罪ニ科スル刑ナルヲ以テ其及ボス處ノ結果モ他ノ懲役禁錮トハ大ニ異レリ今第二編以下ヲ參照スルニ拘留ヲ科スベキ犯罪ハ其性質全ク一時ノ謹愼ヲ破リタルモノニ過ギズ故ニ之ニ對スル刑罰モ又一時ノ謹愼ヲ命ズレバ可ナリ然レドモ舊刑法ノ如ク一日以上十日以下トスルガ如キハ其範圍狹隘ニ失シ刑罰ノ目的ヲ達スル能ハズトシ本法ハ特ニ一日以上一ケ月以下ト爲

第二十八條 拘留ハ拘留所ニ留置シ定役ニ服セス其刑期ハ一日以上十日以下ト爲シ仍ホ各本條ニ於テ其長短ヲ區別ス

セリ蓋シ懲役禁錮ヲ一ヶ月以上ト定メタル結果一月以下ノ拘留期間ハ亦適當ナルモノト云フベキナリ

本條末段ノ拘留場ニ拘置ストハ彼ノ懲役及禁錮ノ場合ト規定ノ精神異ナルコトナシ故ニ其拘留場ハ如何ナル所ニ設置シ如何ナル監守者ヲ置クヤノ點ニ付テハ渾テ監獄法ニ詳細規定スル處ナランモ今現行法ノ規定ヲ見レバ他ノ場合ト異ナルモノアリ开ハ監獄內ニ設クルヲ原則ト爲シアルモ場合ニ依リテハ警察署ノ留置場ニ於テ執行スルコトアリ殊ニ即決例ニ依リ裁判スル犯人ノ如キハ概ネ警察內ノ留置場ニ於テ執行セリ拘留ハ禁錮ト同ジク定役ニ服セス蓋シ拘留ハ期間ノ短キモノナルヲ以テ定役ニ服スル必要モナク且ツ先キニモ述ベタル如ク刑罰ノ目的ハ一時ノ謹愼ヲ旨トセルヲ以テ作業ニ從事セシムルガ如キハ刑ノ主旨ニ反スルガ故ナリ(舊法第二十八條參照)

第十七條 科料ハ十錢以上二十圓未滿トス

本條ハ科料ノ額ヲ定メタルモノナリ科料モ財產刑ノ一ニシテ刑罰ニハ相違

第二十九條 科料ハ五錢以上一圓九十五錢以下ト爲シ仍ホ本條ニ於テ其多寡ヲ區別ス

ナキモ犯人ニ及ボス効果殊ニ身分上ニ及ボス効果ハ極メテ輕易ノモノナリ蓋シ科料ハ拘留ト全ク之ヲ科スル犯罪輕微ナルヲ以テ從テ額ニ至リテモ罰金ノ如ク多カラズ即チ多額ハ二十圓ニシテ寡額ハ十錢ナリ之レ罪刑權衡ヲ得セシメントシタル結果ナリ然レドモ罪質如何ニ輕微ナリト雖モ舊刑法ノ規定ハ範圍狹隘ナルト額餘リニ僅少ニ失セシヲ以テ犯人ハ刑罰ノ嚴ナルヲ知ラズ爲メニ刑ノ本旨ニ反スルガ如キ効果ヲ生ゼシハ今日迄ノ實驗ニ徵シテ明カナル所ナリ故ニ罰金ノ寡額ヲ二十圓トシタルト仝時ニ科料ノ多額ヲ二十圓トシ以テ理論ト實際ニ適合セシメタルモノナリ(舊法第二十九條參照

第十八條 罰金ヲ完納スルコト能ハサル者ハ一日以上一年以下ノ期間之ヲ勞役場ニ留置ス

科料ヲ完納スルコト能ハサル者ハ一日以上三十日以下ノ期間之ヲ勞役場ニ留置ス

科料ヲ併科シタル場合ト雖モ留置ノ期間ハ六十日ヲ超ユルコトヲ得ス

罰金又ハ科料ノ言渡ヲ爲ストキハ其言渡ト共ニ罰金又ハ科料ヲ完納スルコト能ハサル場合ニ於ケル留置ノ期間ヲ定メ之ヲ言渡ス可シ

罰金ニ付テハ裁判確定後三十日内科料ニ付テハ裁判確定後十日内ハ本人ノ承諾アルニ非サレハ留置ノ執行ヲ爲スコトヲ得ス

罰金又ハ科料ノ言渡ヲ受ケタル者其幾分ヲ納ムルトキハ罰金又ハ科料ノ全額ト留置日數トノ割合ニ從ヒ其金額ニ相當スル日數ヲ控除シテ之ヲ留置ス

留置期間內罰金又ハ科料ヲ納ムルトキハ前項ノ割合ヲ以テ殘日數ニ充ツ

留置一日ノ割合ニ滿タサル金額ハ之ヲ納ムルコトヲ得ス

本條ハ金刑不完納ノ場合ニ關スル規定ナリ由來罰金及科料ハ犯人所有ノ金額ヲ徵收スルヲ目的トスル刑ナルヲ以テ其言渡ヲ受ケタル者ニシテ財產ヲ有セザルトキハ又如何トモスル能ハズ從テ刑罰ノ本旨ヲ達シ難シ若シ夫レ如斯場合ニ何等ノ手段方法ヲモ講ゼザランカ遂ニ刑法ノ規定ハ全ク不文徒法ニ終ルノミ豈ニ斯ル條理アランヤ玆ニ於テカ古來刑法ヲ論ズル者ハ鋭意此方法ヲ講ジテ案出セルモノ二アリ一ヲ換刑處分トシ即チ罰金若クハ科料ヲ換算シテ自由刑ニ換フルモノ之レ吾ガ舊刑法ノ採用セル主義トス其二ヲ金刑ノ言渡ヲ受ケタル者ヲ獄舍ニ留置シテ自由ヲ制限シ加之躰力相當ノ勞務ニ服セシメ其勞務ヨリ得タル利益ヲ以テ罰金科料ノ幾分ニ充テントスル

主義ニシテ本法ハ此ノ第二ノ主義ヲ採用シタリ蓋シ第一ノ主義ハ刑ノ均一ヲ保ツノ原則ニ反スルヲ以テナリ何トナレバ財産アルモノハ常ニ換刑ヲ免ルルモ財産ナキ者ハ常ニ自由刑ニ處セラルルノ不幸ヲ見ル又罰金科料ハ定役ナキ自由刑ニ換刑スルヲ今日ノ通常トナシタルヲ以テ犯人ハ徒ラニ獄中ニ呻吟スルニ止マリ國家ハ爲メニ却テ經費ノ幾分ヲ支出セザル可カラザルノ狀態ニ陷リ金額ヲ徵收スルノ刑罰ガ却テ金額ヲ支出スルガ如キ結果ヲ來スハ刑罰ノ本旨ニ反シ其實益モ又極メテ僅少ト云ハザル可カラズ之レ本刑法ガ第一ノ主義ヲ捨テタル所以ナリ

本條第一項ハ罰金不完納者ヲ勞役場ニ留置スル期間ヲ定メタリ即チ一日以上一年以下ノ期間自由ノ幾部ヲ制限スルモノナリ蓋シ舊刑法ヲ見ル時ハ此場合ヲ二年以下トセリ然ルニ本刑法ガ之ヲ一年ニ短縮シタル所以ハ罰金ノ如キ輕キ刑ニ處セラレタル者ガ例ヘ納入スル能ハズト雖モ長ク自由ヲ拘束スルガ如キハ刑罰ノ旨趣ニ反スルモノト云ハザル可カラズ又留置日數ヲ一日以下ニ下サザル所以ハ計算ノ煩雜ナル故勞役場ニ留置シテ勞務ニ服セシ

メ其勞働ニ依テ得タル利益ヲ以テ罰金ノ幾分ニ充ツル主義ヨリ云フトキハ一日ヨリ少ナキ時間ニテハ其目的ヲ達スル能ハザルガ爲メナリ勞役場ノ如何ナル處ナリヤハ刑法ニ何等ノ規定ナク又現行監獄則ニモ此規定ナキヲ以テ豫メ如斯處ナリト云フヲ得ズ然レドモ規定ノ精神及各國ノ立法例ヲ參照シテ判斷ヲ下セバ監獄內ニ設クルモノニシテ一定ノ場所以外ニハ濫リニ出入セシメズ自由ヲ束縛シテ勞務ニ服セシムル現今ノ地方監獄ナルモノト異ナル處ナカラン其詳細ハ監獄法ヲ講ズルニ當リ說明スルヲ便トス

第二項ハ科料不完納者ニ對スル處分規定ニシテ第三項ハ科料併科ノ場合ニ於ケル留置期間ヲ定メタルモノナリ而シテ其期間ヲ六十日ト限定シタルハ若シ之ヲ限ラザルトキハ忽チ罰金刑トノ權衡ヲ失スルニ至ルベク殊ニ科料ニ處スル犯罪ハ社會ニ流ス害毒至ツテ輕微ナルベク從テ長期間勞務ニ服スル必要ナケレバナリ

第四項ハ留置期間ヲ定メシメントスルモノナリ即チ罰金及科料ノ刑ヲ言渡ス際若シ完納セザル時ハ何日間ノ勞務ニ服セシムル爲メ勞務場ニ留置スベ

キ言渡ヲ爲サシメントス之レ殆ンド政署上ノ規定ノ如クナレドモ舊刑法ノ如ク新タニ言渡スガ如キハ手續繁雜ヲ加フルヲ以テ裁判官ヲシテ期間内ニ完納セザルトキハ何日間勞務塲ニ留置スベシトノ言渡ヲナサシメ檢事ハ如何ニシテモ罰金ヲ納ムルコト能ハザルモノト認メタルトキハ直ニ勞務上ニ留置シテ相當ノ執行ヲ爲スニ當リ更ニ裁判所ノ決定等ヲ待タシメザルモノナリ故ニ裁判官ハ本項ノ規定ニ依リ罰金科料ノ額ヲ斟酌シテ前二項ニ定メタル期間ノ範圍内ニ於テ自由ニ期間ヲ定メ言渡スコトヲ得ベキナリ

第五項ハ換刑スル條件ヲ定メタリ即チ裁判言渡確定シタル後ニ於テモ罰金ニ付テハ一月科料ニ付テハ十日間ハ犯人ノ承諾ナキ時ハ留置スル能ハズ此規定ニ因ルトキハ期間内ニアリテハ本人ノ承諾ヲ條件トセリ故ニ承諾ナキ時ハ如何ニ金刑ヲ執行スル能ハズト認メタル塲合ト雖モ換刑シテ留置スルコトヲ得ズ蓋シ罰金科料ハ財産刑ナリ財産刑ヨリ自由刑ニ換刑スル塲合ナレハ其間相當ノ期間ヲ定メザル可カラズ蓋シ此期間内ニ本人ガ金錢ヲ工夫シテ完納シ得ルコトアレバナリ

故ニ本項ノ解釋上若シ一ケ月若シクハ十日ノ期間ヲ過ギ尚完納シ能ハザル時ハ執行官ハ直ニ執行スルコトヲ得然レドモ此執行ハ必ラズヤ先キニ言渡サレタル日數ニ限ラザルベカラザルヤ疑ナシ尚本項ニ附加スベキハ一ケ月若シクハ十日ノ期間ハ執行官ト雖モ本人ノ財產ニ干涉シテ多少ニ限ラズ財產ヲ有スル時ハ右財產ニ對シテ執行セザル可カラザルコト之レナリ何トナレバ本條第一項ニ於テ換刑スル塲合ハ言渡ヲ受ケタル者ガ完納スルコト能ハザル者トアルヲ以テ舊刑法ノ單ニ完納セザル者トハ大ニ異レリ本法ハ完納スル能ハザルモノトアルヲ以テ完納シ能フ資產ヲ有シテ完納セザル者アランカ執行官ハ其財產ニ對シテ執行セザル可カラズ之レ罰金科料ハ金錢ヲ徵收スル刑ノ目的ナルヲ以テ此目的ヲ達セントスルニハ多少ニテモ財產ヲ有スル者ハ其財產ヲ徵收スルヲ穩當トスルヲ以テナリ故ニ財產ヲ有スル者ガ期間內ニ完納セズシテ期間經過後納付スルコトアランカ最早換刑處分ヲ行フ能ハザルモノトス第六項ノ規定ハ犯人ノ所有財產ノミニテハ言渡サレタル罰金全部ヲ納付スル能ハザル塲合ノ處分方法ナリ例ヘバ犯人ガ罰金百

第十九條　徒刑ノ四六十歳ニ滿ル者ハ通常ノ定役ヲ免シ其體力相當ノ定役ニ服ス

圓ノ言渡ヲ受ケ若シ完納セザル時ハ百日間勞務場ニ留置スベキ旨ノ言渡ヲ受ケタリ然ルニ犯人ノ所有財産ニテ五十圓納付シタルモ殘額五十圓ヲ納付スル能ハザルコトアランカ百圓ニ對スル百日ノ割合ヲ以テ殘金ノ留置日數五十日間留置スベキ旨ヲ明カニシタルモノナリ

第七項ハ罰金ヲ完納スル能ハズシテ留置セラレ其留置期間內ニ於テ納付セントスル者ニ對スル處分規定ナリ即チ留置期間內ニ何程ニテモ金錢ヲ納付シタルトキハ其割合ニ應ジテ留置期間ヲ短縮セントスルモノナリ之レ前項ノ規定ト正反對ナルモ理論上當然ト云フベシ然レドモ留置期間ト罰金科料トノ計算上一日ニ滿ザル金錢ヲ納メントスルモ右ハ法律ノ許サザル所ナリ何トナレバ其納付ノ金錢ヲ一日ニ充當セントセバ納人ハ不當ノ利益ヲ得べク反之一日ニ該當セザル金錢ヲ納ムルモ一日ニ充タザル故ヲ以テ充當セズトセバ國庫ハ不當ノ利得ヲ得ルニ至ル故ニ如斯場合ハ法律ハ納メシメザルノ主義ヲ採ルノ外ナシ之レ第七項ノ規定アル所以ナリ(舊第十九條參照)

第十九條 左ニ記載シタル物ハ之ヲ沒收スルコトヲ得

一 犯罪行爲ヲ組成シタル物

二 犯罪行爲ニ供シ又ハ供セントシタル物

三 犯罪行爲ヨリ生シ又ハ之ニ因リ得タル物

沒收ハ其物犯人以外ノ者ニ屬セサルトキニ限ル

本條ハ沒收ニ關スル規定ヲ示シタリ本法ノ規定ニ因ルトキハ沒收ハ附加刑ナリ此刑ノ性質ハ財産刑ノ一部ナルハ本章ノ初メニ於テ概說シタルガ如シ沒收ノ性質ニ就テハ學者間又種々ノ解釋ヲ採ル者アリト雖モ余ハ沒收ハ警察處分ニヨルモノト罰金ノ性質ヲ以テスルモノトノ二樣アルモ要ハ犯人ノ占有又ハ所有權ヲ奪ヒ以テ國家ノ所有ニ歸セシムルモノナリト信ズ故ニ沒收ハ犯人ノ所有及占有物ヲ奪フテ國家ガ其所有ヲ獲得スルモノナリト雖モ之等ハ渾テ本條ノ下ニ規定シタルモノナラザルベカラズ最モ本條以

外ニ特別法ヲ以テ往々沒收スルコトアリト雖モ右等ノ處分ハ全ク刑罰ノ制裁ニアラザルコトヲ注意セザル可カラズ

今本條ノ規定ヲ案ズルニ其第一項ハ法令ニ於テ所有ヲ禁ジタル物ハ之ヲ沒收ストアリ法令ニ於テ其所有ヲ禁ジタル物トハ如何ナルモノナリヤ其意義漠タルモノナルヲ以テ容易ニ解スル能ハザルモ準テノ法令ニ於テ所有ヲ禁ジタルモノ換言スレバ警察上必要ニシテ其所有ヲ禁ジタルモノ或ハ所有ノ爲メニ犯罪トナルベキモノ等モアラン例ヘバ私人ニシテ僞造ノ通貨ヲ所有スルガ如キ軍用ノ銃砲彈藥ヲ所持スルガ如キ毒劇藥ヲ所有スルガ如キコトハ一般ニ禁ジタルモノナルガ故ニ許可ヲ得テ所有スル者ヲ除ク外何レモ沒收處分ヲ受クルニ至ル可シ

以上ハ警察處分ニ基キテ沒收スル性質ヲ有スルモノナルモ第二項ハ所謂罰金ノ性質ヲ以テ沒收スルモノナリ本條第二項第一第二ノ物件ハ法律ニ於テ所有ヲ禁制シタル物ナラズシテ犯人ノ所有ニ係ルモノナリ犯人ノ所有ニ係ルモノヲ沒收スルハ其財產ヲ奪フモノナリ罰金モ亦犯人ノ財產ヲ奪フガ故

第四十三條 左ニ記載シタル物件ハ宣告シテ官没收ス但法律規則ニ於テ別ニ没收ノ例ヲ定メタル者ハ各其法律規則ニ從フ

一 法律ニ於テ禁制シタル物件

二 犯罪ノ用ニ供シタル物件

三 犯罪ニ因テ得タル物件

第四十四條 法律ニ於テ禁制シタル物件ハ何人ノ所有ヲ問ハス之ヲ没收ス犯罪ノ用ニ供シ及ヒ犯罪ニ因テ得タル物件ハ犯人ノ所有ニ係リ又ハ所有主ナキ時ノ外之ヲ没收スルコトヲ得ス

其性質恰カモ没收ト異ナルコトナシ蓋シ本條第二項ノ一二ノ場合ノ如キハ普通犯人ナラザレバ所有シ得ル能ハズト云フテ可ナリ犯罪ト云フ不正行爲ヲナサン爲メニ用ヰ或ハ用ヰントシタル物又ハ犯罪ナル不正行爲ニ原因シテ得タル物件ナレバ極メテ皮想ノ解釋ヲ以テスルトキハ原因ノ如何ヲ論ゼズ濫リニ人民ノ所有ヲ官ガ奪フハ不當ナリト云フモノアレド一度犯罪ノ用ニ供シ若クハ供セントシ或ハ犯罪ニ原因シテ獲得シタルモノタルコト判決理由ニ依テ明カナル以上ハ之ヲ官ニ没收スルハ當然ニシテ犯人ノ處分ニ任ズルガ如キハ社會ノ秩序ヲ維持スル法律ノ決シテ許スベキモノニアラズ然レドモ之等ノ物件ガ犯人以外ノ者ニ屬セザルトキナラザル可カラズ之レ第三項ノ規定アル所以ナリ何トナレバ犯人以外ノ者ノ所有ニ屬スルトキハ官署ト雖モ容易ニ他人ノ所有權ヲ侵害スル能ハザルノミカ却テ之ヲ保護セザル可カラズ例ヘバ森林竊盜ヲ爲ス爲メ用ヰタル鋸斧ノ如キ殺人ノ用ニ供セントシタル劍刄ノ如キ或ハ竊盜ニ依テ得タル金錢ノ如キモノハ被害者ノ物タルコト明カナルカ若クハ犯罪ノ情ヲ知ラズシテ犯人ニ貸與シタル刄又ハ

鋸ノ如キハ元ヨリ犯人ノ所有ニ屬スルモノニアラザルヲ以テ之ヲ沒收スルコトヲ得ザルヤ又當然ト云フ可キナリ(舊法第四十三條第四十四條參照)

第二十條　拘留又ハ科料ノミニ該ル罪ニ付テハ特別ノ規定アルニ非サレハ沒收ヲ科スルコトヲ得ス但前條第一項第一號ニ記載シタル物ノ沒收ハ此限ニ在ラス

本條ハ沒收例ヲ用ユル場合ヲ示シタリ即チ本條ノ規定ニ因ルトキハ拘留又ハ科料ニ該ル罪ニ付テハ普通沒收例ヲ適用セザルヲ以テ其他ノ刑罰ヲ科スル場合ニハ常ニ沒收ノ刑ヲ科スト解セザル可カラズ尤モ拘留科料ニ該ル罪ヲ犯シタル場合ト雖モ其條ニ特ニ沒收例ヲ附加スト規定シタルモノハ之ヲ沒收スルハ本條當然ノ解釋ナリ

本條但書ノ場合ハ此法令ニ於テ所有ヲ禁ジタル物件ハ前條ノ下ニ於テ解キタル如ク警察上ノ處分ナルト物件其物ガ即チ罪躰ナルトヲ以テ本條ノ例外ナルコト又別ニ辯明ヲ要セザルナリ

第二十一條 未決拘留ノ日數ハ其全部又ハ一部ヲ本刑ニ算入スルコトヲ得

本條ハ未決拘留日數ヲ刑期ニ算入セントスル規定ナリ此ノ規定ハ舊刑法ノ認メザル所ニシテ本刑法ノ創設トモ云フベキモノナルモ立法者ノ之レニ對スル意思ハ必ラズシモ然ラザルモノノ如シ今其ノ大要ヲ紹介セン

未決拘留日數ヲ刑期ニ算入スル法制ハ現時一般ニ認ムル所ナリ蓋シ刑事訴訟ノ進行中被告人ノ拘留ヲ要スル場合極メテ多シ稍ヤ重大ナル事件ニアリテハ審理ノ日數久シキニ涉リ未決拘留ノ日數モ亦從ッテ長ク時ニ數年ニ涉ルコトアリテ被告人ノ不幸實ニ名狀スベカラザルモノナリ而シテ此不幸ヲ救濟スル方法ハ即チ未決拘留日數ノ算入制ニシテ其算入方法ニ二樣アリ第一ハ裁判所ヲシテ適宜ニ未決拘留ノ日數ノ全部又ハ一部ヲ其刑期ニ算入セシムル法制ナルモ之レ裁判官ニ專恣ノ擧措ナキヲ保シ難シ第二ハ未決拘留ノ日數ハ刑種及刑名ニ應ジ一定ノ割合ヲ以テ之ヲ其本刑

ニ算入スルコトトナス改正案ハ後者ヲ採用セリ

以上ハ我ガ立法者ガ本條ニ對スル理由ナリ此理由ヲ見ルニ裁判ノ審理中未決拘留ノ久シキニ渉ル虞アルヲ以テ之レガ救濟法トセントスルニアリト雖モ反對スル學者實際家ハ今我國ノ狀態ヨリ本條ノ規定ガ當ヲ得居ルヤ否ヤ思フニ未ダ以テ前段立法者ノ意見ヲ直チニ入ルル能ハザルモノナリトシテ曰ク抑モ未決拘留ハ其目的裁判制度ノ一政略トモ云フベク若シ夫レ被告等ニ證據湮滅ノ虞ナキカ逃走又ハ未遂犯罪ノ遂行ヲ爲ス憂ナシトセンカ決シテ未決拘留ノ必要ナシ然レドモ其一度嫌疑ノ裡ニ包マレ刑事ノ被告人ト稱セラルル輩ハ恐ラクハ惡奸ノ徒ナラザレバ常ニ正當ノ行爲ニ出ルモノニアラザル類ノミ

故ニ未決拘留ハ罪證湮滅逃走或ハ未遂ノ遂行等ヲ豫防センガ爲メ一時裁判上ノ政略トシテ拘禁スルノ止ムヲ得ザルモノナリ又被拘禁者ト雖モ實際國民トシテ公義ニ對スル一般ノ責務ト思推シ拘禁ノ苦ヲ甘ンゼザルベカラズ若シ夫レ被拘禁者ノ眼ヨリスルトキハ自己既ニ犯罪人トシテノ嫌疑ノ包圍

內ニアルモノナレバナリ然ルニ此拘留中ノ日數ヲ刑期ニ算入スルガ如キ擧アランカ被告人ヲ待遇スル上ニ均一ヲ缺クノ結果ヲ生ズ見ヨ未決拘禁中ノ被告人ハ如何ナル種類ノ嫌疑者ヲ問ハズ何レモ良民トシテ待遇セザル可カラザルコトハ近世發達シタル監獄學者ノ異口同音ニ主張スル所果シテ斯クノ如クナリトセバ彼ノ有罪ノ宣告ヲ受ケタル者ト無罪ノ宣告ヲ受ケタル者トノ間ニ生ズル結果ヲ如何ニ處理セントスルヤ有罪ノ宣告ヲ受ケタル者ハ素ヨリ禁制命令ニ反スル者ナルヲ以テ拘禁スルハ當然ナリト雖モ反之無罪ノ宣告ヲ受ケタル者ハ如何ニセン素ヨリ此種ノモノト雖モ絕對ニ何レモ無辜ノ良民ノミニハアラズ其多クハ證據ノ充分ナラザルヨリ放免セラルルモノナリトスルモ一度無罪ノ宣告ヲ受ケンカ一般ニ善良ナル臣民ト同視セザル可カラズ此良民ト推定セザル可カラザル者ヲ執法官タル判檢事ノ明ナキヨリ長日之ヲ囹圄ノ下ニ呻吟セシメタル責ハ正ニ判檢事ノ職ヲ奉ズル士ニアリト云フ可キナリ然ルニ此罪ヲ直ニ嫁シテ無辜ノ良民ニ轉ズルガ如キハ豈ニ理論ノ當ヲ得タルモノト云フヲ得ルカ何人モ容易ニ首肯スル能ハザル

ベシ果シテ然ラバ其間ノ均衡ヲ保持スル爲メ之ニ相當ナル拘禁中ノ損害ヲ賠償セザル可カラズ現時代ニ於テハ未ダ以テ斯クマデ進ミ居ラザルヲ如何ニセン靜思セヨ前段ノ所論ヲ本條立法ノ精神ハ無辜ノ良民ニ酷ニシテ奸獰飽クナキ惡人ヲ餘マリニ擁護スルノ甚シキニアラザルヤ嗚呼立法ノ至難ナル茲ニ至ッテ又極マレリト云フ可キナリト尙進ンデ實際ニ徵シ例ヲ擧ゲテ曰ク彼等奸惡常ナキ刑事被告人ノ多クハ枉ゲテ其罪ヲ他ニ嫁スルカ或ハ最早自己ノ罪掩フ可カラザルヲ知ルノ徒ハ其腹案既ニ未決拘留中ノ待遇ト受刑後ノ待遇ト同一ナラザルヲ觀察シ只管拘留日數ノ永カランコトヲ欲シ容易ニ罪情ヲ自白セザルノミカ百方言ヲ左右ニ托シテ虛構ノ陳述ヲ爲シ裁判確定ヲ遲延セシムル爲メ或ハ靑森ノ地方裁判所ニ於テ審理中長崎ノ或ル處ニ於テ重罪ヲ犯シタルガ如キコトヲ陳述シ寒國ノ服役ヲ厭ヒ暖國ニ於テ曾テ罪ヲ犯シタルコトアリナド不實ノ申立ヲ爲シ一日モ未決拘留ノ永カランヲ希フモノ少シトセズ又假リニ第一審ニ於テ判決言渡アリ確定後直チニ服役ノ苦ヲ免レン爲メ無罪若クハ減刑ノ見込ナキモノト雖モ控訴ヲ申立上告

ヲ爲ス等ノ惡奸アルハ實例ノ證スル處舊刑法ノ下ニ於テ既ニ然リ故ニ今日マデモ學者實際家ハ之等ノ弊害ヲ目擊シ矯正策ニ付テ手段ヲ求ムルコト久シ然ルニ本刑法ノ如キ規定ヲ以テセンカ之等弊害ノ結果判決確定シタルトキハ服役日數ヲ一日モ餘スコトナク却テ爲メニ拘禁日數ヲ增加シ損害賠償ヲ被告ヨリ受クルカ如キ奇觀ヲ呈スルニ至ルモ計ル可カラズト慨論シテ最後ニ左ノ斷案ヲ下シテ曰ク

然レドモ本刑法ノ立法者ト雖モ斯ル弊害ヲ思慮シ得ザルニアラズシテ或ル感情ノ調和ヲ希ヒタル爲メ此主義ヲ採用シタルモノニアラザルヤ果シテ然リトセバ本法ノ爲メニ慨嘆措ク能ハザルモノナリト

第三章　期間計算

期間ハ法律上ノ効果ヲ生ゼシム可ク限定サレタル時間ナリ此時間ヲ計算スルニハ如何ナル標準ニ因ルヤ例ヘバ前章ニ規定セル刑ノ期間ハ何レノ日ヨリ亦何レノ時ヨリ起算スルヤ或ハ刑ノ執行ヲ免レタル者ハ一定ノ期間ヲ經

過スレバ時効ニ因リテ執行ノ免除ヲ受ク之等ノ期間ハ如何ナル標準ニ依テ計算スルカニ至リテハ刑ノ執行ヲ司ルモノ及現ニ執行ニ從事スル者ニハ必要不可欠モノナリ亦實際ニ該リ疑問ヲ生ズル點ナキニアラズ故ニ本章ハ各種法律上ノ効果ヲ生ゼシムベキ時間ノ標準ヲ定メ以テ執法者ニ疑ナカラシメタリ

第二十二條　期間ヲ定ムルニ月又ハ年ヲ以テシタルトキハ暦ニ從ヒテ之ヲ計算ス

本條ハ刑法ニ於ケル期間計算ノ標準ヲ示シタルモノナリ凡ソ法律ニ期間ヲ定メタル以上ハ必ラズヤ其計算ノ標準ヲ示サヾルベカラズ殊ニ今日ノ如ク時間ニ重キヲ置ク時代ニアリテハ殊ニ其必要アリ之レ本法ニ於テモ亦之レガ制定ヲ見ル所以ナリ而シテ本法ハ舊刑法若クハ舊草案乃至民法等ノ如ク精細ノ規定ヲ爲サズ單ニ月又ハ年ヲ以テシタルトキハ暦ニ從ヒテ計算スト定メタルノミ蓋シ本條ノ精神ヨリスルトキハ之レヨリ精細ノ規定ヲ爲ス實

第四十九條　刑期ヲ計算スルニ一日ト稱スルハ二十四時ヲ以テシ一月ト稱スルハ三十日ヲ以テシ一年ト稱スルハ暦ニ從フ
受刑ノ初日ハ時間ヲ論セス一日ニ算入シ放免ノ日ハ刑期ニ算入セズ

益ナケレバナリ何者本法ニ於テハ受刑ノ初日ハ時間ヲ論ゼズ全一日ト定メタルヲ以テ其他ハ凡テ暦法上ノ日ヲ數フレバ足ル殊ニ月或ハ年ニ至リテハ其必要アリ然ルニ舊刑法ニハ一日ハ二十四時間一月ハ三十日ト定メタルガ故ニ往々之レガ計算ニ誤リヲ來シ爲メニ受刑人ニ言渡シタル期間ヨリ長キ時間拘禁シタル實例ヲ生ゼシコトアリ之レ畢竟精細ノ規定ヨリ招キタル弊害ニシテ速ニ改ムルノ必要アリト謂ハザル可ラズ殊ニ一日ノ二十四時間ニ至リテハ蓋シ本法否刑罰法典ニハ適用スベキ塲合絶無ナルヲ以テ規定ノ必要ナカルベシ啻多少問題トナルベキハ月ヲ以テ計算スル塲合ナリ例ヘバ二月十日ニ一ケ月ノ懲役ヲ言渡シ確定シタリトセンカ此塲合ニ暦法上ノ計算ニ基クトキハ三月九日ニテ期間滿了スベク從テ受刑日數通常二十八日ナリ之ニ反シテ三月十日ニ言渡確定シタル塲合ニハ四月九日ガ暦法上ノ一ケ月ナルヲ以テ此間實ニ三十一日ノ拘禁日數トナリ彼我ノ權衡ヲ保ツ能ハザル欠點アリト雖モ之等ハ暦ノ計算上止ムヲ得ザル規定ニシテ敢テ咎ムルニ非ラズト謂ハザル可ラズ若シ夫レ舊法ノ如ク一ケ月ヲ三十日ト定ムルモ時又

ハ年ヲ以テ刑ヲ言渡シタル者トノ權衡ヲ得ル能ハザルト一般ニシテ之ヲ本法ノ如ク定メタリトテ刑罰ノ本旨ニ反スルト云フガ如キ問題トナラザルベシ故ニ本法ノ規定ハ計算ノ困難ヲ斥クル點ニ於テ最モ機宜ヲ得タル規定ト信ズルモノナリ(舊法第四十九條參照)

第二十三條　刑期ハ裁判確定ノ日ヨリ起算ス

拘禁セラレサル日數ハ裁判確定後ト雖モ刑期ニ算入セス

本條ハ期間ノ起算點ヲ定メタルモノナリ即チ本條第一項ニ於テハ刑期ヲ起算スベキ日ヲ定メテ裁判確定ノ日トセリ蓋シ裁判確定セザル時ハ假令刑ノ言渡アルモ上訴ノ途アリテ未ダ犯人ナリトスル能ハズ故ニ犯人ト確定シタル上直ニ刑ノ執行ヲ爲スベキモノナルモ若シ刑ノ執行ヲ裁判確定前ニナスガ如キコトアランカ不法背理モ亦極マレリト謂ハザル可カラズ何トナレバ確定マデニ時間ヲ與フルハ即チ上訴ノ途ノ開キアルガ故ナリ此期間ニ於テ

被告人ハ第一審ノ裁判ニ不服ヲ申立テ控訴シ或ハ第二審ノ裁判ニ服從スル能ハズトテ上告ヲナシタルニ意外ニモ前審ノ裁判ハ全ク誤判ニ出デ上訴審ニ於テ有罪ガ却テ無罪トナルガ如キコトアランカ無辜ニ刑罰ヲ科シタルモノト云ハザル可カラズ之レ第一項ガ特ニ刑ノ期間ヲ起算スルニハ裁判確定ノ日ヨリスト定メタル所以ナリ

第二項ハ第一項ノ例外規定ヲ設ケタルモノナリ即チ第一項ニ於テ刑期ハ裁判確定ノ日ヨリ起算ストノ原則ヲ置キタリト雖モ確定後實際拘禁セラレザリシ日數ハ自由刑ノ刑期ノ中ニ算入スルガ如キハ法理上認メ得ベキモノニアラズ何トナレバ自由刑中懲役禁錮拘留刑ノ目的ハ刑期間犯人ノ自由ヲ束縛シテ刑罰ノ本旨ヲ達セントスルモノナルヲ以テ實際束縛セザル日數ヲ刑期ニ算入スルハ穩當ナラズ故ニ此場合ニ於テハ確定後ト雖モ尚刑期ニ算入セズ全ク受刑ノ日ヨリ起算セントノ主義ヲ採用シタルモノナリ故ニ此規定ノ結果トシテ彼ノ保釋責付等ニ依テ解放ノ身トナリ居タル者ト雖モ受刑ノ日マデハ決シテ刑ノ執行ヲ受ケ居ル者ト云フ能ハザルナリ

第五十一條 刑期ハ刑名宣告ノ日ヨリ起算ス若シ上訴ヲ爲シタル者ハ左ノ例ニ從フ
一 犯人自ラ上訴シテ其上訴正當ナル時ハ前判宣告ノ日ヨリ起算ス若シ其上訴不當ナル時ハ後判宣告ノ日ヨリ起算ス
二 檢察官ノ上訴ニ係ル者ハ其上訴正當ナルト否トヲ分タス前判宣告ノ日ヨリ起算ス
三 上訴中保釋ヲ得又ハ責付セラレタル者ハ其日數ヲ刑期ニ算入スルコトヲ得ス

以上期間ノ起算ニ對スル規定ヲ略解セリ故ニ讀者ハ既ニ本法ノ期間起算ノ如何ナルモノナリヤハ了解セラレタランモ尚讀者研學ノ便ヲ慮リ期間ノ起算ニ關スル從來學者ノ說ヲ紹介セン(1)刑期ノ起算ハ裁判言渡ノ日ヨリ爲スベシ(2)受刑ノ日ヲ以テスベシ(3)裁判確定ノ翌日ヨリ起算ス可シトノ諸主義アリ

以上ノ三說何レモ多少ノ欠點アリ即チ第一說ノ如クセンカ未ダ犯罪ノ確定セザル間ニ於テ既ニ刑罰ノ執行經過シツツアリト云ハザル可カラズ豈ニ如斯法理アランヤ然ラバ第二說ハ如何之レ亦欠點ナキ能ハズ若シ夫レ裁判確定後直ニ執行スベキ筈ノモノヲ執行官ノ不注意等ヨリ失念シテ執行セザランカ其間何十日アリト雖モ身ハ現ニ拘禁セラレツツアリ而シテ刑罰ノ期間進行スルコトナシ豈ニ犯人ニ採リテ如斯不利益アランヤ而カモ此不利益ハ當局者失態ノ罪ヲ犯人ニ轉嫁セシムルモノ不當モ亦甚シト云ハザルベカラズ之レ第二說ノ採用スル能ハザル所以ナリ第三說ハ如何又多少ノ欠點ナキ能ハズ开モ刑期ハ裁判確定スレバ即チ其日ハ一日刑期ノ範圍ヲ脫スル能ハ

ズ然ルニ確定ノ翌日ヨリ起算センカ一月ノ拘留ニ處セラレタル者モ三十一日間拘留セラルルニ至ルハ刑罰期間ヲ裁判以外ニ於テ增科スルガ如キ結果ヲ生ジ當ヲ得タル主義ト云フ能ハザルナリ(舊法第五十一條參照)

第二十四條　受刑ノ初日ハ時間ヲ論セス全一日トシテ之ヲ計算ス時效期間ノ初日亦同シ

本條ハ受刑日ニ關スル規定ナリ由來一日ノ刑ハ曆法上ヨリ云フトキハ二十四時ヲ以テセザルベカラズ然ルニ本條ヲ見ルトキハ甚ダ惑ヒナキ能ハズ然リ全ク本條ハ計算ニ對スル便宜ノ規定ト云フベシ即チ本條ノ規定ニ因ル時ハ被告人ガ最早上訴ヲナシ盡シ或ハ上訴期間ヲ經過シテ刑ガ確定シ犯人ト定マリ其刑ノ執行ヲ受クベク拘禁セラレタル第一日ハ時間ノ如何ヲ論ゼズ一日トスルモノナリ例ヘバ一月十日ノ午前十一時ニ執行ノ爲メ刑ヲ受クルモ午後十一時ニ禁錮セラルルモ一月十日ノ一日ハ一日トシテ刑期ニ算入セラルルモノナリ故ニ廿四時間ノ一日ヲ二時間乃至二十二時間等ノ不平均ハ

免レザル所ナリ之レ余ガ計算上ノ便宜規定ト謂フ所以ナリ
本條ガ何故便宜ノ規定ヲ設ケタリヤト云フニ若シ嚴格ニ廿四時間ヲ守ランカ或ハ夜間若クハ未明ニ囚人ヲ出監セシメザル可カラザルガ如キ弊ヲ生ジ取扱上ハ勿論監督上ノ危險モ全クナキヲ保シ難ケレバ特ニ斯ク便宜ノ規定ヲ設ケタルニ過ギズシテ他ニ深キ理由ノ存スルニアラズ又本條ノ適用上稍ヤ疑ヲ挾ム可キ點アリ幵ハ單純ニ受刑ノ初日トナシタルガ故ナリ何トナレバ受刑ノ初日ハ本法ニ所謂裁判確定シタル日ノミト云フ能ハズ時ニハ執行官吏ノ職務懈怠等ヨリ受刑日ヲ遲延スルコトナキニアラズ即チ前條ニ於テハ裁判確定ノ日ヨリ刑期ヲ算出スルヲ原則トシ確定後拘禁セラレザル日數ヲ算入セザルヲ例外ノ規定トシ前段ノ場合ノ如ク拘禁セラレツツアルモ受刑ノ日ガ確定後或ル日時ヲ經過シタルトキハ如何ナル日ヲ初日トスルヤ之レ恐ラクハ本條ノ下ニ規定セザル可カラザルモノナランモ一トシテ規定ノ徵スベキモノナシ
案ズルニ右等ノ場合ハ實際アリ得ベカラザル出來事ナリシトテ單純ニ受刑

第四十九條　刑期ヲ計算スルニ一日ト稱スルハ二十四時ヲ以テシ一月ト稱スルハ三十日ヲ以テシ一年ト稱スルハ曆ニ從フ受刑ノ初日ハ時間ヲ論セス一日ニ算入シ放免ノ日ハ刑期ニ算入セス

ノ初日トハ裁判確定ノ日ヲ指スヲ原則トシ拘禁セラレザル者ニ付テハ受刑ノ日ヲ起算ノ標準日ニ定メタルヲ以テ本條ハ單ニ初日ヲ定メタル所以ニシテ時効期間ノ初日モ之ニ準ズルハ當然ナリ第二項ノ規定ハ刑期滿了シテ放免スベキ日ニ關スル規定ナリ之レ又第一項ト仝ジク便宜ノ規定ト云フベキナリ即チ放免ハ刑期滿了ノ翌日ニシテ其翌日ハ理論ヨリ謂フトキハ午前零時ニ放免セザルベカラザルモ普通官廳ハ夜間ニ執務スルモノナシ故ニ其翌日午前中ニ放免スルコトヲ監獄法ニ依テ定メタリ之レ便宜ノ規定ト云ハザルベカラズ放免ハ刑期滿了ノ日ヲ以テスベシト主張スル論者ナキニアラズト雖モ此種ノ主張ハ理論ト實際ニ適合スルモノニアラズ何者刑期滿了ノ日ハ夜ノ零時ニ至リテ始メテ全刑期ヲ終ルモノニシテ前ニ云フ如ク午前零時ニ放免セザルトキハ其理論ノ透徹ヲ望ム能ハズ滿了ノ日ハ未ダ刑期中ナリ刑期中ニ放免スルハ大赦特赦或ハ假出獄ノ外爲スベキモノニアラザレバ本法ハ之ヲ採用セズ第一項ト第二項ノ規定ヲ待テ初メテ刑期調和ノ宜シキヲ得タルモノト云フベキナリ(舊法第四十九條參照)

第四章　刑ノ執行猶豫

本章ハ刑ノ執行猶豫ノ規定ナリ余ハ例ニ依リ各條ノ説明ニ移ルニ先チ聊カ刑ノ執行猶豫ノ何タルカヲ説明セン

刑ノ執行猶豫ハ本法舊草按ノ創設ニ係リ去ル三十八年三月法律第七十號ヲ以テ本法ノ制定ニ先チ一部ノ施行ヲ見ルニ至リタリ蓋シ我國ニ於テハ從來此規定ヲ見ザリシモ北米合衆國及歐羅巴ノ三四國ハ夙ニ此規定ヲ設ケ現ニ試驗濟ミノ上實行スル邦國アリテ其結果ハ頗ル良好ナリ而シテ此刑ノ執行猶豫ノ名稱ニ至ツテハ必ラズシモ仝一ニアラズ即チ行刑猶豫ト云フ所モアリ又條件付裁判ノ言渡トモ云ヒ各々異ナレドモ英米主義ト歐羅巴各國トノ間ニ於テハ規定ノ精神ヲ異ニシ即チ刑ノ執行猶豫ハ再犯防遏ノ手段ナリトスル英米ノ主義ニシテ他ハ悔過遷善ノ爲メニ行刑ノ猶豫ヲ爲スト云フ大陸諸國ニ行ハルル説ナリ

我ガ國ハ之等ノ主義ヲ參照シテ刑ノ執行猶豫ヲ規定シタルガ如シ其理由ヲ

見ルニ曰ク

犯罪必罰ハ報復主義ヲ採用スル刑法ノ題目ニシテ報復主義ヲ採ル刑法ハ既ニ數世紀以前ノ遺物ニ屬ス蓋シ一國ノ刑法ヲ設ケテ犯罪ヲ追訴シ科罰スルハ其目的トスル所一ニ其社會團躰ノ秩序ヲ維持スルニアリ秩序維持ニ必要ナル限度以外ニ犯人ヲ痛苦セシメントスルニアラズ即チ準テノ犯人ヲ必罰スルニアラズシテ秩序ノ維持上罰セザル可ラザル犯人ヲ罰スルニ在リ所謂初犯ノ短期囚ノ如キ其罪跡ノ重要ナルモノアルニアラズ又ハ其犯情ノ憎惡ス可キ者アルニアラズ多クハ之レ一時ノ慾情ニ誘惑セラレテ終ニ刑律ヲ犯スニ到リタルモノトス一旦此犯行ヲ終ハリテ事ノ既ニ發露スルヤ自カラ改悛ノ念慮ニ驅ラレテ良心モ亦平生ニ復ス此時ニ當リ猶法禁ノ違背スベカラザルモノアリトシ之ニ法定ノ刑ヲ宣告シ其刑ヲ執行セシメントスルハ所謂秩序維持ニ夫レ何等ノ効アリトスル況ンヤ刑辟ニ觸ルルコトハ人生至大ノ汚辱ナリ若シ一旦此大汚辱ヲ受ケテ之ヲ忍バザル可カラザリシトスレバ抑モ何ノ汚辱カ之ヲ受クルコトヲ忍ブ可カラザ

ラン罰スル必要ナキ犯人ニ其刑ヲ執行セシムルハ更ラニ他ノ犯行ヲ敢テスル蠻勇ヲ助長スルニ外ナラザルニ於テヲヤ況ンヤ監獄ナルモノノ多クハ是レ犯罪研究學院タルニ過ギズシテ一日入監セバ一日犯罪術ヲ講究スル者ナレバ罰スル必要ナキ犯人ニ刑ヲ執行セシムルハ更ラニ良敎師ノ指導ノ下ニ其犯罪術ヲ巧妙ナラシムルニ外ナラザルナリ即チ短期ヲ宣告スベキ初犯ニ對シ特殊ノ恩典ヲ附與スル法制云々

改正案ハ一般刑法ノ趨向ニ從ヒ刑ノ執行猶豫ノ制ヲ繼受シ短期ノ自由刑ニ處セラレタル者ニ限リ一定ノ條件ヲ附シテ一時其刑ノ執行ヲ猶豫スルヲ得セシメタリ此法制ニ依レバ一方ニ於テハ犯人ヲ罰シテ而シテ恕スル所ナク一方ニ於テハ其刑ノ執行ヲ猶豫シ犯人ヲシテ善良ニ遷ラシメ以テ犯罪必罰ノ法理ノ適用ヲ必要ナル限度ニ止メタルモノト謂フヲ得ベシ

ト行刑猶豫ノ創設理由トシテハ可ナルモ一般刑罰ノ主義ヨリ觀察スルトキハ甚ダ穩當ヲ欠ク文字多シ然レドモ之ヲ設ケタル理由ニ至ツテハ甚ダ可ナリト云フ可シ之レ今日マデノ實際ニ徵スルニ全ク立法者ノ云フ如ク監獄制

度ノ全キヲ得ザル爲メ拘禁セラルルヤ極惡奸智ニ猛ケタル囚徒ト共ニ作業ニ從事シ同房ニ坐寢スルノ止ムヲ得ザル爲メ所謂朱ニ交ハレバ赤クナルトノ諺ニ洩レズ忽テ惡人ニ感化セラレ滿期後出獄スレバ社會ノ良民ハ之レト坐食ヲ共ニスルヲ厭ヒ甚ダシキハ稍ヤ謹愼ヲ表セント欲シテ出獄スルモ社會ノ民衆ヨリ度外視セラルル等ノ塲合多キヲ以テ遂ニハ一旦監獄ノ飯ヲ喰ヒシ以上ハ所謂濡レヌ先キコソ露ヲモ厭ヘノ諺ノ如ク其一度濡レシ時ハ毒喰ハバ皿マデトノ諺ノ如ク自暴自棄ノ結果再犯スルモノ少ナカラズ之ヲ豫防スル爲メト一ハ改過遷善ノ政略方法トシテ最モ當ヲ得タルモノト云フ可キナリ然ルニ尙此主義ニ反對スル論者ハ曰ク執行猶豫ノ制度ハ刑法ノ精神ニ反スルモノナリ何者刑罰ノ目的ハ犯人ヲシテ十分之ニ畏怖セシメザル可カラズ然ルニ刑ノ言渡ヲ爲スモ執行セザルガ如キコトアランカ寧ロ始ヨリ刑ヲ科セザルニ如カズ豈ニ如斯法理アランヤト理論トシテハ或ハ之ヲ正當トナスベキモ刑罰權ノ基礎ハ法理ノミヲ以テ律スヘキモノニアラズ法理ノ正シク加フルニ刑ヲ科スルノ必要存セザル可カラズ故ニ論者ノ言ハ未ダ以

テ容易ニ贊スル能ハザルナリ

第二十五條 左ニ記載シタル者二年以下ノ懲役又ハ禁錮ノ言渡ヲ受ケタルトキハ情狀ニ因リ裁判確定ノ日ヨリ一年以上五年以下ノ期間内其執行ヲ猶豫スルコトヲ得

一 前ニ禁錮以上ノ刑ニ處セラレタルコトナキ者

二 前ニ禁錮以上ノ刑ニ處セラレタルコトアルモ其執行ヲ終リ又ハ其執行ノ免除ヲ得タル日ヨリ七年以内ニ禁錮以上ノ刑ニ處セラレタルコトナキ者

本條ハ刑ノ執行猶豫ノ要件ヲ定メタルモノナリ換言スレバ行刑猶豫ヲ受クベキモノノ資格ヲ定メタルモノナリ凡ソ行刑猶豫ノ利益廣大ナリト雖モ本條ノ域ヲ脱シテハ又決シテ執行猶豫ヲ爲ス能ハズ今本條規定ヲ閲スルニ行刑猶豫ヲ受クル者ハ(1)二年以下ノ懲役又ハ禁錮ノ言渡ヲ受ケタルモノニシ

テ
(2)其者ハ刑ノ言渡前禁錮以上ノ刑ニ處セラレタルコトナキモノカ又ハ禁錮以上ノ刑ノ言渡ヲ受ケタルモ其執行ヲ終リ若クハ執行ノ免除ヲ得タル日ヨリ七年間禁錮以上ノ刑ニ處セラレタルコトナキ者タルヲ要ス

以上ノ如キ場合ニ該當スルモノハ情狀ニ因リ裁判確定ノ日ヨリ一年以上五年以下ノ期間内其執行ノ免除ヲ受クルモノナリ

因是觀之刑ノ執行猶豫ヲ受クルモノハ原則トシテ二年以下ノ懲役又ハ禁錮ニ該ル罪ニシテ其言渡ヲ初メテ受ケタルモノ即チ初犯ノ者ニ適用セントス例ヘバ三月ノ禁錮二月ノ懲役ニ處セラルルモ再犯者ハ本條ノ恩典ヲ蒙ル資格ヲ喪失シ居ルモノト云フベキナリ尤モ第二號ノ場合ノ如ク一度刑ノ執行ヲ受ルモ七年間刑ノ言渡ヲ受ケズ謹愼シタルモノハ之レ殆ド先キノ刑ハ効ヲ奏シタルモノト看做シテ初犯者ノ如ク待遇スルモ甚シキ弊害ノアルベキモノニアラズ殊ニ行刑猶豫ハ本條ノ規定ニ依リ必ラズシモ猶豫セザル可カラザルモノニアラズシテ情狀ニ依リ執行ヲ猶豫スルコトヲ得ト定メタルヲ以テ第二號ノ規定アルモ決シテ甚シキ弊害ヲ生ズルガ如キコトナケン初犯

者ト雖モ又然リ必ラズシモ執行猶豫ヲ爲スベキモノニアラズ要ハ前ニ述ベタル如ク改悛ノ見込アルモノ再犯豫防ニ効果ヲ奏スルモノノミニ向ッテ猶豫セントス故ニ讀者ハ行刑猶豫ノ規定ハ如何ナル者ニモ規定ノ範圍內ニ屬スルモノニハ許スモノト速了スベカラズ之等ハ偏ニ執法者タル司法官ニ其認定ヲ一任シタルモノナルガ故局ニ司法ノ職ニアルノ士ハ須ラク注意シテ法ノ精神ヲ誤ラザランコトヲ期セザルベカラズ

要之本條ノ規定ハ犯人ノ前ノ經歷身分ノ如何ニ據テ其執行ヲ一年乃至五年ノ範圍內ニ於テ之ヲ猶豫シ刑罰ノ目的ヲ達セント期スルモノナリ

尙一言セザルベカラザルモノアリ卄ハ禁錮懲役ノ如キ自由刑ヲ受ケタルモノニ執行ヲ猶豫シ之レヨリ輕キ罰金ノ刑ニ處セラルベキ刑ノ言渡ヲ受ケタルモノハ何故猶豫セザルヤト ハ讀者ノ疑フ所ナラン然レドモ此點ハ曩キニ說明シタル行刑猶豫ノ主趣ヲ深ク究メタランニハ了解スル處アルベシ即チ行刑猶豫ノ方針ハ左マデ惡カラザルモ偶發性ノ犯人ヲ監獄內ニ拘禁スルトキハ爲メニ惡風ニ慣ルル處レアルモ罰金刑ニ處セラレタル者ハ監獄ニ入ル

コト無キヲ以テ監獄ニ於テ犯行ノ習性ヲ養成スル處ナク從テ自暴自棄ノ念ヲ惹起シ再犯若クハ三犯ヲ累ルナキヲ以テナリ

第二十六條　左ニ記載シタル場合ニ於テハ刑ノ執行猶豫ノ言渡ヲ取消ス可シ

一　猶豫ノ期間内更ニ罪ヲ犯シ禁錮以上ノ刑ニ處セラレタルトキ

二　猶豫ノ言渡前ニ犯シタル他ノ罪ニ付キ禁錮以上ノ刑ニ處セラレタルトキ

三　前條第二號ニ記載シタル者ヲ除ク外猶豫ノ言渡前他ノ罪ニ付キ禁錮以上ノ刑ニ處セラレタルコト發覺シタルトキ

本條ハ刑ノ執行猶豫ヲ取消ス原因ヲ定メタル條項ナリ由來刑ノ執行ヲ猶豫スル所以ノモノハ再犯防遏改過遷善ノ一道ノ光明ヲ發輝セシメン爲メノ政略規定ナルカ故其一度執行猶豫ノ恩典ヲ受ケタルモノガ再犯シ三犯シテ刑ノ言渡ヲ受クル者或ハ猶豫ノ言渡ヲ受クル前ニ他ノ犯罪ニヨリテ禁錮以上ノ刑ニ處セラレタル者ノ如キハ執行猶豫ノ恩典ヲ蒙ラシムル必要ナシ之本條ヲ設ケタル所以ニシテ其ノ取消スヘキ原因三アリ

一、猶豫ノ期間内更ラニ罪ヲ犯シテ禁錮以上ノ刑ニ處セラレタルトキ

二、猶豫ノ言渡前ニ犯シタル他ノ罪ニ付キ禁錮以上ノ刑ニ處セラレタルトキ

三、猶豫ノ言渡後ニ至リ第二十五條ノ要件ヲ具備セザルモノナリシコト發覺シタルトキ即チ猶豫ノ言渡前他ノ罪ニ付キ禁錮以上ノ刑ノ言渡ヲ受ケ其執行ヲ終ハリ或ハ其執行ノ猶豫ヲ得タル日ヨリ七年ヲ經過セサル場合ニ於テ其事由猶豫期間内ニ發覺シタルコト

此ノ三原因ガ猶豫期間内ニ發生シタルトキハ前ニ言渡シタル執行ノ猶豫ヲ取消シ直ニ其刑ノ執行ヲ爲スモノニシテ此場合ニ於テハ取消シノ言渡ヲ受

ケタル日ヨリ前ニ言渡サレタル刑期間刑ノ執行ヲ受クルハ別ニ規定ノ徵スルモノナキモ性質上當然ナリト解釋セザルベカラズ

本條ノ適用ヨリ行刑猶豫ノ取消シヲ受クル原因ハ前段三ノ原因ニ限ルヲ以テ彼ノ單ニ拘留科料若クハ罰金ノ刑ノ言渡ヲ猶豫期間內ニ受クルコトアルモ其一度與ヘラレタル恩典ハ本條ニ據テ取消スコト能ハザルモノナリ

第二十七條　刑ノ執行猶豫ノ言渡ヲ取消サルルコトナクシテ猶豫ノ期間ヲ經過シタルトキハ刑ノ言渡ハ其效力ヲ失フ

本條ハ執行猶豫ノ効力ヲ示セル規定ナリ即チ刑ノ執行ヲ猶豫セラレ取消サルルコトナク第二十五條ニ定メタル期間ヲ經過セバ永久ニ言渡ノ効力ヲ失フ故ニ其後更ニ再犯シ三犯スルモ爲メニ累犯ノ規定ヲ適用セラルルコトナキハ勿論爾後謹愼ヲ表シ猶豫期間ヲ經過スルトキハ全然無垢ノ良民トシテ社會ニ立ツヲ得ベク犯人ノ爲メニハ至大ノ特典規定ト謂フ可キナリ然リ而

シテ行刑猶豫ノ効果ニ就テハ尙此他ニ學說ノアルアリテ本法ノ此主義ニ對シ多少ノ異論ナキニアラズト雖トモ本法ハ學者ノ論スル執行ヲ免除スル主義ニハ反對セリ然レトモ改正草案ノ一回以來本法ノ草案前マテハ起草委員及當局者ニ於テモ單ニ執行免除ノ主義ヲ採用シ來リタルモ此主義ニテハ特ニ本章ノ規定ヲ創設シタル趣意ニ反スベシ何トナレバ行刑猶豫ノ目的ハ前ニ縷々說明シタル如ク犯罪ノ性質犯人ノ情狀ニ因リ充分改悛セシムヘキ見込アル者ニノミ適用スルモノナレバ此特典ニ基キ猶豫期間內謹愼ヲ表シタル者ハ更ニ前科者トシテ一般人ト待遇ヲ異ニスル必要ナキノミナラズ亦一方ニ於テ若シ單ニ執行ヲ免除スルニ止メタランニハ其者ハ永久ニ前科者トシテ良民ニ交ハルコト能ハザルガ故自カラ自暴自棄ノ心ヲ生シ遂ニ犯ヲ累ヌルモノナキヲ保シ難シ之レ本法カ執行免除主義ヲ排シテ刑自體ノ免除主義ヲ採用シタルモノナラント信ズ斯クテコソ初メテ行刑猶豫ヲ創設シタル目的ヲ貫徹スルモノト言ハザルベカラズ

第五章　假出獄

本章ハ行政官廳ノ處分ヲ以テ拘禁セラレタル囚人ニ對シ其刑期滿了前假リニ出獄ヲ許ス旨ヲ明カニシタルモノナリ從テ本章ノ規定ニ基キ一度出獄ヲ許サレ更ニ取消原因ヲ生ゼズ經過スルトキハ全然殘餘ノ刑期執行ヲ免除セラルルモノナリ故ニ學者ハ假出獄ヲ稱シテ刑ノ執行消滅ノ原因ト説ク蓋シ理由アリト云フベシ然リ而シテ本法ガ舊刑法及歐洲諸國ノ立法例ト仝ジク此主義ヲ採用シタル所以ノモノハ前章ニ於ケル刑ノ執行ヲ猶豫スル程廣キ。意味ニハアラザルモ刑罰ノ目的ハ素ト改過遷善ニアルヲ以テ如何ナル種類ノ犯人ト雖モ一度前非ヲ悔ヒ現ニ改悛ノ情狀顯著ナル者迄モ言渡サレタル刑期間必ラズ獄中ニ拘禁スルノ必要アルコトナシ殊ニ本章ノ如キ規定ナキトキハ彼ノ無期刑ヲ科セラレタル者若クハ長期ノ刑ヲ科セラレタル者等ハ終身社會ニ出ヅル能ハズ爲メニ刑罰ノ目的ニ背反スル行爲ヲ演出スルヤモ謀ラレズ故ニ此制度ヲ設ケ可成刑罰ノ目的ヲ達セシメントセル所以ナリ

第二十八條　懲役又ハ禁錮ニ處セラレタル者改悛ノ狀アルトキハ有期刑ニ付テハ其刑期三分ノ一無期刑ニ付テハ十年ヲ經過シタル後行政官廳ノ處分ヲ以テ假ニ出獄ヲ許スコトヲ得

本條ハ假出獄ニ關スル規定ヲ示シタルモノナリ假出獄ハ前章ニ於ケル刑ノ執行猶豫トハ大ニ其趣ヲ異ニシ期限ノ有期ナルト無期ナルト又初犯ナルト再犯ナルトヲ論ゼズ一度刑ノ執行ヲ受ケタル者ガ前非ヲ悔ヒ常ニ監獄ノ規則ヲ遵守シ品行方正ニシテ全ク改悛ノ情狀アル者ハ最早社會ニ放致スルモ將來正業ニ從事シ自カラ生計ヲ營ミ得ラルルモノト推定シテ假リニ出獄ヲ許シ拘禁ノ苦痛ヲ免除セントスルモノナリ

此假出獄ハ行政ノ處分ナルヲ以テ別ニ裁判ノ言渡ヲ受クルコトヲ要セズ司獄官又ハ執行官ガ司法大臣ニ具申シテ之レカ許可ヲ受ケ出獄ヲ許スモノナリ而シテ假出獄ノ要件ハ

一、改悛ノ情狀アルトキ
二、有期ノ受刑者ハ其刑期三分ノ一無期ノ受刑者ハ拘禁期間十年ヲ經過シタルコト

此二要件ヲ具備セザルトキハ本條ノ適用ヲ受クル能ハザルヤ勿論ナリ故ニ本條ノ趣旨ヲ達シ死法タラシメザラント欲セバ犯人ガ第二要件ノ期間中ノ行動ヲ仔細ニ觀察シテ以テ法ノ威信ヲ害セザル樣專心誠意尤モ公平ナル視察ヲ遂タル後之ヲ許サザル可カラズ若シ然ラズシテ一朝之ヲ誤ランカ彼等ハ暫ラク監獄ニ拘禁セラレ其待遇ノ如何ヲ察知シテ而シテ社會ニ出デタルモ其困難複雜ナル社會ノ生息ヨリ寧ロ監獄ニ居ルヲ優レリトシテ更ニ犯罪ヲ爲シ社會ヲ害シ再ビ入獄ヲ希フ奸黠ノ徒アランカ法ノ威信モ又玆ニ至レバ失墜セリト云フベキナリ豈ニ愼重ノ態度ヲ以テ觀察セズシテ可ナランヤ局ニ司獄ノ職ニアルノ士ハ又大ニ戒メザル可ラズ

然レドモ一度其觀察ヲ誤ラズシテ本條ノ規定ヲ利用セバ其効果甚ダ可ナルモノアラン例ヘバ無期刑ノ囚人ニ出獄ヲ許スト假定セヨ將サニ其囚人ハ他

囚ノ好模範ナリトシテ其勸化最モ著シキノミナラズ生涯社會ニ出ヅル能ハズトシテ稍ヤモスレバ自暴自棄ニ流レ居ルモノモ其出獄ヲ許サレタル囚人ヲ見テ心機一轉己レモ今一度社會ニ出ンコトヲ欲シ夫レヨリ改悛シ全ク改過スルモノナキニアラザルベシ否今日マデノ成績甚ダ良好ナルコトハ實際ニ徵シテ明カナレバ之ヲ常ニ利用スルニ注意シ精密ナル觀察ヲ厭ハズ冷靜ナル頭腦ト誠意ヲ以テ常ニ囚人ヲ觀察センカ其刑期ノ三分ノ一ヲ經過スル間ニハ如何ニ惡奸無賴ノ徒ニシテ巧ミニ覆面ヲ被リ機ヲ得ンコトヲ謀ルモノアリト雖モ身自カラ保護看守ノ職ニアルモノハ之レガ觀察ヲ誤ルガ如キコト少ナケレバ斯クシテ本條ノ範圍內ニ於テ許スコトヲ得ルニ至ランカ刑ノ目的ヲ達スルハ勿論國家經濟ノ上ヨリ觀察スルモ又至大ノ貢献ヲ爲スモノト云フベキナリ之レ本條ガ特ニ行政ノ處分トシテ假リニ出獄ヲ許ス所以ナリ

本條ハ假リニ出獄ヲ許サレ刑期間處分ノ取消シヲ受ケズシテ經過シタルトキハ更ニ次條ノ制裁ヲ受クルコトナク當然執行ノ免除アリタルモノト知ル

第五十三條　重罪輕罪ノ刑ニ處セラレタル者獄則ヲ謹守シ悛改ノ狀アル時ハ其刑期四分ノ三ヲ經過スルノ後行政ノ處分ヲ以テ假ニ出獄ヲ許スコトヲ得

無期徒刑ハ十五年ヲ經過スルノ後亦同シ

流刑ノ囚ハ第二十一條ニ照シ幽閉ヲ免スルノ外假出獄ノ例ヲ用ヒス

ベキナリ（舊法第五三條參照）

第二十九條　左ニ記載シタル場合ニ於テハ假出獄ノ處分ヲ取消スコトヲ得

一　假出獄中更ニ罪ヲ犯シ罰金以上ノ刑ニ處セラレタルトキ

二　假出獄前ニ犯シタル他ノ罪ニ付キ罰金以上ノ刑ニ處セラレタルトキ

三　假出獄前他ノ罪ニ付キ罰金以上ノ刑ニ處セラレタル者ニシテ其刑ノ執行ヲ爲ス可キトキ

四　假出獄取締規則ニ違背シタルトキ

假出獄ノ處分ヲ取消シタルトキハ出獄中ノ日數ハ刑

期ニ算入セズ

本條ハ假出獄取消ノ原因ヲ規定シタルモノナリ蓋シ假出獄ハ前條ニ於テ說明シタル如ク一定ノ條件ヲ具備シテ社會ニ放致スルモ再犯ノ虞ナシトシテ行政ノ處分ヲ以テ假リニ出獄ヲ許スモノナリ故ニ苟クモ假出獄ノ趣旨ニ反スルコトアランカ當然其出獄ヲ取消シ更ニ殘刑期ニ向ツテ執行ヲ爲シ飽迄法ノ目的ヲ達セシメザル可ラズ

之レ本條ノ規定ヲ必要トスル所以ナリ今玆ニ掲ゲタル各原因ヲ見ルニ

一、假出獄ヲ受ケタル者ガ其出獄中新タナル罪ヲ犯シ因テ罰金以上ノ刑ニ處セラレタル場合

故ニ第一ノ場合ニシテ若シ處犯拘留科料ノ刑ニ該ルガ如キ輕微ノ犯罪ニテハ未ダ假出獄ヲ取消スコトナシ何者拘留科料ニ處セラルベキ場合ノ犯罪ハ犯罪ニ相違ナキモ犯人ノ多クハ惡意若クハ重過失アルナク唯不知不識ノ間ニ罪ヲ犯シタル等殆ンド犯意ナキ場合ニテモ尙拘留科料ニ處セラル如斯場合ニ出獄者ハ未ダ全ク改過遷善ノ主義ニ添ハザルモノナリトシテ取消スハ

稍ヤ早計ニ失スルナキヤ之レ特ニ此ノ場合ニハ取消原因ニ數ヘザル所以ナリ

二、假出獄前ニ犯シタル他ノ犯罪ガ假出獄中發覺シテ其犯罪ニ付キ罰金以上ノ刑ニ處セラレタル場合

此場合ハ假出獄ガ更ニ新タニ宣告ヲ受ケタル刑ノ執行ヲ受クル爲メ拘禁セラルル者ナル故曩キニ出獄ヲ許シタル刑ノ殘期ヲ免除スルノ必要ナキヲ以テ取消シノ原因トナス又當然ト云フベキナリ

三、假出獄ヲ受クル前他ノ犯罪ニ對シ罰金以上ノ刑ニ處セラレ居リタル者ガ其刑ノ執行ヲ受クルニ至リタル場合

例ヘバ其刑ハ初犯ニシテ第三十條ニ依リ執行ノ猶豫ヲ受ケ居ルモノガ第三十一條第一項第三ノ如キ場合ガ假出獄中ニ生ジ行刑猶豫ノ恩典ハ取消サレ其刑ノ執行ヲ受クルニ至リタランカ前段ノ場合ト全ジク强ヒテ出獄ヲ許ス能ハズ之レ又取消シノ原因ト爲ス所以ナリ

四、假出獄取締規則ニ違背シタルトキ

此場合ハ別ニ說明スルマデモナク當然假出獄ヲ取消スベキモノナリ第二項ノ規定ハ假出獄處分ノ取消シヲ受ケタル場合ノ効果ヲ定メタルモノナリ即チ假出獄處分ノ爲メ一時執行ノ免除ヲ得タルモ前段數個ノ場合アリテ其處分ヲ取消サレタルトキハ出獄中ノ日數ハ刑期ニ算入スルコトナク全ク其間ヲ刑期中ヨリ删除シテ前後ヲ合セ刑期間ノ執行ヲ爲サントスルモノナリ

於玆乎假出獄ノ性質ニ付說ヲ爲スモノアリ曰ク假出獄ハ刑ノ執行中止ナリト曰ク假出獄ハ解除條件付刑ノ執行免除ナリト余ハ此二說中後說ヲ採ルモノナリ何者本刑法ノ規定ヲ案ズルモ又舊刑法ヲ參照スルモ一トシテ刑ノ執行ニ關シテ中止ヲ認メタル明文ナク且ツ假出獄ハ先キニモ述ベタル如ク刑期中假リニ出獄ヲ許スモノニシテ中止ノ法理トハ全ク其性質ヲ異ニス由來中止ナルモノハ一定ノ期間其執行ヲ免除セラルルコトアルモ後ニ必ラズ前刑ト後刑即チ前ノ執行日數ト後ノ日數トヲ併セ始メテ其刑期全部ノ執行ヲ爲サザルベカラザルモノニシテ如何ナル理由ノ存スルコアルモ更ニ執行ス

> 第五十六條　假出獄中更ニ重罪輕罪ヲ犯シタル者ハ直ニ出獄ヲ停止シ出獄中ノ日數ハ刑期ニ算入セス

ルコトヲ必要トスルモノナレバ中止後ノ刑ノ執行ヲ免除スルコト能ハズ然ルニ假出獄ハ之ニ反シテ本條ノ各原因ノ一ガ生セザルトキハ其後ノ刑即チ三分一ノ執行ヲ受ケタル者ニ假出獄ヲ許サレタリトセバ後ノ三分ノ二ニ對スル刑ノ執行ハ永遠ニ之ヲ許サルルモノト云フ可シ然ルニ論者ハ尚刑ノ執行ヲ免除セラルルハ偶々生シタル結果ニ過ギズシテ決シテ始メヨリ刑ノ執行ヲ免除スト云フ所以ニアラズト論結スルハ誠ニ謂レナキモノト云フベシ何トナレバ論者ハ法文ヲ精細ニ見ルナク只本條ノ規定ノミニ拘泥シテ解釋セシ者ニシテ要スルニ曲解ト云フベキモノナリ(舊法第五十六條參照)

第三十條　拘留ニ處セラレタル者ハ情狀ニ因リ何時ニテモ行政官廳ノ處分ヲ以テ假ニ出場ヲ許スコトヲ得

罰金又ハ科料ヲ完納スルコト能ハサルニ因リ留置セラレタル者亦同シ

本條ノ第一項ハ拘留ノ刑ニ處セラレタルモノニ對スル刑ノ執行免除ヲ定メ

タルモノナリ拘留ノ刑ニ處セラレシ者ノ如キハ極メテ輕微ノ犯罪ナルノミナラズ多クハ無意犯ノモノ多キ故一度刑ノ執行ヲ爲スモ最早其後ノ刑ヲ執行スル必要ナシト認メタルトキハ何時ニテモ行政處分ヲ以テ其執行ヲ免除スルモノナリ而シテ本條ノ規定ト假出獄ノ差ハ免除ニ對スル期間ノ定メナキト一度刑ノ執行免除ヲ受ケタルトキハ如何ナル事由ノ發生スルモ取消シヲ受クルコトナキトニアリ此ノ適用トシテ拘留ニ處セラレタルモノ執行免除ヲ得タル後ハ再ヒ刑ノ執行ヲ受クルコトナキモ假出獄ハ前條ニ示ス原因發生スルトキハ直ニ其出獄ヲ取消シ更ニ同一刑ニ付キ殘部ノ刑期ハ當然執行セラルルハ區別ノ主ナルモノトス

第二項ハ換刑處分ヲ受ケタルモノニ對スル執行免除ナリ即チ罰金科料ハ元來自由刑ニアラサルモ納入ノ義務ヲ果スヲ得ザル爲メ一定ノ期間勞務ニ服セシムルモノナリ然モ情狀ニ依リ必要ナシトスルトキハ之レ又行政處分ヲ以テ永遠ニ刑ノ執行ヲ免除スルモノニシテ彼ノ假出獄ノ規定ヲ準用セサル所以ノモノハ本刑ノ性質ヨリ來ル當然ノ解釋ニシテ特ニ第一項ト同一ノ取

扱ヲ爲スモノナリ

第六章　時效

時效ノ何タルヤハ既ニ緒言ニ概說シタル如ク時ノ經過ニ據テ刑ノ執行ヲ免除セラルルモノナリ然レトモ時效ハ單ニ刑法ニ規定スルノミナラス民事上ノ時效ハ民法ニ之ヲ定メ刑事上ノ時效ハ刑事訴訟法及本法ニ之ヲ定ム其他特別法ニモ又規定スルモノアリ例ヘハ現行會計法ノ如キ之レナリ

斯ノ如ク民事上刑事上其他時效ノ文字ヲ以テ規定セルモノアレド其效果ニ至リテハ同一ナラズ今民法ノ規定ヲ見ルトキハ時效ニハ時ノ經過ニ依リテ權利ヲ取得スルモノ即チ取得時效アリ又時ノ經過ニ依リテ權利ヲ喪失スルモノ即チ消滅時效ノ制アリト雖刑事上ノモノニハ如斯區別ナシ啻公訴ノ時效トテ時ノ經過ニ依リテ檢事又ハ其他ノ司法權ヲ有スルモノガ起訴權ヲ失フモノニシテ民法上ノ消滅時效ニ當ルモノド他ノ一ハ即チ本法ニ定ムル所ノ時效ニシテ舊刑法ノ期滿免除ト名付ケタルモノナリ然レトモ期滿免除ナ

ル文字ハ既ニ陳腐ニ屬シ今日發達セル文明國ニ於テ斯クノ如キ文字ヲ用ヰザルハ我既成法典ナル民法及刑事訴訟法ニモ時効ノ文字ヲ用ヰタルヲ以テ本法モ亦之ヲ採用シタルニ過ギズ而シテ刑法ニ於ケル時効ナルモノハ民法上及刑事訴訟法上ノ時効トハ全ク其趣キヲ異ニセリ刑法ノ時効ハ刑ノ言渡ヲ受ケ裁判確定シタルモノニ對シ其刑ヲ執行スルノ權利消滅スルモノニシテ彼ノ民法上ノ消滅時効ノ性質ヲ有セリ

此適用トシテ一定ノ期間内刑ノ執行ヲ受ケザリシモノガ遂ニ其執行ヲ免除セラルルニ至ルト同時ニ社會ハ刑罰權ヲ失フハ甚ダ奇ナル規定ノ如クナルモ一度行ヒタル犯罪ハ如何ニ天賦鬼神ノ力ト雖モ之ヲ持チ去ル能ハズ又消滅セシムル能ハザルハ理ノ當然ナルモ年月ハ流水ノ如ク時々刻々進ミ距ルニ從ヒ犯罪ノ惡結果モ又次第ニ散亂シテ實害ハ自カラ舊狀ニ回復シ犯人ハ前非ヲ悔ヒ最早再犯ヲ犯サザルニ至ランカ社會ト雖モ刑ヲ強ヒテ科スル必要ナク且ツ犯人ノ惡意ガ全ク消滅シテ改過シ來ランカ刑罰又何等ノ効果ヲ生ズルモノニアラズ然ルニ若シ時効ノ制ヲ排斥シ強ヒテ永久ニ向ヒ一度言

渡シタル刑ハ必ラズ罰セザルベカラズトシテ刑ヲ執行センカ折角之罪ナル惡結果ヲ遺忘シタル社會民衆ハ忽チ舊惡ヲ新タナルモノヽ如ク感ジ之レガ反動トシテ一度犯シタル罪人ハ毫モ改過ノ念ヲ變ズルノ期ナク巧ミニ法網ヲ遁レテ益々害惡ヲ逞フスルヤモ慮リ難シ故ニ往古行ハレタル復讐主義ノ刑罰權ニ基キタル刑法ナラバ知ラズ苟クモ近代ノ如キ刑罰權ヲ實際ノ條理必要ヨリスルモノナリトスル今日ニ在テハ決シテ容ルベキモノニアラズ斯ク時効ノ制ヲ設ケ一度刑ノ言渡確定シタルモノト雖多年執行ヲ免レ社會ノ一般ガ其罪狀ヲ遺忘シタリト推定セラルル場合ニ在リテハ更ニ執行ヲ爲スノ必要ヲ認メス茲ニ於テ乎近代各國ノ法律ガ進ンデ時効ノ制ヲ設クルニ至リシ所以ナリ

第三十一條　刑ノ言渡ヲ受ケタル者ハ時效ニ因リ其執行ノ免除ヲ得

本條ハ時効ノ効果ヲ定メタル規定ナリ即チ死刑懲役禁錮罰金拘留科料及沒

收ノ刑ニ處セラレタルモノハ時効ニ因リ刑ノ執行ヲ免除セラル而シテ以上列記セシ刑ノ言渡ヲ受ケタルモノガ何故執行ノ免除ヲ受クルヤハ前段既ニ述ヘタルヲ以テ玆ニ再説セスト雖往々之ヲ誤解シテ時効ハ刑ノ消滅ナリト説クモノナキニアラザルモ此説元ヨリ誤リナリ時効ハ本條ニ明示スル如ク刑ノ執行ヲ免除スルモノニシテ刑其モノニハ毫モ異動ヲ生ズルコトナシ卽チ執行權ノ消滅ニシテ刑ノ消滅ニアラザルナリ換言スレバ時効ハ彼ノ國權ノ消滅ヲ來スモノト云フヲ得ベキモ此國權ト云フハ刑法上ヨリ見タルモノニ過ギズ刑法上ノ國權ハ刑ノ執行權及財產ノ徵收權ナリ國ヲ代表シテ刑ヲ執行スル檢事ハ國家ノ機關ナリ罰金ノ如キ沒收ノ如キ何レモ財物ナラザルハナシ之ヲ時効ニ因リテ免除スル卽チ國權ノ消滅ト云フモ敢テ奇論ニアラザルベシ然レドモ罰金沒收ノ如キハ財產ヲ徵收スルモノニ對シテ刑法ノ時効ヲ適用スルハ一見穩當ヲ欠クガ如キ觀ナキ能ハズト雖モ罰金モ沒收モ民法上ニ於ケル政府ノ債權ノ如キモノナレバ普通民法上ノ時効ヲ適用シテ可ナラントノ議論ナキニアラザルベシ然モ彼我ノ間ニハ性質相均シキモ一ハ

刑罰ニシテ一ハ普通民法上ノ資格ニ於テ爲スモノナルヲ以テ全一ノ時効ヲ適用スルハ元ヨリ誤リナリ

第五十八條 適用ニ定メタル期限チ經過スルニ因テ滿期免除チ得
刑ノ執行者法律ニ定メタル期限チ經過スルニ因テ滿期免除チ得

第三十二條 時效ハ刑ノ言渡確定シタル後左ノ期間内其執行ヲ受ケサルニ因リ完成ス

一 死刑ハ三十年
二 無期ノ懲役又ハ禁錮ハ二十年
三 有期ノ懲役又ハ禁錮ハ十年以上ハ十五年三年以上ハ十年三年未滿ハ五年
四 罰金ハ三年
五 拘留科料及ヒ沒收ハ一年

本條ハ時効完成ノ期間ヲ定メタルモノナリ由來時効ハ先キニ說キタル如ク刑ノ執行權ヲ免除スルモノニシテ之レガ必要ハ社會ガ漸ク遺忘シタル舊惡

第五十九條　主刑ハ左ノ年限ニ從テ期滿免除ヲ得
一　死刑ハ三十年
二　無期徒流刑ハ二十五年
三　有期徒流刑ハ二十年
四　重懲役重禁獄ハ

ヲ再ビ新ナル惡感ヲ惹起サシムルモノニシテ社會ニ取リテノ有害無益ナレバ之レガ執行ヲ免除セントスルモノナリ、サレバ刑ノ種類ニ依リ年限ヲ定メ一般推定ノ期ヲ確立ザセル可カラズ之レ本條ノ規定アル所以ナリ今ソノ各項ノ規定ヲミレバ

一、死刑ハ三十年之レ其罪最モ重ク又世人モ一般ニ注意シテ容易ニ遺忘スルコトナシト雖モ刑ノ執行ヲ受ケズシテ三十年ノ長年月ヲ經過センカ社會ハ其犯罪ヲ忘却スルコトナシト雖モ法律ガ認メテ遺忘ノ推定ヲ爲スト仝時ニ斯ク長年月間再犯ヲモ爲サズシテ私ニ隱遁シ居リタルモノノ如キハ最早刑ノ執行ヲ爲スノ必要ナカルベシ故ニ三拾年間執行ヲ遁レ居リタルモノハ假令最重刑タル死刑ト雖モ時効完成シタルモノトシテ其執行ヲ免除セントスルモノナリ

二、以下法文ノ一々別記スル所アリト雖モ要之罪ノ重キニ重キ刑ヲ科シ罪ノ輕キハ輕キ刑ヲ科スルニ準シテ社會カ其罪科ヲ遺忘スル時間モ從テ差異アルモノト推定シテ本條規定ノ如ク刑ノ種類ニ因リ長短ヲ認メタルモノ

十五年ト
五 輕懲役輕禁獄ハ十年
六 禁錮罰金ハ年
七 拘留過料ハ一年

ナリ(舊法第五十九條參照)

第三十三條 時效ハ法令ニ依リ執行ヲ猶豫シ又ハ之ヲ停止シタル期間内ハ進行セス

本條ハ時效期間ノ效果ニ關スル規定ナリ即チ時効ノ期間ハ法律ニ因リテ刑ノ執行猶豫ヲ受ケ又ハ刑ノ執行ヲ或ル原因ニ依リテ停止セラレタル間ハ其期間ノ進行ヲ爲サシメサルモノナリ皮想ノ見解ニヨレハ時効ハ時ノ經過ニ依テ社會ガ其罪科ヲ遺忘スル爲メ行刑ノ必要ナシトシテ執行ヲ免除スルモノナルガ故刑ノ執行ヲ猶豫セラレアル場合又ハ他ノ原因ニ依リ刑ノ執行ヲ停止セラレタル場合ト雖モ時ハ休マズ進ミ行クモノナレバ彼ノ刑ノ執行中逃走シ或ハ刑ノ言渡後確定前ニ逃走シタル者トノ間ニ區別ナキガ如キモ仔細ニ之ヲ觀察セハ明確ナル差異アルヲ認ムルニ難カラズ即チ本條ノ場合ハ他動的ニ一時刑ノ執行ヲ免除セラルルモノニシテ他ノ場合ハ犯人自動的ニ刑ノ執行ヲ免ルルモノナルヲ以テ此間ノ限界又明カナリト云フヘキナリ何

トナレバ本條ノ如キ他動的免除ノ場合ハ少ナクトモ法令ノ存スルヲ要ス法令ニ因テ免除セラルルモノハ社會ハ理論上未ダ以テ其事件ヲ忘却シタリト云フ能ハザレバナリ社會ノ民衆ガ忘却セズトセハ之レニ時効ノ利益ヲ與フルハ條理上宜シキヲ得タルモノニアラズ

反之彼ノ官吏ノ懈怠ヨリ來レル執行不能ノ如キ或ハ刑ノ執行中犯人自ラ之ヲ免レシガ如キ若クハ判決言渡ノアリタルヲ知ルモ別ニ不服ノ申立ヲ爲サズ法定ノ時間ヲ無事ニ經過セル場合ノ如キハ其時ヨリ社會ガ犯罪ヲ遺忘スルト推定スルヲ穩當トス此場合ニ時効ノ進行アルヤ當然ナリ故ニ此應用ヨリ彼ノ行刑猶豫ヲ受ケタル者ノ如キ逃走シテ刑ノ執行ヲ取消サレタル場合ノ如キ刑ノ執行猶豫ヲ第三十二條ニ依リ取消サレタルトキハ其時ヨリ當然時効ノ期間進行スルモノト云ハザル可ラズ

第三十四條　時效ハ刑ノ執行ニ付キ犯人ヲ逮捕シタルニ因リ之ヲ中斷ス

罰金科料及ヒ沒收ノ時效ハ執行行爲ヲ爲シタルニ因リ之ヲ中斷ス

本條ハ時効中斷ニ關スル規定ナリ由來時効ハ屢々説述シタル如ク一定ノ期間刑ノ進行ヲ免レタルニ因リテ完成スルモノナルモ此經過期間ハ何等ノ故障ナク經過セサル可ラズ時効ノ中斷ハ經過ノ故障ヲ爲スモノナリ即チ期限ノ經過ヲ中途ニ於テ斷絶シ新時効ヲ始メントスルモノナリ例ヘハ三十年ノ時効ニ二十年ヲ經過シテ中斷セラレンカ中斷ノ𪜈ヨリ更ニ三十年ヲ新期限トシテ經過セザル中ハ全ク刑ノ執行ヲ免除セラルルコトナシ故ニ時効ノ中斷ハ先キニ經過セル年月ハ全ク無効ニ歸スル結果ヲ生ズルモノナリトノ定義ハ敢テ當ヲ得ザルモノニアラズ

茲ニ注意セザル可ラサルモノハ刑法ノ時効ニハ中斷アルモ民法ノ如ク時効ノ停止ナルモノナシ由來民法ニ云フ時効ノ停止ナルモノハ法定ノ原因生スレバ時効ノ經過ヲ停止スルモ其原因止ムトキハ更ニ中斷トハ異ナリ前ノ經

過時效ト後ノ期限ト繼續シテ通算スルモ刑法ニハ如斯法理ヲ認メザルナリ刑ノ時效中斷ハ如何ナル方法ニ據テ爲スヤト云フニ法律ハ刑ノ執行ノ爲メ犯人ヲ逮捕シタルトキヲ時效ノ中斷トセリ之レ時效ノ性質上當然ノ規定ニシテ別ニ說明ヲ要セザル所ナリ

又第二項ニ於テハ罰金科料及沒收ニ對スル時效中斷ノ方法ヲ定メタリ即チ執行行爲ヲ爲シタルトキ例セバ罰金科料ニ付テハ納入告知書ヲ發布シタルトキ沒收ニ付テハ直接ニ其物ノ上ニ執行ヲ始メタル𪜈ヲ云フ之レ何レモ財產刑ニシテ別ニ犯人ノ自由ヲ束縛スルモノニアラザルヲ以テ其手續ヲ爲シタル𪜈ハ最早執行ヲ始メタルモノナレバ期限ノ進行ヲ斷絕スルハ當然ナリ然レドモ本條第一項ノ所謂生命刑若シクハ自由刑ハ其性質素ヨリ生命ヲ奪フカ或ハ自由ヲ束縛スルモノナルヲ以テ執行ノ爲メ逮捕スルヲ必要トセザルベカラズ然ラザレバ未ダ以テ刑ノ執行ニ着手スル能ハザレバナリ如斯逮捕スルモ彼ノ欠席判決ニ依リ未ダ縛ニ就カザルモノヲ逮捕スルコトアルモ直ニ以テ時效ノ期間ヲ中斷スルモノト云フベカラズ

サレバ本法モ亦此主義ヲ採用シ欠席判決ニ關スル時効ニ付テハ毫モ規定ノ徴スルモノナシ故ニ等シク逮捕狀ニ依リ逮捕シタル欠席判決ヲ受ケタル犯人ト雖本問ノ場合ニハ時効ノ中斷ナシ否欠席判決ニハ公訴時効ヲ中斷スルガ正當ニシテ刑ノ執行ニ着手セザルニ刑ノ時効ヲ中斷スルガ如キ不適格ナル法理ハ採用スル能ハザルヲ以テナリ故ニ刑ノ時効ノ中斷ハ既ニ確定セル裁判若クハ言渡後確定前ニ逃走シタルモノ等ヲ逮捕シタル場合ノミナルヲ注意セザル可ラズ

第七章　犯罪ノ不成立及ヒ刑ノ減免

本章ノ規定ハ舊刑法ノ下ニ於テハ頗ル議論アリシモノニシテ學者實際家ノ共ニ希望セル改正ノ一ナリ故ニ本刑法ハ大ニ其面目ヲ發輝シタルモノナリ元來人ハ普通ノ智能ヲ有シ之ヲ自由ニ識別スル能力アルモノガ不正ノ行爲アルコトヲ知リテ而シテ之ヲ犯サンカ法律ハ必ラズ罰セザルベカラズ然レドモ之レ一面ノ原則ノミニシテ例ヘ刑罰ヲ定メタル刑法ニ反スルモ尚法律

ハ必ラズ罰スルモノニアラズ之レ即チ本章ニ云フ犯罪不成立ノ場合ニシテ正當行爲若クハ無責任行爲ノ如キ然リ亦刑ハ均一ニ科セザル可カラザルモ意識不充分ナルモノノ行爲ハ例ヘ有意識ニシテ知能完全ニ發達シタル者ト全一ノ結果ヲ生ジタリト雖等シキ刑ヲ科スル能ハザル場合アリ即チ刑ノ減免ヲ規定スル必要アル所以ナリ而シテ犯罪ノ不成立トハ絶對ニ犯罪ガ成立セザルニアラザルモ其行爲タルヤ當然犯人ガ義務トシテ法令ノ爲メ爲サザル可カラザル行爲ノ如キ客觀的ニ觀察スルトキハ完全ナル犯罪ヲ構成シタルガ如キモ主觀的ニ見レバ罪トシテ罰スベキモノニアラザルナリ

刑ノ減免トハ犯罪ニ對シ普通ノ刑罰ヲ科セザル可カラサルモ特種ノ原因ニヨリ刑ノ全部ヲ免除スル事アリ又普通ノ刑ヲ科スルノ酷ナル場合ト必要ナキ場合ニヨリ特ニ輕減シテ適度ノ刑ヲ科スル事少カラズ之ヲ稱シテ刑ノ減免ト云フ

第三十五條　法令又ハ正當ノ業務ニ因リ爲シタル行爲ハ

之ヲ罰セス

本條及次條ハ學者ノ所謂正當行爲ヲ定メタルモノニシテ本條ニハ業務上ノ正當行爲ヲ規定セリ之レ曾テ緒言ニ述ベタル如ク一個ノ犯罪アリテ其犯罪ハ所爲モ意思モ備リ加之法律ニ罰スベキ明文アリト雖モ其行爲ガ法令又ハ正當ノ業務ニ因リ權義ヲ有シテ犯人ガ之ヲ爲シタルトキハ罰セザルヲ本則トス而シテ本條ハ其原因ヲ定メタルモノナリサレバ所謂法令又ハ正當ノ業務ニ因リ爲シタル行爲トハ如何ナルモノナリヤ次ニ之ヲ概說セン

一　法令ニ因ル正當行爲　例ヘバ下級官吏ガ本屬長官ノ命令ニ因リ自己ノ職責トシテ行ハザル可カラザル場合ニ執行官其ノ範圍內ニ於テ行ヒタル行爲ガ犯罪トナリタルトキノ如キ或ハ豫審判事ガ法律ノ命スル處ニ依リ刑事被告人ヲ拘禁スルガ如キ被告人ノ住所ニ立入リ檢證ヲ行フガ如キ或ハ執達吏ガ財產ヲ差押ヘ之ヲ賣却スルガ如キ又ハ司法官ガ信書ノ秘密ヲ無視シテ開封スルガ如キハ何レモ犯罪ニアラザルナリ即チ或ハ監禁ノ罪ヲ構成シ家宅侵入罪トナリ財產强奪罪若クハ信書ノ秘密ヲ犯ス等數多ノ犯

罪事實トナルベキ者ナルモ法律命令ニ依リ正當ニ行ヒタル場合ニ於テハ之ヲ罪トシ罰スル能ハザルコト當然ニシテ之レ犯罪不成立ノ顯著ナルモノト云フベキナリ

二、業務上ノ正當行爲　之レ行爲自體ガ犯罪ノ構成ヲ妨ゲタル場合ヲ稱スルモノナリ例ヘバ醫士ガ病人ノ治療ヲ爲ス爲メ其身體ニ創傷ヲ致シタルガ如キ又死體ヲ解剖スルガ如キ或ハ鑛山ノ工夫ガ「ダイナマイト」ヲ爆發セシムルガ如キ許可ヲ得テ銃獵ヲ爲スガ如キ藥師商ガ阿片煙ヲ所持スルガ如キ火藥商ガ火藥ヲ所持スルガ如キハ何レモ行爲自體ガ必ラズ犯罪ヲ構成スベキモノナルモ業務上ヨリ生ジタル場合ハ犯罪成立スベキモノニアラズトセリ

以上ノ如ク法令又ハ業務上正當ニ爲シタルモノハ罰セザルモ其行爲ガ果シテ正當ナリヤ否ヤハ自カラ裁判所ニ於テ之ヲ裁斷セザル可ラズサレドモ果シテ正當行爲ナリヤ否ヤヲ立證スル責任ハ被告人ニアルベキモノナリ尚本條ノ下ニ於テ學者間ニ議論存スルハ舊刑法ニ明示シタル本屬長官ノ命令ニ

因リ爲シタル下級官吏ノ行爲ハ如何ナル場合ニ於テモ犯罪不成立ナリト云フコトヲ得ルヤ例ヘハ本屬長官ガ職務上ノ範圍内ニ於テ爲シタル命令ノミナルヤ又ハ權限外ノ命令ニテモ官吏服務紀律ノ上ヨリ下級官吏ハ必ラズ長官ノ命ヲ奉ゼザルベカラズヤト云フ點ヨリ權限外ノ命令ナルコトヲ知リテ尙其命令ヲ執行シタル場合モ無罪ナルヤ此點ニ就テハ其ノ所說一定セザルモ今日ノ實際ニ於テハ此ノ如キ場合ニハ無罪ニアラズト論結スルヲ穩當ト信ズ(舊法七六條參照)

第七十六條　本屬長官ノ命令ニ從ヒ其職務ヲ以テ爲シタル者ハ其罪ヲ論セス

第三十六條　急迫不正ノ侵害ニ對シ自己又ハ他人ノ權利ヲ防衞スル爲メ已ムコトヲ得サルニ出テタル行爲ハ之ヲ罰セス

防衞ノ程度ヲ超エタル行爲ハ情狀ニ因リ其刑ヲ減刑又ハ免除スルコトヲ得

本條ハ即チ急迫不正ノ侵害ニ遭遇シ自己若クハ他人ノ權利ヲ防衛スル爲メ已ムコトヲ得ズ犯シタル罪ハ犯罪成立セズトシテ罰セザルモノナリ之レ文明諸國ノ法律ハ常ニ公權ヲ以テ民衆ノ權利ヲ保護スベキ主義ノ例外ナリトス

抑モ各個人ノ權利ハ公ノ權力ヲ以テ保護スルヲ原則ト爲セドモ或ハ公ノ權力ヲ以テ個人ノ權利ヲ保護スルコト能ハザル事ナキヲ保シ難シ於茲乎本條ハ之等ノ塲合ニ其侵害急迫ニシテ不正若シクハ重大ニシテ公權ノ力ヲ借ル暇ナキトキニ限リ加害者ニ對シ吾人ガ直接防衛ノ方法ニ因テ害ヲ加ヘ以テ權利ヲ保護スルコトヲ得セシメタリ故ニ正當防衛ノ定義トシテハ左ノ如ク云フヲ得ベシ

正當防衛トハ急迫不正ノ侵害ニ對シ已ムコトヲ得ズ公ノ權力ニヨラズシテ吾人ガ其腕力ニ訴ヘテ自己ノ權利ヲ保護スルモノヲ云フ

ト故ニ本條ノ防衛ニハ(1)侵害ガ急迫ナルコトヲ要ス例ヘバ吾人ガ衆議院議員選擧塲ニ至リ將ニ吾人ノ信認スル被選人ヲ選擧セントスルニ際シ偶々傍

ヨリ反對派ノ壯士跳リ來リ大刀ヲ振リ驟シ强ヒテ反對派ノ候補者ヲ撰擧セヨ若シ然ラザルトキハ汝ヲ殺傷セント强迫シタリ然ルニ若シ此場合ニ於テ此侵害ヲ防過スル公ノ權力ヲ有スル警察官等ノ出張ナシトセンカ勢ヒ自己ノ權利ヲ正當ニ行フ能ハズ然レドモ信認セザル人ヲ選擧スルハ良心ノ許サザル處ナレバ已ムヲ得ズ其者ニ抗拒シテ自己ノ權利ヲ行ハザレバ完全ニ權利行使ノ期ヲ失スルモノト認メ其暴行者ヲ殺傷シタル場合ノ如キ之レナリ

(2)其行爲ガ已ムコトヲ得ザル場合ナラザル可ラズ例ヘバ前例ノ場合ニ於テ最早寸歩モ其所ヲ遁ル能ハズ其場所ヲ逃レンカ他日挽回スルヲ得ザル重大ノ危險生ズルガ如ク已ムヲ得ザル必要生ジタル時ニ暴行人ヲ殺傷スルモ法律ハ其罪ヲ問ハザルナリ由來權利ハ憲法ニ於テ保障セラレ苟クモ吾人ガ生ヲ社會ニ享ケタル以上ハ常ニ法ノ保護ヲ受ク此ノ保護ヲ受クル所以ハ吾人ガ社會ヲ構成スル一員ナルヲ以テ此社會ノ一員トシテ與ヘラレタル權利ヲ不正ニ侵害スルモノハ恰カモ社會ノ組織ヲ破ルモノナレバナリサレバ如斯場合ニ於テハ各人相互ノ權利ヲ認許スベキニアラズシテ社會ガ進ンデ之

第三百十四條 身體生命ヲ正當ニ防衛シ已ムコトヲ得サルニ出テ暴行人ヲ殺傷シタル者ハ自己ノ爲メニシ他人ノ爲ニスルヲ

ヲ防衛セザル可カラズト雖モ吾人ノ權利ヲ不正ニ侵害スル事急迫ニシテ公ノ權力ニ保護ヲ請求スル遑アラザルカ勢ヒ自カラ之ニ抵抗シテ兇奸ノ暴行ヲ排斥シ不正ノ侵害ヲ自由ニセラレザランコトヲ講スベキナリ然ラザレバ空シク手ヲ拱シテ其侵害ヲ甘受セザル可ラズ之レ豈ニ文明ノ恩澤ナランヤ茲ニ於テカ何レノ邦國ト雖モ責任ノ例外ヲ認メ吾人ニ防衛ノ方法ヲ與ヘタルナリ

(3)然レドモ正當ニ權利ヲ防衛スルニハ防衛ニ必要ナル程度ヲ超ユルヲ得ズ若シ夫レ必要ナル程度ヲ超ヘタルトキハ未ダ以テ不正行爲アリト云フ可カラザレバナリ故ニ法理上ヨリ云フトキハ如斯必要ナキ場合ニ尚殺傷セシメタル時ハ正當防衛ト云ヲ得ズ假ヘバ賊ガ奪ヒシ物品ヲ捨テヽ逃走スルヲ追ヒ行キ殺傷シタルトキハ最早其行爲ヲ保護スル必要ナシ故ニ此ノ場合ニハ適當ノ刑罰ヲ科スベキナリ然レドモ本條第二項ノ規定アル所以ノモノハ事實大ニ惘察スベキ點ナキニアラザルガ故罪質ノ情狀ニ因リ其刑ヲ輕減シ或ハ免除セントスルモノナリ第二項ノ必要ナル程度ヲ超ヘタルトキハ如何ナ

分タス其罪ヲ論セス但不正ノ所爲ニ因リ自ラ暴行ヲ招キタル者ハ此限ニ在ラス

第三百十六條　身體財産ヲ防衞スルニ出ルト雖モ已ムコトヲ得サルニ非スシテ害ヲ暴行人ニ加ヘ又ハ危害已ニ去リタル後ニ於テ勢ニ乘シ仍ホ害ヲ暴行人ニ加ヘタル者ハ不論罪メ限ニ在ラス但情狀ニ因リ第三百十三條ノ例ニ照シ其罪ヲ宥恕スルコトヲ得

ル場合ナルヤ又情狀ハ如何ナル時ニ於テ行ハルルヤニ付テハ事實裁判官判定ニ一任スルノ外ナシ(舊法第三百十四條第三百十六條參照)

第三十七條　自己又ハ他人ノ生命、身體、自由若クハ財産ニ對スル現在ノ危難ヲ避クル爲メ已ムコトヲ得サルニ出テタル行爲ハ其行爲ヨリ生シタル害其避ケントシタル害ノ程度ヲ超エサル場合ニ限リ之ヲ罰セス但其程度ヲ超エタル行爲ハ情狀ニ因リ其刑ヲ減輕又ハ免除スルコトヲ得

前項ノ規定ハ業務上特別ノ義務アル者ニハ之ヲ適用セス

本條ハ現在ノ危難ヲ避クル爲メ已ムコトヲ得ズシテ爲シタル行爲ニ對スル

責任ノ例外ヲ定メルモノナリ盖シ現在ノ危難トハ前條ニ謂ヒタル正當ノ防衛トハ大ニ其趣キヲ異ニシ自己若クハ他人ノ受タル生命身躰自由及財產等ニ對スル現在ノ危難ガ必ラズシモ加害者ノ不正ナルヲ要セズ兩者相當ノ地位ニアリテ以テ其危害ヲ避クルモ可ナリ相當ノ地位ニアリテ而シテ一方ニ反抗シ以テ自己若クハ他人ノ危害ヲ防護スルヲ目的トセザル可カラズ若シコレ以上ノ行爲ニ出デンカ決シテ本條ノ特典ヲ以テ律スル能ハズ又本條ニ云フ現在ノ危難トハ如何ナル塲合ヲ指稱スルヤ案ズルニ彼ノ天災地變其他不可抗力ノ原因ガ現在ニ生ジタル塲合ナリト云フヲ得ベシ何トナレバ之等ノ原因生ゼンカ何人ト雖モ再思熟慮シテ事ヲ行フガ如キ隙ナキト一面ニハ自己若クハ自己ガ防衛セント欲スル他人ノ生命若クハ身躰自由財產ニ切迫セル危難アリ例ヘバ近火アリテ自己ノ家屋ニ延燒ノ恐アル時防火ノ爲メ隣家ヲ破壞シ自家ノ類燒ヲ免レタル場合ノ如キ又ハ人アリ白刄ヲ翳シテ迫ルヲ防禦スル爲メ自己ノ傍ニ居リシ小兒ヲ以テ避ケタル如キ或ハ難船ニ逢ヒ船將ニ轉覆セントスル場合ニ他人ノ積荷ヲ海中ニ投シテ以テ自己ノ生命ヲ

全フシタル場合ノ如キ其行爲ハ犯罪タリト雖モ此行爲ヲ爲スニアラザレバ自己ノ生命若クハ財産ノ危難ヲ避クル能ハズサレバ此行爲ヲ爲シタルハ實ニ自己ノ危難ヲ避クル外他ニ惡意アルニアラズ之レ本條カ特ニ罪トシテ論ゼザル所以ナリ然リト雖モ絶對ニ之ヲ許サンカ弊害百出シ以テ有罪ヲモ無罪ニ擬セントスルコトナキニアラズ故ニ法文ハ特ニ其行者ヨリ生シタル害其避ケントシタル害ノ程度ヲ超ヘザル場合ニ限リ之ヲ罰セズトシタリ

本條亦前條ト全シク害ノ程度ヲ超ヘタル場合ニハ素ヨリ相當ノ刑罰ヲ必要トスルモ其間大ニ酌量スヘキ場合ナキ能ハズ故ニ第一項ハ其但書ニ於テ如斯場合ニハ事實ヲ斟酌シテ普通ノ刑ヲ減セントス之レ畢竟罪刑權衡ヲ保タシメントスル立法ノ精神ト云フベシ

第二項ハ業務上特別ノ義務アルモノニハ前項ノ規定ヲ適用セザル旨ヲ明カニシタルモノナリ例ヘハ警察官ノ如キハ當然危難ノ場所ニ立入リ人民ヲ保護スル職責ニアルヲ以テ例令自己ノ身體自由等ニ危難ノ來ルアリト雖モ之ヲ避ケンガ爲メ他人ニ危害ヲ加フルコトアランカ法律ハ此場合ニモ尚不論

第七十五條　抗拒ス可カラサル強制ニ遇ヒ其意ニ非サル所為ハ其罪ヲ論セス天災又ハ意外ノ變ニ因リ避ク可カラサル危難ニ遇ヒ自己若クハ親屬ノ身體ヲ防衛スルニ出タル所為亦同シ

罪ヲ應用ズルノ必要ヲ認メズ又彼ノ消防夫ノ如キモ身自カラ危難ノ場所ニ立入リ以テ消防ニ盡力セサル可カラザルハ自己ノ負ヘル責任ナリ然ルニ此場合ニ自己ノ生命財産ニ危難アリトシテ他ヲ害スルガ如キハ職責ヲ全フシタルモノト云フ可カラズ故ニ如斯ハ本條ヲ適用スヘキモノニアラズト定メタル所以ナリ要之本條ハ特別ニ業務上ノ義務ナキ者ト雖モ現在自己若クハ他人ノ生命身體自由財産ニ危害ヲ加フル者アリタル場合ニ實害ノ程度ヲ避クル為メ止ムコトヲ得ズ為シタル行為ト相均シキトキハ罪トシテ論セズ否罪ハ罪ナルモ之ヲ罰セザル立法ノ精神ヲ明示シタルモノナリト云フベシ（舊法第七五、參照）

第三十八條　罪ヲ犯ス意ナキ行為ハ之ヲ罰セス但法律ニ特別ノ規定アル場合ハ此限ニ在ラス罪本重カル可クシテ犯ストキ知ラサル者ハ其重キニ從テ處斷スルコトヲ得ス

法律ヲ知ラサルヲ以テ罪ヲ犯ス意ナシト爲スコトヲ得ス但情狀ニ因リ其刑ヲ減輕スルコトヲ得

本條ハ學者ノ所謂無意犯ノ責任ヲ明示シタル規定ナリ無意犯トハ犯罪ノ意思ナシト云フ義ナリ由來刑罰ノ制裁ヲ定メタル法律ハ必ズヤ行爲者ニ犯罪ノ意思ナカラサル可カラズ即チ犯罪人トシテ刑ヲ科セントスルニハ曾テ緒言ニモ述ベタル如ク是非ヲ識別スル意識ト擇善避惡ノ自由ヲ有スルモノガ進ンテ犯罪ナル惡行爲ヲ爲シタル場合ナラザル可カラズ換言スレバ吾人カ或ル犯罪ヲ行ヒタリトスルニハ其犯罪ヲ行ハントスルノ知覺ト自由トヲ有セザル可カラズ斯ク知覺ト自由トヲ具備シテ犯シタルモノ始メテ刑法上ノ責任ヲ負フモノニシテ若シ其一ヲ欠タトキハ決シテ普通ノ行爲ト爲スコト能ハス從テ之ヨリ生スル動作即犯罪ニ對シテハ責任ヲ負フコトナシ之レ其意識ヲ欠缺シ居ルニ依ル例令バ抗拒ス可カラザル强制ニ遭遇シタル場合ノ如キ自ラ犯罪ナル事實ヲ犯スニアラザレハ其生命ヲ奪ハルモ謀リ難シ之レ普通人間トシテ忍ブ能ハザル處ノモノ故止ムナク犯罪ナル事實ヲ犯スコト

アルモ自カラ犯罪ノ意思ナシ卽チ如斯場合ハ全ク意思ノ自由ヲ欠損シタルモノト謂フ可キナリ

然ドモ意識ト云フトキハ甚タ廣キ意味ニ用ヒラルレバ之ヲ細別スルハ刑法上最モ必要ナリ今意識ヲ分チテ知覺ト辨別ノ二種ニスルハ一般學者ノ常ニ説明スル處ナリ此知覺ノ欠損ト辨別ノ欠損トニ依リ我ガ刑法ハ全般其適用ヲ異ニセリ卽チ第四十八條第四十九條ハ前者ノ場合ヲ明示シタルモノニシテ第五十條ノ場合ハ後者ヲ意味スルモノト云フ可キナリ尙詳細ハ各本條ニ於テ説明スルコトアルベシ

本條ノ所謂罪ヲ犯ス意ナキノ行爲トハ全ク自己ノ意思ガ自由ノ識別力ヲ有シツヽアルモノニシテ其者ガ或ル種ノ干係ヨリ犯罪ヲ構成シタル行爲アリタル場合ニ於テ其行爲ガ全ク犯罪ナル動作ヲ爲スノ意思ニ出デサル場合ナラザル可カラズ若シ之レニ反シテ罪ヲ犯スノ意アリタルトキハ其者ハ既ニ犯意ナシト云フ能ハズ而シテ本條ノ犯意ナシト云フハ彼ノ次條ノ場合ノ如ク先天的ニ知覺ヲ喪失シタル場合ト異ナリ舊刑法ノ所謂抗拒スベカラザル

强制ニ逢ヒテ犯シタル所謂犯意ナキ場合及行爲ノ自由ヲ失ヒ爲メニ心內ノ自由ヲ喪失シタル有形上ノ自由喪失例ヘバ彼ノ剽盜ニ蓬ヒ着用セル衣服ヲ奪取セラレタルニ基因シテ裸體トナリ步行シタル場合ノ如キハ全ク犯意ナキ場合ト云フヘキナリ然レトモ從來學者ノ多クハ精神的ノ自由ヲ喪ヒタル爲メニ行爲ノ自由ヲ喪失シタル場合ノミナリト說キ來リタルモ此ハ大ナル誤リト云フベキナリ

以上ノ如ク論斷シテ玆ニ至レハ意思ノ自由ヲ喪ヒタル卽チ犯意ナキ場合ヲ裁定スル標準如何ヲ定ムルノ要アリ余ハ此標準ヲ定ムルニハ意思ノ自由ヲ喪失スル原因ノ程度ニ因ルノ外ナシト信ス例ヘバ强制ニ蓬ヒタル場合ニ其强制ガ果シテ犯人ノ力ヲ以テ抗拒スルコトヲ得ルヤ否換言スレバ(1)犯人ガ其强制ヲ豫メ知ルコトヲ得ザリシヤ(2)受ケタル强制ハ犯人ノ精神ニ畏怖ヲ生シ果シテ犯罪ヲ爲スニアラサレバ避クルコト能ハズトノ觀念ヲ生ゼシメタルヤ(3)其受ケタル强制ハ爲メニ犯シタル犯罪ヨリ重大ナリシヤ等ヲ判定ノ標準トセザル可カラズ

斯クシテ全ク犯意ナシト決定シタルトキハ本條ヲ適用シテ其行爲ヲ罰セザルナリ然レドモ第一項但書ノ如ク法律カ尚此塲合ニモ罰則ヲ定メタルトキハ又相當ノ刑罰ヲ免ルル能ハズ彼ノ過失罪ノ如キ即チ之ナリ抑モ過失罪ハ犯人ニ於テ全ク豫期セザル結果ヲ生ゼシメタル塲合ヲ云フモノニシテ絕對的ニ無意ノ行爲ト云フ能ハズ寧ロ有意ノ行爲ニシテ不期ノ結果ヲ惹起シタルモノナリト云フヲ正當ト信ズ之レ先天的ニ意識ヲ有セザルモノニハ過失罪ナシトノ論決ヲ爲スニ必要ナル標準ナレバナリ、刑法カ特ニ過失罪ヲ罰スル所以ノモノハ過失ハ素ト有意ノ行爲ヨリ生シタル豫期セサル結果カ不注意ヨリ起リタルモノナリ故ニ過失ノ性質ヲ更ラニ定義スレハ左ノ如シ

過失トハ消極的有意行爲ヨリ豫期セサル結果ヲ生セシメタルモノヲ云フト即チ消極的有意ノ行爲トハ彼ノ普通有意犯ニ必要ナル積極的意思ニ反シテ常ニ或ル結果ヲ生セシメザランコトヲ欲シタルモ遂ニ不注意ノ結果犯罪ヲ惹起シタル塲合ヲ云フモノナリ果シテ然リトセバ此注意不注意ノ程度ノ

如何ヲ定ムルニ又一個ノ問題ヲ生ズ然レドモ此問題ハ絶對的ニアラズシテ關係的ニ觀察シ判定セザル可カラズ例ヘバ犯人ノ能力體力其他各般ノ事情ヲ斟酌セザルトキハ意外ノ結果ヲ生スルモノナリ今此注意不注意ノ區別ノ標準トシテ見ルベキモノ二アリ曰ク疎虞曰ク懈怠之ナリ例ヘハ人ヲ殺傷シタルモノガ充分ノ注意ヲ用ヒタルトキハ殺傷ニ至ラザルニ犯人ガ此ノ注意ヲ怠リタル爲メ遂ニ人ヲ殺傷シタル場合即チ醫士カ病者ニ與フル藥品ヲ誤リ毒藥ヲ調製シタル場合ノ如キハ所謂疎虞ト云フベキナリ彼ノモルヒヂナル藥品ハ毒藥ナリト雖モ少量ノ程度ニ服用セシメンカ他ノ藥品以上ノ効果ヲ生スルモノナルモ疾病者ハ極メテ劇症ニ罹リ居ルヲ以テ普通ヨリ多量ノモノヲ與ヘ効顯ヲ見ント欲セシニ却テ其病者ヲ死ニ致シタル場合ノ如キハ疎虞ニアラズシテ懈怠ト云フベシ何トナレバ「モルヒチ」ハ常ニ毒藥ナルヲ以テ用ヒザルヲ可トス然ルニ萬一ノ僥倖ヲ頼ミ之ヲ與ヘ不本意ノ結果ヲ生シタレバナリ以上ノ各場合ハ犯意アルニアラザルモ尙之ヲ罰スルハ皆相當ノ意識ヲ有スル者ノ行爲ナレバナリ

第二項　由來法律ハ一度適式ノ公布アレバ最早其領土內ハ勿論遵守ノ義務アルモノナレバ常ニ遵守セザル可カラザルナリ故ニ犯人カ法令ノ存スルヲ知ラズ爲メニ罪ヲ犯スノ意ナシト云フコトヲ得ス人苟クモ社會ニ生ヲ享ケタルトキハ他人ノ權利ヲ害スベキモノニアラザルハ恰カモ天賦ノ自由ヲ害スル能ハザルト同シ然ルニ罪ヲ犯シテ後罰則ノ存スルコトヲ知ラズ若シ法令ノアルコトヲ知ラバ罪ヲ犯スニアラザリシトノ口實ヲ弄スト雖モ如斯ハ法律ノ許スヘキモノニアラズ法律ヲ知ラサリシ故ヲ以テ之ヲ罰セズトセンカ渾テノ犯人ハ其罪ヲ免レン爲メ何レモ之ヲ主唱セン皆之ヲ主張センカ法令ハ直ニ其効力ヲ失ヒ犯人ハ益々增加シ一刻タリトモ社會ノ秩序ヲ維持シ安寧幸福ヲ增進スルコトヲ得ス之レ本條第二項ノ規定アル所以ナリ換言スレハ一度公布シタル法律ハ必ズ各人ガ熟知シタルモノト推定シ依テ法ノ効力ヲ保持シ惡奸無賴ノ徒ヲ驅逐シ社會ノ秩序ヲ維持シ公安ヲ保護スル所以ナリ

然レドモ若シ夫レ之ヲ絕對ニ適用スル時ハ時ニ或ハ却テ法ノ威信ヲ妨クル

場合ナキニアラズ例ヘバ吾國人ガ幼時外國ニ遊ビ爾來數十年彼ノ地ニ止マリ本國ノ事情ヲ知ラズ偶々歸來シテ曾テ外國ニ於テ聞知セザル法令ニ違背シタルコトアリトセンカ之等ノモノハ幼時ヨリ日本ニ生育シタルモノト同一ニ論スルハ理論上酷ナルガ如シ故ニ此ノ如キ場合ノ救濟法ヲ設クルハ又法ノ神聖ヲ保ツ上ニ於テ必要ナリ之レ本項末段ニ之ノ救濟法ヲ設ケタル所以ナリ即チ情狀ニ因リ其刑ヲ減刑スルコトヲ得セシメタリ其情狀ノ如何ナル程度ニ及ブヤハ之レ亦偏ニ事實裁判官ノ判定ニ一任スルモノナリ（舊法七七參照）

第三十九條　心神喪失者ノ行爲ハ之ヲ罰セス
心神耗弱者ノ行爲ハ其刑ヲ減輕ス

本條ハ所謂先天的知覺ヲ喪失シ居ル者ノ犯シタル罪ニ對シテ處分法ヲ定メタルナリ蓋シ先失的ニ知覺ヲ喪失シタルモノニ辨別力亦喪失シ所謂精神ヲ喪失シタルモノナレバ刑法ノ犯罪ナリトシテ罰スルニハ自由認識力アルヲ

第七十七條　罪ヲ犯ス意ナキノ所爲ハ其罪ヲ論セス但法律規則ニ於テ別ニ罪ヲ定メタル者ハ此限ニ在ラス
罪ト爲ル可キ事實ヲ知ラスシテ犯シタル者ハ其罪ヲ論セス
罪本重カル可クシテ犯ス時知ラサル者ハ其重キニ從テ論スルコトヲ得ス
法律規則ヲ知ラサルヲ以テ犯スノ意ナシト爲スコトヲ得ス

要スルノ原則ニ背戾スルガ故ニ法律ハ之ヲ罰セズ先天的精神ヲ喪失スルモノ既ニ然リ故ニ彼ノ發狂者ノ如キ出生後幾多ノ年月ヲ經過シ精神機能ノ障害ニ依リ全ク白痴者ト仝シキ狀態ニ陷リタルモノノ行爲ハ又罰スルヲ得ス其他忘覺即チ一時精神機能ニ變化ヲ來シ其間ニ犯シタル罪ニ對シ又ハ一時精神ヲ喪失シタル現象ニアル、醉狂者ノ行爲ノ如キハ共ニ精神機能ニ障礙ヲ來シ居ルモノナルガ故ニ從テ道義ノ觀念ヲ喪失シ善惡ヲ識別スル能ハズ識別スルコトヲ得サル爲メ識別力アル者ノ眼ヨリ見テ道義ヲ破リ禁制命令ヲ犯シタリトテ刑罰ヲ之ニ科セントスルノ理ハ法律上認ムル能ハズ之ヲ認ムルコトヲ得ストセバ社會ニ與ヘタル實害如何ニ重大ナリト雖モ之ヲ罪トシテ論ス可カラズ例ヘバ精神喪失者タル白痴者アリテ禁制命令ニ背キタリトセンカ進ンテ之ニ刑罰ヲ科スルノ必要ナシ仮リニ之ヲ罰スルモ其刑罰ノ目的ヲ達スル能ハサルヤ明カナリ何者白痴者ハ刑罰ノ何タルコトヲ解スル能力ヲ有スルモノニアラズ之レ全ク意識ヲ喪失シ眼中ニ是非善惡ノ區別ナク擇善避惡ノ自由ナキ者ノ加害行爲ナレバ罰セザルナリ若シ之ヲ罰セントセバ法理ニ反スルモノナリト云フ可キナリ之レ古來刑典ヲ設ケタル邦國ハ洋ノ東西時ノ古今ヲ問ハズ何レモ此ノ種ノ犯人ヲ犯罪ノ無責任者ト定メ敢テ批難ヲ與フルモノナキ所以ナリ本條又實ニ其原則ヲ採用シタルニ過キサルナリ

然レトモ本條ヲ將ニ適用セントスルニ至リテハ職ヲ司法ニアルモノハ大ニ注意セザル可カラサル案件ナリ卉ハ本條ノ場合ノ如キハ何レモ醫學上ノ大問題ニシテ果シテ如何ナル程度ノモノヲ精神ニ障害アルモノト斷定スルヤ之レ甚ダ困難ナル場合ト云ハザル可カラス例ヘハ外見ヨリ觀察スルトキハ甚タ怜悧ノ如クシテ全クノ白痴者アリ又一見精神病者ノ如クナラザルモ急劇ナル精神病者ナキニアラズ反之横着ナルモノハ外觀甚タシキ白痴者ノ如ク精神病者ノ如ク仮裝シテ裡面ニハ恐ルベキ毒牙ヲ抱持スル輩ハ現今ノ實例ニ徵シテ往々見ル所ナリ故ニ本條ヲ適用スルニハ尤モ困難ナル問題アリト云フ所以ナリ故ニ一ノ犯罪生シタルトキハ先ツ犯人ト事實トニ付キ充分研究ヲ爲サザルトキハ本條ヲ適用スル能ハザルナリ白痴精神病者ニ次デ夢

狂醉狂者ノ如キ又一時精神機能ニ障害ヲ來シ其間ニ罪ヲ犯シタル行爲ハ恰モ知覺ヲ喪失シタルモノト一般又法律ハ之ヲ罰スル能ハサルモノト云ハザル可カラズ

然レドモ白痴者ノ如キ精神病者ノ如キハ往々甚シキ亂暴狼籍ヲ爲シ社會ニ實害ヲ蒙ラシムルコトアリ之レヲシモ尚知覺辨別力ヲ喪失シタル者ナリトシテ放還セシカ害愈加ハリ爲メニ公序良俗ニ反シ社會ヲ維持スル能ハザル結果ヲ惹起スル場合ナキニアラズ故ニ法律ハ此場合ニ備ヘン爲メ本條第一項但書ニ於テ特ニ警察上ノ處分ヲ以テ監置ヲ命ズルコトヲ得セシメタリ又至當ノ規定ト云フベキナリ

第二項ノ所謂精神耗弱者ノ行爲トハ如何抑モ人ハ絶對ニ完全ナル能力ヲ有スルモノニアラザルハ素ヨリナリト雖モ先ツ以テ十人並ミノモノニアリテハ完全トセザル可カラズ然ルニ十人並ノモノニアラザル耗弱者トハ如何ナルモノヲ云フヤ案スルニ彼ノ阿片煙ヲ吸收シテ漸次精神機能ニ異狀ヲ呈シ或ハ病魔ニ襲ハレ未ダ精神ニ障害ヲ來ス丈ノ病ニ至ラザルモ完全ナル自由

第七十八條　罪ヲ犯ス時知覺精神ノ喪失ニ因テ是非ヲ辨別セサル者ハ其罪ヲ論セス

ト認識ヲ有セザル者ノ如キハ茲ニ云フ精神耗弱ト云フヲ得ベシ此ノ種ノ者ノ行爲ハ素ヨリ前項ノ場合ノ如ク無責任ニ終ハラシムルコト能ハザルハ明カナリト雖モ去リトテ又完全ナル能力者ト仝一ニ論スル能ハザルヤ當然ナリ之レ本項ノ規定アル所以ナリ

以上要之本條ハ全クノ無意犯卽犯罪無責任ノ場合ヲ規定シ第二項ニ於テ特別ノ事情アル者ニ對スル減刑主義ヲ明カニシタルモノト云フベキナリ(舊法第七八、參照)

第四十條　瘖啞者ノ行爲ハ之ヲ罰セズ又ハ其刑ヲ減輕ス

本條ハ瘖啞者ノ行爲ニ對スル制裁規定ナリ蓋シ瘖ト云ヒ啞ト云ヒ何レモ其文字ノ示ス如ク耳感機能及語感機能ヲ喪失セル者ナルヲ以テ恰カモ前條ノ精神障害ニ因ル意識喪失者ト仝ジキガ如キ感ナキニアラズト雖ドモ然レドモ此ノ種ノ者ハ由來先天的瘖啞ナルモノト出生後幾多ノ歲月ヲ經過シ疾病ノ爲メ聽感語感ヲ喪失スル又往々アル所ナリ而シテ此兩者中前者ノ如キハ全ク辨別力認識力等ノ備ハラザルハ白痴者ト一般ナリト雖モ后者ニ至リテ

ハ自由力及ビ認識力ハ毫モ常人ト異ナル所ナキモノアリ之レ特ニ此種ノ犯人ノ爲メニ本條ヲ設ケタル所以ニシテ世界各國何レノ邦國モ苟モ刑典ヲ制定シアル國ニ於テハ之レガ規定ヲ見ザル所ナリ更ニ進ンデ本法ニ採用シタル所ヲ見レバ原則トシテ瘖啞者ノ罪ハ罰セザルコトトセリ然レドモ前述ノ如ク意識及ビ自由ノ力ガ常人ト異ナル點ナキ者等ノ所爲ハ尚疾病ノ爲メ瘖啞ニナリタリト雖モ之ヲ罰セサル可カラサルモノアリ故ニ減刑シテ適當ノ刑ヲ科セントシタル所以ナリ殊ニ日進月歩ノ狀勢ニアル今日之等ノ者ニハ適當ナル敎育制度ヲ設ケラレ知覺辨別等ノ力ヲ注入シアルカ故隨分安全ナル五感ヲ有スル輩ニ優ルモノナキニアラズ之レ原則ニ副フテ其刑ヲ減刑スルニ止マルトノ方針ヲ定メタルモノナリ故ニ罪トシテ罰セザルモノト雖モ事情ヲ斟酌シテ十年以下ノ期間懲治場留置ノ處分ヲ命ズルコトアリ此懲治場ハ如何ナル目的ニ據テ設定セラレタルモノナルヤハ事素ヨリ監獄法ニ說明ヲ要ズルモノニシテ刑法ニ於テ之ヲ論スルモノニアラズト雖モ今便宜上其大要ヲ示サンニ懲治場留置ノ處分ハ刑罰ニハアラズ主トシテ敎育ニ重キ

第八十二條　瘖啞者罪ヲ犯シタル時ハ其罪ヲ論セス但情狀ニ因リ五年ニ過キサル期間之ヲ懲治場ニ留置スコトヲ得ル

ヲ置キ以テ不良ノ少年子弟ニ對シ棄レタル家庭及ビ學校敎育ヲ父兄ニ代ハリテ相當ノ敎育ヲ授ケ可及的善良ナル人ニセントノ目的ナルヲ以テ本條ノ場合ニ於ケル懲治處分ノ如キ稍ヤ妥當ヲ欠クノ嫌ナキ能ハズ去リトテ之ヲ社會ノ良民ニ互セシメン歟爲メニ無意識ニ社會ノ公安ヲ害スルノ虞ナキニアラズ若シ夫レ之ヲ放還シ置キ犯罪ナル不正行爲ヲ重ヌルコトアランカ永遠ニ秩序ヲ維持スル能ハズ之レ特ニ但書ヲ設ケ必要上之レガ懲治處分ヲ命セントスル立法ノ精神ニ外ナラズ

本條ノ適用ニ付テモ極メテ愼重ノ態度ヲ採リ精密ニ犯人ヲ調査セザルトキハ前條ノ如キ悔アルヤ必セリ殊ニ近時吾國ニ於テモ往々普通ノ犯人ガ特ニ其罪ヲ遁レン爲メ瘖啞者ニ假裝スルモノ多々アリ事實承審官ハ大ニ留意スヘキ事ナリトス（舊法第八二、參照）

第四十一條　十四歲ニ滿タサル者ノ行爲ハ之ヲ罰セス

本條ハ知覺ヲ有セザル未成年者ニ關スル規定ナリ凡ソ犯罪トシテ刑ヲ科センニハ前屢々說キタル如ク意識ノ完全ニ發達シ擇善避惡ノ辨別自由ヲ有ス

ル力アルモノナラザル可カラズ故ニ本條ノ如ク十四歳ニ滿タザル幼者ノ如キハ彼ノ第三十九條ノ場合ト同ク之ニ責任ヲ負ハシムルハ立法ノ精神ニアラズ我ガ民法ノ如キハ二十年ニ滿タザルモノハ一般ニ法律行爲ヲ爲スノ能力ナキ者トシテ之等ノ者ノ爲シタル行爲ハ無効若クハ取消シ得ベキモノトセリ然レドモ刑法ハ民法ノ如ク二十年ニ滿タザル間ハ絶對ニ辨別ノ力ヲ有セザルモノト爲ス能ハズ二十年未滿ト雖モ刑罰ノ必要アルモノ多シ故ニ民法ノ如ク極端ナル規定ヲ爲サズト雖ドモ而カモ滿十四歳ニ滿タザル恰カモ白痴瘋癲者ト同ジク辨別力モナケレバ犯罪ヲ爲スト云フ知覺モ備ハラザルモノニハ責任ヲ負ハシメズ蓋シ實際ニ於テ十歳未滿ノ幼者ノ如キハ是非ノ辨別力ヲ有スルコトナク從テ犯意ノアルベキ理ナシ故ニ之ニ責任ヲ科セサルハ立法ノ精神ヲ得タルモノト云フヘキナリ然ルニ世ニ其主義ヲ批難スルモノアリ曰ク吾人ノ能力ハ年齢ヲ以テノミ論スベキモノニアラズ宜シク各人個々ニ付仔細ニ其能力作用ヲ審案シテ實際ニ適應セシメザルベカラズト論素ヨリ當ヲ得サルニアラサルモ如斯ハ到底行ヒ得ヘキモノニアラズ何ト

ナレバ論者ノ義ヲ容レントスルニハ須ラク法官タルモノハ心理學ノ堂奥ヲ究メ加フルニ醫學ノ神秘ヲ悟ラザルニ於テハ之等専門家ト共ニ裁判ヲ爲サザル可カラザルニ至ル豈ニ刑罰ハ如斯精神ヨリ割出サレタルモノナランヤ殊ニ吾人ガ普通ノ常識ヲ備ヘ擇善避惡ノ能力ヲ完備セサルモノナランニハ刑罰ノ大原則タル犯罪必罰ト云フコトヲ適用スルコト能ハサルナリ故ニ法律ハ豫メ犯罪無責任者ヲ定メ以テ全ク是非ノ辨別力ヲ有セサルモノニハ之ヲ罰セズトノ原則ヲ採リ來リタルハ近古何レノ國モ皆同一ニ出テタル處只國ノ氣候人情風俗等ニ依リ年齢ニ依ル無責任者ヲ定ムル標準ニ差アルノミ

第四十二條　罪ヲ犯シ未タ官ニ發覺セサル前自首シタル者ハ其刑ヲ減輕スルコトヲ得

告訴ヲ待テ論ス可キ罪ニ付キ告訴權ヲ有スル者ニ首服シタル者亦同シ

本條ハ自首減刑ニ關スル規定ナリ自首トハ自ラ犯罪ヲ爲シタルコトヲ官ニ申告スルカ又ハ特別ノ場合即チ本條第二項ノ場合ニアリテハ告訴權ヲ有スルモノニ自首スルコトヲ云フ自首ニハ一般ノ場合ト特別ノ場合アルコトハ讀者自カラ之ヲ知ルヲ得ン

斯ノ如ク自首ハ自カラ犯罪ヲ犯シタルコトヲ申告スルトキハ何故ニ法律カ之レニ減刑セントスル乎其之ヲ設ケタル理由ニ付キ例ニ依リ説明スル所アラン

抑モ歐洲諸國ニ於テハ我ガ刑法ノ如ク一般ノ自首減刑ヲ認メズ單ニ特別ノ場合ノミニ付テ此規定ヲ爲シタリ然ルニ我ガ刑法ハ新律綱領改定律令時代ヨリ一般ノ自首減刑ヲ認メタリ然レドモ此ノ時代ニ於テ此ノ制度ヲ設ケタル理由ハ單ニ官ニ申告スルモノハ眞心改悟ノ狀情アリトシテ減刑シタルト雖モ今日ノ實際ニ於テハ犯人ハ決シテ自首スルモ眞心改悟ノ結果ナリト云フ可カラズ自首者ノ大部分ハ概子刑ヲ減輕セラレンコトヲ目的トスルモノニシテ舊時代ノ主義ハ毫モ採ルニ足ラズ我ガ刑法ノ之ヲ採用シタル理由ハ

一言以テ之ヲ蔽ヘバ實ニ一個ノ政略規定トモ云フベキナリ何トナレバ我ガ刑法ノ採用シタル理由ハ左ノ如シ

犯罪人其犯罪ヲ自首シタルトキハ犯罪捜査ノ手續ヲ要セズ從テ捜査ニ要スル經費ヲ節約スルコトヲ得

犯罪アルコトヲ知ルモ其犯人ノ何人ナルヤヲ永ク知ルコト能ハザルトキハ僅少ノ嫌疑ノ爲メニ良民ヲ拘禁シ或ハ判官又神佛ニアラサル以上ハ時ニ之ヲ刑セザルコトナキニアラズ反之犯人自首スルトキハ如斯不都合ヲ生スルコトナシ

犯罪アルコトヲ知ルモ犯人巧ミニ踪跡ヲ晤マストキハ爲メニ社會ノ良民ハ一日モ安穩ニ生息スル能ハズ反之犯人自カラ其罪狀ヲ申告シテ罪ヲ待ツトキハ如斯公安ヲ害スルコトナキニ至ル

以上三個ノ塲合ハ實ニ自首減輕ヲ設ケタル大ナル理由ナリトス然リ如斯ナルヲ以テ自首減刑ハ余輩之ヲ政略規定ト云フ

政略規定ナルヲ以テ自首ノ程度ヲ定ムル必要アリ即チ本條ニ於テ罪ヲ犯シ

未ダ官ニ發覺セザル前ニ於テ爲スコトヲ必要トセリ然リ而シテ未ダ官ニ發覺セザル前トハ如何ナル時ヲ指稱スルヤニ就テハ學者間又議論ノ存スル所ナリ即チ官ニ發覺セザル時トハ犯人ノ何人タルヤガ發覺セザルトキヲ云フカ又ハ事件ノ官ニ發覺セザルノトキナルヤ換言スレバ犯罪ナル事實ノ官ニ發覺セザルコトヲ云フカ若クハ犯罪事實ハ官ニ發覺スルモ犯人ノ何人タルヤガ分明ナラザル塲合ヲ云フヤニ付テハ犯罪事件ノ發覺セザル塲合ニ於テモ自首スルコトアランカ其利益素ヨリ大ナリ然レドモ犯罪事實アリテ犯人ノ誰レナルカガ分明セザルトキハ官署ハ直チニ其事件ノ搜査ニ從事セザル可カラズ然ルニ未タ搜査前ニ犯人ガ其罪狀ヲ自首センカ早ク既ニ犯罪事實ノ證明ヲ得テ亦搜査ヲ行フノ必要ナキノミナラズ社會ノ良民ハ爲メニ枕ヲ高フシテ安眠スルコトヲ得之等ノ理由ヨリシテ法律ハ自首減輕ノ必要ヲ認メタリ更ニ進ンデ一般ノ塲合ニ於テ云フトキハ此自首ハ官ニ申告スルコトヲ要スルヤ勿論ナリ而シテ此官トハ如何ナル官署ヲ指稱スルヤ單純ニ官ト云フトキハ自首スルモ如何トモスル能ハサル官署アランカ例ヘバ大藏省ノ如

キ外務省ノ如キ其他一般犯罪ニ付キ海軍省陸軍省文部省ノ如キ官署ニ自首スルモ其自首ヲ受クル官署ナラサルヲ以テ如何トモスル能ハズ故ニ茲ニ云フ官署トハ自首ヲ受クルノ權能アル官署ナラザルベカラズ例ヘハ警察署檢事局等ニ自首スルハ之レ一般自首ニ關スル必要件ナリトス

本條第二項ハ特別ノ犯罪ニ對スル自首ニシテ官署ナラサル被害者即チ告訴權ヲ有スルモノニ對シテ自首スルモ又本條第一項ヲ適用シテ減輕セラルヽモノナリ然リ而シテ告訴ヲ待ツテ論ズベキ罪トハ如何ナル場合ヲ云フヤニ就テハ本法第二編以下ニ各場合ヲ規定シタルヲ以テ今一々之ヲ列擧スルノ繁ヲ避ケタリト雖モ要スルニ所謂親告罪ト唱フルモノニシテ被害者其他告訴權ヲ有スル者ガ告訴セサルトキ例ヘ其犯罪ヤ犯人カ分明シ居ル場合ト雖モ社會ヲ代表シテ原告官タル檢事ガ公訴ヲ提起スル能ハサル否公訴權ヲ執行スル能ハサル罪ナリトス此種ノ犯罪ハ素ヨリ禁制命令ニ反スル罪ニシテ法文又之ニ科罰スルコトヲ規定セリト雖モ罪自躰カ社會公衆ニ危害ヲ加ヘタリト云フヨリモ寧ロ被害者ノ名譽自躰ニ關スル罪多キニ居ルヲ以テ利害

第八十五條
罪ヲ犯シ事未
タ發覺セサル
前ニ於テ官ニ
自首シタル者
ハ本刑ニ一等
ヲ減ス但謀殺
故殺ニ係ル者
ハ自首減輕ノ
限ニ在ラス
第八十六條
財産ニ對スル
罪ヲ犯シタル
者自首シテ其
贓物ヲ還給シ
損害ヲ賠償シ
タル時ハ自首
減輕等ノ外仍
ホ本刑ニ二等
ヲ減ス其全部
ヲ還償セスト
雖モ半數以上
ヲ還償シタル
時ハ一等ヲ減
ス
第八十七條
財産ニ對スル
罪ヲ犯シ被害
者ニ首服シタ
ル者ハ官ニ自
首スルト同ク
前二條ノ例ニ
照シテ處斷ス

ノ集注スル處ハ被害者ニ在リト云フヲ得ベシ故ニ此場合ニ於テ其被害者又ハ告訴權ヲ有スル者ノ面前ニ至リ罪狀ヲ自白シテ其處分ヲ待チタルトキハ共結果官ニ自首シタルト仝一ナルヲ以テ本項ノ規定ヲ設ケタル所以ナリ而シテ告訴權ヲ有スルモノトハ第二編以下ニ至レハ自カラ分明ナリト雖モ今其一二ヲ列擧シ置カンニ被害者ハ勿論其他第九十條第二項仝第九十一條ノ場合ノ如キハ外國政府又ハ第二編第十三章秘密ヲ侵ス罪ノ如キ場合ニ於テハ干係各人第百七十七條乃至第百八十條ノ犯罪ニシテ其被害者ガ十三歳未滿ノ幼者ノ場合ノ如キニアリテハ其法定代理人ノ如キハ告訴權ヲ有スルモノト云フベキナリ(舊法八五、八六、八七、參照)

第八章　未遂罪

本章ハ未遂ニ關スル規定ナリ由來犯罪ノ未遂トハ曾テ緒言ニモ述ベタル如ク既遂罪ト正反對ニシテ未タ遂ケサル場合ヲ云フ即チ犯罪ノ内部行爲タル初一念ヨリ思考ヲ廻ラシ犯罪ヲ決心シ豫備ノ行爲ヲ行ヒ愈々着手シテ其目

的ヲ遂ケサル場合ヲ云フモノニシテ其間ニ於ケル各階級ノ犯罪行爲ハ欠クル所ナク行ハレタルモ犯人カ其目的點マテ到達シ今一歩ニテ目的ニ達スル場合ニ於テ達シ得サリシ場合ヲ云フ故ニ未遂犯構成ノ要件トシテハ(a)犯意アルコトヲ要シ(b)犯罪ニ必要ナル豫備ノ行爲アルコトヲ要シ(c)犯罪ニ着手シタルコトヲ要ス此三要件ヲ具備セサルトキハ未遂ノ罪ヲ構成シタリト云フヲ得ズ然リ而シテ犯意トハ如何ナル者ヲ云フヤニ就テハ曩キニモ述ベタル如ク學説區々ニシテ一定不變ノ定義ナシト雖モ余ノ信ズル處ヲ以テスレバ初一念ヨリ進ンテ思考ノ惡ナルモノガ打チ勝チ而シテ愈々犯罪ヲ爲サントト決心シ其決心ガ犯罪ヲ爲スコトニ確定シタル意思ノ狀況ナリト云ハントスルモノナリ故ニ犯意ハ未タ犯人ノ内部即チ心内ニ存スルモノニシテ社會ノ權力ガ其犯人ニ及バサルモノナリ例ヘバ人ヲ殺サントノ意アリタルノミニテハ未タ以テ犯意アリト云フ能ハズ其犯サントスル決心ガ確定シタル時初メテ犯意アリ此犯意ハ即チ人ヲ殺サント云フ惡意ヲ俱フルモノナリ故ニ之ヲ故意ト云フ故意アリ愈々犯罪實行ニ着手スベク豫備ノ行爲ヲ爲ス犯罪

モ豫備ニ至リテ始メテ外部ニ犯意ガ發動セラレタルモノト云フベシ尤決心中ニ偶々外部ニ發動スルコトアリト雖モ之ハ別語ヲ用ヰテ之ヲ陰謀ト云ヒ此場合ニハ單ニ數人ニ犯意ガ共通シタリト云フニ過キズシテ一人ナルトキハ決シテ吾人ノ窺知スルコトヲ得サル所ナリ

豫備トハ犯罪ニ至ルベキ爲メノ準備行爲ヲ云フ例ヘハ前例ニ於テ人ヲ殺サント決心シ其殺人ノ行爲ニ必要ナル刀劍其他ノ器具ヲ調ヘ其他毒殺ニ用ユル毒藥品ヲ備フルガ如キ行爲之ヲ稱シテ豫備ノ行爲ト云フ以上ノ二階級ノミニテハ我ガ刑法ハ未タ之ヲ罰セサルヲ原則トセリ(第二豫備以下ニ於テ特ニ罰スル場合アルコトヲ忘ル可カラス)第三ノ着手ハ豫備ヨリ更ラニ進ンテ犯罪實行ノ姿勢ヲ備ヘタル場合ヲ云フ即チ着手トハ犯人カ希望スル法律上ノ結果ニ達セントスル姿勢ヲ云フ前例ニ依テ説明センカ殺人罪ヲ犯ス爲メ其希望スル人ニ向ヒテ危害ヲ加ヘント裝ヒル場合ヲ云フ

斯クシテ遂ニ其希望ヲ遂クル能ハサルトキハ本章ノ所謂未遂罪トシテ我ガ刑法ハ之ニ普通刑ヲ科セントスルモノナリ尚詳細ハ各條下ニ之ガ説明ヲ爲

サン

第四十三條　犯罪ノ實行ニ著手シ之ヲ遂ケサル者ハ其刑ヲ減輕スルコトヲ得但自己ノ思義ニ因リ之ヲ止メタルトキハ其刑ヲ減輕又ハ免除ス

第四十四條　未遂罪ヲ罰スル場合ハ各本條ニ於テ之ヲ定ム

本條ハ未遂犯ノ責任ニ關スル規定ナリ未遂犯ハ早ク既ニ犯ス能ハサル狀態ニ立チ至リタル場合ヲ云フ此狀態タルヤ必ラズシモ皆罰スルコトヲ得ベキモノニアラス故ニ本條ハ犯罪ノ實行ニ着手シ之ヲ遂ケサル者ハ其刑ヲ減輕スルコトヲ得ト規定シ以テ責任ノ歸スル程度ヲ明定シタリ故ニ舊刑法ノ下ニ於テ學者間種々ノ異論アリタル着手未遂トカ或ハ欲効未遂犯ノ如キハ本刑法ノ下ニ於テハ之ヲ說クヲ要セサルニ至レリ而シテ本條ノ所謂犯罪ノ實行ニ着手シトハ前段ニ於テ巳ニ一言シタル如ク犯人カ希望スル法律上ノ結

果即チ犯罪ニ達セントスルノ姿勢ヲ有スル行爲ヲ云フ此行爲ハ實行ニ達スベキ當然ノ狀況ニシテ又此實行ニ至ルマテノ間ニ於テ中止セラルヽコトアリ或ハ其儘實行セラルヽコトアリ此後ノ場合ハ既遂犯ニシテ前ノ場合ハ即チ本條ニ云フ未遂ノ場合ナリトス此中止ニハ又普通二個ノ別アリ其一ハ犯人自己ノ意思ガ原動力トナリテ中止セラルルモノ換言スレバ希望スル犯罪行爲ハ尚ホ實行シ得ラルルモ犯人カ其意思ニ基キ行爲ヲ中止シタル場合之ヲ稱シテ中止犯ト云フ他ノ一ハ前者ト異ナリ犯人ノ意思ハ飽迄之ヲ遂行セントスルモ外部ノ事情ニ妨ケラレ其實行ニ至ラザルモノ換言スレバ犯人ノ意思ハ毫モ中止セサルモ其欲スル所爲ノミガ實質上中止セラレタルモノ之ヲ稱シテ未遂罪ト云フ本條ノ規定ハ即チ此二者ヲ含ムモノニシテ本條前段ノ場合ハ未遂ノ場合ニシテ但書ノ場合ハ中止犯ニ對スル責任方法ナリトス

未遂ノ場合ニ於ケル他動的中止トハ如何ナル場合ヲ云フヤハ舊刑法ノ如ク明示セサルト雖モ犯人ガ現ニ罪ヲ行ヒツツアル場合ニ於テ意外ノ障碍若ク

ハ舛錯ニ依リテ希望ヲ遂行スル能ハサル場合ナリトス例セバ囚徒逃走罪ノ場合ニ於テ囚人ハ夜間看守者ノ隙ヲ窺ヒ獄舍ヲ破壞シテ逃走ヲ謀リ夜人靜マリテ獨リ頻リニ監房ヲ破リツヽアル場合ニ於テ直チニ看守ノ爲メニ發覺セラレ希望ヲ遂クル能ハサルガ如キ又人ヲ銃殺セント欲シ加害者ノ來ルヲ待チ木陰ニ匿レ居タルニ恰モ宜シ目指ス人ガ其所ヲ通行スルヲ以テ急キ火蓋ヲ切リ放チタルモ却テ丸ハ樹木ノ爲メニ妨ケラレ遂ニ其目的ヲ達スル能ハサリシガ如キ之等ハ何レモ未遂犯ノ場合ナリトス中止犯ハ之ト其趣キヲ異ニス今前例ニ依テ之ヲ說明センカ破獄スル爲メ器具ヲ竊カニ監房ニ持チ込ミ破獄ニ着手シタルモ中途自カラ其非ヲ悟リテ直チニ中止シタル場合又ハ人ヲ銃殺セントシテ待チ設ケ其人目前ニ來リタルヲ以テ急キ火蓋ヲ切ラントシテ急ニ自己ノ意思ニ於テ中止シタル場合ノ如キ其他人ヲ毒殺セント欲シテ毒藥ヲ服用セシメタル後其非ナルヲ知リ直チニ消毒劑ヲ服用セシメタル場合ノ如キハ何レモ中止犯ナリトス而シテ今本條ヲ見ルニ未遂犯ノ場合ハ單ニ其刑ヲ減輕スルコトヲ得ルニ止メ中止犯ノ場合ハ但書ニ於テ其刑

第百十二條 罪ヲ犯サントシテ已ニ其事ヲ行フト雖モ犯人意外ノ障礙若クハ舛錯ニ因リ未タ遂ケサル時ハ已ニ遂ケタル者ニ

ヲ減輕シ或ハ免除スト規定シタリ今兩者ノ間ニ法律ハ何故如斯差ヲ設ケタルヤニ付キ一言セン

凡人一度罪ヲ犯サントシテ犯罪ニ必要ナル渾テノ階級ヲ經テ其實行ニ着手シタリ然ルニ着手ノ中途其不法行爲ナルヲ自カラ悟リ自己ノ意思ヨリ出テ遂行ヲ止メタリトセンカ犯人ハ自カラ犯罪ノ惡行爲ナルヲ知リタルモノナリ故ニ之ヲ悔ヒテ中止スル最早常人ト異ナルナシ加之此場合ニ於テハ犯罪ニ着手スト雖モ憫察スベキモノアリ然ルニ法律ガ進ンテ通常ノ刑罰ヲ科センカ何人カ能ク一度着手シタル犯罪ヲ止ムルモノアランヤ自己ノ意思ヲ以テ止ムルモ刑セラレ止メサルモ罰セラレンカ人情トシテ自暴自棄ノ心ヲ起シ常ニ犯罪ヲ遂行スルニ至ル如斯セハ法律カ勉メテ罪ヲ犯サシメントスルト一般ニシテ亦事理ニ適セストノ誹リヲ免レズ故ニ特ニ未遂罪ヲ罰セントスル場合ハ各本條ニ於テ之ヲ定メタリ而シテ第二編以下ヲ通讀スルトキハ概子之ヲ罰ストノ規定アリ尙如何ナル場合ハ罰シ如何ナル場合ハ罰セサルヤニ付テハ今一々之ヲ列擧セス讀者ハ幸ニ自カラ第二編以下ヲ參照シテ得

ノ刑ニ一等又ハ二等減ス
第百十三條　重罪ヲ犯サントシテ未タ遂ケサル者ハ前條ノ例ニ照シテ處斷ス

ル處アルベシ(舊法一一二、一一三、參照)

第九章　併合罪

本章ハ併合罪ノ處分ニ關スル規定ナリ併合罪トハ仝一犯人ガ二個以上ノ獨立セル犯罪ヲ犯シタル場合ニ於テ其未タ確定判決ヲ經サル前ニアリテハ此二個以上ノ罪ヲ併合シテ適當ノ刑ヲ科シ刑罰ノ目的ヲ有効ニ完仝ナラシメントスルモノニシテ舊刑法ノ所謂數罪俱發ナル章ニ於テ定メタル場合ト畧ホ仝一ナリト雖モ處分ノ主義ニ至リテハ大ニ異ナレリ殊ニ併合罪ハ犯罪發覺時期ノ如何ヲ問ハズ常ニ併合シテ處斷セラルルモノナルヲ以テ此主義ニ基キタル處分ニ對スル立法例又古來各國共主義ヲ異ニセリ今普通處分ニ對シテ行ハルル主義ヲ奉クレハ大約左ノ三個ノ場合ニ歸着ス

一、併科主義

二、吸收主義

三、折衷主義

之ナリ今讀者研學ノ資ニ供セン爲メ此三主義ニ對スル説明ヲ試ミン

一、併科主義

此主義ハ犯サレタル犯罪カ數多アレハ其各個ノ罪ニ付キ各別ノ刑罰ヲ併科セントスルモノナリ蓋犯罪行爲一アレハ一ノ刑罰ハ必ラズ之ニ付着スルモノナルヲ以テ單純ナル理論ヨリスルトキハ此主義最モ當ヲ得タルモノト云ハサルベカラズ尤此主義ハ所謂刑罰ハ一種ノ復讐若クハ賠償的ノモノナリトノ非難ヲ辭スル能ハサルモ舊刑法及其母法タル佛國刑法ノ如キ主義ニヨリ一ノ重キ罪ニ他ノ數多ノ犯罪カ吸收セラレテ單一ノ刑ヲ科セントセハ數多ヲ犯シタルモノモ僅カニ一罪ヲ犯シタルモノモ同一ノ刑罰ヲ受クルニ至リ頗ル不當ノ結果ヲ來スヲ以テ寧ロ併科主義ノ優レルニ如カスト雖モ然レトモ飜テ本主義ヲ審案スルトキハ到底此主義ヲ遂行スルコト能ハザル場合アリ即チ二個以上ノ死刑又ハ無期刑ニ該ル罪ヲ犯シタル場合或ハ一ノ死刑若クハ無期刑ト有期ノ懲役禁錮ニ該ル犯罪トヲ犯シタル場合ノ如キハ決シ

テ此主義ヲ採用スル能ハサルニ至ル茲ニ於テカ制限併科ノ主義行ハルルニ至ル

制限併科ノ主義ニ因ルトキハ法律ニ於テ併科ヲ彼ノ單純ナル場合ノ如ク何レノ罪ニ對スル刑ヲモ科セスシテ或程度マテ併科シテ他ハ之ヲ科セス其科シタル刑中ニ吸收セシメントスルモノナリ

二、吸收主義

此主義ハ數罪中一ノ重キ刑ニ從テ處斷セントスルモノニシテ併科主義トハ全ク其趣キヲ異ニセリ即チ多數ノ犯罪ニ科スベキ刑罰中一ノ刑カ他ノ刑ヲ吸收ストスルモノナリ此主義ハ第一ノ場合ニ於テ述ベタル如ク或點ニ於テハ刑罰ノ本旨ニ適スルモ亦然ラサル場合アルヲ如何セン尤モ刑罰ヲ以テ單ニ懲戒的ノモノトスルトキハ最重刑ヲ科シタル以上ハ最早之レヨリ輕キ刑罰ヲ以テ懲戒スルノ必要ナキヲ以テ此點ニ於テハ稍ヤ正當ナルカ如クナルモ乍併刑罰ハ只現實ニ犯罪者ヲ懲戒スルノミヲ以テ足レリトセズ更ニ渾テノ人即チ罪ヲ犯サヽルモノニ對シテ一般ニ刑罰ノ恐ルベキヲ知ラシメ犯罪

第百條 重罪輕罪ヲ犯シ未タ判決ヲ經ス二罪以上倶ニ發シタルトキハ一ノ重キニ從テ處斷ス重罪ノ刑ハ刑期ノ長キ者ヲ以テ重ト爲シ刑期ハ等シキ者ハ定役アル者ヲ以テ重ト爲ス

ヲ未發ニ防遏スベキヲ刑罰ノ本旨トスルガ故此主義ノ如ク唯一ノ重キ罪ヲ犯シタルトキハ夫ヨリ輕キ罪ナレバ如何ニ多數ノ犯罪ヲ爲スモ無責任ナリトノ思想犯人ノ心裡ニ湧起シ所謂毒ヲ喰バ皿マデノ考ニテ數多ノ罪ヲ犯サンカ到底社會ノ秩序ヲ維持シ公安ヲ保護スル能ハザルベシ

三、折衷主義

此主義ハ第一ノ終リニ於テ一言シタル制限併科ノ主義ナリ即チ第一ノ重キニ第二ノ寛ニ失スル所ヲ折衷シテ一人數犯ノ罪ニ對スル刑ヲ適用セントスルモノナリ故ニ此主義ハ其根據ヲ吸收主義ニ採リ之ニ併科主義ヲ加味シタルモノニシテ其一方ニ於テハ犯人ニ對スル懲戒ノ目的ヲ達シ他方ニ於テハ更ニ起ルベキ犯罪ヲ防禦セントスルモノニテ最モ盛ンニ行ハル蓋シ理論及實際ニ適タリトシテ既ニ白耳義刑法伊太利刑法獨乙刑法和蘭刑法等何レモ此主義ヲ採用セリ

以上ノ諸主義中我刑法ハ如何ナル主義ニ依リ立法セラレタルヤハ讀者カ各條ヲ見レバ自カラ明瞭ナラン(舊法第一編第七章以下參照)

第四十五條　確定裁判ヲ經サル數罪ヲ併合罪トス若シ或罪ニ付キ確定裁判アリタルトキハ止タ其罪ト同裁判確定前ニ犯シタル罪トヲ併合罪トス

本條ハ併合罪ノ性質ヲ明カニシタル規定ナリ今本條ニ云フ併合罪ニ付キ研究スルニ法文ハ單ニ確定裁判ヲ經ザル數罪ヲ併合罪ト云フニ過キス此確定裁判ヲ經ザル中ニハ或ハ獨立シタル數個ノ罪ガ何レモ各個ノ法條ニ觸ルルモノト一犯罪ガ一ノ法律ニ觸ルルニ過キサルモ其所爲ハ數多ノ罪名ニ觸ルル塲合アリ例ヘハ郵便集配人ガ信書中ニ爲替劵ノ對入シアルコトヲ知リ之ヲ窃取シ受取人ノ氏名ヲ記シ劵面ノ金額ヲ受取リタリトセンカ集配人ノ行爲ハ一ニシテ數多ノ罪名ニ觸ル即チ(一)信書ヲ開封シタル罪(二)封中ノ爲替劵ヲ窃取シタル罪(三)受取人ノ氏名及印章ヲ僞リタル罪即チ私書僞造行使(四)郵便局ニ對スル詐僞取財ノ罪之ナリ又他ノ例ヲ以テスレバ彼有夫ノ婦ヲ强姦シタル塲合ノ如キ又人ノ邸宅ニ侵入シテ窃取罪ヲ犯シタル塲合ノ如キ一ハ

有夫姦タリ强姦タリ他ハ家宅侵入罪タリ所有權侵害ノ罪タリ如斯犯罪ヲ學者ノ多クハ想像上ノ數罪ナリト論ス故ニ併合罪中ニハ有形ノ數罪ト無形即チ想像上ノ數罪トアルコトヲ忘ルベカラズ然レトモ學者ニ依リテハ此想像上ノ數罪ナルモノヲ全然否認スルモノアリ其説ヲ見ルニ曰ク數罪ヲ分チテ實躰上ト想像上トニナセルモ如斯區別ガ开モ何ニ由テ之ヲ爲サンカ法ノ規定ヲ案スルニ單ニ併合罪ハ確定判決ヲ經サル數罪ヲ云フトノミアリテ苟クモ數罪ヲ規定スルニ想像上ノ數罪タリ一罪タリト規定セサル以上ハ學者所謂實躰上タリ想像上タリト云フハ彼等ノ獨斷ニシテ全ク法律上ノ根據ヲ欠クモノナリ何トナレバ彼等ハ法ノ規定ニ因ラズ漫然所爲カ一個ナレハ罪又一個ナリトノコトヲ基礎トスルモノニシテ全ク法ノ規定セサル所ナレハナリ然ラハ犯罪ハ一個ナリヤ否ヤヲ識別スルノ標準ハ果シテ何處ニアルカ之ヲ案ズルニ犯罪ガ一個ナルカ又ハ數個ナルカ自然上所謂何個アリヤト云フ法律以外ノ觀念ニ因ラズシテ法律ニ觸レタル所爲ハ幾何ナルカヲ研究スベキモノナリト信ズ故ニ例ヘバ一所爲ト雖モ其行爲カ多數ノ法律ニ觸レタル

場合即チ多數ノ犯罪ヲ構成シタル場合ニハ常ニ數個ノ犯罪ヲ構成スベキモノト信ズ而シテ其所謂法律ニ觸レタル方面カ幾何アリヤハ單純ナル空想ニ依テ判斷スベキモノニアラズシテ法律ノ規定ニ照合シテ初メテ之ヲ知ルベキモノ從テ一ノ所爲カ一罪ナルカ果タ數罪ナルカハ各犯罪ヲ規定スル法律ノ條項ヲ審査シテ其範圍ヲ確定シ然ル後法律ノ規定ニ觸ルベキ方面カ幾何存在スルカヲ審査スルコトヲ要ス云々

ト論旨甚タ巧妙ニシテ一點ノ疑ヲ挾ムベキニアラズト雖モ此說ハ餘リニ極端ナルモノノ如シ讀者乞フ自カラソノ當否ヲ研究セラレンコトヲ余ハコレニ對スル意見ヲ吐露セント欲スルモ本書ノ目的ハ徒ニ辨難攻論スルニアラズシテ刑法ノ大躰及學說ノ著名ナルモノヲ詔介スルヲ以テ本旨トスレバナリ

本條ノ所謂確定裁判ヲ經ザルトハ犯罪ニ付未タ確定裁判ヲ經ザル場合ヲ云フモノニシテ例ヘバ强盜罪ト竊盜罪ノ二罪ヲ犯シタルモノガ何レモ裁判確定セサル前ニ發覺シタル場合ノ如キヲ云ヒ又若シ其罪ニ付キ確定裁判アリ

第百一條　違警罪二罪以上俱ニ發シタル時ハ各其刑ヲ科ス若シ重罪輕罪ト俱ニ發シタルトキハ一ノ重キニ從フ

タルトキハ其罪ト其裁判確定前ニ犯シタル罪トヲ併合罪トスルモノニシテ此場合ハ再犯ノ場合ニ付キ大ニ注意ヲ要スル點ナリトス由來併合罪ノ場合モ再犯ノ場合モ共ニ同一犯人ノ數罪ナルコトハ疑ナシ故ニ外觀甚タ酷似シタルモノナリト雖モ其之ヲ區別スル點ニ付テハ大ニ異ナリ數罪ノ場合ニ於テハ併合罪ハ其數罪ガ裁判確定セサル前ノ犯罪ナルコトヲ必要トスルカ又ハ一罪已ニ確定裁判ヲ經タルモ后ニ發覺セル罪ハ其確定前ニ犯サレタル犯罪ナルヲ必要件トス反之再犯ノ場合ハ一ノ犯罪已ニ裁判確定シ其確定后更ニ犯サレタル犯罪ナラザル可カラズ故ニ本條ノ但書以下ノ場合ニ於テ一罪已ニ裁判確定シタル后新タニ發覺シタル時以前ニ犯サレタルモノナラサル可カラズ故ニ確定セサル前ナレバ一罪既ニ裁判ノ言渡ヲ受ケテ未タ確定セル前ナルトキハ併合罪トスルニ差支ナシ之レ余カ特ニ此場合ニ注意ヲ要スト云フ所以ナリ(舊法一〇一、參照)

第四十六條　併合罪中其一罪ニ付キ死刑ニ處ス可キトキ

ハ他ノ刑ヲ科セス但沒收ハ此限ニ在ラス
其一罪ニ付キ無期ノ懲役又ハ禁錮ニ處ス可キトキ亦他ノ刑ヲ科セス但罰金、科料及ヒ沒收ハ此限ニ在ラス

本條ハ併合罪ニ關スル主義ヲ定メタリ即チ主刑ハ吸收主義ヲ採リ主刑中罰金刑及附加刑ハ併科主義ヲ採用シタルモノナリ之レ本刑法ガ大躰ニ於テ併科主義ヲ採用シタル跡歷然トシテ見ルコトヲ得ン然レトモ曩キニモ述ヘタル如ク併科主義ヲ採用スルモ死刑若クハ無期ノ懲役禁錮ノ如キハ事理ノ上ニ於テ併科スル能ハザルヲ以テ本條ハ此場合ニ於ケル疑ヲ解カン爲メノ立法ト云フヲ得ベシ今第一項ノ規定ヲ見ルニ併合罪中其一罪ニ付キ死刑ニ處スベキトキハ他ノ刑ヲ科セストアルヲ以テ此場合ニ於テハ他ノ數罪ハ何レモ死刑ニ處セラルベキ刑ニ吸收セラレタルモノト云フベキナリ然レトモ讀者乞フ併合罪中吸收シテ一ノ重キ刑ヲ科スル場合ニ於テモ決シテ罪マテ吸收スルモノト速斷スベカラズ犯罪ハ犯罪ナリ併科吸收拆衷主義ハ何レモ處

分ニ付テノミ論スベキモノナルコトヲ忘ル可カラズ即チ本條ノ場合ニ於テモ其數罪中ノ一ガ死刑ニ當ルベキ例ヘバ强盜殺人ノ罪ト竊盜ノ罪トカ併合シタル場合ニ刑ヲ科スルニ當リテハ强盜殺人罪ハ死刑ニ處ス場合アルヲ以テ死刑ニ處セント判決スルニハ竊盜ノ罪ニ對スル懲役ノ刑ハ死刑ニ吸收セシメテ之レカ言渡ヲ爲ザルガ如シ然レドモ第一項但書ニアル公權剝奪及沒收ノ刑ノ如キハ之ヲ併科シ能ハサルニアラザルヲ以テ此沒收及公權剝奪ハ共ニ併科主義ノ適用ヲ爲シタルモノト云フベキナリ

第二項ノ刑ニ對シテハ其理由第一項ト異ナル處ナク之レ亦事理上無期刑ヲ科スル罪ト有期刑ヲ科スル罪ト併合シタルトキハ其無期ヲノミ言渡シ他ノ刑ヲ言渡サザルモノトス之レ又刑ノ性質上當然ノ規定ト云フベキナリ然レトモ罰金科料刑ニ該ルモノハ例ヘ無期刑ヲ科スル場合ト雖モ之レヲ執行シ得ザルニアラズ之レ罰金刑ハ犯人ノ財產ニ對スル罪ナルガ故之レヲ科セントスルモノナリ又公權剝奪及沒收ハ前項ノ場合ト仝ジク併科シ得ルヲ以テ特ニ但書ヲ用ヰテ併科セントス讀者ニ尙一言スベキモノアリ其ハ本項ニハ

無期ノ懲役又ハ禁錮ニ該ルモノガ併合シタル場合ニハ何レノ刑ヲ言渡シ何レノ刑ヲ執行セントスルヤノ點之レナリ右ハ法文別ニ別示スル所ナキモ刑事訴訟法ノ規定ヲ案スルニ刑ノ執行ニ付キ刑期同シキトキハ定役アルモノヲ先キニ執行ストアルヲ以テ法律ノ精神ヲ類推シ本問ノ場合ニ在リテモ又定役アル無期ノ懲役ヲ執行スルモノトセザル可カラス蓋シ法ノ精神玆ニアルヤ疑ヒナケレハナリ

第四十七條　併合罪中二個以上ノ有期ノ懲役又ハ禁錮ニ處ス可キ罪アルトキハ其最モ重キ罪ニ付キ定メタル刑ノ長期ニ其半數ヲ加ヘタルモノヲ以テ長期トス但各罪ニ付キ定メタル刑ノ長期ヲ合算シタルモノニ超ユルコトヲ得ス

本條ハ併合罪加重主義ニ基ク規定ナリ本條ノ規定ヲ案スルトキハ我ガ刑法

又制限併科ノ主義ヲ採用シタルヤ明カナリ即チ本條ノ規定スル所ニ曰ク禁錮ニ處スベキ罪アルトキハ其最モ重キ罪ニ付キ定メタル刑ノ長期ニ其半數ヲ加ヘタルモノヲ長期トストアルヲ以テ有期ノ懲役又ハ禁錮ガ獨立シタル犯罪ニ科スル場合ヲ云フモノニシテ彼ノ想像上ノ數罪ノ如キハ我カ刑法ニ於テ併合罪中ニ認メザルヨリ一ノ法律ニ牴觸セル二個以上ノ犯罪ハ茲ニ論ズヘキ限ニアラス苟クモ獨立セル二個以上ノ罪アルニアラザレハ本條ヲ適用スル能ハサルナリ然リ而シテ其最モ重キ罪ニ付キ定メタル刑ノ長期ニ半數ヲ加ヘタルモノトハ例ヘバ數罪中最モ重キ刑ガ懲役十年ニ處斷スベク假定スルトキハ先ツ以テ其十年ヲ科シ而シテ後チ其他ノ數罪ニ付テハ十年ノ半數即チ五年ヲ併科シ他ハ其科セントスル刑ニ吸收セシメントスルモノナリ茲ニ於テ乎併合罪ノ長期ハ十五年ナルコトヲ知ルヲ得然レトモ此十五年ノ刑期カ數罪ノ刑ニ定メタル長期ヲ合算シタルモノヲ超ユルコトヲ得ズ之レ亦當然ノ規定ト云ハザル可カラス何者今假リニ懲役一年二年十年ニ該ル三罪併合シタル場合アリトセンカ此三罪ノ長期ヲ合算スルモ十三年ニ外ナ

ラズ然ルニ先キニ說明シタル十五年ノ刑ヲ科スルトキハ規定以外ノ刑ヲ二年超過スルガ故如斯ハ決シテ法ノ許ス可キモノニアラズ宜ク各罪ニ付テ罰スルヲ可トス然レドモ本法ノ主意ニ依ルトキハ常ニ疑ナク科スルコトヲ得ルヤ否ヤニ付キ大ニ研究ヲ要スルモノアリ幷ハ前條ニ於テ一言シタル如ク懲役ノ刑ト禁錮ノ刑ガ併合シタル場合ニハ禁錮ヲ以テ實際上ノ觀察ヨリスルモ規定全體ノ精神ヨリスルモ懲役ノ刑ヨリ輕シト云ヒタリ此主義ヲ推察スルトキハ懲役ノ刑ト禁錮ノ刑ト併合シタルトキハ常ニ懲役ノ刑ヲ重シト云ハサル可カラザルガ如シ否然ラサルトキハ普通皮想ノ見解ヨリシテ余ノ言又撞着スルノ誹ヲ免レズ然ラバ此場合ニ於テ禁錮ノ刑ハ十年ノ長期ニシテ懲役ノ刑ガ五年ノ刑期ナリトスルモ尙且ツ懲役ヲ重シトセザル可カラザルガ如シ然レトモ翻テ本條ノ規定ヨリ考フルトキハ最モ重キ罪ニ付キ定メタル刑ノ長期云々トアルヲ以テ實際起リタル罪ノ性質ハ之ヲ論セズ先ツ以テ長期ノ長キモノヲ以テ重シト解セザル可カラザルカ故如斯場合ニ於テハ刑ノ稱類ニ重キヲ置カズシテ實際長期ノ長キモノヲ重シト論ズルヲ至當ト

信ズ著者此言ヲ爲ス人或ハ其不可ナルヲ論シテ否定スルモノアランモ然レトモ余ハ其普通ノ解釋トシテ長期ノ異ナル懲役禁錮ガ併合シタル場合ニハ何レノ刑タルヲ問ハズ長期ノ長キモノヲ本條ニ云フ最モ重キ罪ニ該ル刑ト云ハントス反之前條ニ云ヒシ如ク長期ノ全シキモノハ懲役ヲ以テ重シトシテ敢テ誤リナキヲ信ズ

第四十八條　罰金ト他ノ刑トハ之ヲ併科ス但第四十六條第一項ノ場合ハ此限ニ在ラス

二個以上ノ罰金ハ各罪ニ付キ定メタル罰金ノ合算額以下ニ於テ處斷ス

本條ハ罰金刑併科ノ場合ヲ規定シタリ蓋シ本法ノ原則トシテ刑ノ性質上併科シ得ラルル限リハ之レヲ併科セントスルガ故ニ罰金刑ト他ノ刑トヲ併科スルハ尤モ安シ原則トシテハ之ヲ併科セントスルモノナリ然レトモ第四十

六條第一項ノ場合卽チ死刑ニ該ルベキ刑ヲ科セラレタル者ニ對シテハ最早輕キ罰金刑ヲ科スル必要ナク且ツ實際ノ事理ヨリスルモ一ハ死刑ニ處シ尙且其財産ヲ徵收センカ如斯ハ刑ハ一身ニ止マルトノ原則ニ背クモノニシテ規定ノ當ヲ得タルモノト云フ可カラズ何者既ニ死刑ニ處セラレタルモノハ假リニ遺産ノ存スルアリト雖モ之レ等ハ犯人ガ生命ヲ剝奪セラルヽト共ニ相續人ノ財産ト民法上當然定メタルヲ以テ之レニ向ヒ罰金刑ヲ科スルトキハ何等ノ罪ナクシテ尙自己ノ財産ヲ徵收セラルト均シ之レ本法カ特ニ本條ニ於テ此但書ヲ設ケ以テ謂レナキ誹ヲ受ケサランコトヲ勉メタルモノナリ

第二項ハ罰金刑ノミ併合シタル場合ニ對スル規定ナリ卽チ二個以上ノ罰金ニ該ル各罪ニ付キ定メタル額ヲ合算シテ其合算額以下ヲ以テ處斷セントスルモノニシテ又併科主義ヲ採用シタル立法ノ精神ナリト雖モ今本項ノ規定ヲ漫然通讀スルトキハ恰カモ吸收主義ノ變體トモ見得ベシ何トナレバ二個以上ノ罰金ハ各罪ニ付キ定メタル罰金ノ合算額以下ニ於テ處斷スト云フヲ以テ恰カモ此數罪ヲ一罪トシテ其合算額ヲ一罪ノ刑罰ト見ルカ如ク解セラ

ルルナリ例ヘバ百圓ニ該ル罰金ノ罪ト五十圓三十圓二十圓ニ該ル罪ノ四個ヲ合算シテ二百圓ノ罰金ニ該ル罪ノ如クシテ罰セントスルモノノ如シ由之觀是併科主義ノ如クシテ而モ理論上ヨリ觀察ヲ下ストキハ單純ナル一罪ト云ハサル可カラザルカ如シ之レ特ニ此場合ヲ吸收主義ノ變體ノ如ク見ユルト云フ所以ナリ然レトモ本法ノ精神ハ各罪ニ付キ定メタル罰金額ヲ合算シタル範圍内ニ於テ其罪ヲ處斷セントスルモノニシテ併科主義ヲ採用シ而カモ特ニ其範圍内ニ於テ自由ニ酌量シ得セシメタルモノト云フ可キナリ

第四十九條　併合罪中重キ罪ニ沒收ナシト雖モ他ノ罪ニ沒收アルトキハ之ヲ附加スルコトヲ得

二個以上ノ沒收ハ之ヲ併科ス

本條ハ併合罪ニ關スル附加刑ノ規定ナリ蓋シ附加刑ハ其文字ノ示ス如ク或ル刑ニ附加シテ言渡ス刑ナルヲ以テ常ニ主刑ニ倶ハザル可カラザルガ如シ

然レドモ本條第一項ノ場合ノ如ク重キ刑ニ附加刑ナクシテ數罪中ノ他ノ刑ニ附加アル場合ニアリテハ普通ノ觀念ヨリスルトキハ其重キ刑即チ主ナル刑ニ附加刑ナキヲ以テ之ニ附加セザルヲ理論ノ正鵠ヲ得タルモノト云フヲ得ベキモ然レトモ其犯シタル數罪中一罪ニテモ附加刑アル場合ニハ又之ヲ附加セントスルハ法ノ精神ナルガ故特ニ本條第一項ヲ設ケタル所以ナリ蓋シ附加刑ハ重ニ行政上或ハ警察上必要ナル場合ニ科スベキ刑ナルヲ以テ犯人ノ犯セル數罪中假令附加刑アル刑ト雖モ併合罪ノ適用上其刑ヲ措ヘテ附加刑ナキ他ノ刑ヲ科スルハ免レザル數ナリ故ニ主刑ニ於テハ附加刑ナキ重キ刑ヲ科スルコトアリト雖モ既ニ附加刑アル罪モ竝ヒ犯セル本項ノ場合ノ如キハ勢ヒ之ヲ罰セザル可カラズ之レ實際上ノ必要アル所以ナリ

第二項ハ沒收刑併科ノ場合ヲ規定シタルモノナリ蓋シ本法ニ於ケル沒收ハ法禁物カ然ラサレハ犯罪ニ原因シテ得タルモノ若クハ犯罪ノ要ニ供シタル物件ナルヲ以テ之等ハ全然併科シテ法ノ精神ヲ透徹セサルベカラズ之レ此ノ必要ヨリ第二項ヲ置キタル所以ナリ

第五十條　併合罪中既ニ裁判ヲ經タル罪ト未タ裁判ヲ經サル罪トアルトキハ更ニ裁判ヲ經サル罪ニ付キ處斷ス

本條ハ第四十五條後段ノ應用上其未タ裁判ヲ經ザル罪ニ對スル規定ヲ設ケタルモノナリ即チ數罪中或ル犯罪ニ就テハ既ニ確定裁判ヲ經而シテ後其確定前ニ犯サレタル他ノ罪ガ更ニ發覺シタルトキハ未タ裁判ヲ經サル餘罪ニ就テノミ處斷セントスルモノニシテ皮想ノ見解ニ依レハ本條ハ併合罪ノ原則ニ反スルモノニハアラザルヤトノ疑ヲ抱カザルヲ得ザル法文ナリトス何トナレバ本條ノ規定ハ所謂文理解釋ニ基クトキハ既ニ確定シタル罪カ數罪中最モ重キモノナリト假定センカ法文ハ更ニ裁判ヲ經ザル罪ニ付キ處斷ストアルヲ以テ此餘罪ノ刑ヲノミ科シ先キニ確定シ居ル刑ハ更ニ確定シタル判決ニ依リ消滅スルモノト解セラル然レトモ本條ノ解釋ヲ以テ右ノ如クセシカ非常ノ誤謬ト云ハザル可カラズ然ラハ本條ハ如何ニ解釋セバ其精神ノアルトコロヲ發揮スルヲ得ルヤ思フニ本條ハ所謂更ニ裁判ヲ經ザル罪ニ付

キ處斷ストアルヲ以テ取モ直サズ裁判ノ方針ヲ定メタルモノト云フノ外ナカラン何トナレハ彼ノ訴訟法ノ原則タル一事不再理ノ論理ヨリ云フモ既ニ併合罪トシテ先キニ數罪ヲ審理シ確定裁判ヲ受クル前ニ犯サレタル犯罪發覺セバ等ク併合罪數罪中ノ一ナリ故ニ此點ヨリ論センカ最早餘罪ニ付テハ裁判ヲ爲ス能ハズ然レトモ世ニ苟クモ禁制命令ニ反スル行爲アリタルトキハ之ヲ放任スル能ハザルヤ刑法ノ原則ナリ茲ニ於テカ此場合ニアリテハ併合罪トスルモ既ニ確定シタル裁判ハ之ヲ動カス能ハザルヲ以テ止タ餘罪ニ付テノミ審理裁判ストノ極メテ單純ナル規定ナリ從テ其結果ノ如何ナルヤハ次條ニ規定セラレタルヲ以テ本條ニハ別ニ想像ニ上ラザリシモノナリト云フノホカナシ然ラザレバ第五十八條ノ規定ト忽チ衝突スルモノト批難スル外ナシ見ヨ併科主義ハ單純ナル併科主義ニアラズシテ制限併科ノ主義ヲ採用シ居ルコトヲ殊ニ前裁判ノ罪ハ常ニ輕キ刑ニ處スベキモノナレバ可ナリト雖モ若シ夫レ重キ刑ナルトキハ本條ヲ文理的ニ解釋センカ愈々司法官ヲシテ迷ハシムルノ外ナキニ至ル之レ著者カ本條ハ單純ナル皮相ノ見解ニ

テハ到底法ノ精神ヲ知ル能ハズト云フ所以ナリ故ニ本條ヲ精神的ニ解釋スルトキハ處斷ノ文字ニ誤リアリトスルモ別ニ誤謬ヲ來スコトナク次條ノ適用又極メテ平穩ニ首尾貫徹スルコトヲ得ルモノト云フベキナリ

第五十一條　併合罪ニ付キ二個以上ノ裁判アリタルトキハ其刑ヲ併セテ之ヲ執行ス但死刑ヲ執行ス可キトキハ沒收ヲ除ク外他ノ刑ヲ執行セス無期ノ懲役又ハ禁錮ヲ執行ス可キトキハ罰金、科料及ヒ沒收ヲ除ク外他ノ刑ヲ執行セス有期ノ懲役又ハ禁錮ノ執行ハ其最モ重キ罪ニ付キ定メタル刑ノ長期ニ其半數ヲ加ヘタルモノニ超ユルコトヲ得ス

本條ハ併合罪ニ個以上ノ裁判アリタルトキノ刑ノ執行方法ヲ規定シタルモ

ノナリ即チ併合罪ニ付キ二個以上ノ裁判アリタルトキハ其刑ヲ併セ執行スト蓋シ本項ノ規定ヲ見ルトキハ直チニ前條ノ規定ト撞着スルコトヲ發見スルニ容易ナラン前條ニハ更ニ裁判ヲ經ザル罪ニ付テ處斷ストアルモ更ニ其罪ニ付キ處斷スレバ必スヤ執行スル此場合ニ於テ前條ハ如何ニスルモ文理一片ノ解釋ニ因レバ前刑ハ消滅セザルモ少クモ其刑ハ執行セズシテ單ニ更ニ裁判セラレタル餘罪ノミヲ執行スト云フノ外ナク從テ本條ノ原則ニ適合セザルニ至ルベシ

本條ハ併合罪ニ付キ刑ノ執行方法ヲ定メタルモノナルヲ以テ犯人ニシテ二個以上ノ裁判ヲ受ケタルモノハ各々之ヲ執行セントスル原則ナリト雖モ但書以下ノ場合即チ第四十六條ノ場合ノ如キ一ノ裁判ニ於テ死刑ノ言渡ヲ受ケ其執行ヲ受クル場合ニアリテハ沒收ヲ除ク外條理上執行スル能ハザルヲ以テ本條ハ茲ニ例外ヲ認メタリ又無期ノ懲役禁錮ノ執行ヲ一ノ裁判ニテ執行セラルルトキモ前全斷他ノ一ノ裁判ニ就テハ罰金ノ如キ科料ノ如キ沒收ノ如キ財產ニ對スル罪ヲ除ク外ハ執行スル能ハザルヲ以テ執行セザルナリ

有期ノ懲役若クハ禁錮ノ併合罪ニ付キテハ二以上ノ裁判ヲ各執行スルモノナリト雖モ其執行期間ハ第四十七條ノ適用上最モ長期ノ刑ニ半數ヲ加ヘタルモノ以上ハ二以上ノ裁判アリタルトキト雖モ之ヲ執行スルコトヲ得ズ

第五十二條　併合罪ニ付キ處斷セラレタル者或罪ニ付キ大赦ヲ受ケタル場合ニ於テハ特ニ大赦ヲ受ケサル罪ニ付キ刑ヲ定ム

本條ハ併合罪ニ付キ處斷セラレタルモノガ併合罪中ノ或ル罪ニ付大赦ヲ受ケタル場合ノ規定ナリ即チ併合罪ナリトシテ數罪ノ裁判確定シ其數罪中刑ノ執行ヲ受ケ居ル罪ガ大赦ヲ受ケタルトキハ最早大赦ノ性質上其罪自體ガ滅却スルモノナルヲ以テ數罪中ノ或ル罪ニ付キ罪ガ滅失スルモ然レトモ他ノ罪ニシテ大赦ニ逢ハザルモノナルトキハ當然其罪ニ對シテ刑ヲ定メラルヽヤ又刑法ノ精神トシテ至當ノ規定ト云ハザル可カラズ蓋シ本條ノ規定ナキトキハ大赦ヲ受ケザル罪モ大赦ヲ受ケタル罪ト同ク消滅スルトノ議論ノ

出テンヲ慮ハカリ此規定アル所以ナリ例ヘバ無期ノ禁錮ニ付キ處斷セラレタルモノカ後日大赦ノ恩典ニ浴シ其禁錮ハ消滅シタリ然ルニ其他尚ホ數罪ノ大赦ヲ受ケザル罪ニシテ而カモ刑ヲ定メザルモノ多々アリトセンカ主要ナル即チ重キ刑ニ付キ處斷シタルニモ拘ラズ他ノ罪ニ對スル刑ハ執行セラレズシテ止ムニ至ルヤ必セリ然ルニ大赦ヲ受ケザル他ノ罪ハ未タ消滅セズシテ刑ヲ免ルヽノ奇觀ヲ呈ス豈如斯法理アランヤ

本條ニ定メタル如ク特ニ大赦ヲ受ケザル罪ニ付キ刑ヲ定ムト云フ又故アルナリ然ラバ本條ノ刑ヲ定ムルニハ如何ナル標準ニ據ルヤト云フニ本條當然ノ解釋トシテ曩ニ重キモノト認メラレタルモノ今ハ即チナシ故ニ殘ル數罪中最モ重キ罪ニ付キ定メタル長期ニ其半數ヲ加ヘタル刑ヲ更ニ言渡サザル可カラザルヤ當然ト云フベキナリ

故ニ本條ノ規定モ其精神ニ出テ特ニ大赦ヲ受ケザル罪ニ付キ刑ヲ定ムト云ヒシハ實ニ以上ノ解釋ノ當然ナルコトヲ知ルニ足ラン

第五十三條　拘留又ハ科料ト他ノ刑トハ之ヲ併科ス

但第四十六條ノ場合ハ此限ニ在ラス

二箇以上ノ拘留又ハ科料ハ之ヲ併科ス

本條ハ純然タル併科主義ヲ採用シタル條項ナリ即チ拘留又ハ科料ト他ノ刑ト併發シタルトキハ必ズ併科セントスルモノナリ蓋シ本條ノ規定ハ他ノ制限併科ノ主義ノ容レザル處ノ如クナルモ拘留科料ノ刑ノ如キハ極メテ僅少ナル害惡又甚タ重カラザル罪ニ對スル刑ナリト雖モ然レトモ刑自體カ輕キノ故ヲ以テ其目的ヲ達スル能ハザルガ如キコトナキニアラズ故ニ社會ノ風紀ヲ改善シ文明ノ實ヲ擧ケント欲セバ先ツ此種ノ刑ハ特ニ併科シ以テ可成的風紀ノ改良ニ意ヲ用ユルヲ要ス之レ本條ノ大ナル目的ト云フベキカ然レトモ死刑又ハ無期刑ヲ一方ニ科セラレタルトキハ現實ニ此刑ヲ併科スルモ執行シ能ハザルモノナルコトハ前屢々述ベタル如クナリ爲メニ此但書ヲ置キタル所以ナリ

第二項ハ拘留科料カ二個以上アル場合ノ規定ニシテ別ニ說明ヲ與フベキ底ノモノニアラズ故ニ之レヲ贅セズ

第五十四條　一個ノ行爲ニテ數個ノ罪名ニ觸レ又ハ犯罪ノ手段若クハ結果タル行爲ニシテ他ノ罪名ニ觸ルルトキハ其最モ重キ刑ヲ以テ處斷ス

第四十九條第二項ノ規定ハ前項ノ場合ニ之ヲ適用ス

本條ハ刑法カ併科主義ヲ大躰ニ於テ採用シタルニモ拘ラズ特ニ吸收主義ニ依リ律セントスルモノニシテ本章ノ冒頭ニ於テ說キタル想像上ノ數罪ノ場合ヲ規定シタルモノナリ盖シ之レニ想像ナル文字ヲ用ユルハ甚タ穩當ヲ欠クト雖モ從來ノ學者カ渾テ想像上又ハ無形ノ數罪ト說キ來リシヲ以テ著者又假リニ之レヲ想像上ノ數罪ナリト云ハントス然レドモ本條ノ規定ノ解釋トシテハ想像上ノ數罪トハ少クトモ誤弊アルヲ免レズト思惟ス卽チ本條ニ

ハ「一個ノ行爲ニシテ數個ノ罪名ニ觸レ又ハ犯罪ノ手段若クハ結果タル行爲ニシテ他ノ罪名ニ觸ルルトキハ」トアルヲ以テ常ニ想像ニアラズシテ仝一犯人ノ數罪ニシテ只普通數罪ノ如ク場處ヲ異ニシテ行爲ヲ新タニシタルニアラザルノミ一個ノ行爲ガ數多ノ罪名ニ觸レタルトハ如何ナル場合ヲ云フヤトノ點ニ付テハ學理上之レカ解釋容易ノ業ニアラズト雖モ實質上卽チ事實問題ヲ捕ヘ來リテ之レヲ說明センニハ極メテ易々タルノミ例ヘハ殺人ノ行爲ヲ果サン爲メニ被害者ノ邸宅ニ侵入スルガ如キ又殺人ヲ犯ス目的ヲ以テ他ヨリ兇器ヲ盜奪シタル場合ノ如キハ素ヨリ盜罪ノ意思アルニアラズシテ而カモ本條第一項末段ノ犯罪手段トシテノ數罪タルコトハ兎ル可カラズ其他人ヲ燒殺セント欲シテ被害者ノ住スル家屋ニ放火スルガ如キ或ハ有夫ノ婦ト知リ强姦スルガ如キ强姦罪成立ト仝時ニ有夫姦罪成立スルガ如キ其他强盜ノ目的ヲ以テ暴行脅迫ヲ爲サンカ脅迫罪ハ直チニ之レニ從ヒ居ル等擧ケ來レバ其數決シテ少ナカラズ

此種ノ犯罪ヲ稱シテ學者ガ所謂想像上若クハ無形ノ數罪ナリト云フト雖モ

右ノ議論ノ如キハ舊刑法ノ下ニ於テハ甚タ有力ナリシモ案ズルニ本刑法ノ下ニ於テ立論スルトキハ最早之ヲ想像上或ハ無形ノ文字ヲ連ルル能ハサルモノノ如シ何トナレバ本條ハ明カニ一個ノ所爲ニシテ數罪ニ觸ルル場合ヲ認メ又犯罪ノ手段若クハ其結果カ他ノ法律ニ於テ認メタル罪名ニ觸ルル場合アルコトヲ認メタルヲ以テ此ノ數罪ハ一個ノ所爲ヲ以テ多數ノ法律ニ觸レ多數ノ犯罪ヲ構成スルモノト云ハザル可カラズ

而シテ本條ノ處分方法ハ實ニ前述ノ如ク吸收主義ニ依リ其行爲若クハ手段結果ヨリ生シタル數罪中重キモノヲ罰セントスルモノニシテ例ヘハ人ヲ殺スノ目的ヲ以テ其被害者ノ住宅ニ侵入シタル卽チ住所ヲ侵シタル罪ニ就テハ毫モ省ミルナク只殺人ノ罪ニ付テノミ罰セントスルモノナリ蓋シ彼ノ同一犯人カ場處ヲ異ニシテ又目的ヲ異ニシテ獨立シタル罪ヲ犯スト異ナリ常ニ犯意ハ主タル犯罪行爲ニアルヲ以テ之レヲシモ尙ホ且ツ各自ニ刑ヲ科セントスル必要行刑上決シテ生セザルモノト云ハサル可カラズ之レ本條ガ特ニ一般ノ併科主義ニ異ナリタル立法例ヲ示シタルモノト云フベキナリ

第二項ハ第一項ニ對スル例外規定ナリ蓋シ沒收ハ財產ニ對スル罪ナリト雖モ犯罪行爲ニ供シ又ハ供セントシタル物件法令ニ於テ所有ヲ禁シタル物件犯罪行爲ヨリ生シ又ハ犯罪ニ因リ得タル物件ナレバ素ヨリ前項ノ場合ヲ適用スル必要ナク否ナ寧ロ併科スルヲ策ノ得タルモノト云ハザル可カラズ前項一ノ重キニ從テ處斷スル場合ト雖モ附加刑タル沒收ハ併科セントスルモノニシテ穩當ノ法文ト云フベシ

第五十五條　連續シタル數個ノ行爲ニシテ同一ノ罪名ニ觸ルルトキハ一罪トシテ之ヲ處斷ス

本條ハ連續犯ニ關スル處分方法ヲ定メタルモノナリ連續罪トハ時ノ干係ニ於テ相連續スルモノヲ云フ卽チ一ノ意思ヲ以テ犯ス所ノ罪ガ時ノ連結ニ依リテ生ジタルガ故嚴格ニ云フ時ハ卽時犯ニ外ナラズ行爲自躰ガ數個ナリト雖モ同一ノ罪名ニ觸ルルヲ以テ便宜上數個ノ犯罪ヲ一罪ト看做スモノト云フヲ可トス故ニ彼ノ學者ノ謂フ繼續犯トハ大ニ其赴キヲ異ニセリ又卽時犯

トモ謂フ能ハズ今此種ノ犯罪ニ聊カ時ノ觀念ヲ必要トセザルモノ例ヘハ殺人罪ヲ犯シ其行爲ノ結果ガ直チニ人ヲ殺シタル場合ヲ云フガ如キ反之繼續犯トハ犯罪行爲ノ性質ガ時ノ觀念ヲ必要トスルモノニシテ即時犯トノ差ハ單ニ時ノ觀念ニアルモノナリ故ニ連續犯ト即時犯トノ差ハ曩キニモ述ベタル如ク別ニ區別ノ標準ヲ有スルモノニアラズシテ只便宜上數多ノ即時犯カ連結シタル場合ナリ故ニ繼續犯トノ區別ノ標準亦實ニ此點ニアリトス即チ繼續犯ハ始ヨリ終リマテ一個ノ犯罪カ繼續シテ始メテ一個ノ行爲トナルモノナリ故ニ此間數多ノ時間ヲ要スルヤ必セリ然ルニ連續犯ハ全ク之レニ反ス之レ兩者區別ノ標準ト云フベキナリ

本條ハ連續シタル數個ノ行爲ガ同一ノ罪名ニ觸レタル場合モ倘且ツ一罪トシテ處罰セントスルモノニシテ舊刑法ノ下ニハ全ク規定ヲ脫シタル故學者間異論少ナカラザリシヲ以テ特ニ此一條ヲ設ケ以テ連續シタル數個ノ犯罪ナリト雖モ其行爲カ一ノ罪名ニ觸ルル場合ニハ一罪トシテ罰シ數罪トシテ併合科刑ノ必要ヲ認メザルコトヲ明カニシタルモノ也蓋シ此場合ハ併科吸

收主義共ニ用キザルナリ

第十章　累犯

本章ハ一度刑ノ執行ヲ受クベキ確定判決ヲ受ケタル者カ其後更ニ他ノ罪ヲ犯シタル場合ノ制裁方法ヲ定メタルモノナリ之ヲ稱シテ累犯ト云フハ文字上ノ解釋トシテ未タ法ノ何タルヲ知ラザル素人ニハ妙ナル觀念ノ湧出スル所ナラン何トナレバ單ニ漢文註釋的ニ此文字ヲ見ルトキハ一度以上罪ヲ犯シタル者ハ卽チ累犯ナルヲ以テ未タ判決確定セザル前ト雖モ先キニ一罪ヲ犯シ後ニ一罪ヲ犯セバ卽チ累犯ト云フニ不可ナシト思惟セン然レトモ法律ノ精神ハ然ラズシテ苟クモ累犯タルニハ曩キニ刑ノ執行ヲ受クベキ裁判確定シタル者カ其確定後更ニ罪ヲ犯シタル狀態ニアリテ始メテ累犯ト云フ而シテ其犯人ヲ再犯人又ハ三犯人ト云フ何故法律カ確定判決后更ニ罪ヲ犯シタルモノハ再犯トシ確定判決前ニ犯シタルモノヲ併合罪ト云フヤニ付テ考フルニ未タ一回ダモ判決ヲ受ケザル者ハ理論上刑罰ノ何タルヲ解セザル

者故法ハ如何程峻嚴ナルモノナルヤヲ知ラザルモノト推定セザル可カラズ然ルニ反之一度刑ノ執行ヲ受ケ若クハ執行ヲ受クベキ確定判決ヲ受ケタルモノニアリテハ既ニ刑罰ノ如何ナルモノナルヤヲ詳悉シ居ル者ト推定セザル可カラズ如斯事由ナルヲ以テ特ニ刑ヲ受クベキ有罪ノ判決ヲ受ケ后更ニ他ノ罪ヲ犯シタル者ハ累犯トシテ其處分ヲ初犯ノ犯人ト區別シ嚴罰スルノ必要アリ之レ法律カ國ノ東西時ノ古今若クハ人種ノ如何ヲ論セズ苟クモ刑律ヲ設ケタル國ニアリテハ渾テ此制ヲ設ケザルモノナキ所以ナリ今累犯ニ必要ナル條件ヲ示セバ次ノ如シ

第一、刑ヲ受クベキ初犯ノ裁判確定シタルコトヲ要ス

第二、更ニ新ナル罪ヲ犯シタルコトヲ要ス

(1)刑ヲ受クベキ初犯ノ裁判確定シタルコトヲ要スルヲ以テ彼ノ欠席判決ノ言渡ヲ受ケ未タ故障期間ヲ經過セザル前又ハ上訴等ノ途ニ依リ其言渡サレタル判決ニ對シ攻擊シ得ラルヽ狀態ニアル間ハ假令判決言渡シアリタリトスルモ確定セザルモノナルヲ以テ此間ニ於テ犯シタル犯罪ハ之レヲ

第九十一條　先ニ重罪ノ刑ニ處セラレタル者再犯重罪ニ該ル時ハ本刑ニ一等ヲ加フ

第九十二條　先ニ重罪輕罪ノ刑ニ處セラレタル者再犯輕罪ニ該ル時ハ本刑ニ一等ヲ加フ

第九十三條

累犯ト云フヲ得ザルヤ明カナリ又有罪ノ判決ヲ受ケタルコトヲ必要トスルヲ以テ假令初犯ノ罪ニ對スル判決確定セシ場合ト雖モ刑ノ執行猶豫ヲ受ケ其期間經過セル者或ハ彼ノ大赦再審又ハ非常上告等ニ因リ初犯ノ罪全ク消滅シタルトキハ又累犯ト云フ能ハズ其他刑ノ全免ヲ受ケタル場合ハ假令有罪ナリト雖モ決シテ之レヲ累犯ト云フヲ得ズ

(2)更ニ他ノ罪ヲ犯シタルコトヲ要スルヲ以テ必ラズシモ獨立ナル犯罪ナラザル可カラズ囚徒逃走罪ノ如キ犯罪ハ單獨ナル新ナル罪ニアラズシテ初犯ノ罪ニ基因スル犯罪ナルカ故直チニ之レヲ累犯ナリト云フ能ハズ然レトモ其後更ニ逃走シタルトキハ再犯ト云フヲ妨ケス(舊法第一編第五章以下ヲ新刑法第五十六條以下ノ各條ニ充テ參照ヲ要ス)

第五十六條　懲役ニ處セラレタル者其執行ヲ終リ又ハ執行ノ免除アリタル日ヨリ五年內ニ更ニ罪ヲ犯シ有期懲役ニ處ス可キトキハ之ヲ再犯トス

先ニ違警罪ノ刑ニ處セラレタル者再犯違警罪ニ該ル時ハ本刑ニ一等ヲ加フ但一年內再ヒ其違警罪裁判所ノ管轄地內ニ於テ犯シタル時ニ非サレハ再犯ヲ以テ論スルコトヲ得ス

第九十四條 再犯加重ハ初犯ノ裁判確定ノ後ニ非サレハ之ヲ論スルコトヲ得ス

第九十五條 刑期限內再ヒ罪ヲ犯スニ因リ刑ヲ宣告シタル時ハ先ツ其定役ニ服ス可キ者ヲ執行シ定役ニ服セサル者ヲ後ニス若シ初犯再犯共ニ定役ニ服スル刑ニ該ル時又ハ共ニ定役ニ服セサル刑ニ該ル時ハ其重キ者ヲ執行ス

懲役ニ該ル罪ト同質ノ罪ニ因リ死刑ニ處セラレタル者其執行ノ免除アリタル日ヨリ又ハ減刑ニ因リ懲役ニ減輕セラレ其執行ヲ終リ若クハ執行ノ免除アリタル日ヨリ前項ノ期間內ニ更ニ罪ヲ犯シ有期懲役ニ處ス可キトキ亦同シ

併合罪ニ付キ處斷セラレタル者其併合罪中懲役ニ處ス可キ罪アリタルトキハ其罪最重ノモノニ非スト雖モ再犯例ノ適用ニ付テハ懲役ニ處セラレタルモノト看做ス

本條ハ累犯例適用ノ場合ヲ規定シタルモノナリ即チ本條第一項ニ據リテ見ルトキハ再犯トハ懲役ニ處セラレタルモノ其執行ヲ終リ又ハ執行ノ免除アリタルニ由リ五年內ニ有期ノ懲役ニ該リタル罪ヲ犯シタルトキヲ再犯ト云

罰金科料ニ該ル者ハ順序ニ拘ハラス各之ヲ徵收ス
第九十六條 陸海軍裁判所ニ於テ判決ヲ經タル者再ヒ重罪輕罪ヲ犯シタル時ハ初犯ノ罪常律ニ從ヒ處斷シタル者ニ非サレハ再犯ヲ以テ論スルコトヲ得ス
第九十七條 大赦ニ因テ免罪ヲ得タル者ハ再ヒ罪ヲ犯スト雖モ再犯ヲ以テ論スルコトヲ得ス
第九十八條 三犯以上ノ者ト雖モ其加重ノ法ハ再犯ノ例ニ同シ

フ蓋シ再犯ハ初犯ノ刑未タ犯人ヲ懲戒スルニ足ラザリシカ若クハ少クトモ先キニ科シタル刑罰ノ輕カリシヲ表示スルモノナルヲ以テ之等ノ罪ヲ重子テ犯スモノヽ如キ破廉耻漢ハ宜ク嚴罰スルノ必要アリ故ニ本法カ特ニ再犯ヲ以テ論ズルモノハ懲役刑ニ處セラレタル者ニ限リ禁錮罰金等ノ刑ニ處セラレタル者ヲ再犯トセザルハ偏ニ前段述ベタル理由アルヲ以テナリ而シテ再犯例ヲ適用スルハ裁判確定後ノ新タナル犯罪ニ限ルコトハ各國ノ立法例仝一ニ出テ居ルト雖モ舊刑法ノ如ク初犯ノ罪カ有罪トシテ刑ニ處セラレタル後ハ如何ニ長キ時間ヲ經過スルモ更ニ罪ヲ犯サンカ常ニ再犯ヲ以テ論セントスルハ被告人ニ對シ頗ル酷ニ失スルノ嫌ナキニアラズ何トナレハ其間全ク前非ヲ悔ヒ良民トナリ居ルモノ多ク進ンテ再犯ヲ犯ス者等ハ出獄後日ナラズ更ニ罪ヲ犯スヲ常トナス故ニ今日文明國間ノ刑典ハ何レモ一定ノ期間罪ヲ犯ササルモノニハ再犯例ヲ適用スル必要ナシトシテ再犯トシテ罰セス我カ刑法又此主義ヲ採用シテ五年間更ニ罪ヲ犯シタルモノニ限リタル所以ナリ又此五ケ年ノ期間ヲ計算スルニ何レノ時ヲ起算點トスルヤニ就テハ各

國ノ立法例皆異ナリ或ハ裁判言渡ノ日ヨリト云ヒ或ハ裁判確定ノ日ヨリ起算セントスルモノアリト雖モ之等ハ未タ以テ犯人ノ再犯ヲ防クニ足ルベキ實効ナキモノトシ其裁判ノ執行ヲ終ハルカ其裁判ノ執行ノ免除ヲ受ケ充分ニ裁判ノ實効ヲ生シ得ベシト認ム可キ時ヨリ起算シテ五年内ニ更ニ罪ヲ犯シタルモノトス抑モ五年若クハ十年ヲ裁判確定ノ日ヨリトカ裁判言渡ノ日ヨリトカ起算センカ有期ノ懲役ノ如キ假リニ十年以上ノ刑ニ處セラレタル者アリトキハ其執行ノ全部ヲ終ラザル内ニ既ニ再犯ノ期間經過シ全ク裁判ノ實効ヲ顯ス能ハザルカ如キ奇ナル現象ヲ呈スルニ至ルヲ以テ特ニ本項ノ如ク規定シタルモノナリ

又更ニ有期懲役ニ該ル罪ヲ犯シタルトキハ本章ノ冒頭ニ於テ陳述シタル如ク獨立ナル他ノ罪ヲ犯シタル場合ヲ云フモノニシテ其犯罪ハ有期懲役ニ該ルモノノミニ限リタルハ無期ノ懲役ニ該ル罪ハ絶對ニ再犯例ヲ適用スル能ハザルト罰金若クハ禁錮ノ刑ニ該ル罪ノ如キハ再犯例ヲ適用スルノ必要ナキニ依ルトヲ以テナリ

第二項ノ規定ハ初犯ガ懲役ニ該ル罪ト同質ノ罪ニ依リ死刑ニ處セラレタル者其執行ノ免除アリタル日ヨリ若クハ減刑セラレテ懲役ノ刑ヲ執行セラレ其執行ヲ終リタル日ヨリ前項ノ期間內ニ更ニ獨立ノ犯罪ヲ犯シタル場合ハ前段ノ理由ニ依リ當然再犯例ヲ適用スルモノニシテ別ニ說明ヲ要セザル點ナリトス

第三項ハ併合罪ニ對スル再犯例ヲ示シタルモノナリ蓋シ併合罪中ニハ禁錮ノ刑ニ該ル罪ノミ罰セラルル場合アルヲ以テ現ニ執行セラレタル刑ハ懲役ニアラズト雖モ其併合罪中懲役ニ該ル罪ヲ犯シ居ルトキハ再犯ニ付テハ特ニ懲役ニ處セラレタルモノトシテ再犯例ヲ適用セントスルモノナリ蓋シ再犯ハ死刑禁錮無期刑ニ普通用井ザルカ故ニ特ニ此規定ヲ要スル所以ナリ之レ再犯例ハ再犯防遏ト犯人懲戒上ヨリシテ所謂一個ノ政策規定トモ云フベキヲ以テナリ

第五十七條　再犯ノ刑ハ其罪ニ付キ定メタル懲役ノ長期

ノ二倍以下トス

本條ハ再犯ノ刑期ヲ定メタルモノナリ蓋シ再犯人ハ先キニモ屢々述タル如ク主觀的ニ以前ノ刑罰ニ懲リザルカ又ハ先キノ刑輕キニ失シ未タ以テ刑罰ノ峻嚴ナルコトヲ表彰スルニ至ラザリシ結果罪ヲ犯ス者多キニ居ルヲ以テ之レニ對シ特ニ重キ刑ヲ科セントスルハ刑法學者ノ間亦異論ナシト雖モ唯如何ナル處分方法ニ依リ如何ナル條件ノ下ニ於テ重キ刑ヲ科スルヤニ付テハ學說立法例共ニ一致スルモノナシ今其學說ノ重ナルモノヲ見ルニ單ニ刑罰ヲ加重スベキモノナリト云フアリ又再犯者ハ夫レ自身特別ノ性質ヲ表彰スルモノナルヲ以テ通常ノ刑罰ニ依ラズ特別ノ處分法例ヘバ更ニ犯サレタル犯罪ノ輕重ニ拘ラズ拘禁スベキモノナリトノ主義ヲ主張スルモノアリ又或ハ單ニ加重スルモ再犯三犯四犯ト順次累進シテ段々重キ刑ヲ科セントスルモノ例ヘハ舊法ノ下ニ規定セラレタル如ク再犯ノ場合ハ一等ヲ加ヘ三犯ハ二等ヲ加ヘ四犯ハ三等ヲ加フルガ如クナサントスルモノアリト雖モ我刑

法ノ採リタル主義ハ犯罪ノ性質ヲ限リ同一若クハ同種ノ犯罪ヲ重ネテ犯シタル場合ノ特別處分ヲ爲サントスルモノニシテ近時伊太利刑法ノ採用シタル所ト略ボ同一ナリト云フベキナリ卽チ我刑法ハ前條規定ノ如ク懲役ノ刑ニ該ル犯罪ニ限リ特別處分ヲ爲サントス而シテ其處分ノ刑期ハ本條ニ於テ定メタル如ク其犯サレタル罪ニ付キ定メタル長期ノ二倍ヲ科セントス例ヘハ本刑法ノ下ニ於テ竊盜ノ罪ヲ犯シタルモノハ第二百七十一條ニ於テ十年以下ノ懲役ニ處ストアルガ故ニ竊盜ノ再犯ナルトキハ二十年マデ科スルコトヲ得テ普通有期間ノ最モ長期ヨリ重キコト五年ヲ超ユル特別ノ處分方法ヲ定メタリ蓋シ再犯ヲ働ク所謂慣行性ノ犯人ノ如キハ到底普通ノ刑ヲ以テハ彼等ヲ矯正シテ再犯ヲ防遏シ刑罰ノ主義ヲ全フスル能ハザルヲ以テナリ亦再犯人主觀的ノ觀察ヲ以テスルモ再犯ヲ敢テスル犯人ノ如キハ犯罪ハ其性ヲ爲シ普通ノ刑罰ヲ以テスルモ毫モ刑罰ノ効果ヲ奏セズ泰然トシテ時々監獄ニ投セラルヽハ恰モ營業ニ於ケル賦稅ノ如キ觀念ヲ持テ犯スモノ比々皆然リ著者之等慣行性犯人ヲ實見シタルコトアリ幵ハ竊盜ヲ働キタル者ヲ

刑事巡査カ逮捕ニ向ヒタリ然ルニ其時其犯人ノ俗ニ親分ト仰ガル丶者ガ言ヲ發シテ子分ニ向ツテ貴樣モ此度ハ仕方ガナヒ年貢ヲ納メタ積リデ御座敷ニ這入ツテ來ヒト此社會ノ御座敷ナルモノハ監獄署ヲ指稱スルモノナリ嗚呼刑ヲ受クルヲ年貢ト心得監獄ヲ御座敷ト呼バル丶ニ至リテハ實ニ法ノ威信ヲ汚スノ甚シキモノト云ハザル可カラズ之等ハ著者ノ實見シタル所ニシテ今ヤ年々再犯者ノ增加スル畢竟舊刑法ノ規定ノ全カラザル故ナリ之レ本條カ再犯ノ場合ニ於テ特ニ斯ク特別處分法ヲ定メタル所以ナリト云フベキナリ

第五十八條　裁判確定後再犯者タルコトヲ發見シタルトキハ前條ノ規定ニ從ヒ加重スヘキ刑ヲ定ム

懲役ノ執行ヲ終リタル後又ハ其執行ノ免除アリタル後發見セラレタル者ニ付テハ前項ノ規定ヲ適用セス

本條ハ裁判確定後再犯ナリシコトヲ發覺セラレタル場合ノ規定ナリ蓋シ再犯者ノ如キ極惡無道奸黠無賴ノ徒ハ再犯加重ノ刑ヲ受ケンコトヲ恐レ巧ミニ前犯ヲ隱蔽シテ恰カモ初犯ノ如ク裝ヒ以テ長期ノ刑ヲ免レントスルヤ必セリ故ニ往々其犯罪審理中ハ再犯人ナルコトヲ知ラズシテ初犯相當ノ罪ヲ科スルコトナキニアラズ若シ夫レ如斯コトアランカ刑ノ目的ヲ達スルハ愚カ刑罰ノ均一ヲ欠ク此場合ニ對スル救濟方法トモ云フベキ規定ナリ何故本條ヲ救濟方法ノ條文ト解スルカト云フニ凡ソ一度裁判確定シタルトキハ全一事件ニ付テハ彼ノ刑事訴訟法ニ許シタル非常上告若クハ再審等ノ場合ヲ除ク外ハ到底更ニ審理スル能ハザルモノナルコトハ全法ノ原則ナリ故ニ本條ノ規定ナキトキハ後ニ至リ再犯ナルコトヲ發見スト雖モ再犯ナル特別處分ヲ科スル克ハズ之レ特ニ本條ヲ設ケ以テ充分刑罰ノ目的ヲ達セントスルモノナリ

今ヤ犯罪學增々進步シ犯人亦常ニ法律規則ヲ研究シテ巧ミニ再犯ヲ隱蔽スルモノ多キヲ加ヘ來ル傾向アルヲ以テ當局者モ一ノ犯罪アレバ先ヅ其犯人

ノ前科ノ有無ヲ其原籍市町村長戸籍吏ニ照會シ尚撿事ノ手ニ於テハ「司法省編纂ニ係ル犯罪人名簿ナルモノヲ以テ取調其隱蔽ヲ防カントスルモ犯人ノ狡猾ナル原籍ヲ詐稱シ姓名ヲ僞リ居ル者サヘ多キ時代ナルガ故本條規定ノ如キ實例今後簇々發生スルコトナキヲ保シ難シ之レ本條第一項ガ特ニ此規定ヲ設ケ萬一如斯出來事ノ生シタルトキハ更ニ審理ヲ爲シ前條ノ刑罰ヲ科セントスルモノナリ

第二項ノ規定ハ第一項ノ例外規定ヲ設ケタルモノナリ即チ前項ノ如ク確定裁判後再犯ヲ發覺スルコトアルモ既ニ懲役ノ執行ヲ終リ又ハ其執行ノ免除アリタルモノニ對シテハ最早訴追シテ加重スルノ必要生セサルノミナラズ折角犯人カ出獄シテ良民ト伍ヲ同フシ居ルモノヲ捕ヘテ之レニ刑ヲ科スガ如キハ犯人ノ迷惑ハ兎ニ角社會良民ノ遺忘心ヲ惹起スル機會ヲ失ハシムルヲ以テ社會政策上ヨリ出テタル再犯例ヲ適用セシ爲メ曾テ自ラ災ヲ招クト一般ノ笑ヲ受クルニ至ルコトナキニアラズ之レ本項ガ特ニ此規定ヲ設ケテ前項ノ例外ヲ示シタルモノナリ

第五十九條　三犯以上ノ者ト雖モ仍ホ再犯ノ例ニ同シ

本條ハ三犯以上ノ犯人ニ對スル處分ノ方針ヲ定メタルモノナリ蓋シ再犯以上ノ犯人ハ最早慣行性ノ犯人ナリトノ推定ヲ下スヤ容易ナリ故ニ法律ハ之等ノ犯人ニ向ヒ十分加重シテ反正ヲ促スノ必要アリトノ主義ニ依リ第六十八條ニ於テ說明シタル如ク累進シテ益々重ク罰スベキモノナリトノ說ヲ採ルモノアリト雖モ本刑法ハ再犯ニ對スル特別處分法ヲ第六十八條ニ規定シ其罪ニ對スル長期ノ二倍迄ヲ科スルコトヲ得セシメ刑ノ適用ノ範圍廣キヲ以テ此間ニ於テ充分三犯以上ノ犯人ニ對シテモ法ノ目的ヲ達シ得ラルルモノトシテ特ニ累進說ヲ採用セザルモノナリ何トナルバ懲役ノ長期ノ二倍ヲ科シテ而シテ尙改悛ノ情顯ハレザル者ノ如キハ到底人爲ノ法律ヲ以テハ醫スベカラズ去リトテ不定期間監獄ニ拘禁スルガ如キ終生良民ト伍スル克ハズ伍スル能ハザルハ未ダシト雖モ彼等犯人ハ最早社會ノ空氣ヲ吸收スル能ハズトセンカ人權ヲ保護スル法律ノ精神ニ反シ加之刑罰平均ヲ保ツ能ハズ

第九十八條 三犯以上ノ者ト雖モ其加重ノ法ハ再犯ノ例ニ同ジ

遂ニハ無期刑ト全一ノ狀態ニ至リ犯人ハ自暴自棄ヲ惹起シ毫モ改良スルノ精神ヲ兆發スルコトナキニ至ラン之レ惡人ヲ矯正セントシテ却テ益々奈落ノ底ニ陷ルノ虞アルヲ以テ之等ノ諸弊害ヲ豫防スル爲メ單純ナル再犯處分例ニ依リ假令三犯四犯ノ前科者ニ向ッテモ別ニ定ムル處ナク全一期間ノ範圍ニ於テ法ノ光明ヲ發輝シ極惡無道ノ犯人ヲモ尙國法ノアル處ヲ知ラシメ可及的一導ノ光明ヲ彼等ニ與ヘントスル法ノ精神叉盡セリト云フベキナリ

（舊法九八、參照）

第十二章 共犯

本章ハ共犯ニ關スル規定ヲ擧ケタルモノナリ共犯トハ多數ノ犯人ガ全一ノ目的ノ下ニ意思ヲ共通シテ其目的ニ向ヒ一個ノ犯罪ヲナスコトヲ云フ故ニ之ヲ犯罪人ノ方ヨリ觀察スルトキハ犯サレタル罪名ハ一個ナリ然レトモ翻テ犯罪ノ側ヨリ視ルトキハ其犯シタル犯人ハ數多ナリ故ニ共犯ハ常ニ犯人ト犯罪ノ二者ニ向ヒ精細ナル觀察ヲ下サザル可カラズ若シ夫然ラザランカ

共犯人ノ責任ニ關シ奇ナル結果ヲ惹起スルコトアリ注意スベキ點ナリトス

共犯ハ以上述ベタル如ク共同シテ一ノ目的ニ向ヒテ行動スル數人ノ犯罪行爲ナルヲ以テ古來學者ハ共犯ノ說明ヲ爲スニ多クハ譬喩ヲ演劇ニ採ル者最モ多シ之畢竟初學者ニ共犯ノ難間ヲ平易ニ理解セシメントスルニアルモノナラン故ニ余モ又細說ヲ演劇ニ據テセンカ彼仙臺萩御殿場ノ如キ忠臣藏ノ如キヲ演セントスルニハ數人ノ役者協力シテ各其役ヲ勤ムルモ其演劇ハ只一ノ仙臺萩若クハ忠臣藏ノミ犯罪モ又之レト全ク數人共犯ノ場合ハ演劇ニ於テ役割異ナルガ如ク其役割又種々アリテ二人以上ガ各其一ヲ勉メテ始メテ一個ノ犯罪ヲ構成スルコトアリ假令敎唆者正犯從犯等各種ノ名稱ヲ有スル犯罪人トシテ各其責任ヲ負フベキモノナレバナリ要之共犯ハ多數ノ者ガ相結合シテ一罪ヲ犯ス狀態ヲ云フモノナルヲ以テ相結合シテ一罪ヲ犯シ中ニハ其犯人中例ヘハ忠臣藏ニ於テ鹽谷判官ノ如キ主要ナル犯罪行爲ヲナスモノアリ又單ニ其遂行ヲ容易ニシ又ハ補助スルニ過キサル行爲ヲナスモノアリ之ヲ以テ共犯ノ種類ニ關スル諸國ノ立法例ハ皆此ノ種類ヲ設ケザルナ

シ而シテ其分類法等ニ至ツテハ渾テ各條ノ説明ニ讓ランモ今其分類法ノ如何ヲ立法上ヨリ觀察スルトキハ大抵事ヲ二ニ分テリ一ヲ主觀主義ト云ヒ他ヲ客觀主義ト云フ換言スレバ意思主義及行爲主義之レナリ今其主義ノ分ルヽ所ヲ概説シ終リニ我刑法ノ採リタル主義ハ何レニアルカヤ一言セン

一、意思主義即チ主觀主義トハ其犯罪ヲ爲スニ至リタル原因ヲ偏ニ犯人ノ意思ノミニ重キヲ置キ犯人自ラ犯罪行爲ヲ爲シタリヤ否ヤニ就テハ毫モ省ミル所ナシ從テ此主義ヲ採用スル刑典ノ下ニ於テハ犯罪行爲ノ發議者ヲ以テ最モ主ナル犯人即チ正犯又ハ主犯トシ而シテ其意思ヲ受ケ犯罪ヲ實行シ又ハ容易ナラシメタル者ヲ後犯又ハ助犯ト云フ此等ノ主義ハ最モ古キ時代ニ行ハレタル主義ニシテ未タ道德ト法律ノ分界分明ナラザル時代ニ尤盛ニ行ハレタルモノトス

二、客觀主義即チ行爲主義トハ犯人ノ地位ヲ分類スルニ專ラ由テ生ジタル犯罪行爲即チ法律カ罪トシテ罰シタル事項ニ接着シタル直接ノ行爲ヲ實行シタル者ヲ以テ正犯トナシ又主犯ト云フト雖モ彼ノ單ニ犯罪ニ對シ意思ノミ

ヲ分擔シ又ハ單ニ犯罪行爲ヲ幇助シ容易ナラシメタル者ハ之ヲ從犯若クハ幇助犯トス從テ此主義ヲ採用スル法律ニ於テハ犯罪ノ發議者タルト否トヲ問ハス刑典ノ罪トシテ罰シタル行爲其者ヲ直接ニ實行シタルモノヲ正犯トス而シテ近時諸國ノ立法例ハ概ヲ此主義ヲ採用セリ

以上ノ二主義中我カ刑法ハ如何ナル主義ヲ採用シタルヤヲ案スルニ以下各條ノ規定ニ據リテ見ルトキハ第二ノ主義ヲ基本トシテ第一ノ主義ヲ加味シ居ルモノノ如シ換言スレバ客觀主義ヲ基礎トシ主觀主義ヲ折衷シタルモノト云フヲ得ベシ以下各條ノ下ニ於テ詳記スル所アラントス

第六十條 二人以上共同シテ犯罪ヲ實行シタル者ハ皆正犯トス

本條ハ共犯ノ種類中正犯ノ定義ヲ與ヘラレタルモノナリ卽チ正犯トハ二人以上共同シテ犯罪ヲ實行シタル者ヲ云フ之レ前段ニ述ベタル客觀主義採用ノ結果ナリトス故ニ正犯ニ必要ナル條件トシテハ(1)犯罪ノ實行ヲ二人以上

ニテ爲シタルコト(2)其實行ニ關スル心內ノ要素卽チ共ニ犯スノ意思アルコト及共犯タルノ情ヲ知ルコトヲ必要トス

凡ソ如何ナル犯罪ヲ問ハズ實行スルトハ實躰的ニ且ツ積極的ナル行爲アルコトハ勿論ナリトス而シテ共犯ノ場合ニ於テ其加功カ必ズ二人以上カ共同シテ行ヒタル場合ナルコトヲ要ス故ニ假令バ犯罪アルコトヲ知ルモ其傍ラニアリテ觀居タル場合ノ如キハ犯罪ナルコトヲ知リタルトキト雖モ又其犯罪ヲ防止シ得ラルル狀態ニアルトキヲ坐視シタル場合ト雖モ決シテ共犯トハ云フ能ハサルナリ之ヲ要スルニ共犯ニ於ケル共同シテ實行スルトハ二人以上カ協力シテ實體的ニ且ツ積極的ニ犯罪行爲ニ加功シタルコトヲ要スルモノナリ又犯罪ガ所謂共犯トセラルルニハ其實行者實体的ニ犯罪ニ加功スルコトヲ要スルハ勿論ナリ然レトモ單獨犯ニ於テ自カラ其場ニ臨マス他人ヲ機械的ニ使役シ自己ノ犯罪意思ヲ完徹シタルモノハ犯罪トシテ罪ヲ構成スルニ欠クル所ナキト一般共犯ノ場合ニ於テモ必ラズシモ自行正犯ナリトテ二人以上全一ノ行爲ヲ爲スノ必要ナク例ヘハ二人共謀シテ一ノ犯罪ヲ犯

スニ當リ其一人ハ直接ニ被害者ニ危害ヲ加フル役ヲ勉メ他ノ一人ハ他人ノ妨害ヲ避クル爲メ立番シテ之レニ備ヱタルガ如キ又正犯タルニ欠クル所ナシ本條ニ二人以上共同シテ犯罪實行ヲ爲スヲ正犯ト云フトアルヲ見ルモ又疑ナシ

更ニ共犯トシテ共同實行ヲ爲スニ至ルマテノ意思アルコト及情ヲ知ルコトヲ要スルトハ犯人ニ於テ其己レノ加功スルノ行爲ハ犯罪ニシテ且ツ共ニ發生ヲ助ケントスルノ意思アルコトヲ特ニ共犯ニ必要ナル條件トス若シ夫レ共犯ニ此條件ヲ必要トセザルトキハ遂ニ共犯ト單獨犯トノ區別ヲ立ツル標準ヲ求ムル能ハザラン之レヲ例ヘバ強盜犯人ガ其家ニ侵入シタルモ金庫ノ處在ヲ知ル能ハズ故ニ傍ラニアリタル僕婢ヲ強迫シテ其處在ヲ問ヒタル場合ニ於テ右僕婢ハ若シ之ヲ指示セザルニ於テハ暴行ヲ受クルノ已ムヲ得ザルコトヲ知リ指示シタル場合アランカ其僕婢ハ盜賊ナルコトヲ知リ而シテ之ヲ指示スルト雖モ所謂共ニ犯スノ意思ナキヲ以テ之ヲ共犯ト爲スヲ得ズ更ニ一歩ヲ進メテ犯罪行爲タルコトヲ知ルモ偶然若クハ誤テ加功シタル場

第百四條　二人以上現ニ罪ヲ犯シタル者ハ皆正犯ト爲シ各自ニ其刑ヲ科ス

合ノ如キハ又共ニ犯スノ意思アリト云フヲ得ズ要之犯罪行爲カ共犯卽チ共同シテ實行シタリト云フニハ犯罪ノ情ヲ知ルト共ニ犯罪ノ意思アルコトヲ必要トスル所以ナリ

然ラハ茲ニ一個ノ問題アリ共ニ犯スノ意思ヲ必要トスル以上ハ彼ノ過失犯罪ニハ共犯ナキヤ否トノ點之ナリ著者ハ思フニ無意犯ナル過失罪タリト雖モ敢テ共犯構成セズト斷言スル能ハス何トナレバ過失ナル事實其者ニ付テハ通謀スルヲ得ズト雖モ其過失ヲ發生セシメタル原因タル行爲ニ付テハ互ニ意思ノ共通スベキモノナルヲ以テ其意思ニヨリ過失ト云フ犯罪カ構成シタルトキハ夫レニ因テ生ジタル行爲ノ結果モ又共通シタリト云フニ妨ケナシ之レ無爲犯ノ場合モ尙ホ共犯アリト云フ所以ナリ(舊法一〇四、參照)

第六十一條　人ヲ敎唆シテ犯罪ヲ實行セシメタル者ハ正犯ニ準ス

敎唆者ヲ敎唆シタル者亦同シ

本條ハ準正犯即チ彼ノ犯罪ヲ敎唆シタル者ニ對スル規定ナリ犯罪ヲ敎唆シタルモノトハ敎唆者自己ノ意思ヲ以テ犯罪行爲ヲ爲スベク他人ヲ說破シ決心セシメ以テ犯罪行爲ヲ實行セシムル所爲ヲ云フ換言スレバ正犯ノ意思ト行爲トヲ形成セシムベキ原因ヲナシタル者ヲ云フ故ニ本條ヲ觀察スルトキハ我カ刑法ハ共犯ノ種類ヲ分別スルニ主觀主義ヲ折衷シタルコト瞭然タリ本條ノ罪ヲ構成スルニハ人ヲ敎唆シ犯罪ヲ實行セシメタルコトヲ要ス斯クシテ實行セシメタルモノヲ正犯ニ準セントスルモノナリ今敎唆者タルニ必要ノ條件ヲ說明センカ本條ニハ如何ナル方法ニ依リ敎唆スルカヲ規定セザルヲ以テ如何ナル程度マデ敎唆スレバ足ルヤニ付テハ偏ニ裁判官ノ判定ニアルト雖モ兎ニ角敎唆ノ程度ハ犯人ヲシテ犯罪ヲ爲スベク意思ヲ發生セシメ其意思ニ基キテ犯罪ニ加功スル事實アルコトヲ要スルヲ以テ彼ノ單純ナル注告若クハ意見ノ如キハ未タ以テ人ヲシテ犯罪ノ意思ヲ形成セシムル程ノ有力ナルモノニアラザレバ如斯場合ニアリテハ敎唆罪ヲ構成シタリト云フヲ得ズ又彼ノ無意ノ第三者ヲシテ罪ヲ犯サシメタル所爲ノ如キハ敎唆ト

云フヲ得ス犯罪ノ實行者ナリト云フベシ

敎唆者ノ敎唆ニ基キ實行者ハ犯罪ヲ決意シ犯罪ヲ實行セルトキニアラザレハ敎唆者ヲ罰スル能ハズ之レ皮想ノ見解ニテハ頗ル奇異ノ觀念ヲ生スル所ナラン何トナレバ由來敎唆者ノ爲ス職分ハ他人ヲシテ或ル罪ヲ犯スヿヲ決心セシムルヲ以テ終了ス然ルニ尙ホ被敎唆者ガ其犯罪ヲ實行セザレバ罪トナラズト云フハ之レ實ニ犯罪ノ性質上然ルモノニアラズシテ刑罰權ノ執行上必要ナル要件ナレバナリ故ニ敎唆者ガ罰セラルルト否トハ實ニ被敎唆者ノ敎唆ノ事ヲ終リタルト否トニ繫ルモノナリ故ニ被敎唆者ハ一度敎唆ヲ受ケ罪ヲ犯スノ決心ヲ爲シタルモ遂ニ其行爲ノ實行ヲ止メタルトキハ敎唆者ノ所爲ハ大ニ惡ムベキモノナリト雖モ被敎唆者ガ未タ社會ニ向ヒ何等ノ實害ヲ生セザルヲ以テ實害ヲ生ズルニ至ラザル犯罪卽チ未タ豫備ノ所爲ニアルトキハ刑法ノ原則トシテ其實行正犯者タルベキ者ヲ罰セズ正犯者ヲ罰セザルヲ以テ敎唆者モ亦罰スルヲ得ザルハ明白ノ理ナリ然リ然リト雖モ反之正犯ガ刑ノ消滅原因ニ依リ其刑ヲ受ケズ或ハ刑ノ免除ヲ受ケタル場合ニア

リテハ既ニ社會ニ實害ヲ及ボシタルモノニシテ單ニ正犯者ガ刑ノ執行ヲ受ケズ又ハ免除セラレタルニ過キザルヲ以テ如斯時ニ於テハ其罪ヲ免ルル克ハズ要之敎唆罪ヲ構成スルニハ(1)敎唆ノ事實ト(2)其敎唆ノ事實ニ依テ他人ガ犯罪ヲ決意シ其實行ヲ爲シタルコトヲ要ス此要件ニシテ具備センカ敎唆者ヲ正犯ニ準ジテ正犯ト全シキ刑罰ヲ科セントス之レ又實際ノ條理必要ヨリ來リシ刑罰ノ原則ナリト云フベキナリ尚敎唆罪適用ニ關スル刑法ノ下ヨリ一個ノ疑問ヲ生ジ來レリ而シテ此疑問ハ本刑法ノ下ニ於テモ尚攻究ノ必要アルモノナルヲ信シ特ニ讀者研究ノ資ニ供セントス

被敎唆者其犯罪ノ實行ニ着手セシモ中途任意ニ中止シタル場合ニ於テハ第五十四條但書ニ依リ其刑ヲ減輕又ハ免除セラルルハ該條當然ノ適用ナリ從テ此場合ハ敎唆者モ又此恩典ヲ受クルヲ得ベシト雖モ之レニ反シテ敎唆者ハ其敎唆シタル犯罪ノ實行ヲ止メン爲メ百方實行者タルベキモノニ向ヒ決心ヲ飜ヘサンコトヲ說キタレドモ實行者ノ決心動カス可カラザルニ依リ止ムヲ得ズ公力ニ訴ヘテ防止セントシタル瞬間ニ於テ被敎唆者ハ遂ニ其犯罪

ヲ遂行シタリ此塲合ニ於ケル敎唆者ノ處分ハ如何ト云フ問案ナリ之レニ對スル學說又積消二極說ニ分レ未タ決定スルモノナシ乞フ自ラ進ンテ兩者ノ說何レヲ可トスルヤニ付キ攻究セラレンコトヲ

第二項ハ舊刑法ノ下ニ於テ頗ル議論アリシ處ナリシモ規定ノ明文ヲ欠キ居タリシヲ以テ遂ニ如何トモスル能ハズ爲メニ往々不良ノ徒ヲシテ累ヲ免レシメタルヲ以テ本法ハ特ニ此規定ヲ爲シ因テ以テ刑法ノ實ヲ擧ケントシタルモノナリ蓋シ敎唆者ハ前段ニ縷述セシ如ク自己ノ意思ヲ他人ニ通シテ而シテ犯罪行爲ノ決心ヲ敢テ爲サシムルモノ換言スレバ犯罪ノ原動力トナルヘキモノナリ此原動力ノ原動力ヲ形成スルモノハ實ニ敎唆者ノ敎唆者ニシテ其犯罪ノ播種者タリ此播種ニ依テ敎唆者カ未知ノ犯罪意思ヲ萠芽セラレ之レヨリ更ニ他人ヲ敎唆シ以テ犯罪行爲ヲ實行セシメタルモノナリ若シ夫レ此敎唆者ノ敎唆者ナクンバ全然犯罪行爲ナカリシモノト斷ズルヲ得故ニ之レヲ敎唆者ト全シク正犯ニ準ジテ罰セントスル素ヨリ其所ナリ然レドモ敎唆者ノ敎唆者ヲ罰スルニハ其意思ニ依リ單純ナル敎唆者カ其意ヲ體シテ

第百五條　人ヲ教唆シテ重罪ヲ犯サシメタル者ハ亦正犯ト爲ス

第一罪輕罪ヲ犯サシメタル者ハ亦正犯ト爲ス

正犯者ニ注入シ之レカ原動力トナリ所謂最初ヨリ其犯サレタル犯罪行爲カ一貫シタル事實ニアラザル可カラズ故ニ若シ教唆者ガ其教唆者ノ意思ニ反シテ他ノ罪ヲ犯シタル塲合ニハ教唆者ノ教唆者ヲ罰スル能ハザルハ勿論ナリト雖モ此點ニ付キ世ニ往々異論ヲ狹ムモノアルヲ以テ特ニ一言ヲ付加シタル所以ナリ(舊法一〇五參照)

第六十二條　正犯ヲ幇助シタル者ハ從犯トス

從犯ヲ教唆シタル者ハ從犯ニ準ス

本條ハ從犯ニ關スル規定ナリ從犯トハ法文カ示ス如ク正犯ヲ幇助シタルモノヲ云フ故ニ從犯タルニハ正犯カ犯罪ノ意思ヲ形成シタル後ニ於テ發スルモノナルヲ以テ此點ニ於テ準正犯タル教唆者トハ大ニ其赴キヲ異ニス然リ而シテ此幇助スル塲合ハ如何ナルトキニ於テ行ハルルヤヲ考フルニ多クノ塲合ハ其犯罪ヲ幇助スルモノナルヲ以テ犯罪ノ實行ヲ爲サザル以前ニ於テ行ハルルコトアリ有形上犯罪其者ヲ幇助スルニ限ラズ又教唆者ノ如ク無形

上ノ幇助ナキニアラズ犯罪實行ト同時ニ行ハルルモノアリ故ニ正犯ト從犯ヲ區別スルノ標準ハ畢竟加巧ノ方法ノ異ナル點ニ在リテ存スルモノト云フベキナリ

又法文ノ所謂幇助トハ如何ナル手段ニ依テ爲スヤニ就テハ本刑法ハ一モ規定スル處ナシト雖モ幇助ノ性質ガ正犯ノ行フ犯罪行爲其者ヲ助クル性質ヲ有スルモノタル以上ハ如何ナル行爲ニ依テ爲スモ現實ニ犯罪行爲ヲ助クレバ足ル故ニ事前ナルト實行中ナルト實行後ナルトヲ問ハザルヲ可トス然ルニ舊刑法ハ幇助ノ場合ヲ例擧シ其方法ノ大ナルモノヲ示セバ器具ヲ給與シ誘導指示シ其他豫備ノ行爲ヲ以テ犯罪ヲ容易ナラシメタルトキトアルヲ以テ從犯ハ常ニ豫備ノ行爲ヲ幇助スルモノトノミ說明セラレタリト雖モ之等ハ甚ダ法ノ精神ニ反スルモノト云ハザル可ラズ故ニ本刑法ハ渾テ廣キ意味ニ於テ正犯ヲ幇助シタルモノヲ從犯トスト云ヒタルヲ以テ其幇助ノ事實ハ實行前卽チ豫備ノ行爲ニ屬スルト實行中ニアルト實行後ニアルトヲ問ハストト解釋スルヲ穩當トナサザル可カラス然ルニ世ノ學者中否法ヲ實際ニ解ス

ル能ハザルモノハ尚此場合モ舊法ノ如ク云フモノアリト雖モ之等ハ全ク取ルニ足ラザル迂論ト云フベキノミ

正犯ガ加功前即チ犯罪實行前ニ幇助シタルモノトシ舊刑法ニ示セル如ク器具ヲ給與シ又ハ誘導指示即チ犯罪ノ場所ヲ案内シ以テ犯人カ其行爲ヲ遂グルニ便利ヲ與ヘ容易ナラシメタル等ノ行ヲ云ヒ實行中ノ幇助ニ付テハ論者ハ實行中正犯ノ幇助アルコトナシト主張シ實行中ノ幇助ハ皆正犯ナリト此論甚ダ可ナリト雖モ余ハ未タ輕忽ニ此說ニ贊成スル能ハズ何トナレバ犯罪執行中ト雖モ意志ノ共通ナク一定ノ目的ノ爲メニ働クモノニアラズシテ例ヘバ窃盜罪ノ正犯アリ既ニ其目的ノ家ニ侵入シ正ニ金錢物品ヲ奪取セント欲スルモ金錢衣服等ノ所在ハ何レモ締リ嚴重ニシテ鍵等ノ器具ナキトキハ容易ニ其犯罪ヲ遂クル能ハズ此時ニ該リテ偶々鍵ヲ所持スルモノ來リテ鍵ヲ與ヘタル所爲ノ如キハ蓋シ執行中ノ幇助ト云フベキナリ其他前例ノ窃盜犯人カ數多ノ物品ヲ奪取中其物品ノ運搬ヲ爲シタルガ如キ何レモ執行中ノ從犯ト云フニ差支アル所ナシ如斯所爲ヲモ正犯論者ハ尚正犯ナリト云ハン

第百九條 重罪輕罪ヲ犯スコトヲ知テ器具ヲ給與シ又ハ誘導指示シ其他豫備ノ行爲ヲ以テ正犯ヲ幇助シ犯罪ヲ容易ナラシメタル者ハ従犯ト爲シ正犯ノ刑ニ一等ヲ減ス但正犯現ニ行フ所ノ罪従犯ノ知ル所ヨリ重キ時ハ止タ其知ル所ノ罪ニ照シ一等ヲ減ス

然レトモ余ハ尚從犯ト主張シテ止マザルモノナリ蓋シ本條ノ解釋上當然事前ノ場合ヲ問フトキハ事後ノ場合ヲ問ハザル可カラザル必要アリ例ヘバ茲ニ森林窃盜ヲ犯スモノアリトセン犯人ハ山深ク入リテ生立セル樹木ヲ盜伐シタリ盜伐スレハ之レヲ自己ノ占有内ニ移スト否トヲ論ゼス森林法ニ依リ其犯構成ス然ルニ伐倒ノ際ハ未タ犯罪發覺セズ爲メニ之ヲ搬出スルニ當リ情ヲ含メ搬出ヲ手傳ハセタルニ其者カ之レニ應シ搬出スルコト往々アリ故ニ之等ノ場合ヲ事後ノ從犯トシテ所斷セザルベカラザルヤ當然ナリト云フベシ

第二項ハ從犯ノ敎唆者ヲ尚從犯ニ準ズル旨ヲ明示シタルモノナリ蓋シ正犯ノ敎唆者ヲ罰スルト全ク從犯ノ敎唆者ヲ從犯トシテ罰スルハ法理ヲ透徹シ得タルモノニシテ別ニ說明スル所ナシ只諸君ハ宜ク正犯ノ敎唆者ノ場合ヲ準用シテ自カラ攻究セラルベシ(舊法一〇九參照)

第六十三條 從犯ノ刑ハ正犯ノ刑ニ照シテ減輕ス

本條ハ從犯ノ處分方法ヲ示シタルモノナリ凡ソ從犯ハ前條ニ論シタル如ク單ニ正犯ヲ幇助シタルニ止マルヲ以テ正犯トハ大ニ其趣キヲ異ニス故ニ其犯罪ノ輕微ナルト同時ニ之ヲ科スル刑ヲ正犯仝一ニ律スルハ頗ブル重キニ失スルヲ以テ特ニ輕減スル所以ナリ而シテ何程之ヲ減スルヤハ別ニ本條ニ於テ舊刑法ノ如ク規定スルモノナシト雖モ之等ハ加減例ノ章ニ於テ規定セルヲ以テ特ニ之ヲ定ムルノ必要ナシ之レ本條ニ定メザル所以ナリ又正犯ノ刑ニ照シテ處斷セラルルヲ以テ正犯ノ刑カ懲役ナルトキハ懲役罰金ナレバ罰金其他禁錮ノ刑ナルトキハ其刑ニ照シテ正犯ト仝一ノ刑名ノ下ニ罰センス此他本條ハ別ニ説明スルコトナシ

第六十四條　拘留又ハ科料ノミニ處ス可キ罪ノ教唆者及ヒ從犯ハ特別ノ規定アルニ非サレハ之ヲ罰セス

本條ハ共犯例ノ例外規定ナリ卽チ拘留又ハ科料ニ處スベキ正犯者ノ教唆者若クハ從犯ハ法文別ニ規定セザルトキハ之ヲ罰セザル旨ヲ明カニシタルモ

ノトス特別ノ規定アルニアラザレハトアルヲ以テ本法ヲ見ルモ之レヲ罰スル規定ナシ故ニ一見無用ノ贅文ノ如キ感ナキ克ハズト雖モ退テ靜案スルニ本法第八條ニ於テ本法ノ總則ハ亦其他ノ特別法ニモ適用スル場合アルヲ以テ若シ夫レ其特別法ニ總則ナク拘留科料ノ刑ノミニ當ル犯罪人ノ敎唆者或ハ從犯ヲ罰スル旨ヲ定メタルトキハ直ニ本法本條ヲ適用シテ之ヲ罰セザルベカラザルニ至レバ全ク無用ノ規定ト云フヲ得ズ又本條ニ於テモ此規定ナキトキハ常ニ之レヲ罰スルノ主義ト解セラルル故ニ本條ヲ設ケ此ノ疑ヲ解決シタルモノナリ而シテ法律ハ何故特別ノ規定ナキ間ハ拘留科料ニ該ル正犯ノ敎唆者若クハ從犯ヲ罰セザルヤヲ案スルニ由來本條ニ掲ケタル犯罪ノ如キハ極メテ輕微ナルノミナラズ之ヲ罰スルハ實ニ行政警察上ノ必要ヨリ來ルモノ多キニ居ルガ故ニ其行爲者即チ正犯ヲ罰スレバ進ンデ敎唆者若クハ從犯ノ如キ犯人ヲ罰スルノ必要ナシトスルニ過キズ

又或ル一地方的觀念ヨリ之レヲ罰セザルトキハ警察事務ノ施行上其目的ヲ達スル能ハザルガ如キ場合ニハ其罰則ヲ定ムルモ可ナリト雖ドモ原則トシ

テハ拘留科料ノ刑ニ該ル教唆者及從犯ハ之レヲ罰セズトスルヲ正當ト信ス

第六十五條　犯人ノ身分ニ因リ構成ス可キ犯罪行爲ニ加功シタルトキハ其身分ナキ者ト雖モ仍ホ共犯トス

身分ニ因リ特ニ刑ノ輕重アルトキハ其身分ナキ者ニハ通常ノ刑ヲ科ス

本條ハ從來頗ル議論ノ盛ナリシ身分ニ關スル場合ノ規定ナリ共犯ハ冒頭既ニ說明シタル如ク犯罪ヲ主觀的觀察ニヨルトキハ一躰ナリ各犯人ヨリ見ルトキハ犯罪ハ數多ナリ故ニ犯罪ニ對スル刑罰ノ責任ハ多數ノ犯人ニ共通ナリ乍然主觀的ノ事項ニ關スル刑罰ハ多數ノ犯人ニ對シテ各個各別ナリ故ニ共犯各自ノ刑罰ヲ定ムル標準タル正犯ノ刑罰ナルモノハ犯罪ノ項目即チ客觀的事項ニ關スルモノナルガ故ニ法律ガ定メテ動カザル刑罰ヲ標準トスルハ當然ナリ故ニ適用上身分ヲ異ニスルモ即チ各自其人ニ關スル特別事項ノ

存スルトキハ共犯ナル性質又異ナリ身分アルモノト身分ナキモノト共謀シテ犯罪行爲ヲスルモ共犯ニアラズトノ誤解ヲ來スナキ能ハザルヲ慮リ特ニ本條第一項ヲ以テ犯人ノ身分ニ因リ構成スベキ犯罪行爲ニ加功シタル身分ナキモノト雖モ尙共犯ト爲ス規定ナリ例ヘハ官吏タルノ身分ヲ有スルヲ以テ始メテ犯シ得タル彼ノ監守盜罪ノ如キ若クハ官吏人民ニ對スル罪ノ如キハ官吏タル資格ヲ有セザルモノハ常ニ犯ス能ハズト雖モ偶々官吏ノ身分ヲ有スルモノト共同シテ犯罪ノ實行ヲ爲シタル場合ノ如キハ其監守盜若クハ官吏人民ニ對スル罪ノ共犯ト爲ス然レドモ其之レニ因テ發生シタル責任ニ付テハ身分アルモノト身分ナキモノトハ之レヲ異ニセザル可ラズ之レ身分ニヨリ構成ス可キ犯罪ハ身分ナルモノガ責任ヲ負フノ根據ニアラズシテ客觀的犯罪組織ノ原因ナリ故ニ犯罪ヲ形成スル爲メニハ身分アルモノヲ通スルコトヲ必要トスルモ之レガ刑罰責任ヲ分ツニ至リテハ身分ナキモノガ身分アルモノト同樣ノ刑ヲ科セラルル理由ナキヲ以テ之レニ對スル法律ノ制裁ハ之レヲ區別セザル可カラズ故ニ本條第二項ハ身分ニ因リ特ニ刑ノ輕重ア

第百六條　正犯ノ自分ニ因リ別ニ刑ヲ加重ス可キ時ハ他ノ正犯從犯及ピ教唆者ニ及ホスコトヲ得

第百十條　自分ニ因リ刑ヲ加重スベキ者從犯ト為ル時ハ其ノ重キニ從テ一等ヲ減ス正犯ノ自分ニ因リ刑ヲ減免スヘキ時ト雖モ從犯ノ刑ハ其ノ輕キニ從テ減免スルコトヲ得ス

ルトキハ其身分ナキモノニハ通常ノ刑ヲ科スベキ旨ヲ示シタルモノナリ蓋シ近世發達シタル法理ヲ採用シタルモノト云フベシ(舊法一〇六、一一〇、參照)

第十二章　酌量減輕

本章ハ裁判上ノ減輕ヲ定メタル所ナリ由來酌量減輕ナルモノハ裁判官ノ自由意思ニ依リ法律規定ノ下ニ減輕ヲ爲シ得ル場合ヲ云フ而シテ今ヤ文明諸國ノ立法例ハ概ネ酌量減輕ナル制度ヲ設ケ以テ罪刑其權衡ヲ得セシメントセリ蓋シ刑典ハ常ニ一定ノ規定ヲ設ケ其刑ノ均一ヲ計ルヤ切ナリト雖モ社會ノ關係ガ日ニ複雜錯綜シ來ルヲ以テ從テ人事又千態萬狀均ク犯罪ヲ犯スト雖モ甲乙丙丁等犯人主觀的ノ關係ヲ仔細ニ審撿シタランニハ尺度ヲ以テ一定ノ物躰ヲ測定スルガ如ク均一ナル克ハズ其千變萬化ノ行爲ハ常ニ百鬼夜行ノ狀態ノミ顯スモノニアラズ其行爲中ニハ仝種ノ犯罪ヲ犯ス目的ヲ以テ社會ニ與ヘタル害毒ハ別段異ナル所ナキ場合モ犯人主觀的觀察ヨリスルトキハ天淵山海薰蕕モ啻ナラサル差アルコト殊ニ犯人ノ情實犯罪事實ノ狀

況等ハ第二編以下ノ法律ノ規定ニノミ據ルトキハ往々罪刑權衡ヲ保ツ克ハザルヤ必セリ見ヨ竊盜罪ヲ犯シタル犯人ノ數萬圓ノ財産ヲ盜取スルモ僅カニ五錢拾錢ノ小額金錢ヲ盜取スルモ竊盜ナル罪ニ付テハ異ナルコトナシ而シテ之レヲ處分スル上ニ於テモ第二百七十一條ニ規定セル如ク十年以下ノ懲役ニ處スルハ二者異ナルコトナシ又常ニ盜賊罪ヲ以テ天賦ノ職業ト信シテ疑ハザルガ如キ惡漢無賴ノ徒モ饑渴ニ迫リ朝夕ノ食物ヲ得ル能ハズシテ忍ンテ竊盜ヲ働ク者モ又子ガ其親ニ孝養ヲ盡サントスルモ能ハズシテ他人ノ金錢物品ヲ竊取スルモノモ竊盜犯人タルハ疑ナシ而シテ之レヲ處分スル上ニ於テハ別ニ區別アルナシ勿論前例ノ竊盜犯罪ニ對スル刑罰制裁トシテハ其刑期ハ舊刑法ト異リ大ニ其範圍ヲ廣メ如斯場合ヲ補ハントスルモ尚且犯罪事實ノ狀況等ニ依リ憫諒スベキモノナキニアラザルベシ如斯場合ニハ本章ノ規定ヲ適用シ以テ實際ニ適格セシメ刑罰ノ目的ヲ達セントスル理由ヨリシテ特ニ實際ノ裁量ヲ裁判官ニ一任シ刑法ノ精神ヲ發揚セントス之レ卽チ酌量減輕ト云フ所以ナリ

第六十六條　犯罪ノ情狀憫諒ス可キモノハ酌量シテ其刑ヲ減輕スルコトヲ得

本條ハ酌量減輕ニ關スル規定ナリ卽チ犯罪ノ情狀憫諒スベキモノハ其刑ヲ酌量シテ減輕セントスルモノニシテ其酌量スルト否トハ一々繫テ裁判官ノ職權ノ範圍內ニアリト雖モ徒ニ何人ヲモ酌量スベキモノニアラズ酌量減輕ヲ行使スル場合ハ普通第二編以下ノ刑ニテハ未タ罪刑權衡ヲ保ツ能ハズト思料スル時タルヲ要スルヤ勿論ナリトス而シテ其權衡ヲ保ツ克ハザル場合トハ本條ニ云フ犯罪ノ情狀憫諒スベキモノニ限レリ故ニ裁判官カ自由ニ裁量スルハ其職分上當然ノコトナリト雖モ本條ノ範圍ヲ脫スル克ハザル點ニ注意スルコトヲ要ス而シテ本條ニ所謂犯罪ノ情狀憫諒スベキモノトハ如何ナルコトヲ謂フカ其意義頗ル廣漠ニシテ其如何ナル場合ナルカハ豫測スル能ハズト雖モ要スルニ犯人ノ主觀的ト客觀的卽チ犯罪事實ト第二編以下ノ刑罰トヲ比照シテ尙此二者ノ原因ヨリ測ルトキハ法條ノ刑期ニテハ重キニ

第八十九條
重罪輕罪違警
罪ヲ分タス所
犯情狀原諒ス
可キ者ハ酌量
シテ本刑ヲ減
輕スルコトヲ
得

失スルモノト思料シタル場合ニ酌量シテ其規定以外ノ刑ヲ以テ處斷セントスルモノナリ此場合ニハ裁判官ハ恰モ一個ノ特別法ヲ設クルガ如キ感アリ例ヘバ前段ニ於テ說キタル如ク親ノ饑渴ヲ救ハントスルモ悲遇遂ニ之レヲ救フノ術ヲ得ル能ハズシテ他人ノ財物ヲ竊取シタル者ノ如キハ犯罪其者ハ禁制命令ニ背ク惡行爲ナリト雖モ犯人ノ主觀的觀察ヨリスルトキハ二月以上十年以下ノ懲役ニテハ少シク酷ニ失スル場合アラン又屋外ニ於テ梅枝一本ヲ竊取シタル犯罪事實モ均シク法律ノ目ヨリ見ルトキハ犯罪ナリ而モ之レヲ處分スルニ當リ二月以上ノ懲役ニ處スルハ甚ダ酷ニ失スルモノト云ハザル可カラズ加之如斯犯人ヲ二月以上ノ懲役ニ處スル必要之レ無キモノトセザル可カラズ之等各場合ヲ酌量シテ罪刑權衡ヲ得セシメントスルハ本條ノ精神ナリトス故ニ局ニ實際ニ該ルノ士ハ大ニ注意シテ本條ノ適用ヲ誤ルナカランコトヲ期スベシ(舊法八九ノ一項參照)

第六十七條　法律ニ依リ刑ヲ加重又ハ減輕スル場合ト雖

モ仍ホ酌量減輕ヲ爲スコトヲ得

本條ハ法律上當然刑ヲ加重シ又ハ減輕スル場合ニ於ケル酌量減刑ノ適用ヲ示シタルモノナリ由來法律上刑ヲ減輕加重スベキモノニ對シテハ最早此上酌量減刑ヲ裁判官ニ與フルノ必要ナキガ如シ例ヘバ從犯未遂犯ノ如キ再犯併合罪等ノ場合ニ於ケル何レモ法律ニ於テ加重減輕ノ必要アリテ之ヲ定メ置クモノナルヲ以テナリ然レトモ之等ハ皮想ノ見解タルヲ免レズ何トナレバ立法者カ加重減輕ヲ定ムル一般ノ觀察ヨリ當然來ル理論ヲ認メテ法ヲ立テタルモノナルヲ以テ前條ニ示ス如ク假令法律ニ於テ既ニ加重減輕セラルルモノモ尚其以上ニ犯人ノ情狀犯罪ノ狀況等大ニ憫察スベキモノアラン若シ夫レ此場合ニ於テ酌量減輕ヲ用ヰザルトキハ全ク罪刑權衡ヲ保ツ克ハザルニ至ルヤ必セリ故ニ本條ハ此場合ニ對スル特例ヲ設ケ以テ裁判官ニ犯罪ノ情狀憫諒スヘキモノアルトキハ法律ニ於テ先ツ規定ニ從ヒ加重シ或ハ減輕シ而シテ其上ニ酌量減輕ノ權能ヲ與ヘ法ノ適用ヲ完カラシメントス第二

第八十九條（二項）法律ニ於テ本刑ヲ加重シ又ハ減輕ス可キ者ト雖モ其酌量ス可キ時ハ仍ホ之ヲ減輕スルコトヲ得

項ノ規定又別ニ説明ヲ要スルモノニアラズ讀者ハ前段ノ場合ヲ考ヘ類推セラレンコトヲ（舊法八九ノ二項參照）

第十三章　加減例

本章ハ刑罰加減ノ例則ヲ定メタルモノナリ刑ノ加重減輕ニ付テハ前數章ニ説明シタルガ如ク法律上ヨリスルモノト裁判上ヨリスルモノトノ二種アルコトハ別ニ説明ヲ要セズシテ明カナランモ特ニ本章ヲ設ケテ數多ノ條文ヲ置キタル所以ニ至リテハ少シク之ガ説明ヲ試ムルノ必要アラン何者法律ハ如何ナル場合ニ刑ヲ加重シ如何ナル時ニ刑ヲ減輕スルカ既ニ前段ニ於テ瞭知セラレタランモ如何ナル順序ニ據テ加重減輕スルヤヲ定メザルトキハ實際家ノ間ニハ頗ル困難ナル場合多キノミナラズ人權ヲ重ンズル今日ニ在リテハ最モ愼重ニ事ヲ採ラサル可カラズ然ラザレバ假令十錢ノ科料一日ノ拘留トイヘトモ又到底取還スルコト能ハズ從テ複雜ナル裁判ノ手數ヲ招クニ至ル之レ本章ヲ設ケ特ニ其例則ヲ定メ以テ法ヲ正確ニ適用シ百事革新ノ實

ヲ擧ケントシタルモノニシテ舊刑法又之ヲ規定スルノミナラズ各國刑法皆此制度ヲ採ラザル所ナシト雖モ其種類ニ至リテハ種々アリ然レトモ刑法ハ以下各條ニ明カナルガ如ク可成的完美ヲ期シタルモノノ如シ

第六十八條　法律ニ依リ刑ヲ減輕ス可キ一個又ハ數個ノ原由アルトキハ左ノ例ニ依ル

一　死刑ヲ減輕ス可キトキハ無期又ハ十年以上ノ懲役若クハ禁錮トス

二　無期ノ懲役又ハ禁錮ヲ減輕ス可キトキハ七年以上ノ有期ノ懲役又ハ禁錮トス

三　有期ノ懲役又ハ禁錮ヲ減輕ス可キトキハ其刑期ノ二分ノ一ヲ減ス

四　罰金ヲ減輕ス可キトキハ其ノ金額ノ二分ノ一ヲ減

ス

五　拘留ヲ減輕ス可キトキハ其長期ノ二分ノ一ヲ減ス

六　科料ヲ減輕ス可キトキハ其多額ノ二分ノ一ヲ減ス

本條ハ法律上ノ刑ノ減輕例ヲ定メタルモノナリ刑ノ減輕ニ付テハ曩ニモ述ベタル如ク裁判上ノ減輕ト法律上ノ減輕アリテ二者共ニ刑律ニ觸レタル者ヲ普通ノ刑ヨリ減刑シテ輕キヲ科スルモノナリ舊刑法ハ一等若クハ二等ヲ減スル如ク規定シタリト雖モ右ノ制限ヲ斯ク狹ク規定スルハ複雜ナル社會ノ出來事ニ適セザルコトナキヲ保シ難シ之レ舊刑法ヲ修正シタル理由ナランカ然リ而シテ本條ノ規定ニ依ルトキハ其一號乃至六號ニ渾テノ事項ヲ示セリ

卽第一ハ人生最モ悲慘ヲ極ムル死刑ニ付テノ減輕方法ヲ示ス由來死刑ハ人ノ生命ヲ奪フ刑ナルヲ以テ刑罰中尤重キモノ從テ其犯セル罪又社會ヲ害スルノ極度ニ達シ居ルモノニ科スルコトハ第二編以下ニ明カナル如クナリト

第六十六條　法律ニ於テ刑ヲ加重減輕ス可キ時ハ後ノ數條ニ記載シタル例ニ照シテ加減ス但加ヘテ死刑ニ入ルコトヲ得ス
第六十七條　重罪ノ刑ハ左ノ等級ニ照シテ加減ス
一　死刑
二　無期徒刑
三　有期徒刑
四　重懲役
五　輕懲役
第六十八條　國事ニ關スル

雖モ犯人ノ情狀犯罪ノ種類既遂未遂犯等ニ依リ法律ハ特ニ減輕ノ方法ヲ採用シ居ルコトハ前既ニ説明シタルヲ以テ重ネテ説カズト雖モ單ニ減輕スト而已ニテハ如何ナル程度ニ於テ減輕シテ可ナルヤニ迷フモノアラン之レ本條第一ニ於テ死刑ヲ減輕スルトキハ無期又ハ十年以上ノ懲役若クハ禁錮トスト云ヒテ十年以上ノ有期懲役若クハ禁個ノ刑ヲ科スルコトヲ明カニセリ之レ罪ノ性質上然ルベキモノニシテ之ヨリ減輕スルトキハ或ハ他ノ刑ト權衡ヲ失スルノ虞ナキ克ハズトシ特ニ此制限ヲ設ケタルモノナリ(以下仝シ)然レトモ此場合ト雖モ尚裁判上ノ減輕卽チ酌量減輕ヲ爲シ得ルハ酌量減輕ノ性質上然ルモノナルヲ以テ讀者ハ本條ノ規定ヲ見テ最早此制限以外ニハ減輕スルコト能ハザルモノト速了スベカラズ

第二、第三、乃至第六ハ皆罪質ヲ彼我對照シテ立法者ガ適當ト認メ此制限ヲ置キタルモノニシテ別ニ説明ヲ要セザルナリ(舊法六六、以下參照)

第六十九條　法律ニ依リ刑ヲ減輕ス可キ場合ニ於テ各本條ニ二個以上ノ刑名アルトキハ先ヅ適用ス可キ刑ヲ定

重罪ノ刑ハ左ノ等級ニ照シテ加減ス

一　死刑
二　無期徒刑
三　有期徒刑
四　重禁獄
五　輕禁獄

第六十九條　輕懲役ニ該ル者減輕ス可キ時ハ二年以上五年以下ノ重禁錮ニ處スルヲ以テ一等ト爲ス

輕禁獄ニ該ル者減輕ス可キ時ハ二年以上五年以下ノ輕禁錮ニ處スルヲ以テ一等ト爲ス

第七十條　禁錮罰金ニ該ル者減輕ス可キ時ハ各本條ニ記載シタル刑期金額ノ四分ノ一ヲ減スルヲ以テ一等ト爲シ其加重ス可キ時バ亦四分ノ一ヲ加フルヲ以テ一等ト爲ス

メ其刑ヲ減輕ス

本條ハ二個以上ノ刑名アル場合ニ於テ減刑セントスル方法ヲ定メタルモノナリ即チ法文ニ法律上刑ヲ減輕スベキ場合ニ於テ各本條ニ二個以上ノ刑名アルトキハ先ツ適用スベキ刑ヲ定メ其刑ヲ減輕ストアル所以ナリ然リ而シテ此二個以上ノ刑名アルトキハ彼ノ併合罪ノ適用ヲ指セルモノナルコトハ疑フ可カラズ併合罪ノ章ニ於テ説明シタルガ如ク併合罪ノ適用ハ數多ノ刑ヲ併合シテ其長期ノ二倍迄ノ範圍內ニ於テ刑ヲ定ムルコトヲ裁判官ニ命シアルヲ以テ裁判官ハ先ツ其事件ニ付キ適用スベキ刑ヲ定メ其刑ヲ定メタル上ニ於テ加減輕法ヲ其刑ノ上ニ施スモノトセルナリ故ニ本條ニ於テ尤モ注意ヲ要スル點ハ前條ニ規定シタル減輕ヲ爲ス場合ニハ必ス適用スベキ刑ヲ先キニ定メ而シテ後減輕ヲ爲スニアラザレバ如何ニシテ減輕スベキヤニ迷フニ至ル否假リニ各自ノ刑ニ付テ減輕ヲ爲スコトヲ得ルト雖モ如斯折角法律カ減輕ヲ認メテ然モ適當ニ其目的ヲ達スル能ハザルノミカ標準ガ革固ナ

輕罪ノ刑ハ加ヘテ重罪ニ入ルコトヲ得ス但禁錮ハ加ヘテ七年ニ至ルコトヲ得

第七十一條 禁錮ヲ減盡シタル時ハ拘留ニ處シ罰金ヲ減盡シタル時ハ科料ニ處ス禁錮罰金ヲ減シテ其短期十日以下寡數一圓九十五錢以下ニ及フ時ハ亦拘留科料ニ處スルコトヲ得

第七十二條 拘留科料ニ該ル者加減スル時ハ禁錮罰金ノ例ニ照シ其四分ノ一ヲ加減スルヲ以テ一等トス違輕罪ノ刑ハ加ヘテ輕罪ニ入ルコトヲ得ス但拘留ハ加ヘテ十二日ニ至ルコトヲ得減シテ一日以下ニ降スコト

ラザル爲メ各地區々ノ裁判ヲ爲スノ虞レアリ之レ明カニ刑法ノ原則タル均一ヲ欠クノ結果ヲ生ズルモノト云ハザル可カラズ

故ニ本刑法ハ之等ノ點ニ注意ヲ與フル爲メ二個以上ノ刑名ニ觸ルル犯罪アルトキハ先ツ以テ適用スベキ刑ヲ定メ其刑ヲ標準トシテ輕減法ヲ適用セシメントノ主義ヲ採用シタルモノナリ

第七十條　懲役、禁錮又ハ拘留ヲ減輕スルニ因リ一日ニ滿タサル時間ヲ剰ストキハ之ヲ除棄ス罰金又ハ科料ヲ減輕スルニ因リ一錢ニ滿タサル金額ヲ剰ストキ亦同シ

本條ハ減輕ノ結果ニ對スル處分方法ヲ示シタルモノナリ蓋シ第六十八條ノ例則ニ依リ刑ヲ減輕シ來リテ其結果端數ヲ生スルコト無キヲ保ス可カラズ如斯コトアランカ普通ノ計算法ニ據ルトキハ或ハ我國ニ於テハ古來ヨリ四捨五入ナドノ規定アリシト雖モ之等ハ刑律ニマテ應用スベキモノニアラズ故ニ特ニ此規定ヲ爲スニアラザレバ執法者ハ其餘セシ端數ノ處分ニ疑ヒヲ

ヲ得ス科料ハ加ヘテ二圓四十錢ニ至ルコトヲ得減シテ五錢以下ニ降スコトヲ得ス
第七十三條 禁錮拘留ヲ加減スルニ因テ其期限ニ零數ヲ生シ一ニ滿サル時ハ之ヲ除棄ス
第七十四條 附加ノ罰金ハ主刑ニ從テ加減シ其金額ノ四分ノ一ヲ加減スルヲ以テ一等ト爲ス若シ減盡シタル時ハ止タ主刑ヲ科ス

拘クニ至ラン之レ本條ガ此場合ヲ解決セントスルモノナリ而シテ本條ノ規定ヲ見ルニ自由刑タル懲役禁錮又ハ拘留ヲ減輕スルニ因リ一日ニ充タザル時間ヲ剰スコトアランカ此場合ハ其剰餘時間ハ假令僅カナル減數ニテモ渾テ除棄スベキコトヲ命シタリ財産刑タル罰金科料ノ如キ一錢ニ充タザル即チ九厘九毛ナドト云フ場合モ亦之ヲ除棄スルモノナリト之レ減輕ノ原理トシテ當然斯クナラザル可カラザルモノ否假リニ理論ニ合セザル原則ト云フモノアランモ大躰ニ於テ普通ノ刑ヲ減輕スベキ實躰アルモノナルヲ以テ之ヲ除却スルモ別ニ何等支障アルベキ理ナシ若シ然ラズシテ飽マテ之レヲ適用セントスルカ執行上ニ非常ナル手數ヲ煩ハシ而シテ何等實益アルコトナシ故ニ本法ハ特ニ減輕ノ精神ヲ酌ンテ斯ク規定セラレタルモノナリ

第七十一條 酌量減輕ヲ爲ス可キトキ亦第六十八條及ビ前條ノ例ニ依ル

本條ハ裁判上ノ減輕即チ酌量減輕ヲナスベキ標準ヲ定メタルモノナリ盖シ

一定ノ標準ナキトキハ如何ニ萬能ナル者ト雖モ規矩ナキモノニ完全ヲ期スル能ハザルヤ素ヨリナリ殊ニ酌量減刑ノ如キ犯人ノ情狀憫諒スベキモノナルヤ否ヤハ一ニ事實裁判官ノ認識如何ニ任ズルモノナルニ於テヲヤ之レ特ニ本條ノ設ケアル所以ナリ故ニ裁判官ハ第六十八條及前條ニ依ルトキハ如何ナルモノノ制肘ヲモ受ケズ自カラ認メテ情狀憫諒スベキモノアルトキ其科スベキ刑死刑ニ該ルトキハ無期又ハ一年以上ノ懲役若クハ禁錮ニ無期ノ懲役又ハ禁錮ヲ減輕スベキトキハ七年以上ノ有期ノ懲役又ハ禁錮ニ有期ノ懲役又ハ禁錮ニ該當スル罪ナルトキハ其刑期ノ二分ノ一ニ罰金刑ナルトキハ其金額ノ二分ノ一ニ拘留ヲ減輕スルトキハ科スル日數ノ二分ノ一ニ科料ヲ減輕スヘキトキハ其科スベキ額ノ二分ノ一ニ減セシムルモノトス而シテ之レヲ法律上ノ減輕ノ標準ト同一ニシタル所以ノモノハ他ニアラズ犯罪ノ事情憫察スヘキモノハ之レ又普通法律上ノ減輕ト減輕スル點ニ於テ差ナキヲ以テナリ故ニ此二者ノ異ナル點ハ之レヲ要スルニ一ハ裁判官ノ認識如何ニアリト雖モ他ハ必ラス裁判官ニ於テ其原因アリト知リタルトキハ減輕セ

ザル可ラザルトノ差アルノミ(舊法九〇參照)

第七十二條 同時ニ刑ヲ加重減輕ス可キトキハ左ノ順序ニ依ル

一 再犯加重
二 法律上ノ減輕
三 併合罪ノ加重
四 酌量減輕

本條ハ仝一事件ニ付キ同時ニ刑ヲ加重シ或ハ減輕スベキ場合ノ順序ヲ示シタルモノナリ由來同種ノ犯罪仝一事件ハ犯罪ナリト雖モ決シテ狀況ノ仝一ナルノミナリト斷言スルヲ得ズ或ハ一方ニ於テハ刑ヲ加重シ他方ニ於テハ又刑ヲ減輕セザル可カラザル場合ナキヲ保ス可カラズ例セハ先キニ一度罪ヲ犯シ刑ヲ受ケタル后更ラニ又罪ヲ犯シタル場合ニハ既ニ再犯ナリ故ニ再

犯ノ規定ニ依リ刑ヲ加重セザル可カラズ然レトモ再犯ノ場合ハ未遂犯ナリトセンカ未遂犯ノ例ニ從ヒ本刑ヨリ減輕セザル可カラズ又或ハ確定裁判以前ニ於テ數多ノ犯罪併合シタル場合ニ於テ加重ノ原由生シタリトセンカ又之レヲ加重スルノ必要アリ然レトモ更ニ酌量シテ其刑ヲ減輕スル場合ナキニアラザルヘシ然ルニ法律ニ何等ノ規定ナカランカ如何ニ裁判官ノ公平ヲ維持シ均一ヲ欲セントスルモ多數ノ裁判官ニシテ加之裁判官ハ渾テ自由ノ判斷ヲ爲ス權能ヲ以テ各地方若クハ事件ノ異ナルニ從ヒテ往々區々ノ裁判ヲ見ルニ至ルベシ斯ノ如キハ文明的法治國ノ採用スベキ主義ニアラザルガ故特ニ法律豫ニ於テメ如斯場合ノ生スルコトヲ慮カリ以テ事實發生ノ時ハ直チニ適用スベキ順序ヲ定メ置カザルベカラズ之レ即チ本條ノ規定アル所以ナリ而シテ本條ハ第一位ニ再犯加重ヲ以テセリ蓋シ再犯ヲ加重スル所以ノ者ハ先キニモ屢々說キタル如ク曩ニ科シタル責任ハ未タ以テ犯人ニ刑罰ノ目的ヲ達スル程ノ價値ナカリシ或ハ犯人ノ極惡無賴ニシテ刑ノ峻嚴ナルヲ顧慮セズ恰カモ監獄ハ劇場ノ樂園ニ遊ブカ如キ觀念ヲ抱キ前非ヲ悔ユル

ナク出獄后直ニ再犯ヲ爲スガ如キ徒ナルヲ以テ此種ノ犯人ニ對シテハ渾テ加重セザル可カラズ之レ再犯加重ヲ本條ノ場合ト雖モ加重ヲ先キニシテ而シテ后減輕ヲ爲サントスルモノナリ

本條ノ第二ハ法律上ノ減輕ナリ法律上ノ減輕ニ付テモ又曩ニ説キタル如ク一定ノ犯罪原因ヨリ當然減輕スヘキモノナリ換言スレハ必ラズ減輕セザル可カラザル場合ナルヲ以テ之レ又彼ノ併合罪ノ加重ヲ爲ス前ニ於テ減輕ヲ爲ス而シテ後加重スルモノトス

第三ハ併合罪加重ニ關スル規定ナリ卽チ本條ノ所謂仝時ニ加重又ハ減輕ヲ爲ストキト雖モ其順序ハ前段説明ノ理由ニ依リ當然之レヲ第三位ニ置クヲ至當トセザルベカラズ

酌量減輕ヲ最后ニ置キタルモ又其酌量減輕ノ性質上然ルモノニシテ此種ノ原由アリト認メタルトキハ裁判官ハ先ツ再犯ナルトキハ加重シ夫レヨリ法律上ノ減輕ヲ要スル場合ナルトキハ之レヲ減輕シ更ニ併合罪ニシテ加重セザル可カラザルトキハ加重シテ而シテ后更ニ酌量減輕ヲ適用セントス盖シ

法理上全ク此規定ヲ以テ妥當トセザル可カラズ

以上第一編ノ大躰ヲ説明シテ茲ニ至リ讀者ニ注意ヲ乞フベキモノアリ第一編ハ既ニ讀者ノ讀破セラレタル如ク殆ト刑法ノ原理ヲ規定シタルモノナルヲ以テ著者今回ノ目的ハ素ヨリ實用ヲ旨トシ甚シキ理論ニ渉ラザルヲ勉メタリト雖モ規定自躰ガ理論ニ出テタルモノナルヲ以テ稍ヤ冗長ニ渉リタル所アリ然レトモ第二編以下ハ法典又各種ノ犯罪ニ對スル刑ノ適用ヲ定メタルモノナルヲ以テ可成的實際問題ヲ捕ヘ以テ讀者實地ノ應用ニ便ヲ與ヘントス幸ニ第一編ノ無意味ナルヲ咎メズ第二編以下ノ精讀ヲ煩ハス所以ナリ蓋シ實務家ノ必要ハ第二編以下ニアルヲ以テナリ

第壹編總則編終

第二編　罪

本編ハ如何ナル行爲カ如何ナル犯罪ニシテ此犯罪ニハ如何ナル刑罰ヲ科セハ刑罰法ノ目的ヲ達スルヤトノ問ニ對スル答トモ稱スヘキ規定ナリ第一編ハ凡ソ我國ニ於ケル刑罰法ノ大原則ヲ示シタルモノニシテ本編ハ卽チ之レカ適用ヲ示シタルモノナリ從テ實際家ニ尤モ必要ナルハ本編ノ規定ナリ故ニ古來ヨリ學者ノ多クハ刑罰法ノ總論ニ重キヲ置キタル如キモ實際家ハ却テ千變萬化ノ行爲ニ科スヘキ各論ノ解釋ニ苦心シタルカ如シ故ニ本編ノ解釋ヲ試ムルハ一々實際問題ニ重キヲ置カサルヘカラス去リトテ又法理及立法ノ精神ヲ咀嚼シテ徐ロニ本編ノ研究ヲ爲ササルトキハ蓋シ其誤リ解釋家一人ニ止マラサルヘシ是レ第一編ト本編ヲ通常學者カ例ヲ經緯ノ關係ニ採ル所以ニシテ第一編ヲ經トシ本編ヲ緯トシ始メテ完全ノ刑典ヲ備フルモノナレハ之レカ研究モ亦一ニ詳シクシテ二ニ疎ナルヲ許ササル處ナリ然リ而シテ本編ニ所謂罪トハ舊刑法ニ於ケル重罪違警罪ヲ併稱スルモノ卽チ禁制

命令ニ違背スル行爲ヲ謂フ從テ此點ハ總則篇ニ委シク說キタレハ更ニ贅セス犯罪行爲ハ其行爲ノ性質ニ因リ區別スルノ必要アルハ勿論ナルヲ以テ本編ハ第一章皇室ニ對スル罪ヲ初メトシテ第四十章毀棄及ヒ隱匿ノ罪マテノ間ニ於テ世ニ所謂犯罪行爲ナルモノヲ網羅セリ然レトモ本法ハ素ト刑罪法ノ根本法ナルカ故凡テノ犯罪ハ皆本法ニ於テ定メタルモノノミナリト速斷スル勿レ根本法以外ニ各種ノ特別法アレハナリ之レ余カ特ニ讀者ニ注意スル處ナリトス

第一章　皇室ニ對スル罪

皇室ニ對スル罪トハ如何表題頗ル廣茫ナルヲ以テ一見皇室全體ニ關スル犯罪ヲ規定シタルカ如ク見受ケラルルモ規定ノ精神ハ斯ク廣キ意味ニアラズシテ只天皇陛下ヲ始メ奉リ各皇族ニ對スル危害不敬卽チ御身體ニ對スル罪ノミニシテ彼ノ皇室財產ニ對スル罪ノ如キハ本章中ニハ之ヲ揭ケス

第七十三條　天皇、太皇太后、皇太后、皇后、皇太子又ハ皇太孫

ニ對シ危害ヲ加ヘ又ハ加ヘントシタル者ハ死刑ニ處ス

本條ハ吾人臣民カ萬腔ノ誠意ヨリ出テ尊ハサルヘカラサル天皇陛下ヲ始メ奉リ本條列擧ノ御方々ニ對シ危害ヲ加ヘ又ハ加ヘントシタル者ニ向ヒテノ處分方法ヲ定メタルモノナリ天皇トハ大日本帝國ヲ統治シ給フ所ノ君主ヲ奉稱スルモノナルヲ以テ此場合ニ外國ノ君主ヲ包含スヘキモノニアラス又太皇太后皇太后皇太子皇太孫ノ御名稱ニ至リテハ皇室典範ノ規定ヨリ出テタルモノニシテ天皇陛下御自身カ御尊敬遊ハサヽル所ノ御方並ニ萬世一系ノ帝位ヲ繼嗣セラルヽ御方々ナルヲ以テ苟クモ之等ノ御方々ニ對シ危害ヲ加ヘ若クハ加ヘントヘ企ツルモノハ日本臣民トシテ最モ惡ムヘク亦最モ忌ムヘキノ行爲ナリ若シ此種ノ犯罪ヲ爲スモノハ國ノ法典ニ規定スル最重刑ヲ以テ處分セサルヘカラサルモノナルカ故ニ特ニ生命刑ヲ科セントス蓋シ至當ノ制裁ト云フ可キナリ本條ノ所謂危害トハ如何ナルコトヲ意味スルヤ思フニ危害ノ文字自體ノ解釋上ヨリ生命ヲ害スルトカ又ハ身體ヲ傷クルトカ

第百十六條　天皇三后皇太子ニ對シ危害ヲ加ヘ又ハ加ヘントシタル者ハ死刑ニ處ス

云フ身體上ニ關スル謂ニシテ財產等ニ對シテ用ユルモノニアラズ本條ニ於テ注意スベキハ舊刑法第百十六條ノ規定ニ皇太孫ヲ加ヘタル點ナリトス（舊法一一六參照）

第七十四條　天皇、太皇太后、皇太后、皇后、皇太子又ハ皇太孫ニ對シ不敬ノ行爲アリタル者ハ三月以上五年以下ノ懲役ニ處ス

神宮又ハ皇陵ニ對シ不敬ノ行爲アリタル者亦同シ

本條ハ皇室ニ對スル不敬ノ行爲ヲ罰スル規定ナリ卽チ前條ニ掲ケタル御方々及皇陵ニ對シ不敬ノ行爲アリタルトキハ三月以上五年以下ノ懲役ニ處セラル本條ニ云フ不敬トハ如何其意味甚タ廣大ニシテ如何ナル場合ヲ不敬ト稱スルヤハ一モ規定ノ見ルヘキモノナシ故ニ須ラク裁判官ノ認定ニ一任セサルヘカラス斯ク云ハバ裁判官カ認メテ以テ不敬ト看做スモノハ如何ナル

モノナリヤトノ反問アランモ余ノ案スル所ニ依レバ彼ノ直接ト間接ト積極ト消極トヲ論セス又如何ナル行爲ニ出ツルヲ問ハス罵詈嘲笑誹毀侮辱等苟クモ不敬ノ行爲アルトキハ皆以テ不敬罪タル可シ此ノ不敬ノ行爲ハ一般犯罪ニ必要ナル成立條件ヲ要スルヤ素ヨリナリ故ニ假令其行爲カ不敬ニ當ルモノアリト雖モ意思其所ニナケレバ決シテ罰スル克ハサルナリ例ヘバ彼ノ田中正造カ帝國議會ノ開院式ノ折柄車駕ノ還御ニ際シ直訴セントシタル如キ行爲ハ實ニ不敬ニ近キモノナリト雖モ其意思ヤ決シテ其所ニアラサリシヲ以テ不起訴トナリタルカ如キ好適例タリ如斯不敬ノ所爲ヲ爲スハ亦前條ト同ク日本臣民トシテ決シテ赦スヘキモノニアラス故ニ普通人ト區別シ特ニ此ノ規定アル所以ナリトス

第二項神宮又ハ皇陵ニ對シ云々トアル神宮ハ説明スルマテモナク伊勢太廟ヲ奉稱ス盖シ伊勢大廟ハ神祖ノ廟所ニシテ我カ皇室ノ尊崇遊ハサルル靈所ナレバ苟クモ不敬ノ行爲アランカ皇室ニ對スル不敬ト何等選フ處ナシ曾テ凶漢西野文太郎カ時ノ文部大臣森有禮氏ヲ刺シタルモ實際ノ事實ハ如何ニ

第百三十七條　天皇三后皇太子ニ對シ不敬ノ所爲アル者ハ三月以上五年以下ノ重禁錮ニ處シ二十圓以上二百圓以下ノ罰金ヲ附加ス
皇陵ニ對シ不敬ノ所爲アル者亦同シ

アレ其口實トスル處ハ伊勢太廟ニ對シ不敬ノ行爲アリト云ヒ天下ノ同情ヲ得タル如ク我カ國民ハ勿論外國人民ト雖モ我國ニ滯在スル間ニ此罪ヲ犯サンカ忽チ本條第二項ニ問擬セサルベカラズ亦皇陵トハ曆代天皇ノ御墳墓ヲ奉稱スルモノタルハ他ニ異論ナキニアラズト雖モ現今我カ法典ノ解釋ニテハ斯クセサル可カラス而シテ以上ノ場合ニ於ケル不敬トハ如何ナル行爲ヲ云フカ之レ又多少難解ノ感ナキ能ハズト雖モ要ハ之等ノ個所ニ對シ普通人ノ屑シトセサル行爲或ハ汚損毀壞發掘等其他種々アランモ之等ハ事實發生ノ上裁判官ノ判定ニ任ス外ナケン蓋シ具體的ニ明示セザル法文ハ凡テ法ノ精神カ當局者ニ一任スル精神ニ出タルモノト信ス（舊法一一七參照）

第七十五條　皇族ニ對シ危害ヲ加ヘタル者ハ死刑ニ處シ危害ヲ加ヘントシタル者ハ無期懲役ニ處ス

本條ハ皇族ニ對スル危害罪ヲ規定シタルモノナリ皇族ハ皇室典範ニ云フ皇族トハ異ナリ皇室典範ノ規定ヨリ前條ニ於テ掲ケラレタル太皇太后以下ノ

御方々ヲ除キ其他ノ即チ皇太子妃、皇太孫妃、親王、親王妃、內親王、王、王妃、女王、各殿下ヲ奉稱スルモノナリ而シテ之レ等ノ御方々ニ對シ第七十三條ニ說明シタルガ如キ害ヲ加ヘ又ハ加ヘントスル行爲ハ亦普通人ニ對スル場合トハ容易ナラサル懸隔アル犯罪ト云ハサル可カラス然レトモ其未タ加ヘタルモノニアラサル加ヘントシタルモノニ至リテハ第七十三條ノ規定ト同一ニ律スルハ頗ル穩當ヲ欽クモノナルカ故ニ是ヲ酌量シテ自由刑ノ最極刑ヲ以テ罰セントス蓋シ至當ノ制裁ト云フ可キナリ(舊法一一八參照)

第百十八條 皇族ニ對シ危害ヲ加ヘタル者ハ死刑ニ處シ危害ヲ加ヘントシタル者ハ無期徒刑ニ處ス

第七十六條　皇族ニ對シ不敬ノ行爲アリタル者ハ二月以上四年以下ノ懲役ニ處ス

本條ハ前條ニ列擧シタル御方々ニ對シ不敬ノ行爲ヲ爲シタル場合ノ處分方法ヲ規定シタルモノニシテ規定ノ精神ハ第七十四條ニ說明シタルモノト全ク同一ナルヲ以テ深ク說カス

以上說明シ來リタル各條ノ犯罪成立ノ客體ハ必ス　天皇、太皇太后、皇太后、皇

第百十九條　皇族ニ對シ不敬ノ處爲アルモノハ二月以上四ケ年以下ノ重禁錮ニ處シ十圓以上白圓以下ノ罰金チ附加ス

后、皇太子、皇太孫及各皇族ニ對スル場合ナラサル可カラス而シテ其犯罪行爲ハ危害ヲ加ヘ或ハ不敬ノ罪ヲ犯シタル場合タルコトヲ要スルヤ勿論ナリトス(舊法一一九參照)

第二章　內亂ニ關スル罪

本章ノ犯罪ハ世ノ所謂國事犯罪ヲ指稱スルモノナリ然レトモ廣義ニ所謂國事犯罪トハ必スシモ內亂罪ノミニ止ラス第三章ニ定メタル外患罪亦之レ國事ニ關スル少ナカラスト雖モ前者ト後者ト頗ル其性質ヲ異ニス彼ノ賣國奴トシテ惡マルル犯罪ト本章ノ犯罪トハ其間又特別ノ規定ヲ設ケテ律スル必要アリ故ニ本法ハ本章ト第三章ト第四章等トヲ區別シ均シク國事ニ關スル犯罪ナリト雖モ其制裁ヲ異ニシタルハ蓋シ實際ノ必要ヨリ來リシ立法ノ精神ナラント思料ス內亂罪トハ如何ナルモノヲ云フヤ古來此問題ニ就テハ深遠ナル法理ヲ研究スル學者間ニ在リテモ異論紛々トシテ未タ決セサルモノノ如シ今其一二ヲ紹介スレハ單純ニ內亂トハ內國亂ルルノ義ニシテ彼ノ內

國動亂ノ場合等ヲ云フモノアリ又或ハ内亂トハ内國ニ於テ兵備ヲナシ現政府ニ反抗スルモノナリト云フ學者アリト雖モ余ハ此種ノ見解以外ニ定義ヲ下サントスルモノナリ今此定義否概念ヲ述フルニ先チ前説ヲ否定センニ第一ノ論者ノ如ク云フトキハ言頗ル廣漠トシテ此内ニハ或ハ彼ノ卑ムヘキ兇漢黨ヲ組ミ暴行脅迫以テ人家ヲ燒毀シ家財ヲ强奪シ人民ノ安寧ヲ妨害スル如キ行爲モ又内亂ト云ハサル可カラス如斯ハ論者ト雖モ尚且ツ然リトハ云ハサル可シ第二ノ見解ハ之レ又頗ル狹義ニシテ我刑法ノ内亂罪ト云フ能ハサルモノアラン故ニ余ハ内亂ノ定義トシテ我刑法ニ採用シタル第七十七條ノ規定ヲ直ニ應用セントスルモノナリ

第七十七條　政府ヲ顚覆シ又ハ邦土ヲ僭竊シ其他朝憲ヲ紊亂スルコトヲ目的トシテ暴動ヲ爲シタル者ハ内亂ノ罪ト爲シ左ノ區別ニ從テ處斷ス

一　首魁ハ死刑又ハ無期禁錮ニ處ス

二　謀議ニ參與シ又ハ群衆ノ指揮ヲ爲シタル者ハ無期又ハ三年以上ノ禁錮ニ處シ其他諸般ノ職務ニ從事シタル者ハ一年以上十年以下ノ禁錮ニ處ス

三　附和隨行シ其他單ニ暴動ニ干與シタル者ハ三年以下ノ禁錮ニ處ス

前項ノ未遂罪ハ之ヲ罰ス但前項第三號ニ記載シタル者ハ此限ニ在ラス

本條ハ內亂罪ノ性質ヲ明ニシ併セテ之レカ處分方法ヲ定メタル法文ナリ殊ニ本條ハ從來學說區々ニシテ難解ノ稱アリシ法文ナレバ勢ヒ分折說明ノ要アリ曰ク內亂罪ヲ構成スルニハ左ノ二要件ヲ具備セサル可カラス

一　政府ヲ顚覆シ邦土ヲ僭竊シ其他朝憲ヲ紊亂スル目的アルコトヲ要ス

二　暴動ヲナシタルコトヲ要ス

以上第一要件ノ政府ヲ顚覆シトハ現政府ヲ瓦解セシムル場合等ヲ云フモノナレトモ必ラスシモ彼ノ物理的思想ヨリ物ヲ覆スト云フ意義トハ大ニ其趣ヲ異ニシ單ニ現政府施設ニ服セス兵器彈藥等ヲ備ヘ政府ニ反抗シ新ニ自己ノ信スル政府ヲ起シ又ハ新政體ヲ施ス等ノ場合ヲ云ヒ邦土ヲ僭竊ストハ由來土地ハ掠ムルコト克ハストノ言アレトモ本條ノ所謂僭竊トハ思フニ邦土ノ一部ヲ押領シテ國法ヲ遵守セス自ラ一個ノ制度ヲ立テ以テ天皇ノ統治以外ニ獨立セントスルカ如キモノナラン朝憲ヲ紊亂スルヲ目的トナシトハ彼ノ憲法ノ規定ヲ遵守セス大憲ヲ無視スル如キ例ヘハ皇室ノ權利ヲ減殺シ天皇大權ノ行動ヲ妨クルカ如キ場合ヲ云フモノニシテ之等ノ行爲ハ全ク紊亂スルト云フ目的ヲ有セサレハ本條ノ罪ヲ構成スルモノニアラス目的トスルトハ特ニ本條ノミナラス渾テ或結果ノ希望ヲ以テトノ義ニシテ本條ニ於テハ即チ朝憲ヲ紊亂セントノ希望ヨリ其結果ヲ得ントスルコトヲ云フ

第二ノ要件ハ暴動ヲ爲シタルコト此暴動トハ如何ナル行爲ヲ指スカ明カナ

ラサルモ規定自體ノ精神ヨリ案スルニ兵ヲ擧ケテ前段ノ結果ヲ得ントスルモノ及ヒ未タ兵ヲ擧ケサルモノ換言スレバ兵ヲ擧ケテ戰爭行爲ヲ爲サザルモ既ニ爲サントシタル行爲ト云ヒ支障ナカル可シ勿論本法ハ單ニ暴動トノミ云テ舊刑法ノ如ク兵ヲ擧ケテ云々トハ定メサルモ既ニ內亂ヲ起ス外形上ノ行爲アレバ兵ヲ擧クルト擧ケサルトヲ論スル場合ニアラザルヲ以テ特ニ暴動ナル文字ヲ使用シタルモノト思惟ス首魁トハ主謀者ノ義ニシテ謀議ニ參與シトハ主謀者ト與ミシテ共ニ相謀ルモノヲ云ヒ群集ノ指揮ヲ爲シタルトハ恰カモ軍事ニ於ケル指揮官卽チ隊長ト云フ如キモノヲ云ヒ附和隨行シ其他單ニ暴動ニ干與シタルモノトハ前數者ノ指揮ノ下ニ隨ヒ暴動ノ手足トナリテ働キタル者等ヲ云フ然リ而シテ此種ノモノヲ各區別シテ處罰スル所以ハ刑ノ均衡ヲ保タンカ爲メナリ換言スレバ犯罪ノ如何ヲ考慮シテ之ヲ罰セント云フ義ナリ

第二項ハ未遂犯ヲ罰スルノ意ヲ明ニシタルノミ之レ前編未遂犯ノ所ニ說キタル如ク我刑法ハ原則トシテハ之ヲ罪セサルヲ本領トス故ニ未遂罪ヲ罰ス

第百二十一條　政府ヲ顚覆シ又ハ邦土ヲ僭竊シ其他朝憲ヲ紊亂スルコトヲ目的ト爲シ內亂ヲ起シタル者ハ左ノ區別ニ從テ處斷ス

一　首魁及ヒ教唆者ハ死刑ニ處ス

二　群集ノ指揮ヲ爲シ其他樞要ノ職務ヲ爲シタル者ハ無期流刑ニ處シ其情輕キ者ハ有期流刑ニ處ス

三　兵器金穀ヲ資給シ又ハ諸般ノ職務ヲ爲シタル者ハ重禁獄ニ處シ其情輕キ者ハ輕禁獄ニ處ス

四　教唆ニ乘シテ附和隨行シ又ハ指揮ヲ受ケテ雜役ニ供シタル者ハ二年以上ヵ年以下ノ輕禁錮ニ處ス

ルハ例外ナリ例外ハ必ラス明文ナカラサル可カラス之レ本項ニ其規定ヲ設ケタル所以ナリ然シナカラ本條第一項第三號ノ犯罪ハ敢テ未遂ヲ罰スルノ必要ナシ從テ本項末文ノ規定ヲ設ケタルモノナラン(舊法一二一參照)

第七十八條　內亂ノ豫備又ハ陰謀ヲ爲シタル者ハ一年以上十年以下ノ禁錮ニ處ス

本條ハ刑罰法ノ原則以外ニ立テ未タ着手セサル即チ行爲ノ外形ニ顯レサルヲ罰セントスル規定ナリ蓋シ內亂罪ハ普通常事犯ト異ナリ犯狀重大ニシテ國家ノ安危ニ關シ人民ノ休戚ニ偉大ノ影響ヲ蒙ラシムル性質ノ者ナレハナリ何者一歩進ンテ之カ實行ヲ見ルニ至ランカ國法ヲ無視シ朝憲ヲ紊亂シ換言スレハ一國ノ憲法ヲ破壞シ以テ己ノ希望ヲ達セントスル犯罪ナレハ何レノ時何レノ國ニ於テモ卑ム可ク恐ル可ク忌ム可キノ行爲ト謂ハサルヘカラズ之等ノ杞憂ヨリ普通犯ト區別シテ特ニ未遂ヲ罰シ以テ一朝犯ス者アラバ處斷シ再犯ヲ防遏シ未タ豫備陰謀ニ至ラサル者ニ對シテハ全然未發ニ防止

第百二十五條 兵隊ヲ招募シ又ハ兵器金穀ヲ準備シ其他內亂ノ豫備ヲ爲シタル者ハ第百二十一條ノ例ニ照シ各一等ヲ減ス
內亂ノ陰謀ヲ爲シ未タ豫備ニ至ラサル者ハ各二等ヲ減ス

セントノ精神ヨリ設ケラレタル規定ナリ而シテ本條ノ豫備トハ例セハ兵隊ヲ召集シ又ハ兵器金穀ヲ準備シ正ニ內亂罪ニ着手セントスルマテノ狀態ヲ云ヒ陰謀トハ前條第一項ノ目的ヲ以テ熟慮ヲ凝ラシ其二人以上ノモノト會合議ヲ謀リ策ヲ立テ豫備ノ所爲ニ移ラントスル時マテヲ云フモノナリ以上ノ如クナルヲ以テ之ヲ內亂罪ノ豫備ノ所爲トシテ特ニ罰則ヲ設ケシ所以ナリ（舊法一二五參照）

第七十九條 兵器、金穀ヲ資給シ又ハ其他ノ行爲ヲ以テ前二條ノ罪ヲ幇助シタル者ハ七年以下ノ禁錮ニ處ス

本條ハ內亂ノ從犯ニ對スル處分法ナリ即チ從犯者カ兵器金穀ヲ資給シ又ハ其行爲ヲ以テ前二條ニ揭ケタル罪ヲ犯シ又ハ犯サントスル者ヲ幇助シタル所爲ヲ罰セントス即チ本罪ハ全ク幇助ノ行爲ニ就テノミ罰セントスル者ナルヲ以テ犯人ハ單ニ正犯者ノ犯罪行爲ヲ容易ナラシメタル場合ノミナラサル可カラス然ルニ之レニ反シテ苟クモ前二條ニ揭ケタルモノニ近キ行爲ア

第百二十一條 政府ヲ顚覆シ又ハ邦土ヲ僭竊シ其他朝憲ヲ紊亂スルコトヲ目的ト爲シ內亂ヲ起シタル者ハ左ノ區別ニ從テ處斷ス

一 首魁及ヒ敎唆者ハ死刑ニ處ス

二 群集ノ指揮ヲ爲シ其他樞要ノ職務ヲ爲シタル者ハ無期流刑ニ處シ其情輕キ者ハ有期流刑ニ處ス

三 兵器金穀ヲ資給シ又ハ諸般ノ職務ヲ爲シタル者ハ重禁獄ニ處シ其情輕キ者ハ輕禁獄ニ處ス

四 敎唆ニ乘シテ附和隨行シ又ハ指揮ヲ受ケテ雜役ニ供シタル者ハ二年以上五年以下ノ輕禁錮ニ處ス

ルトキハ其條ノ規定ニ依リ之ヲ罰スルヤ當然ナリ又其他ノ行爲トハ如何ナル場合ヲ想像スルヤニ付テハ裁判官ノ認定ニ任スノ外ナキモ例ヘハ內亂ヲ犯スモノナリト知リテ犯人ヲ宿泊セシメタリトカ又ハ道途ノ案內ヲ爲シ以テ交通ノ便ヲ謀リタルカ如キ場合ハ本條ニ所謂其他ノ行爲中ニ入レテ論スルコトヲ得ヘシ(舊法一二一、第三號ノ一部、一二七參照)

第八十條 前二條ノ罪ヲ犯スト雖モ未タ暴動ニ至ラサル前自首シタル者ハ其刑ヲ免除ス

本條ハ自首免刑ノ規定ナリ由來我刑法ハ其第一編第七章第四十二條ニ明示スル如ク自首ハ只刑ノ減輕ノ効果ヲ生スルヲ以テ原則トナシタルモ本條ニ於テ之レカ特例ヲ示シタル所以ハ畢竟內亂罪ノ如キハ一度發生スルニ至ラハ其蒙ムル所ノ害非常ニシテ多數ノ人命ヲ傷害セサレハ多額ノ富ヲ喪失スル等普通犯罪ノ比ニアラサルナリ故ニ法律ハ可成的之等ノ犯罪ヲ未然ニ防止セントノ旨趣ヨリ特ニ其刑ヲ免除ストノ條件ヲ附シテ自首ヲ勸誘スル所

第百二十七條　內亂ノ情ヲ知テ犯人ニ集會所ヲ給與シタル者ハ二年以上五年以下ノ輕禁錮ニ處ス

第百二十六條　內亂ノ豫備又ハ陰謀ヲ爲スト雖モ其事ヲ行ハサル前ニ於テ官ニ自首シタル者ハ本刑ヲ免シ六月以上三年以下ノ監視ニ付ス

以ナリ而シテ本條ノ自首ハ前二條ノ罪ヲ犯スト雖モ其暴動ニ至ラサル前ナルコトヲ必要條件トス蓋シ內亂罪ノ如キ一度暴擧ニ出ンカ恐クハ官ニ發覺セラレサルカ如キコトナケン故ニ特ニ暴動ヲ爲スト云フ塲合ヲ謀リテ斯ク規定セルモノナリ此自首ノ方法ハ總則ノ規定ニ基キ必ラス罪ノ性質上官署ナラサルヘカラス官署トハ卽告訴告發ヲ受クル官署タルヤ勿論ナリ故ニ犯人カ未タ暴動ヲ爲サザル以前ニ於テ自ラ其非行ナルヲ悟リ悔ヒテ身ヲ官ニ致シテ處分ヲ待ツ事ヲ要ス故ニ自首スル者ニ對シテハ法律ハ其刑ヲ免除セザルベカラズ(舊法一二六、參照)

第三章　外患ニ關スル罪

外患ニ關スル罪トハ其文字ノ示ス如ク國家ノ外部ノ安寧ヲ害スル罪ナリ詳言スレバ彼ノ外國ニ與ミシテ本國ニ坑敵スルトカ若クハ敵國ヲ利スル軍用品ヲ交付スルガ如キ或ハ軍事上ノ機密ヲ外國ニ漏泄スルガ如キヲ云フ之レ舊刑法ニハ前章ノ內亂罪ト併セテ國事ニ關スル罪卽チ政治犯罪ナルコトハ

同一ナリトノ精神ヨリ全一章ニ規定セリト雖モ二者全ク其性質ヲ異ニス何トナレバ内亂罪ハ曩ニモ説キタル如ク直接ニ内國ノ組織權ヲ侵害シ日本政府ヲ顚覆スルトカ或ハ日本政體ヲ變更スルトカ云フ所謂國家内部ノ憲法上ノ組織ヲ破壞又ハ變更セントコトヲ而已目的トスルモ外患ニ對シテハ全ク之レニ反ス故ニ廣キ意味ニ於ケル政治犯ニハ相違ナキモ全然其性質ヲ異ニスルモノナルヲ以テ之レカ區別ヲ本法ニ於テ爲シタルハ立法ノ體裁ヲ得タルモノト云フヘキナリ

第八十一條　外國ニ通謀シテ帝國ニ對シ戰端ヲ開カシメ又ハ敵國ニ與シテ帝國ニ抗敵シタル者ハ死刑ニ處ス

本條ハ本邦ニ國籍ヲ有スル帝國臣民カ忠君愛國ノ大義ヲ忘却シ帝國ニ叛シテ外國ニ通謀シ反抗ヲ企テタルモノニ對スル制裁ヲ定メタルモノナリ

外國ニ通謀シ帝國ニ對シ戰端ヲ開カシメントハ未タ國交全ク破壞セサル平

第百二十九條 外國ニ與シテ本國ニ抗敵シ又ハ外國交戰中同盟國ニ抗敵シ其他本國ニ背叛シテ敵兵ニ附屬シタル者ハ死刑ニ處ス

第百三十條 交戰中敵兵ヲ遊導シテ本國管內ニ入ラシメ若クハ本國及ヒ同盟國ノ都府城塞又ハ兵器彈藥船艦其他軍事ニ關スル土地家屋物件ヲ敵國ニ交付シタル者ハ死刑ニ處ス

和ノ時代ニ於テ帝國ト其外國トノ間ニ戰爭行爲ヲ爲サシムルノ意思ヲ以テ外國政府ニ謀事ヲ授ケ兩者ノ交際關係ヲ破リ外國ヲシテ先ツ戰爭ヲ開カシメタル場合ヲ云フ敵國ニ與ミシ帝國ニ抗敵シタルトハ既ニ平和ノ關係ヲ破リ交戰中敵國ニ自ラ進ンテ加勢シ自國ノ兵軍ト爭フ場合ヲ云フ故ニ本條ノ罪ヲ構成スルニハ(1)帝國臣民ナルコトヲ要ス(2)外國ト通謀シ帝國ニ對シ戰端ヲ開カシメ又ハ敵國ニ與ミシテ帝國ニ抗敵スルコトヲ要ス故ニ帝國ニ國籍ヲ有セサル者トカ又ハ外國ニ通謀セサルトカ若シクハ敵國ニ與ミスルコトナクシテ單獨ニ反抗スルカ如キ者ハ決シテ本條ヲ以テ律スヘキモノニアラス然リ而シテ之カ處分ヲ爲スニ當リ生命刑ヲ科スル所以ノモノハ別ニ說明スル迄モナク其罪惡最モ憎ムヘキ性質ノモノナルカ故刑典ニ定メタル最重刑ヲ以テ論スルハ蓋シ罪本大ナルヲ以テナリ(舊法一二九、一三〇參照)

第八十二條 要塞、陣營、軍隊、艦船其他軍用ニ供スル場所又ハ建造物ヲ敵國ニ交付シタル者ハ死刑ニ處ス

兵器、彈藥其他軍用ニ供スル物ヲ敵國ニ交付シタル者ハ死刑又ハ無期懲役ニ處ス

本條ハ帝國臣民カ敵國ニ對シ軍用品ヲ交附シ敵國ヲシテ利ヲ得セシメント シタル者ニ就テノ規定ナリ而シテ其第一項ニ所謂要塞、陣營、軍隊、艦船、其他軍用ニ供スル塲所又ハ建造物トハ別ニ說明スル迄モナク戰鬪ヲ爲スニ就テハ最モ必要ナルモノナルモ只恐ル本條第一項ノ塲合ニ全部カ果シテ普通人ノ犯シ得ル犯罪ナルヤ否ヤニアリ卽要塞ノ如キモ又陣營ノ如キハ通常軍人ノ守衛スル處ノモノニシテ普通人ノ容易ニ爲シ能ハサルモノナリ故ニ軍人若クハ國際法上軍人ト見做ス者ハ普通刑法ヲ以テ律セズ陸海軍刑法ニ依テ處斷セラルヘキモノニハアラサルヤノ疑アリ然ルニ本條ニ此規定ヲ見ル無用ノ文字ナランカ否本法ハ恐クハ萬一ヲ豫想シテ設ケタルモノナラン何トナレハ要塞、陣營、ト既ニ固定シタルモノハアラザルモ然レドモ敵國ヲシテ如斯塲合ヲ得セシメ如斯ノ設備ヲ爲サシメ若シクハ時ニ一個人トシテ其邦國ヲ

第百三十條　交戰中敵兵ヲ誘導シテ本國管內ニ入ラシメ若シクハ本國及同盟國ノ都府城塞又ハ兵器彈藥船艦其他軍事ニ關スル土地家屋物件ヲ敵國ニ交付シタル者ハ死刑ニ處ス

賣ル目的ヲ以テ守衛ノ軍人ト謀議ヲ均クシテ爲サザルトモ限ラス之レ本規定ヲ見ル所以ナリ

第二項ハ別ニ說明スルマテモナク明カナラン而シテ本條ノ罪ヲ構成スルニハ帝國ト其對手國ト交戰中ナルコトヲ要スルハ規定ノ上ヨリ推測セラル又物品ヲ交附スルコトヲ要スルモノニシテ此交付ニ就テハ交付スヘキ物品ハ必ズシモ日本帝國內ニアルモノナルコトヲ要セズ從テ帝國臣民ナレハ現住セサルモノト雖モ本條ノ罪ヲ構成スルモノト信ス而シテ處分ハ別ニ說クマテモナク極刑ヲ科スルハ犯罪ノ性質上當然ノコトナリ(舊法一三〇、後段等參照)

第八十三條　敵國ヲ利スル爲メ要塞、陣營、艦船、兵器、彈藥、汽車、電車、鐵道、電線其他軍用ニ供スル場所又ハ物ヲ損壞シ若クハ使用スルコト能ハサルニ至ラシメタル者ハ死刑又ハ無期懲役ニ處ス本條ハ敵國ヲ利セシムル目的ヲ以テ自ラ帝國ニ於テ軍事上最モ必要ナル場所建物及軍用品等ヲ損壞シ又ハ使用ニ堪ヘサラシメタル場合ノ規定ナリ故ニ本條ノ罪ヲ構成スルニハ敵國ヲ利スル爲メニ自己ノ力ヲ以テ本條各場合ノ罪ヲ犯スコトヲ要ス之レ最モ必要ナル規定ニシテ此罪ヲ犯スニハ損壞若シクハ使用ニ堪ヘサラシメサル可カラス若夫レ如斯事アランカ帝國軍ノ不利想像ノ外ニアリ見ヨ一朝帝國軍ニシテ此不利ヲ來サンカ敵國ノ戰鬪力ハ非常ニ加ハリ遂ニハ帝國軍ノ敗ヲ取ルコトナキヲ保シ難シ如之本條ノ罪ハ普通人トシテ容易ニ犯シ克フモノニシテ忠君愛國ノ何タルヲ省ミス只管自己ノ利益ニ眩惑シテ犯ス者アルヤモ謀ラレス然ルニ舊刑法ハ本條ノ規定ヲナサス從テ屢々學問上ノ物議ヲ來シタルモ本法ハ此欠點ヲ補ヘ法典ノ完美ヲ期シタルモノナリ(陸軍刑法五八、海軍刑法六一參照)

第八十四條　帝國ノ軍用ニ供セサル兵器彈藥其他直接ニ戰鬪ノ用ニ供ス可キ物ヲ敵國ニ交付シタル者ハ無期又

ハ三年以上ノ懲役ニ處ス

本條ハ現ニ帝國ノ軍用ニ供セサル兵器彈藥ナルモ直接ニ戰鬪ノ用ニ供スヘキ物件ヲ敵國ニ交付シタルモノニ就テノ制裁ヲ定メタルモノナリ之レ一見規定ノ必要ナキカ如クナレトモ却テ實際上此種ノ犯罪無キニアラサルヘシ兵器彈藥ハ個人トシテ所有シ克ハサルモノニアラス而シテ此所有品ハ必スシモ直ニ以テ帝國軍人ノ使用ニ供スルモノトハ限ル克ハス然レトモ其物自躰ノ性質上直接ニ戰鬪用ニ供スルモノナルカ故若シ此種ノモノヲ敵國ニ交付センカ敵國ハ少ナカラサル利益ヲ得從テ戰鬪力ヲ增加スルモノナリ由來交戰ノ目的タルヤ勝敗ヲ一度ニ決セントスルモノナルヲ以テ相互ニ敵ノ不便ヲ感セシメ直接ト間接トヲ問ハス戰鬪力ヲ失ハシメントスルハ現行ノ交戰方法ナリ然ルニ邦人中敵國ノ戰鬪力ヲ增加セシムヘク兵品彈藥等ヲ與フルハ行爲自躰カ決シテ恕スヘキモノニアラス然ルニ舊刑法ハ之ニ對スル規定ヲ缺ケリ故ニ本法ハ前條同樣ノ立法ノ精神ヨリ特ニ此規定ヲ設ケ萬一ノ

備ヲ立テタルモノナリ又前條ト本條ノ處分ニ就キ輕重ノ差ヲ見タル所以ノモノハ双方ヲ酌量シテ稍ヤ輕キヲ取リタリトハ立法者ノ明言スル處ナリ

第八十五條　敵國ノ爲メニ間諜ヲ爲シ又ハ敵國ノ間諜ヲ幇助シタル者ハ死刑又ハ無期若クハ五年以上ノ懲役ニ處ス

軍事上ノ機密ヲ敵國ニ漏泄シタル者亦同シ

本條ハ本國ニ叛シ敵國ノ爲メニ間諜ヲ爲シ又ハ敵國ノ間諜ヲ幇助シテ其職務ヲ全フセシメントシ或ハ敵國ニ帝國ノ軍事上ノ機密ヲ漏泄シタルモノニ對スル規定ナリ而シテ本條第一項ノ敵國ノ爲メ間諜ヲ爲シトハ交戰中敵國ノ爲メニ日本軍ノ軍情若シクハ兵隊屯集等ニ尤モ便利ナル所ヲ陰密ニ搜リ之ヲ敵國ニ通報スルモノ又敵國ノ間諜ヲ幇助スルトハ前述セルカ如キ事項ヲ搜ラン爲メ密ニ敵國人カ帝國軍中ニ入ルトカ又ハ地理形勢等ヲ知ラント

スルモノヲ誘導シテ帝國人ニ看破セラレサル樣ニ爲スモノニシテ此幇助ハ普通ノ場合トハ多少異ナル場合ナラサル可カラス幇助中ニモ自己ノ意思ハ敵國ヲ利スルト云フ觀念ナカラザルヘカラサル者ト信ス要之幇助ハ間諜ヲシテ最モ安全ニ帝國軍機ノ內情ヲ探ラシメントスルモノニシテ恰モ自ラ敵國ノ間諜トナリタルト同一ノ結果若シクハ夫レ以上ノ効果ヲ敵國ニ得セシムルモノナリ從テソノ處分ニ至リテハ全ク愛國思想ナキ一意專念敵國ノ利ノミ之レ事トスル奸黠ノ徒ナレハ極刑ヲ以テ律スル又當然ナリ第二項ノ軍事上ノ機密ヲ敵國ニ漏泄ストハ自ラ間諜タラサルモ其軍事ニ關スル政府ノ機密ヲ搜リ其結果ヲ敵ニ漏スモノ彼ノ日露交戰ノ始メニ於テ露探ナル名稱ヲ付シ新聞雜誌ニ排斥セラレタル者戒嚴令ノ爲メ退居ヲ命セラレタル者或ハ處分ヲ受ケタルモノ等何レモ本國ノ軍事上ノ機密ヲ敵國ニ漏シタル者若クハ其嫌疑アル者ニシテ之等ノ行爲ノ害惡容易ナラサル犯罪ナリトス最モ機密ハ單ニ軍事上トアルモ軍事ニ關スル政府ノ機密ナルヲ以テ彼ノ戰鬪行爲タル策戰計畫ニ限ルモノニアラサルコトヲ注意セサル可カラス何トナレ

第百三十一條 本國及ヒ同盟國ノ軍情機密ヲ敵國ニ漏泄シ若クハ兵隊屯集ノ要地又ハ道路ノ險夷ヲ敵國ニ通知シタル者ハ無期流刑ニ處ス
敵國ノ間諜ヲ誘導シテ本國管內ニ入ラシメ若クハ之ヲ藏匿シタル者亦同シ

ハ軍事上ノ機密トアルヲ以テ此機密中ニ或ハ費用ノ所便若シハ之ヲ徵收スル方法等一切機密ニ事ヲ為サザル可カラサルコトモ包含スルモノナレバナリ（舊法一三一參照）

第八十六條 前五條ニ記載シタル以外ノ方法ヲ以テ敵國ニ軍事上ノ利益ヲ與ヘ又ハ帝國ノ軍事上ノ利益ヲ害シタル者ハ二年以上ノ有期懲役ニ處ス

本條ハ前五條ニ揭ケタル以外ノ方法ヲ以テ即チ刑法カ外患ノ罪ニ對シ重ナル場合ハ一々列擧シタルモ尙世ノ文明ニ進ムニ從ヒ人智又之ニ伴ヒテ發達スルハ數ノ然ラシムル所反之一國ノ大法典ハ一度立法セラレタル時ハ時々修正追加等ヲ為スニ容易ナラザルヲ以テ立法當時想像ノ及ハサルモノモ頻々人智ノ進ムニ從テ實例ヲ生ムコトアリ故ニ包括的規定カ文明的立法ノ躰裁ヲ得タルモノト云フヘシ之レ本條ノ規定ヲ設クルニ至リタル所以ナリ

本條ノ規定ハ以上述ヘタルカ如キ理由ニ依リ生レ出テタルモノナルヲ以テ

第百三十二條　陸海軍ヨリ委任ヲ受ケ物品ヲ供給シ及ヒ工作ヲ爲ス者交戰ノ際敵國ニ通謀シ又ハ其賂遺ヲ收受シテ命令ニ違背シ軍備ヲ缺乏セシメタル時ハ有期流刑ニ處ス

規定自躰カ頗ル茫漠トシテ補足スル處ナシ之レ實ニ本條ノ精神ナリ本罪ヲ構成スルニハ條文明示ノ如ク前五條以外ノ手段方法ヲ以テセサルヘカラス斯クシテ敵國ニ軍事上ノ利益ヲ與フルトカ或ハ帝國ノ軍事上ノ利益ヲ害シタル犯罪ハ本條ヲ以テ律ス故ニ犯人モ亦本條ノ責任ヲ負ハサル可カラサルヤ當然ナリ而シテ如何ナル行爲カ罪トナルカ別ニ規定ノ見ルヘキモノナキヲ以テ偏ニ司法官ノ判定ニ一任スルノ外ナシ司法官ニシテ其犯人ノ行爲カ罪トナルヘキモノト認メタルトキハ宜シク公平ナル裁判ヲ下シ因テ以テ法ノ嚴正ヲ發揮セシムルノ覺悟ナカラサルヘカラス(舊法一三二參照)

第八十七條　前六條ノ未遂罪ハ之ヲ罰ス

本條ハ本章ノ未遂罪ヲ罰スルノ規定ナリ蓋シ第一編ニ未遂犯ヲ罰スルニハ必ス各場合ニ明文ヲ以テ規定ヲ設クトセシ適用法文ナリ由來未遂ハ或ハ罰シ或ハ罰セサルコトアリトノ法ノ原則ヨリ罰セントスルニハ必ス規定ノ必要アリ從テ規定ナキ未遂ハ之ヲ罰セサル又法ノ原則ト云フヘクシテ深ク説明

スル要ナシ

第八十八條　第八十一條乃至第八十六條ニ記載シタル罪ノ豫備又ハ陰謀ヲ爲シタル者ハ一年以上十年以下ノ懲役ニ處ス

本條ノ規定ハ前章第七十八條ノ場合ト同一精神ノモノナルヲ以テ說明ヲ省畧ス

第八十九條　本章ノ規定ハ戰時同盟國ニ對スル行爲ニ亦之ヲ適用ス

本條ハ本章ノ規定ヲ帝國ニアラサルモ戰時同盟國ニ對シテ犯シタル場合ニ適用セントノ特例ヲ設ケタルナリ戰時同盟國トハ如何ナル邦國ヲ云フヤニ就テハ素ヨリ國際法上ノ研究ニ讓ル處ナルモ今簡短ニ戰時同盟國ナルモノノ性質ヲ述レバ戰時同盟國トハ例ヘバ我國カ或邦國ト交戰中其交戰國以外

第百二十九條　外國ニ與シテ本國ニ抗敵シ又外國ト交戰中同盟國ニ抗敵シ其他本國ニ背叛シテ敵兵ニ附屬シタル者ハ死刑ニ處ス

第百三十條　交戰中敵兵ヲ透導シテ本國管內ニ入ラシメ若クハ本國及同盟國ノ都府城塞又ハ兵器彈藥船艦其他軍事ニ關スル土地家屋物件ヲ敵國ニ交付シタル者ハ死刑ニ處ス

ノ第三國ト條約ヲ以テ有効ニ第三國ト我國ト進退ヲ共ニ利害ノ關係ヲ同一ニセンコトヲ約シタル國ト國トノ關係ヲ云フ故ニ此種ノ國ニ對シ苟クモ本章ニ記載セラレタル罪ヲ犯サンカ其結果ヤ帝國ニ直接ト間接トヲ論セス影響ヲ及ボスモノナレバ本章ノ規定ヲ適用スル亦當然ナリト云ハサルヘカラス(舊法一二九、一三〇參照)

第四章　國交ニ關スル罪

本章ハ時運ノ進步ト共ニ舊時封建結髮ノ時代ヲ脫シ日ニ益々外國トノ交際頻繁トナリ外人ノ本邦ニ在留スルモノ多ク又其條約國間ハ尤モ國際的關係親密ヲ加フルニ從ヒ外國人ノ帝國ニ駐在シ或ハ漫遊スル者日々其數ヲ增加シ來ル故善隣ノ交際ハ尤モ親善ナラザルベカラズ此時ニ當リ若シ犯罪トナルヘキモノアランカ之亦特別ニ處分スルノ必要アリ然ルニ舊法ハ此點ニ關シ或ハ全ク規定ヲ缺キ或ハ其レニ類似ノ規定ヲ外患ノ罪ノ內ニ定メタリト雖モ性質上全ク特種ノモノナルヲ以テ本法ハ更ニ此點ニ就キテモ立法ノ躰

裁ヲ一新シ本章ヲ創設シ此等ノ規定ヲシテ罪ノ重ナルモノハ外國ノ君主大統領ニ對スルモノ及ビ之レカ代表者トシテ本邦ニ駐在スル公使幷ニ之等ノ人ノ家族外國ニ對スル罪及ヒ局外中立ニ關スル罪等ナリ

第九十條　帝國ニ滯在スル外國ノ君主又ハ大統領ニ對シ暴行又ハ脅迫ヲ加ヘタル者ハ一年以上十年以下ノ懲役ニ處ス

帝國ニ滯在スル外國ノ君主又ハ大統領ニ對シ侮辱ヲ加ヘタル者ハ三年以下ノ懲役ニ處ス但外國政府ノ請求ヲ待テ其罪ヲ論ス

本條ハ國際法上ノ禮義ヲ重スルカ爲メ特ニ一般外人ト異ニシ特別ニ其制裁法ヲ定メタルモノナリ卽チ帝國ニ滯在スル外國ノ君主又ハ大統領ニ對スル犯罪ノ制裁ヲ規定シタリ蓋シ我邦ト親交アル外國ノ君主大統領ハ常ニ帝國內ニ滯在セラルルモ其君主大統領ハ共ニ一國ノ主權者ナルヲ以テ交際親善

ナルノ間ハ主權者トシテ敬ハサル可カラス然ルニ此種ノ貴賓ニ對シ暴行ヲ加フルカ如キハ國ヲ耻カシムルノ大ナルモノト謂ハサルヘカラス故ニ普通犯ト區別シ玆ニ本條ヲ設ケタル所以ナリ

此暴行ニ就テハ如何ナル手段ヲ以テ爲スモ司法官カ認テ以テ暴行トナス時ハ本罪ヲ構成ス又本條ノ所謂大統領ナルモノハ共和政體國ノ統治權者トシ撰ハレテ一定ノ期間主權者タルモノヲ云フ例セハ佛國北米合衆國ノ如キ政體ノ國ヲ云フ第二項ニ於テ前項ノ場合ニ規定セル人々ニ對シ侮辱ヲ加ヘタルモノモ普通犯トセスシテ如何ナル行爲ニ依リ侮辱シタルヲ問ハス直接ト間接ト積極ナルト消極ナルトヲ論セス苟シクモ侮辱ヲ加ヘタル時ハ本條ヲ以テ律セラルルモノナリ而シテ其但書ニ外國政府ノ請求ヲ待テ其罪ヲ論ストアルハ如何之レ侮辱ナルモノハ如何ナル程度ニ於テ始メテ侮辱トナルヤハ國情風俗ノ異ナル外國人ニ對シテハ容易ニ判定スヘカラス故ニ外國政府カ日本ニ其主權者カ滯在中侮辱セラレタリト認メ告訴等ノ形式ニ依ラス其罪ヲ指摘シテ請求ヲ爲シタル場合ニ限リ其罪ヲ論セントスル所謂異形ノ親

告罪ナリ何故異形ノ親告罪ト云フヤ思フニ我法律カ認テ以テ親告罪ト云フハ被害者若シクハ被害者ノ法律上代理權ヲ有スルモノニアラサレハ之ヲ爲スコトヲ得サルハ既ニ明カナル處ナリ然ルニ本條ノ場合ニ政府ノ請求トアリ然ルニ其政府ハ直接ノ被害者ニアラス又主權者ノ法律上ノ代理人ニモアラサレハナリ之レ余ハ異形ノ親告罪ト云ハント欲スル所以ナリ

第九十一條　帝國ニ派遣セラレタル外國ノ使節ニ對シ暴行又ハ脅迫ヲ加ヘタル者ハ三年以下ノ懲役ニ處ス
帝國ニ派遣セラレタル外國ノ使節ニ對シ侮辱ヲ加ヘタル者ハ二年以下ノ懲役ニ處ス但被害者ノ請求ヲ待テ其罪ヲ論ス

本條ハ各本國ノ主權ヲ代表シテ派遣セラレタル使節ニ對シ暴行及侮辱ヲ加ヘタル者ニ對スル制裁ヲ定メタルモノナリ卽チ第一項ニ於ケル使節ニ暴行

ヲ加ヘトハ帝國ニ駐在スル公使等ニ不法ノ暴行ヲ加フルヲ云フ蓋シ此種ノ犯罪ハ延ヒテ國交上相互ノ和親ヲ破リ意外ノ出來事ヲ惹起スルヤモ計リ難ク殊ニ使節ハ前述セル如ク各本國主權ヲ代表スルモノナルヲ以テ之ヲ待ツニハ少クトモ其國主權ト同一ノ注意ナカルヘカラサルハ勿論ナリ故ニ國交ニ對スルモノトシテ本條ヲ設クル所以ニシテ交通頻繁タル今日ニ於テハ又當然ノ規定ト云フヘキナリ第二項ノ侮辱ニ就テハ前條ノ理由ト異ラサルヲ以テ別ニ説明セス只一言前條ト併テ茲ニ附言セントスルモノハ君主大統領若シクハ使節トアルヲ以テ犯罪ノ客體ハ必スヤ此人々ニ限ラサルヘカラス往々此場合ニ其君主ノ從者使節ノ家族ニモ及フモノノ如ク説ク者アルモ余ハ規定ノ精神ヨリ從者等ニ及ホス可キモノニアラスト信ス犯罪ノ客體ハ外國ノ君主大統領若シクハ使節ナルヲ以テ之レヲ犯ス所謂犯罪ノ主體ハ必スヤ帝國法律ノ下ニ服從スルモノタルヲ要スルヤ勿論ナリトス

第九十二條　外國ニ對シ侮辱ヲ加フル目的ヲ以テ其國ノ

國旗其他ノ國章ヲ損壞、除去又ハ汚穢シタル者ハ二年以下ノ懲役又ハ二百圓以下ノ罰金ニ處ス但外國政府ノ請求ヲ待テ其罪ヲ論ス

本條ハ帝國臣民カ外國ニ對シ侮辱ヲ加フル目的ヲ以テ其國ヲ表彰スルモノヲ損壞除去汚穢シタル行爲ニ對スル制裁ヲ規定シタルモノナリ其國ノ國旗トハ我帝國ノ日章旗ノ如キモノヲ云ヒ其他ノ國章トハ如何ナル形體ノモノナルカハ今茲ニ明言スル能ハスト雖モ兎ニ角依テ以テ其國ヲ表彰スルモノナルヲ要ス從テ本條ノ犯罪ヲ構成スルニハ第一外國ニ侮辱ヲ加フル意思ナカラサルヘカラス故ニ此意思ナキ時ハ一般犯罪ト全シク之ヲ罰スル者ニアラス第二損壞除去汚穢スルコトヲ要ス損壞トハ讀テ字ノ如ク形體ヲ變シタル場合ヲ云フ除去トハ外國人カ在留中其本國ノ大祭祝日等ニ軒頭ニ掲ケタルモノヲ取リ除キタル場合ノ如キ又汚穢トハ形體ハ其儘ナルモ汚損シ爲メニ其名譽ニ關スル底ノ行爲ヲ爲シタル場合ノ如キヲ云フモノナラント信ス

本條但書ノ之等ノ行爲ニ對シテハ果シテ外國ヲ侮辱シタルヤ否ヤヲ判知スル能ハサルヲ以テ被害國政府ノ請求即チ侮辱セラレタルヲ以テ相當ノ制裁ヲ加ヘラレンコトヲ訴ヘタル場合ニアラサレハ受理セサルモノトス處分ノ點ニ至テハ別ニ說明ヲ要セサルモノト思科スルヲ以テ之レヲ畧ス

第九十三條　外國ニ對シ私ニ戰鬪ヲ爲ス目的ヲ以テ其豫備又ハ陰謀ヲ爲シタル者ハ三月以上五年以下ノ禁錮ニ處ス但自首シタル者ハ其刑ヲ免除ス

本條ハ一私人カ團結シテ一定ノ領土ヲ有シ且ツ主權者ヲ有スル團體即チ外國ニ對シ戰鬪ヲ爲スノ目的ヲ以テ戰鬪ノ豫備若シクハ陰謀ヲ爲シタル者ニ對スル制裁法ナリ故ニ本條ノ罪ヲ構成スルニハ第一日本人タルコトヲ要シ第二私ニ戰鬪ヲ爲ス目的アルコトヲ要シ第三豫備陰謀ヲ爲シタルコトヲ要ス而シテ此第一要素タル日本人タルコトヲ要スルハ別ニ說明スルノ必要ナシト雖モ私ニ戰鬪ヲ爲スノ目的アルコトヲ要ストノ第二ノ要素ニ就テハ少

第百三十三條　外國ニ對シ私ニ戰端ヲ開キタル者ハ有期流刑ニ處ス其豫備ニ止ル物ハ一等又ハ二等ヲ減ス

シク說明セサルヘカラス此私ニトハ日本政府ノ命令ナクシテ兵ヲ備ヘ器ヲ集メ以テ戰爭行爲ニ出ツルコトヲ云フ故ニ此場合ニハ主謀者ナルト指揮者ナルト將タ參與者タルト附和隨行者タルトヲ問ハス苟クモ戰鬪ノ準備ヲ爲ストカ若シクハ未タ豫備ノ所爲マテ進マサル陰謀卽チ內心ノ外形ニ顯シタル場合ニ於テハ本條ヲ以テ律スルモノナリ第三要素タル豫備陰謀ニ付テハ深ク之レヲ說明セス何故豫備陰謀ニ止メタルヤハ亦稍ヤ疑アル點ナルモ本章ノ精神ハ國際上卽國交ニ關スル犯罪ニ限リタルヲ以テ豫備以上ノ行爲ニ對スル制裁ニテ足レハナリ之レヲ要スルニ本條ハ帝國政府ノ命令若シクハ許可ナクシテ外國ニ對シ戰鬪ヲ爲スノ目的ヲ以テ豫備陰謀ヲ爲シタルモノニ科スル制裁法ナレバ處分ノ點モ彼ノ外患ニ關スル犯罪行爲ノ如ク重クセサル所以ナリ尙本條但書ハ第八十條ノ精神ト同一ナルヲ以テ反覆說明セス

（舊法一三三參照）

第九十四條　外國交戰ノ際局外中立ニ關スル命令ニ違背

シタル者ハ三年以下ノ禁錮又ハ千圓以下ノ罰金ニ處ス

本條ハ日本政府ノ發布シタル局外中立ノ命令ニ違犯シタル者ニ對スル規定ナリ本條所謂外國交戰ノ際トハ帝國以外ノ邦國カ互ニ戰爭行爲ヲ爲ス場合ヲ云フ由來文明國ノ多クハ平和ノ時代ニハ何レモ親交國タリ然ルニ二若シクハ二以上ノ邦國カ互ニ戰爭行爲ヲ爲シ居ル時ニ際シ或一方ニ利益ヲ與フルカ如キハ國際法上許容スヘキモノニアラス故ニ近世國際法ノ進歩ト共ニ何等利益ノ關係ナキ三國ハ局外中立ト云フ一種固定ノ法若シクハ時ニ從ヒ中立ニ必要ナル案件ヲ定メ政府ハ勿論延テ一般臣民マテ遵守ノ義務アル命令ヲ發布スルヲ慣例トセリ而シテ局外中立トハ如何ト云フ詳細ナル點ニ付テハ國際法ノ研究ニ屬スルモノナレトモ說明ノ順序トシテ一言センカ局外中立トハ甲乙兩國間ニ於テ戰爭行爲ヲナシ居ル時ニ該リ何等關係ナキ我邦ハ此戰局ノ間ニ毫モ干與セサル行動ヲ云フ

故ニ本罪構成ノ要件ハ第一外國ノ交戰中ナルヲ要ス第二帝國政府カ局外中

立ノ命令ヲ發シタル場合ナルヲ要ス第三其命令ニ違犯シタルコトヲ要ス故ニ外國交戰中ト雖モ帝國政府カ未タ局外中立ノ法令ヲ發布セラレサルトキハ決シテ本罪ヲ構成スルモノニアラス然ラハ局外中立ノ法令發布セラレタル後未タ其發布アリタルコトヲ知ラサルモノハ如何トノ疑ヒ起ランモ此發布カ形式ヲ備ヘテ公ニセラレタル場合ニアリテハ臣民タルモノ知ラサルヲ以テ其罪ヲ免ルヘキモノニアラストノ一般刑典ノ原則ノ制裁ヲ受ケサル可カラサルモノナリ其命令ニ違背スト八局外中立ノ命令ニ掲ケラレタル規定ニ違背スルモノニシテ如何ナル規定ナルヤハ一々明示スル能ハス殊ニ此命令中時ニ際シテ發布セラルルモノノ如キハ殆ト豫知スヘカラサルハ勿論ナリト雖モ强テ例ヲ求ムレハ概子干戈ニ必要ナル物品所謂戰時禁制品ノ輸送交換賣買讓與等ヲ禁スル命令ナリ蓋シ之ヲ禁スレハ交戰國双方ニ對シ何等異心ヲ狹マサル政府及政府ノ臣民ノ意ヲ明カニスル者ニシテ從テ交戰ニ干與セサルコトヲ各國ニ須知セシムルヲ必要トス故ニ此規定ニ違背シタルモノヲ所罰スルハ國家維持ノ上ヨリ打算シテ當然ト云フヘキナリ然レトモ讀

第百三十四條 外國交戰ノ際本國ニ於テ局外中立ノ布告シタル時其布告ニ違背シタル者ハ六月以上三年以下ノ輕禁錮ニ處シ十圓以上百圓以下ノ罰金ヲ附加ス

者速了スル勿レ例ヘハ外國交戰中ト雖モ彼ノ普通平時ニ於テ行ハレツヽアル貿易ノ如キハ如何ニ局外中立ノ公布アリタリトテ決シテ杜絶セラルヘキモノニアラサルヲ然レトモ讀者ニ記臆セラルヘカラサルモノアリ曰ク平時ニアリテハ何等制裁ナキ貿易品モ交戰時代ニハ往々禁制品トナリ局外中立ノ規定ニ反スルモノアルコトナリ(舊法一三四參照)

第五章 公務ノ執行ヲ妨害スル罪

凡ソ國家ノ機關ニ參與シテ公務ヲ執行スル者ニ對シテハ法律ハ充分之レヲ保護セサル可カラス勿論特ニ公務ノ執行ヲ爲ス者ノミナラス一般人民モ亦同シト雖モ一私人ニ對スルト公務ノ執行ヲ爲ス者ニ對スルトハ其間又差異アルヲ以テ之ヲ區別スルノ必要アリ卽チ本章ハ此區別ヲ爲シ公務ノ執行ヲ妨害スル犯罪ニ就テノ規定ヲ設ケタルモノナリ卽チ公務員ノ職務執行ヲ妨害シテ容易ナラシメサル場合及公務員ノ施シタル封印又ハ差押ノ標示ヲ損壞シタルモノニ對スル制裁規定タリ

第九十五條　公務員ノ職務ヲ執行スルニ當リ之ニ對シテ暴行又ハ脅迫ヲ加ヘタル者ハ三年以下ノ懲役又ハ禁錮ニ處ス

公務員ヲシテ或處分ヲ爲サシメ若クハ爲サヽラシムル爲メ又ハ其職ヲ辭セシムル爲メ暴行又ハ脅迫ヲ加ヘタル者亦同シ

本條ハ公務員カ職務ヲ執行スルニ際シ其職務ヲ妨害スル爲メ暴行脅迫ヲ爲シタル者ニ對スル制裁法文ナリ故ニ本條第一項ノ罪ヲ構成スル要素ハ第一公務員カ公務ヲ執行スル場合タルヲ要ス第二暴行又ハ脅迫ヲ以テ妨害ヲ爲スコトヲ要ス公務員トハ第一編第七條ニ規定シタル官吏公吏及法令ニ依リ公務ニ從事スル職員委員其他ノ職員假令ハ雇員ノ如キ者ヲ云フ此種ノ者ハ何レモ國家機關ニ參與スルモノニシテ上ハ內閣總理大臣ヨリ下ハ市町村タ

ル自治團體ノ職務ヲ執行スル者マテヲ含ム之等ノ者カ苟クモ職務ヲ完全ニスル能ハサランカ直ニ國家ノ機關ニ障害ヲ來シ國政維持ニ困難ヲ生ス故ニ宜シク之レカ防備ヲ講セサルヘカラス又第二要素タル暴行トハ前ニ述タルカ如ク公務執行者ニ對シ不正ノ腕力ヲ加ヘタルトノ意味ナルヲ以テ不正ノ腕力ハ必スシモ直接ナルヲ要セス間接ニテモ兎モ角依テ以テ其職務ノ執行ヲ妨害セハ足レリ脅迫トハ公務員ヲシテ爲メニ心裡ニ恐怖心ヲ惹起シ職務ヲ行フコト能ハサルニ至ラシムレバ足リ手段ノ如何ヲ問ハサルナリ最此點ニ就テハ學者ノ間永ク異論アリシ處ナルモ著者ハ此區別ヲ爲スノ必要ナキモノト信ス例ハ大音ヲ發シ大ニ憤怒ノ姿勢ヲ裝フモ又白刃ヲ振テ汝ヲ殺害セント脅迫スルモノハ銃口ヲ目前ニ向ケ一發ノ下ニ銃殺セント脅迫スルモ兎ニ角爲メニ公務員ヲシテ危害急迫ニシテ心裡ニ恐怖心ヲ懷カシメ正當職務ノ執行ヲ爲シ能ハサリシ狀態ニ至レハ直ニ以テ本條ノ罪ヲ構成スルモノナリト信ス尤モ單純ニ彼ノ森林官及巡査カ其盜人ヲ捕ヘントシテ來ルニ際シ之レニ對シ只目ヲ瞋ラシ肩ヲ張ラシタルカ如キノミニテハ未タ容易ニ脅

迫ナリト謂フヲ得ス然レトモ又全ク不能ナリトモ云フ能ハサルナリ故ニ余ハ飽迄モ爲メニ正當ノ職務ヲ執行シ能ハサラシメタル狀態ニ其行爲カ行ハルレハ足ルモノナリト云ハント欲スルモノナリ

第二項ハ公務員タル官吏公吏議員委員其他ノ職員ヲシテ職務上爲スヘカラサル卽チ行爲ヲ强ヒテ爲サシメ或ハ作爲行爲ヲ爲サシメス又ハ其職ヲ辭セシムル爲メ暴行又ハ脅迫ヲ加ヘタル者ニ對スル制裁ニシテ此種ノ行爲ハ從來往々行ハレタルモノナリ殊ニ彼ノ議員委員等ノ職ヲ辭セシムル爲メ壯士カ脅迫セシ等ノ實例ハ多々アリ而シテ此種ノ犯罪ハ國家機關ノ活動ヲ誤ラシムルノミナラス尤モ敏速ヲ尙フ機關カ爲メニ停止スル等ノ不都合ヲ來ス場合ナキニアラス之レ本條第二項ニ於テ特ニ此規定ヲ明カニシタルモノナリ更ニ本條ノ處分規定ハ懲役若クハ禁錮トシテ二種ノ刑名ヲ付シタルヲ以テ一片皮想ノ見解ヨリ見ルトキハ異樣ノ感ヲ抱ク規定ナリトス然レトモ進ンテ本條ノ精神ヲ硏究シタランニハ亦首肯シ得ベキ點ナキニアラス何者此種ノ犯罪ハ犯人ノ身分犯罪ノ狀況或ハ結果ニ依リ必ラスシモ一樣ナラス例

第百三十九條　官吏其職務ヲ以テ法律規則ヲ執行シ又ハ行政司法官署ノ命令ヲ執行スルニ當リ暴行脅迫ヲ以テ其官吏ニ抗拒シタル者ハ四月以上四年以下ノ重禁錮ニ處シ五圓以上五十圓以下ノ罰金ヲ附加ス
暴行脅迫ヲ以テ其官吏ノ爲ス可カラサル事件ヲ行ハシメタル者亦同シ

へハ税務官吏ガ酒ノ檢査ヲ爲スヲ拒ム爲メ暴行脅迫ヲ爲スト衆議院議員ニ對シ其選擧區民若クハ反對派ノ連中カ辭職セシムベク脅迫シタルトハ其間雲泥ノ差アルヘク從テ本條ハ之等ノ適用ハ各事實ノ發生ヲ俟テ事實承審官ノ判定ニ任セシムベク規定シタルモノト信ス尚本條ノ犯罪人ハ必ラス普通人ニシテ公務員外ノ人ナラサルベカラス(舊法第百三十九條參照)

第九十六條　公務員ノ施シタル封印又ハ差押ノ標示ヲ損壞シ又ハ其他ノ方法ヲ以テ封印又ハ標示ヲ無效タラシメタル者ハ二年以下ノ懲役又ハ三百圓以下ノ罰金ニ處ス

本條ハ公務員カ其職務上必要ナル封印又ハ差押ノ標示ヲ施シタルモノヲ損壞シ無効タラシメタル場合ノ制裁法ナリ故ニ本條ノ罪ハ公務員ノ施シタル封印又ハ差押ノ標示ヲ損壞若シクハ無効タラシムル行爲ヲ云フ而シテ封印トハ公務員カ其職務上他人ノ所有物件ノ保管ヲ爲ス爲メノ方法ナルヲ以テ之レヲ損壞センカ爲メニ簡易ニシテ完全ノ保管ヲ爲ス克ハス差押ノ標示ト

第百七十四條　官署ノ處分ニ因リ特別ニ家屋倉庫其他ノ物件ニ施シタル封印ヲ破棄シタル者ハ二月以上二年以下ノ重禁錮ニ處ス
若シ看守者自ラ犯シタル時ハ一等ヲ加フ

ハ彼ノ執達吏若シクハ司法警察官檢事豫審判事等カ職務上或種ノ財團若シクハ證據物件ノ散逸湮滅等ナカラシメン爲メ差押ヲ施シ所有者ノ有スル處分權ヲ停止シ以テ此方法ヲ周知セシムル手段ヲ云フ然ルニ之ヲ損壞其他如何ナル方法ヲ以テスルモ苟クモ封印差押ノ効ナカラシメンニハ遂ニ物件保管ノ効果ヲ得セシムル克ハサルト又一ニハ證據散逸シ或ハ亡失スル等ノ結果犯人罪ヲ免レ無辜却テ罰セラルルガ如キ誤リヲ來スコトナキヲ保シ難シ故ニ本條ヲ設ケテ之等ノ弊害ヲ除去セントスルハ蓋シ當然ノ規定ト云フヘシ(舊法一七四、參照)

第六章　逃走ノ罪

司法權ノ執行ハ可成的敏活嚴正ナルヲ要スルハ近世文明國ノ尤モ望ム處ナリ故ニ已決未決ノ囚人拘禁セラレツツアル時ニ於テ其拘禁ヲ逃レンカ司法權ノ執行ヲ妨クルヤ至大ナリ故ニ法律ハ此場合ニ對シ十分ナル刑罰ヲ科シ未發ニ豫防センコトヲ勉ムルハ洋ノ東西ヲ問ハス皆一ナリ之レ本章アル所

以ニシテ其罪ノ大躰ハ被拘禁者自ラ進テ逃走シタル塲合ト他人カ奪取シタルモノト逃走セントスル者ヲ補助シタル罪ト看守者及護送者カ特ニ逃走セシメタル塲合トニ分チテ規定シアリ

第九十七條　既決、未決ノ囚人逃走シタルトキハ一年以下ノ懲役ニ處ス

本條ハ既決未決ノ囚徒逃走ノ罪ヲ規定セリ蓋シ本條ハ單純ナル逃走ノ場合ニシテ鐵窓ノ下ニ幽愁伸吟スルノ苦ヲ免レントスル衷情憐ムヘキ狀態ヨリ犯サルルモノナリト雖モ之等ノモノハ何レモ國法ヲ犯シ又ハ其嫌疑ヲ受ケ法律ガ拘禁シタルモノ其拘禁ヲ逃レントスルハ司法權ノ執行ヲ侵害ス之レ本條ニ據テ科罰スル所以ナリ而シテ本條ハ單ニ逃走ノ事實アル者ヲ罰スルモノニシテ彼ノ看守者カ拘禁者ノ戶扉ヲ閉ツルヲ忘レタルトカ鎖鑰ヲ施スコトヲ失念セリト云フ場合ハ恰モ籠ノ口ヲ開キアル飛鳥ノ如ク日夜周圍ノ幽欝ヲ嘆シ不知不識ノ間ニ逸出スルモノナルヲ以テ罪トナルヘキモノニア

第百四十二條　已決ノ囚徒逃走シタル者ハ一月以上六月以下ノ重禁錮ニ處ス

第百四十四條　未決ノ囚徒入監中逃走シタル者ハ第百四十二條ノ例ニ同シ但原犯ノ罪ヲ判決スル時ニ於テ數罪倶發ノ例ニ照シテ處斷ス

ラストノ説ヲ打破シタルモノナリト云フヘキナリ何トナレハ逃走モ種々ノ手段ヲ行ヒ爲スコトアルモ其ノ各場合ハ次條以下ニ規定シアルヲ以テ見ルモ瞭然タリ勿論本條ニハ只逃走トノミアリテ如何ナル手段ヲ以テト云フ明示ハアラサルモ兎ニ角放免ノ命アルマテハ法律ノ命スル所ニ從テ謹愼スヘキ者カ其命ヲ待タス自ラ逃レ出テタル所爲アレハ足ル本條ノ既決未決ノ囚人トハ一ハ已ニ刑ノ執行ヲ受ケツツアルモノ他ハ未タ犯罪ノ有無確定セサル即チ刑事被告人ニシテ拘禁中ノモノヲ指稱ス(舊法一四二ノ一項、一四四、參照)

第九十八條　既決、未決ノ囚人又ハ拘引狀ノ執行ヲ受ケタル者拘禁場又ハ械具ヲ損壞シ若クハ暴行脅迫ヲ爲シ又ハ二人以上通謀シテ逃走シタルトキハ三月以上五年以下ノ懲役ニ處ス本條ハ被拘禁者ガ拘禁ヲ免レン爲メ逃走ニ至ルマテノ手段ニ依テ刑罰ヲ重クセントノ規定ナリ卽チ法令ニ依リ拘禁セラレタル者拘禁場又ハ械具ヲ損壞シ若クハ暴行脅迫ヲ爲シ又ハ二人以上通謀シテ逃走シタル場合ナリ故ニ本條ノ罪ヲ構成スルニハ少クモ右ノ各場合ノ行爲アルコトヲ要ス若シ本條以外ノ方法ニ依テ自ラ逃走セルモノハ前條ノ刑ヲ科スヘキモノト知ル可シ拘禁場トハ總則編ニ規定アル場所卽チ懲役場禁錮場拘留場若シクハ勞役場等ヲ云フ勿論刑事被告人或ハ死刑ノ宣告ヲ受ケタル者ノ拘禁場ハ刑法ニハ何等ノ規定ナキモ地方監獄內ナルコトハ明カナリ此監獄內ノ各場所ニ就テハ監獄則ノ規定ニ讓リ玆ニハ說明ヲ省略ス拘禁場或ハ械具ヲ損壞スルカ若シクハ暴行脅迫ヲナシ又ハ二人以上通謀シテ逃走ヲ企ツルハ單純ノ逃走罪ト同一ニ律スヘキモノニアラス殊ニ如斯犯罪數時行ハルルニ至ランカ公益ヲ害スルコト彼ノ看守者ノ隙ヲ窺ヒ逸出スルモノト同日ニ論ス可カラザルモノアリ之レ本條カ特ニ新規定ヲ置キ行爲ノ重キモノニハ其ノ目的ノ如何ヲ論セス重ク罰セントスル必要ヲ生スル所以ナリ而シテ本條ニ所謂械具ト

百四十二條（第二項）若シ獄舍獄具ヲ毀壞シ又ハ暴行脅迫ヲ爲シテ逃走シタル者ハ三月以上三年以下ノ重禁錮ニ處ス

第百四十五條 囚徒三人以上通謀シテ逃走シタル時ハ第百四十二條ノ例ニ照シ各一等ヲ加フ

ハ之レ亦監獄則ニ定メタル所ノ物品ニシテ現行監獄法ニ據ルトキハ通常何レモ目撃シ居ル手錠捕繩其他無期刑四等ニ使用スル施錠或ハ連鎖ノ類ヲ云フモノナリ(舊刑法一四二ノ二項、一四五參照)

第九十九條 法令ニ因リ拘禁セラレタル者ヲ奪取シタル者ハ三月以上五年以下ノ懲役ニ處ス

本條ハ被拘禁者ヲ他人カ奪取シタル場合ノ制裁ナリ本條ノ罪ヲ構成スルニハ第一犯罪ノ主躰ハ被拘禁者以外ノモノナラサルヘカラス第二犯罪ノ客躰ハ被拘禁者タルコトヲ要ス第三奪取ノ行爲アルコトヲ要ス此第一及第二ハ別ニ說明セザルモ明カナルベク第三ノ奪取ハ看守者ヨリ然ラサレバ拘禁場ニ相當械具ヲ施シテ拘禁シアル者ヲ奪取スルコトヲ要スベキモ然カモ其方法ハ如何ナル手段ニ依テ奪フモ奪ヒタル事實アレハ本罪成立ス又之レヲ重ク罰スル所以ハ此種ノ行爲ハ社會ヲ害スルコト甚タシク公權ノ執行ヲ妨害スルノ行爲ナレハナリ(舊法一四七參照)

第百四十七條　囚徒ヲ劫奪シ又ハ暴行脅迫ヲ以テ囚徒ノ逃走ヲ助ケタル者ハ一年以上五年以下ノ重禁錮ニ處シ五圓以上五十圓以下ノ罰金ヲ附ス

第百條　法令ニ因リ拘禁セラレタル者ヲ逃走セシムル目的ヲ以テ器具ヲ給與シ其他逃走ヲ容易ナラシム可キ行爲ヲ爲シタル者ハ三年以下ノ懲役ニ處ス

前項ノ目的ヲ以テ暴行又ハ脅迫ヲ爲シタル者ハ三月以上五年以下ノ懲役ニ處ス

本條モ亦前條ト全シク法令ニ依リ拘禁セラレタルモノヲ助ケテ逃走セシメタルモノニ對スル制裁ナリ故ニ本條ノ罪ハ(1)被拘禁者ヲ逃走セシムル目的アルヲ要ス(2)器具ヲ給與シ其他逃走ヲ容易ナラシメタル行爲アルコトヲ要スルノ二條件ヲ以テ本罪ハ成立スルモノナリ蓋シ被拘禁者ヲ逃走セシムル目的ヲ有セサル者ハ恐ラクハ如斯犯罪行爲アルヘキ理由ナキモノナルモ特ニ之ノ文字ヲ挿入スル所以ハ逃走セントスル者ハ他ニアリテ其逃走希望者ヲ助クルニハ其意思アラサレハ罪トナラサルヲ以テ特ニ此規定ヲ要スルモ

第百四十六條 囚徒ヲ逃走セシムル爲メ兇器其他ノ器具ヲ給與シ又ハ逃走ノ方法ヲ指示シタル者ハ三月以上三年以下ノ重禁錮ニ處シ二圓以上二十圓以下ノ罰金ヲ附加ス因テ囚徒ノ逃走ヲ致シタル時ハ一等ヲ加フ

ノナランカ器具ヲ給與シトハ例ヘハ逃走ニ必要ナル鍵トカ鋸トカ或ハ刄物梯子ノ如キモノヲ云フ其他逃走ヲ容易ナラシムヘキ行爲トハ例セハ拘禁場ヲ破壞シテ逃走セヨトカ戸扉ノ開ケタルトキ犯セヨトカ看守者ノ隙ハ如何ナル時ニアルモノナリナドト逃走ノ方法ヲ指導シテ逃走セシメントスルモノヲ云フ

第二項ノ暴行脅迫ヲ爲シトハ已ニ其行爲急劇ニ出テ未タ如斯コトナキトキハ逃走セントスル囚人ニアリテモ容易ニ脱獄スル能ハサルモ斯ク看守者ヲ脅迫シ暴行ヲ加フルコトアランカ從テ逃走犯人ハ易々其目的ヲ達シ得ルモノニシテ一方看守者ニ於テ却テ看守ノ困難ヲ生スルコト普通ナリ從テ之レニ對シ重キ刑ヲ科スルモ亦至當ト云フヘキナリ尚注意スヘキハ本條ノ場合ニ於テ往々囚人カ逃走ノ目的ヲ達セサル時ハ犯罪成立スルモノニアラスト說ク者アレトモ規定ノ精神ハ決シテ其所ニアラズシテ囚人ハ逃走スルモ又ハ未遂ナルモ本罪成立ニ影響アルコトナシ然ルニ舊法時代ニ在リテハ法文不完全ナルカ爲メ往々誤解セラレタルモ本法ハ此欠缺ヲ補ヘタルモノナレハ

第百四十七條　囚徒ヲ劫奪シ又ハ暴行脅迫ヲ以テ囚徒ヲ逃走セシメタル者ハ一年以上五年以下ノ重禁錮ニ處シ五圓以上五十圓以下ノ罰金ヲ附加ス
若シ重罪ノ刑ニ處セラレタル囚徒ニ係ル時ハ輕懲役ニ處ス

犯人カ囚人ヲシテ逃走セシムルノ目的ヲ以テ遂行セハ本罪成立スルト共ニ本條ノ制裁ヲ科スベク規定シタルモノナリト解セザルベカラズ(舊法一四六、一四七ノ一部參照)

第百一條　法令ニ因リ拘禁セラレタル者ヲ看守又ハ護送スル者被拘禁者ヲ逃走セシメタルトキハ一年以上十年以下ノ懲役ニ處ス

本條ハ被拘禁者ヲ看守スルモノ又ハ護送スルモノカ其職務ヲ離レ自ラ進ンテ拘禁者ヲ逃走セシメタルモノニ對スル故ニ本罪ノ構成要件トシテハ犯人ハ拘禁者ヲ看守スル者又ハ護送ノ職ニアラサレハ能ハサル特別要件ヲ要ス由來本罪成立ノ主體タル犯人ハ何レモ其職責上拘禁人ヲ監護シテ以テ拘禁者ノ逃走ヲ防遏セサル可カラサルニ却テ自ラ逃走セシムルカ如キ者ハ決シテ其罪ヲ免ルヘキモノニアラス故ニ科罰ノ點ニ於テモ他ノ場合ヨリ重刑ヲ科スルハ蓋シ當然ノコトヽ云フヘキナリ而シテ本條ノ看守者及護送スルモ

第百四十八條 囚徒ヲ看守シ又ハ護送スル者囚徒ヲ逃走セシメタル時ハ亦前條ニ同シ

第百四十九條 前數條ニ記載シタル輕罪ヲ犯サントシテ未タ遂ケサル者ハ未遂犯罪ノ例ニ照シテ處斷ス

ノトハ彼ノ司獄官巡査憲兵ノ如キ者ヲ云フ本條ノ罪ハ前述ノ如キ職務ヲ奉スルモノナルカ故ニ普通罪ヨリ重ク規定セラレタルモノナレハ本條當然ノ解釋トシテ現ニ職ニ在ラサル者ハ例ヘ斯ル場合アルモ一私人トシテ他ノ法條ノ下ニ律セラルルハ勿論ナルモ本條ヲ以テ論セラルヘキモノニアラザルナリ尚本條ニハ逃走セシメタルトキトアルカ故未タ囚人ニシテ逃走セサリシトキハ未遂罪ハ成立スルモ本罪ノ已遂ト云フ可カラサルコトヲ注意セサルヘカラス(舊法一四八參照)

第百二條 本章ノ未遂罪ハ之ヲ罰ス

本條ハ前五條ニ說キタル罪ヲ犯シ未タ遂ケサルモノヲ未遂罪ノ例ニ依テ罰セントスル規定ナレハ別ニ說明ノ要ナカルヘシ(舊法一四九參照)

第七章 罪人藏匿及ヒ證憑湮滅ノ罪

犯罪人及ヒ其犯罪ニ關スル一切ノ證據ハ司法權執行ヲ確實ナラシムル唯一

ノモノナリ故ニ法律ハ此罪人ヲ藏匿隱避シ證據物件ヲ湮滅スルモノナキ樣ナラシメサル可カラス故ニ此種ノ罪ヲ犯スモノアレハ之レ均シク公權ノ執行ヲ妨害スルモノトシテ科罰セザル可カラス之レ本章アル所以ナリ本章ニ於テ規定セラレタルモノハ犯罪人ヲ藏匿隱避シ他人ノ刑事被告事件ノ證憑ヲ湮滅シ若シクハ僞造變造シタル罪ヲ定メン爲メ處分ヲ明示シタルモノナリ

第百三條　罰金以上ノ刑ニ該ル罪ヲ犯シタル者又ハ拘禁中逃走シタル者ヲ藏匿シ又ハ隱避セシメタル者ハ二年以下ノ懲役又ハ二百圓以下ノ罰金ニ處ス

罪人藏匿及ヒ隱避セシメタルモノニ對スル制裁法ナリ故ニ本條ノ罪ヲ構成スルニハ(1)藏匿又ハ隱避セシメタルコト(2)藏匿及ヒ隱避セシメタル者ハ罰金以上ノ罪ヲ犯シタルモノ及拘禁中逃走シタルモノ(3)情ヲ知リテ藏匿若シクハ隱避シタルコトノ三條件備ハラザレハ成立セス而シテ藏匿トハ積極的

第百五十一條　犯罪人又ハ逃走ノ囚徒及ヒ監視ニ付セラレタル者ナルコトヲ知テ之ヲ藏匿シ若クハ隱避セシメタル者ハ十一日以上一年以下ノ輕禁錮ニ處シ二圓以上二十圓以下ノ罰金ヲ附加ス

ニ官ヨリ發見シ得サラシムル狀態ニ犯人ヲ置クコトヲ云フ例セハ犯人ニ隱匿ノ場所ヲ給與スルトカ自己ノ家屋ニ借伏セシムルカ或ハ衣服容貌ヲ變セシムルノ行爲ヲ云ヒ又隱避トハ自ラ進テ匿スモノニアラスシテ犯人ノ借伏セントスル行爲ヲ助クルノ義ナリ例ヘハ犯人ノ爲ス働キニテハ發見セラルルコトヲ知リ旅費ヲ給與シテ逃走セシムルカ匿場所ヲ指示スルカノ如キ行爲ヲ云フ故ニ第一要件ノ場合ニアリテハ只一時憐愍ノ情ヨリ一泊ヲ許シ一飯ヲ喫セシムル如キハ未タ以テ藏匿若シクハ隱避セシメタリト云フヲ得ス第二要件タル罰金以上ノ刑ニ該ルヘキ罪ヲ犯シタル者トハ未タ必ラスシモ已決ノ罪人タルコトヲ要セス單ニ犯人トシテ嫌疑ヲ受ケ居ルモノニテモ可ナリ拘禁中逃走シタルモノトハ逃走ノ目的ヲ達シ首尾能ク脫獄シタルモノヲ指稱セリ第三ノ要件ハ本條ノ如キ積極的ノ行爲ニハ尤モ必要ナルモノニシテ若シ夫レ犯人タルコトヲ知ラサル時ハ決シテ罪トナルヘキモノニアラス蓋シ無意ノ行意ハ刑法之レヲ罰セサルヲ原則トスレハナリ然レトモ彼ノ一私人ノ人情恩義或ハ義俠心ヨリ出テタル行爲ハ以テ公權ヲ侵害シテマテ

若シ重罪ノ刑ニ處セラレタル囚徒ニ係ル時ハ一等ヲ加

モ行フヘキ正當ノ行爲ト云フ能ハス（舊法一五一、參照）

第百四條　他人ノ刑事被告事件ニ關スル證憑ヲ湮滅シ又ハ僞造、變造シ若クハ僞造變造ノ證憑ヲ使用シタル者ハ二年以下ノ懲役又ハ二百圓以下ノ罰金ニ處ス

本條ノ精神ハ前條ト異ナル處ナク只其目的カ人タルト物件タルトノ差アルノミ即チ本條ハ他人ノ刑事被告事件ニ關スル證據ヲ湮滅スルトカ或ハ其證憑ヲ僞造變造シ若シクハ僞造變造ノ證憑ヲ使用スルコトヲ要スルモノニシテ其意思ヤ他人ノ罪ヲ庇陰スルノ目的ニ出テサル可カラス而シテ本條ノ他人トハ自己以外ノ者ノ刑事被告事件ニ必要ナル卽チ其罪ヲ證明スル處ノ證憑物件タラサル可カラサルカ爲メ自己ノ刑事被告事件ナル時ハ決シテ本罪ヲ成立スルコトナシ之レ人ハ如何ナル場合ニ於テモ自己ノ惡事ヲ證明スル證憑ヲ湮滅スルハ人情ノ然ラシムル所ニシテ特ニ罰スル程ノ者ニアラサルヲ以テ他人ノ場合ニ限ル所以ナリ證憑トハ或種ノ物ニシテ其物カ犯罪ヲ證

第百五十二條 他人ノ罪ヲ免カレシメンコトヲ圖リ其罪證ト爲ル可キ物件ヲ隱蔽シタル者ハ十一日以上六月以下ノ輕禁錮ニ處シ二圓以上二十圓以下ノ罰金ヲ附加ス

明スル具トナルヘキモノヲ云フ而シテ此物ヲ湮滅スルトハ其證憑卽チ罪證トナル可キ證憑ノ所在ヲ不明ニシ發見ニ困難ナラシメ若シクハ發見スル能ハサル態度ヲ云フ之レ司法權ノ作用ヲ侵害シ遂ニハ罪跡ヲ韜晦スルニ終ハルコトアルヲ以テ斯ク罰セントスルモノナリ又證憑ヲ僞造シ若シクハ變造センカ之レ又共ニ信實ヲ發見スル能ハサル狀態ニ置クモノナレハ足レリ尙此ノ僞造變造ノ證憑ヲ使用スルトハ此使用ハ官署ニ向ヒテ使用シタルコトヲ要ス勿論官署ニ向テ爲サザルモ官吏カ爲メニ直實ヲ發見スル能ハサル場合ハ共ニ本條ノ使用ナル文字ニ適格スルモノト知ル可シ之レ舊法ヲ修正シテ適用ヲ廣クシタルモノナリ僞造變造ハ爲メニ他人ノ有罪無罪ヲ證スル證憑ヲ眞實ナルモノノ如ク作製シ若シクハ眞實ナルモノニ工作ヲ加ヘテ不眞實ナルモノノ如ク裝ヒタル場合ニシテ何レモ以テ公平ナル判斷ヲ司法官ニ誤ラシメントシタル場合ニ於テ本條ノ罪成立スルモノナリ(舊法一五二參照)

第百五條 本章ノ罪ハ犯人又ハ逃走者ノ親族ニシテ犯人又ハ逃走者ノ利益ノ爲メニ犯シタルトキハ之ヲ罪セス

第百五十三條　前二條ノ罪ヲ犯シタル者犯人ノ親屬ニ係ル時ハ其罪ヲ論セス

本條ハ本章ニ定メタル被告人及ヒ逃走者ノ親族ノ犯シタル場合ニ就テノ規定ナリ即チ被告人又ハ逃走人ノ親族ト云フ特別ナルモノニアラサレバ本條ヲ適用スルモノニアラス而シテ本條ニ於テ其親族カ犯人ノ不利益ノ爲メニ犯シタルトキハ當然之レヲ罰スルモ若シ夫レ普通ノ人情ヨリ割出スモ其間ニハ他人ノ得テ知ル可カラサル親密ノ關係アルモノナルヲ以テ犯シタル所ノ行爲ハ自己ノ場合ト殆ト撰ハサルモノナレハ特ニ犯人ノ利益ノ爲メニ犯シタルトキハ之レヲ罰セサルハ蓋シ至當ノ規定ナランカ(舊法一五三參照)

第八章　騷擾ノ罪

平和ノ時代ニ於テ多衆聚合シテ社會ヲ騷擾センカ公ノ平和ヲ破ルヤ多シ即チ此種ノ犯罪ハ實ニ公權ヲ蔑視スルモノト云フ可ク從テ國家ガ諸般ノ制度ヲ設ケテ保障セントスル社會ノ靜穩ヲ害シ安寧秩序ヲ妨害スルノ甚タシキモノト云ハサルベカラズ故ニ法律ハ豫メ之レニ對スル善後策ヲ講シ置クノ

必要アリ之レ洋ノ東西時ノ古今ヲ問ハス如何ナル社會如何ナル邦國ニ於テモ之レニ對スル制裁ヲ設クル所以ナリ我舊法モ第二編第三章第一節ニ於テ兇徒聚衆ノ罪トシテ規定シタルモ本法ハ舊法ノ規定ヲ修正シ兼テ學者ノ批難ヲ避ケ大ニ其面目ヲ改メタル罪名ナリト云フ可シ

第百六條　多衆聚合シテ暴行又ハ脅迫ヲ爲シタル者ハ騷擾ノ罪ト爲シ左ノ區別ニ從テ處斷ス

一　首魁ハ一年以上十年以下ノ懲役又ハ禁錮ニ處ス

二　他人ヲ指揮シ又ハ他人ニ率先シテ勢ヲ助ケタル者ハ六月以上七年以下ノ懲役又ハ禁錮ニ處ス

三　附和行シタル者ハ五十圓以下ノ罰金ニ處ス

本條ハ目的ノ如何ヲ論セス多數ノ人民相集リテ暴行又ハ脅迫ヲ爲シタル者ニ對スル制裁法ナリ蓋シ多數ノ人民聚合シテ暴行脅迫ヲ爲ストキハ社會ノ

公安ヲ害スルコト甚シク從テ其行爲ハ恰モ第二章ニ規定セラレタル內亂ニ等シキ結果ヲ生スルコトアリ然レトモ本條ノ多衆聚合ハ其目的內亂以外ナルコトヲ要スルハ又明カナル所ナリ即チ本條ハ法文ニ示ス如ク何等ノ目的ヲ問ハス其目的ヲ達セン爲メ暴行脅迫ヲ爲スコト及ヒ此暴行脅迫ヲ爲スニハ多衆ノ聚合スルコトヲ成立要件トスルヲ以テ假令暴行脅迫ヲ爲スモ多數聚合セサレハ本條ノ罪ヲ構成スルコトナキト同シク多衆聚合スルモ暴行脅迫ヲ爲サザルトキハ亦以テ本罪成立セサルナリ而シテ本條ノ多衆聚合シトハ法文自體頗ル漠然トシテ如何ナル數ニマテ至レハ多衆聚合ニ於テ稱ルコトヲ得ルヤニ就テハ何等ノ規定ナキヲ以テ其如何ナル狀態ニアリテ然ルヤハ事實裁判官ノ判定ニ一任スル外ナキモ少クモ十數ヲ以テ數フルニ至ラサレハ恐ラクハ本罪成立スヘキモノニアラスト確信ス暴行脅迫ニ就テハ前既ニ說述シ置キタルヲ以テ玆ニ深ク說明セス只社會カ認メテ以テ暴行脅迫ナリトスレハ足ル又第一ニ本條ノ冒頭ニ於テ何等ノ目的タルヲ問ハスト云フ所以ハ舊刑法ノ例示ヲ修正シタルモノナリ何故之ヲ例示セサルヤト云フニ

第百三十七條 兇徒多衆ヲ嘯聚シテ官廳ニ喧閙シ官吏ニ强逼シ又ハ村市ヲ騷擾シ其他暴動ヲ爲シタル者首魁及ヒ教唆者ハ重懲役ニ處ス其嘯聚ニ應シ煽動シテ勢ヲ助ケタル者ハ輕懲役ニ處ス其情輕キ者ハ一等ヲ減ス附和隨行シタル者ハ二圓以上二十圓以下ノ罰金ニ處ス

如斯例示ハ啻ニ必要ナキノミナラス之レヲ例示センカ事實ヲ局限セラレ複雜錯綜ノ時勢ニ反スルモノナルヲ以テ斯ク廣義ニ法文ヲ設ケ事實裁判官ノ自由判斷ニ一任セルハ頗ル當代ニ適スル立法主義ト云フヘキナリ

以上ノ目的及手段ヲ以テ罪ヲ犯サンカ其刑ハ本條第一號ヨリ順次第三號マテ犯人ノ所爲ヲ標準トナシテ科罰スヘク各號ニ該ル區別ハ第二章內亂罪ニ就テ説明シタル點ト同一精神ナルヲ以テ反覆説明セス（舊法一三七、參照）

第百七條 暴行又ハ脅迫ヲ爲ス爲メ多衆聚合シ當該公務員ヨリ解散ノ命令ヲ受クルコト三回以上ニ及フモ仍ホ解散セサルトキハ首魁ハ三年以下ノ懲役又ハ禁錮ニ處シ其他ノ者ハ五十圓以下ノ罰金ニ處ス

本條モ又前條ト同シク暴行脅迫ヲ以テ或目的ヲ達セン爲メ多衆聚合シ公務員ノ説諭ヲ受クルモ尚解散セサル場合ニ於テ其首魁以下ヲ罰セントスル制裁法文ナリ故ニ本罪構成要件トシテハ(1)暴行又ハ脅迫ヲ以テ或目的ヲ達セ

第百三十六條　兇徒多衆ヲ嘯聚シテ暴動ヲ謀リ官吏ノ說諭ヲ受クルト雖モ仍ホ解散セサル者首魁及ヒ敎唆者ハ三月以上三年以下ノ重禁錮ニ處ス附和隨行シタル者ハ二圓以上二十圓以下ノ罰金ニ處ス

ン爲メ多衆聚合シタルコト(2)公務員ノ說諭ヲ肯セサルトノ二要件ヲ具備セサルヘカラス第一ノ場合ハ別ニ說明ヲ要セサルモ第二ノ公務員ノ說諭ヲ肯セサル場合トハ行爲ノ目的暴行脅迫ニ出テ多人數聚合スルモ未タ暴行脅迫ノ行爲ニ至ラサル前ニ公務員カ解散スヘク其不心得ヲ諭示スルモ之レニ從ハスシテ飽迄所信ヲ透徹セントスルカ如キ場合ヲ云フモノニシテ此種ノ犯罪ハ世間往々見ル所ナリ例セハ衆議院議員選擧ノ競爭ニ際シ其競爭者ハ普通ノ手段ニテハ到底目的ヲ達スル能ストテ數多ノ壯士ヲ聚合シ反對者ヲ脅迫シ若シクハ毆打セン目的ヲ以テ事ヲ謀ルカ如キ事アラン此時ニ際シ巡査若シクハ公務員カ非行ナルヲ諭示シテ止メントスルヲ肯セサル場合ノ如キハ好適例ナリ尙本條ノ罪ハ唯多衆ノ聚合ヲ解散セサレハ構成スルモノニシテ決シテ暴行脅迫ノ所爲ヲ要セス目的其所ニアレハ足レリ何トナレハ一步進ンテ暴行脅迫ノ行爲ニ及ハンカ直ニ以テ前條ノ適用ヲ受クヘキモノナレハナリ(舊法一三六參照)

第九章　放火及ヒ失火ノ罪

公安ヲ害スルニ最モ危險ナル罪種々アリト雖モ就中火災ノ如キハ直接ニ多人數ヲ騷擾セシムルノ最タルモノナラン故ニ放火若クハ失火罪ノ如キハ仔細ニ規定ヲ設ケテ以テ罪刑其宜シキヲ得ルヲ適當トス然ルニ舊法ハ放火失火ノ罪ヲ以テ單ニ財產ニ對スル罪ナリトシテ財產ニ對スル第三編第二章第七節中ニ規定シタルモ之レ甚タシク編纂ノ態ヲ失スルモノナルヲ以テ本法ハ立法ノ躰裁法理ノ透徹ヲ謀リ本章ヲ設ケテ特ニ放火失火ナル一罪ヲ設ケ均シク公安ニ對スル犯罪トシ其趣ヲ改メタリ盖シ財產ニ對シ或種ノ損害ヲ來サヽルニハアラサルモ性質財產ニ對センヨリハ寧ロ公安ヲ害スル甚タシケレハナリ而シテ本章ハ全部ノ一條ヨリ成リ頗ル詳密ニ規定シ且放火罪ハ舊法ニハ單ニ死刑ノミナリシモ之等ハ諸般複雜ナル塲合多キヲ以テ寧ロ其情狀ニヨリ刑ヲ定ムルノ穩當ニ如カサルヲ以テ本法ハ適用ノ範圍ヲ擴張シタリ

第百八條　火ヲ放テ現ニ人ノ住居ニ使用シ又ハ人ノ現在スル建造物、汽車、電車、艦船若クハ鑛坑ヲ燒燬シタル者ハ死刑又ハ無期若クハ五年以上ノ懲役ニ處ス

本條ハ放火ノ尤モ重キ罪ニ對スル制裁法文ナリ今本條ノ罪ヲ構成ス可キ場合ヲ擧クレハ(1)火ヲ放チテ法律ノ定メタル場所ヲ燒燬シタルコト(2)人ノ現在住居スルカ若クハ現在スルコト(3)意思ノ三要件ハ本罪成立ニ欠ク可カラサルモノナリ火ヲ放チテ法律ノ定メタル場所トハ法文ニ謂フ人ノ住居建造物汽車電車艦船鑛坑ニシテ人ノ住居トハ現ニ人ノアル所換言スレハ人アル家屋ヲ云フ故ニ假ニ常居スルト雖モ犯人自身其人ノナキコトヲ知テ犯シタル場合ニハ本條ヲ適用セス又人ノ現住スル建造物トハ例ヘハ神社佛閣教會堂其他廳舍學校倉庫ノ類例擧ケ來レハ多々アルモ大躰此種ノ物ヲ云フ而シテ此等ノ建造物ハ常ニ人ノ現住シ居ルモノト限ラサルヲ以テ若シ人ノ現住シ居ル場合ニ犯シタル時ハ本條ヲ以テ律セサルヘカラス次ニ汽軍電車艦船

第四百二條
火ヲ放テ人ノ住居シタル家屋ヲ燒燬シタルモノハ死刑ニ處ス
第四百五條
火ヲ放テ人ヲ乘載シタル船舶汽車ヲ燒燬シタル者ハ死刑ニ處ス

等若クハ鑛坑ハ別ニ説明ヲ加ヘサルモ明カナルヘク此等ノモノモ共ニ人ノ現住スルコトヲ必要トスルモノニシテ前段ノ各場合ニ於テ人ノ現住セサル時ハ如何ナル大家高樓金殿玉舍ト雖モ本條ノ罪ハ構成セス反之如何ナル矮屋納屋ノ如キモノト雖モ人ノ現住スルトキハ直チニ本條ノ罪ヲ構成スルモノナリ第三ノ意思トハ即チ本條ノミニ限ラス然レトモ本條ノ意思ハ即チ火ヲ放テ人ノ住居其他ノ場所ヲ燒燬スルト云フ意思アルヲ要ス然リ而シテ本條ノ火ヲ放テ人ノ住居ニ使用云々燒燬シタル者トアルヲ以テ必スヤ放火ノ目的ヲ達シ其目的物ハ全ク原形ヲ失シタル場合ナルヲ要スルコトヲ注意セラル可シ本條ノ處分ハ別ニ説明スルマテモナク場合ト情狀ヲ鑑ミテ罪刑其均衡ヲ失セシメサル樣自由採量ニ任セン爲メ範圍ヲ廣クシタルモノナレハ局ニ法官ニアルモノハ此點ニ留意シ法ノ精神ニ背カサル樣ナササル可カラス（舊法四〇二、四〇五、第一項參照）

第百九條　火ヲ放テ現ニ人ノ住居ニ使用セス又ハ人ノ現

在セサル建造物、艦船若クハ鑛坑ヲ燒燬シタル者ハ二年以上ノ有期懲役ニ處ス

前項ノ物自己ノ所有ニ係ルトキハ六月以上七年以下ノ懲役ニ處ス但公共ノ危險ヲ生セサルトキハ之ヲ罰セス

本條ハ前條ノ場合ト異リ人ノ住居セサル人ノ現在セサル法定ノ場所ニ火ヲ放チ燒燬シタルモノニ對スル規定ナリ故ニ本條ト前條トノ差異ハ唯人ノ住居ニ使用スルト否ト又ハ人ノ現在スルト否トノ差ノミ特ニ本條ヲ設ケタル所以ノモノハ均シク公共ノ安全ヲ害スルモ人ノアラサル故ヲ以テ處分ヲ輕クナシタルモノナリ人ノ現住スル場所ナル時ハ往々人命ニモ關スルコトアルニ因リ危害ノ度非常ニ相違アルカ故ニ斯クハ區別シタルニ過キサルナリ玆ニ於テカ本條ノ罪ハ其行爲自躰否其目的物ノ如何ヲ問ハサレハ實際ノ損害ハ往々莫大ナルモノアルモ此等ハ重ニ財產ニ關スルノミナレバ前條トハ

第四百三條 火ヲ放テ人ノ住居シタル家屋其他ノ建造物ヲ燒燬シタル者ハ無期徒刑ニ處ス

第四百五條二項 其人ヲ乘載セザル船舶汽車ニ係ル時ハ重懲役ニ處ス

第四百七條 火ヲ放テ自己ノ家屋ヲ燒燬シタル者ハ二月以上二年以下ノ重禁錮ニ處ス

自カラ其範圍ヲ異ニセザルベカラズ若シ其物件カ自己ノ所有ニ係ル時ハ普通法理ノ上ヨリスルモ其處分輕クシテ可ナリ故ニ第二項ニ於テ其刑ヲ輕減シタルモノト知ル可シ（舊法四〇三、四〇五ノ二項、四〇七、參照）

第百十條 火ヲ放テ前二條ニ記載シタル以外ノ物ヲ燒燬シ因テ公共ノ危險ヲ生セシメタル者ハ一年以上十年以下ノ懲役ニ處ス

前項ノ物自己ノ所有ニ係ルトキハ一年以下ノ懲役又ハ百圓以下ノ罰金ニ處ス

本條ノ規定ハ頗ル茫漠ノ感ナキ能ハスト雖モ既ニ前二條ニ於テ其大要ヲ擧ケタルヲ以テ舊刑法ノ如ク一々例記スルノ必要ナシト認メ斯クハ規定セルモノナリ而シテ以外ノモノハ如何ナル程度迄之レヲ云フヤト云フニ兎ニ角因テ公共ノ危險ヲ生セシメタル者トアルニ因リ標準ハ危險ノ生セシト生セ

サルトニアルヲ以テ各事實ノ判斷ハ事實裁判官ニ一任スルノ外ナシ第二項ハ別ニ説明ヲ要セサルベシ

第百十一條　第百九條第二項又ハ前條第二項ノ罪ヲ犯シ因テ第百八條又ハ第百九條第一項ニ記載シタル物ニ延燒シタルトキハ三月以上十年以下ノ懲役ニ處ス

前條第二項ノ罪ヲ犯シ因テ前條第一項ニ記載シタル物ニ延燒シタルトキハ三年以下ノ懲役ニ處ス

木條ハ火ヲ放テ自己ノ所有セルモノヲ燒燬シタル結果他人ノ現在スル住居若クハ場所其他人ノ現住セサル住居若クハ場所ニ延燒シタル場合ノ規定ナリ蓋シ所有權ヲ有スル者ハ其權利當然ノ結果トシテ自由ニ其物ヲ處分シ得ルハ性質上當然ノ原則ナリ故ニ之レヲ破壞シ燒燬スルモ實際法理ノ上ヨリ云ヘハ他ノ掣肘ヲ受クル筈アラサルモ燒燬ノ處分ハ其レヨリ來リテ社會ノ

公安ヲ害スルヤ大ナリ故ニ刑法ハ尙此場合ヲモ罰セントスルモノナリ然レトモ物自體カ自己ノ自由ニ處分權ヲ有シ居ルモノナレハ他ニ比較シテ其刑輕キモ若シ夫レ延燒シタル時ハ其儘ニ放置スル能ハサルモノト爲シ特ニ本條ヲ設ケテ之ヲ重罰セントスルノ外別ニ深キ理由アルニアラス第二項ノ規定ハ條文讀過直チニ解釋セラルルヲ以テ說明ヲ要セサル可シ

第百十二條　第百八條及ヒ第百九條第一項ノ未遂罪ハ之ヲ罰ス

本條ハ別ニ說明スルマテモナク條文ノ明示スル如ク未遂罪ヲモ尙罰セントスルモノナリ而シテ特ニ第百八條第百九條一項ニ限リタル所以ノモノハ他ノ場合ト異ナリ公安ヲ害スル程度重ク且ツ他ニ損害ヲ及スコト大ナリトノ理由ニ出テタルモノノ如シ

第百十三條　第百八條又ハ第百九條第一項ノ罪ヲ犯ス目

的ヲ以テ其豫備ヲ爲シタル者ハ二年以下ノ懲役ニ處ス

但情狀ニ因リ其刑ヲ免除スルコトヲ得

本條ハ未タ實行ニ着手セサル者ヲモ尙且ツ實際ノ條理必要ヨリ割出シテ相當ノ刑ヲ科セントスルモノナリ本條ノ規定ハ條文ノ明示スル如ク放火罪中最モ重キ罪ヲ犯ス目的ヲ以テ其準備ヲ爲シタル場合タルヲ要スルカ故ニ他ノ場合ニハ決シテ比附援引スルコトヲ得サルモノト知ル可シ又本條但書ヲ設ケタル所以ハ特ニ裁判官ノ適用ノ範圍ヲ擴張シテ與ヘタルモノ卽チ情狀ニ因リ本刑ヲ免除スルコトヲ得セシメタルモノナリ盖シ時代ノ必要斯クアラサル可カラサルモノト信ス

第百十四條　火災ノ際鎭火用ノ物ヲ隱匿又ハ損壞シ若クハ其他ノ方法ヲ以テ鎭火ヲ妨害シタル者ハ一年以上十年以下ノ懲役ニ處ス

本條ハ火災ニ乘シ鎭火ヲ妨害シタル者ニ對スル制裁ナリ故ニ本條ノ罪ヲ構成スルニハ其原因放火ニ出テタルト失火ニ出テタルトヲ論セス苟クモ火災ト見得ラルヘキ狀態ニアル際防火用ノモノヲ隱匿又ハ損壞シ若シクハ其他ノ方法ニ依リ鎭火ヲ妨害スルコトヲ要ス從テ妨害ノ意思ナキ時ハ本條ノ罪ヲ構成セス故ニ彼ノ鎭火用ノポンプノ如キモノヲ損壞スルコトアルモ自然ノ結果若クハ防火中ノ出來事ナル時ハ決シテ本罪成立スルモノニアラサルコトニ注意セラル可シ蓋シ規定ノ精神ハ可及的公安ヲ保持セントスルニアリ一朝火災ノ止ムヲ得サル災害發生スルモ其害僅少ノ内ニ停メントスルヲ立法ノ精神トナスヤ疑ナシ本條ノ行爲ハ物件ノ損壞隱匿ニ過キスト雖モ輕微ノ犯罪ト見ルベカラズ之レ本條ハ特ニ第四十章ト區別シタル所以ナリ蓋シ社會ノ安寧ヲ保持スル上ニ於テハ最モ必要ナル規定ト云フ可シ尚本條規定ノ鎭火用ノ物トハ既ニ引例セルポンプノ類ヲ云ヒ其物ノ隱匿損壞ノ程度ハ屢々說明シ置キタルヲ以テ更ニソノ要ナカラント思料スレトモ他ト異ナル點ハ鎭火ニ使用スル能ハサルノ程度ニ至レハ足ルモノトス亦其他ノ方法

トハ規定廣茫ニシテ容易ニ斷定シ能ハサルモ事實裁判官ノ判斷ニ一任シ事實問題ニ適用スル範圍ヲ擴メタルモノナリ

第百十五條　第百九條第一項及ヒ第百十條第一項ニ記載シタル物自己ノ所有ニ係ルト雖モ差押ヲ受ケ物權ヲ負擔シ又ハ賃貸シ若クハ保險ニ付シタルモノヲ燒燬シタルトキハ他人ノ物ヲ燒燬シタル者ノ例ニ同シ

凡所有權アル物件ハ其所有權ノ性質上自由ニ使用シ收益シ處分シ能フハ民法上ノ原則ナリ然レトモ其所有物件ニシテ一度制限ヲ加ヘラレタルトキハ其制限解除ニ至ルマデ所有權ノ效力ハ完全ニ活動シ得ベキモノニアラサルハ法理當然ノ解釋ナリ從テ本條ニ規定セラレタル燒失物件ノ如キモ素ト完全ニ自己ノ所有物件タリト雖モ其物件ニ對シ差押ヲ受ケ若クハ他ノ物權卽チ所有權以外ニ他ヨリ物權ノ負擔アリ或ハ他ニ賃貸シ若クハ所有物件ヲ保險ニ付シタル等ノ場合ニ在リテハ何レモ其物件ニ幾部ノ制限ヲ受ケ居ルモ

ノナルヲ以テ之等ノ物件ニ對シ放火シ燒失セシムルガ如キ行爲ハ假リニ所有權ヲ行使シタリトスルモ相當ノ制裁ヲ加ヘサル可カラズ之レ本條ノ規定アル所以ナリ蓋シ刑罰法カ特ニ此例外(民法上)規定ヲ設ケタルハ社會公安上至大ノ損失ヲ受レバナリ卽チ差押ヲ受クル塲合ノ如キハ其原因種々アランモ先ツ相當法律上ノ保護ニ因リ差押ヲ爲スベキ資格アルモノカ差押ヲ爲シ所有權ノ行使ニ制限ヲ加ヘアルニモ拘ラズ其物件ヲ燒棄スルガ如キハ公安ヲ害スルコト尤モ甚シク其他物權ヲ負擔シ賃貸ヲ爲シタル塲合モ一ハ社會ノ安寧ヲ害スベク他ハ物上權者ヲ害スルモノナレバ之レ亦相當ノ制裁ヲ加ヘサルベカラズ更ニ保險ニ付シタル物件ヲ燒棄スルガ如キハ自己ガ良家父卽チ善良ナル保管者ト同一ノ注意ヲ以テ保護セサルベカラザル契約上ノ義務アルニ拘ラズ却テ其物ヲ燒却シテ保險者ニ損害ヲ蒙ラシムルガ如キハ公益上尠ナカラサル弊害ヲ釀生スルモノト云ハサルベカラズ

從テ如斯場合ニハ他人ノ物件ヲ燒失セシメタル罪ニ準シ相當ノ刑罰ヲ定メ以テ公安保持ノ實ヲ擧ケサルベカラス之レ本法ガ舊刑法ニ規定ノ欠點アリ

タルモノヲ特ニ條理上必要ナリトシテ創設シタル重ナル理由ナリトス

第百十六條　火ヲ失シテ第百八條ニ記載シタル物又ハ他人ノ所有ニ係ル第百九條ニ記載シタル物ヲ燒燬シタル者ハ三百圓以下ノ罰金ニ處ス

火ヲ失シテ自己ノ所有ニ係ル第百九條ニ記載シタル物又ハ第百十條ニ記載シタル物ヲ燒燬シ因テ公共ノ危險ヲ生セシメタル者亦同シ

本條ハ失火ノ責任ヲ定メタル規定ナリ由來失火ハ過失ナリ過失ハ犯意ナキヲ通常トス然レトモ之レヲ罰スル所以ノナモノハ疎虞懈怠アルヲ以テナリ故ニ失火罪ハ(1)失火ノ事實(2)法定ノ物件ヲ燒燬シタル事實アレバ成立ス而シテ失火ノ事實トハ所謂火ヲ失スルト云ヒ自己ガ注意セハ大事ニ至ラザリシモノヲ相當ノ注意ヲ拂ハサル結果公共ノ安寧ヲ害スルニ至ル狀態ヲ云フ

第四百九條　火ヲ失シテ人ノ家屋財産ヲ燒燬シタル者ハ二圓以上二十圓以下ノ罰金ニ處ス

亦法定ノ物件燒燬トハ他人ノ住居又ハ現ニ人ノ住居スル建造物、滊車、電軍艦船若クハ鑛坑或ハ人ノ現ニ住居シ居ラザル又ハ人ノ現在セザル前記ノ物件ヲ燒失スルコトヲ云フ第二項ハ自己ノ所有ニ係ル物件ヲ失火ノ原因ヲ以テ燒燬シ因テ公共ノ危險ヲ生セシメタルモノハ假令自己ノ所有物件ナリト雖モ公共ノ危險ヲ生セシメタル上ハ法律上不問ニ付スル能ハサルヲ以テ亦相當ノ刑罰ヲ科セザルベカラズ然レトモ本項ノ場合ニ困難ナルハ本項ヲ適用スルニ當リ果シテ如何ナル場合カ公共ノ危險ヲ生セシメタル場合ナリヤノ問題ナリ此問題ニ就テハ別ニ他ヲ類推スル能ハサル爲メ普通ノ判斷ヲ以テ危險ヲ生セシメタリト認ムルニ足ル場合ト云フノ外ナシ例ヘ火ヲ失シテ自己ノ家ヲ燒失セシムルモ山中ノ一軒家等ニシテ他ニ危險ヲ及スベキ虞ナキトキハ本項ノ適用ヲ受ケザルベク反之僅カニ自己ノ納屋樣ノモノヲ燒燬スルモ附近ニ他人ノ家屋アリテ爲メニ其家屋ニ危險ヲ及ホス如キコトアレバ本項ノ適用ヲ免レザルベシ要ハ實際ニ當リ事實ヲ判斷スル判官ノ冷靜ナル腦髓ヲ以テ各事實ヲ認定セザルベカラザル條文ナリトス(舊刑法四〇九條參

照)

第百十七條　火藥汽罐其他激發ス可キ物ヲ破裂セシメテ第百八條ニ記載シタル物又ハ他人ノ所有ニ係ル第百九條ニ記載シタル物ヲ損壞シタル者ハ放火ノ例ニ同シ自己ノ所有ニ係ル第百九條ニ記載シタル物又ハ第百十條ニ記載シタル物ヲ損壞シ因テ公共ノ危險ヲ生セシメタル者亦同シ

前項ノ行爲過失ニ出テタルトキハ失火ノ例ニ同シ

本條所謂准放火及準失火ノ規定ナリ今本罪構成要素ヲ求メンカ(1)火藥瀛罐其他激發スヘキモノヲ破裂セシメタルコト(2)法定ノ物件ヲ損壞シタルコトノ二要素ヲ具備セサルヘカラス而シテ本條法文ニ付テハ別ニ説明スルノ要ナシト雖モ物件ノ燒燬ニアラスシテ損壞ニアルコトヲ注意セサルヘカラス

第四百十條　火藥其他爆發ス可キ物品又ハ煤氣井蒸氣罐ヲ破裂セシメテ人ノ家屋財産ヲ毀壞シタル者ハ其故意ニ出ルト過失トヲ分チ放火失火ノ例ニ照シテ處斷ス

之レ準放火ト準失火ト命名スル所以ノ要點ナリ然リ如斯ニシテ本條ノ放火及ヒ失火ヲ區別スルハ何ヲ標準トスルヤト云フニ此ハ只其所爲ノ故意ニ出ツルト過失ニ出テタルトニ依テ區別スルモノ此故意過失ノ何タルコトハ第一編總則ノ部ニ於テ詳述シタルヲ以テ玆ニ贅セス其標準ヲ判定スルニハ偏ニ裁判官ノ自由ノ判斷ニ任スノ外ナシ

斯クシテ本條ノ罪構成スル時ハ放火失火ノ本條ニ照シテ刑ヲ科セントス(舊法四一〇參照)

第百十八條　瓦斯、電氣又ハ蒸氣ヲ漏出若クハ流出セシメ又ハ之ヲ遮斷シ因テ人ノ生命、身體又ハ財産ニ危險ヲ生セシメタル者ハ三年以下ノ懲役又ハ百圓以下ノ罰金ニ處ス

瓦斯、電氣又ハ蒸汽ヲ漏出若クハ流出セシメ又ハ之ヲ遮

斷シ因テ死傷ニ致シタル者ハ傷害ノ罪ニ比較シ重キニ從テ處斷ス

本條ハ別ニ放火失火ニ關係ヲ有セサル犯罪ナルモ瓦斯ノ如キ電氣ノ如キ又ハ蒸汽ノ如キ何レモ火熱ヲ發スルモノナルヲ以テ本章ノ下ニ特ニ加ヘタルモノナリ而シテ瓦斯電氣ノ如キハ何レモ火力水力等ニ因リ熱ヲ發シ往々人ノ身躰財産ニ害ヲ及ホス場合アルモノナレバ特ニ之等ノ氣發ヲ漏失若クハ流失セシメ又ハ遮斷シ因テ人ノ生命身躰財産ニ危險ヲ生セシムルガ如キハ素ト惡意アルニアラズト雖モ正當ノ注意ヲ拂ハサル結果ニ出ツルモノナルガ故ニ之ニ對シ相當ノ責任ヲ負ハシムルハ亦當然ノ規定ト云ハサル可カラズ只彼ノ失火罪ニ比シ刑ノ重キハ此種ノ營業者若クハ使用者ハ其職責上充分ノ注意ノ下ニ危險ヲ事前ニ防止セザルベカラザル義務アルモノニシテ失火ノ罪トハ自カラ其範圍ヲ異ニスルカ爲メ重ク罰スル所以ナラン

第二項ハ因テ以テ人ヲ死傷ニ致シタルモノハ傷害ノ罪ニ準シテ之ヲ罰スベク規定シタルニ過キサルヲ以テ別ニ説明セス

第十章　溢水及ヒ水利ニ關スル罪

本章ハ前章ト同ク社會ノ公安ヲ害スル犯罪ナリ而シテ規定ノ精神又同一ニシテ其行爲ノ目的カ火ト水トノ差アルノミ故ニ本章ニモ故意ニ出タル場合ト過失ニ出テタル場合ヲ規定セリ

第百十九條　溢水セシメテ現ニ人ノ住居ニ使用シ又ハ人ノ現在スル建造物、汽車、電車若クハ鑛坑ヲ浸害シタル者ハ死刑又ハ無期若クハ三年以上ノ懲役ニ處ス

本條溢水ノ場合ヲ規定シタリ今本罪構成要素ヲ擧クレハ(1)溢水セシメテ人ノ現住スル所ニ使用シタルコト(2)法定ノ物ヲ浸害シタルコト(3)意思アルコトノ三要素ヲ必要トス卽第一要素タル溢水セシメテトハ水ヲ氾濫セシメテ

舊四百十一條　堤防ヲ決潰シ又ハ水閘ヲ毀壞シテ人ノ住居ヲ漂失シタル者ハ無期徒刑ニ處ス若シ人ノ住居セサル家屋其他ノ建造物ヲ漂失シタル者ハ重懲役ニ處ス

トノ意義ニシテ如何ナル行爲ヲ以テ氾濫セシムルモ問フ所ニアラス故ニ堤防ヲ決潰スルモ水閘ヲ毀損シテ爲スモ可ナリ只其狀態カ常ニ水ノアラサル所ニ水ヲ氾濫セシムレハ足ルナリ第二要素タル法定ノ物ヲ浸害シタルトハ卽チ人ノ往居又ハ人ノ現住スル建造物、滊車、電車若シクハ鑛坑ヲ浸害セシムルヲ云フ之レ等土地ノ定着物ヲ水ノ爲メニ浮ヒ上ラセ若シクハ浸シテ原形ヲ變シ亡失ノ災害ヲ蒙ラシメタル場合ヲ云フ詳細ハ第百條ニ於テ說明シタルヲ以テ彼我參照セラルヘシ第三ノ意思ハ第二要素ノ犯罪ヲ犯スノ意思アルコトヲ要スレトモ意思ト行爲トハ全ク合致セサルモ普通ノ觀察ヲ以テ合致シ得ヘキモノト何人モ見ルコトヲ得レバ足レリト爲ササル可カラス何者本條ノ罪ハ溢水セシムルマテハ人工ヲ以テ爲スト雖モ最早一度溢水ノ行爲ヲ終了シタル上ハ自然ノ成行ニ委シ置クモノナレハナリ然リト雖モ全ク人ノ往居若シクハ現在セサル所ナル時ハ次條ノ罪ニシテ本條ノ罪ニアラサルコトヲ注意セラル可シ本條ノ所分ハ第百九條ノ規定ト全一精神ヨリ出テタルモノナルヲ以テ別ニ說明セス（舊法四一一、第一項參照）

第四百十二條 堤防ヲ決潰シ水閘ヲ毀潰シテ田圃礦坑牧場等ヲ荒廢シタル者ハ輕懲役ニ處ス

第百二十條 溢水セシメテ前條ニ記載シタル以外ノ物ヲ浸害シ因テ公共ノ危險ヲ生セシメタル者ハ一年以上十年以下ノ懲役ニ處ス

浸害シタル物自己ノ所有ニ係ルトキハ差押ヲ受ケ物件ヲ負擔シ又ハ賃貸シ若クハ保險ニ付シタル場合ニ限リ前項ノ例ニ依ル

本條ハ前條ノ規定以外ノ物ヲ浸害シタル場合ノ制裁ニシテ異ナル點ハ危害ノ程度ニ輕重アルノヲ以テ從テ刑罰ノ均衡ヲ保タントスルニアルノミ第二項ハ自己所有ノ物ニ侵害シタルトキハ之レヲ罰セサル原則トシ假合自己ノ所有ニ係ル物ト雖モ既ニ差押ヲ受ケ又ハ物權ヲ設定シ或ハ貸與シ若クハ保險ニ付シタルトキハ他人ノ財產權ノ目的トナリ居ルヲ以テ從テ他人ノ權利ヲ侵害シタルト全一ノ効果ヲ生スルモノナレハ特ニ第一項ノ規定ニヨリ相

當ノ處分ヲ科セントスルニ外ナラス(舊法四一二參照)

第百二十一條　水害ノ際防水用ノ物ヲ隱匿又ハ損壞シ若クハ其他ノ方法ヲ以テ水防ヲ妨害シタル者ハ一年以上十年以下ノ懲役ニ處ス

本條ハ水害ニ乘シ之ヲ防止スル物ヲ隱匿損壞スルカ又ハ其他諸種ノ方法ヲ以テ水防ヲ妨害シタル者ニ對スル制裁ナリ而シテ規定ノ精神ハ第百十五條ト毫モ異ナル所ナク只火災ノ場合ト水害ノ差アルノミ別ニ說明ヲ要セサルナリ然シ茲ニ一言注意シ置カントスルモノハ火災ニ在リテハ常ニ犯罪ノ主躰即チ犯人アルモ水災ノ場合ニ在リテハ天災ニ依リ堤防ノ決潰等アルヲ以テ犯人ナキ場合往々アリ此場合ニ於テモ法律ハ本條ノ罪ヲ犯スモノハ常ニ罰スルモノト解釋セサルヘカラス

第百二十二條　過失ニ因リ溢水セシメテ第百十九條ニ記

第四百十四條 過失ニ因テ水害ヲ起シタル者ハ失火ノ例ニ照シテ處斷ス

載シタル物ヲ侵害シ因テ公共ノ危險ヲ生セシメタル者ハ三百圓以下ノ罰金ニ處ス

本條ハ水害ニ對スル過失罪ノ規定ナリ而シテ之レヲ罰スル所以ノモノハ全ク公共ノ安寧ヲ害スルモノナルヲ以テ失火ノ罪ト仝一ノ精神ニ依リ相當ノ制裁ヲ加ヘントシタルモノニシテ本條ノ如キ場合ハ實際ニ生スルヤ否ヤハ問題ナレトモ實際ニナシトモ斷言セラレサルヲ以テ特ニ此規定ヲ設ケ萬一ニ備ヘタルモノナリ詳細ノ説明ハ第百十七條ト仝一ノ精神ナルヲ以テ就テ參照セラルヘシ(舊法四一四、參照)

第百二十三條　堤防ヲ決潰シ、水閘ヲ破壞シ其他水利ノ妨害ト爲ル可キ行爲又ハ溢水セシム可キ行爲ヲ爲シタル者ハ二年以下ノ懲役若クハ禁錮又ハ二百圓以下ノ罰金ニ處ス

第四百十三條　他人ノ便益ヲ損シ又ハ自己ノ便益ヲ圖ルタメ堤防ヲ決潰シ水閘ヲ毀損シ其他水利ヲ妨害シタル者ハ一月以上二年以下ノ重禁錮ニ處シ二圓以上二十圓以下ノ罰金ヲ附加ス

本條ハ水利ニ關シテ妨害ヲ加ヘタル者ニ對スル制裁法ナリ故ニ本條ノ罪ヲ構成スルニハ下ノ要素ヲ具備セサルヘカラス第一堤防ヲ決潰シ水閘ヲ破壞シ其他水利ノ妨害トナルヘキ所爲アリタルコトヲ要ス第二水利ヲ妨害シ又ハ溢水セシメタルコトヲ要ス第三以上ノ意思アルコトヲ要ス右ノ內第一要素タル堤防ヲ決潰シ水閘ヲ破壞シトハ堤防トハ水ノ氾濫ヲ防禦スル爲メ築カレタルモノニシテ河川湖沼溜池等ノ水ヲ守ル所ノモノヲ云フ決潰及破壞ハ二者全一意義ノモノニシテ水ヲ流出セシムル程度ニ至レハ足ル而シテ本罪ノ成立ニハ前述ノ行爲其他如何ナル手段ニ因ルモ依テ以テ水利ヲ妨害シタル事實アレハ成立スルモ水利ノ妨害ナキトキハ罪トナルヘキモノニアラス勿論溢水セシメタルトキモ亦同一トスヘキナリ其他ノ要件ニ就テハ別ニ說明ヲ要セス本條ノ所分ハ又タ當然ノ規定ト云フヘキナリ(舊法四一三、參照)

第十一章　往來ヲ妨害スル罪

人文ノ發達盛ニ農工ノ業又日ニ進運ノ域ニ達シ外國ト通商貿易等頻繁ナル

社會ニアリテハ往來ノ便利完全ヲ希ハサルベカラス故ニ往來ノ便不便ハ富國强兵ニ至大ノ影響ヲ及スヘク從テ此往來ヲ妨害セシカ社會ニ及ホス損害大ニシテ安寧秩序ヲ害スルヤ甚シト云ハサル可カラス於茲乎苟クモ法ヲ以テ治ムル國ニアリテハ何レモ此規定ヲ見サルハナシ我舊法モ既ニ此規定ヲ認メタリト雖モ時勢ノ進運未タ今日ノ如クナラサリシカ爲メ萬般ニ渉リテ規定スルナリ又特別法等ト撞着スル所アリテ疑ヲ惹起セシムルニ至リタル點少ナカラサルヲ以テ本法ハ此種ノ點ニ深ク注意シタルモノノ如シ

第百二十四條　陸路、水路又ハ橋梁ヲ損壞又ハ壅塞シテ往來ノ妨害ヲ生セシメタル者ハ二年以下ノ懲役又ハ二百圓以下ノ罰金ニ處ス

前項ノ罪ヲ犯シ因テ人ヲ死傷ニ致シタル者ハ傷害ノ罪ニ比較シ重キニ從テ處斷ス

第百六十三條　道路橋梁河溝港埠ヲ損壞シテ往來ヲ妨害シタル者ハ二月以上二年以下ノ重禁錮ニ處シ二圓以上二十圓以下ノ罰金ヲ附加ス

本條ハ陸路水路橋梁ヲ損壞又ハ壅塞シテ往來ノ妨害ヲ爲シタルモノニ對スル制裁法ナリ本罪ヲ構成スルニハ第一陸路水路橋梁ヲ損壞若シクハ壅塞スルコトヲ要ス第二往來ヲ妨害シタルコトヲ要ス第三意思アルコトヲ要ス而シテ第一要件タル陸路水路橋梁等ニ付テハ別ニ説明ヲ要セサルヘシ此三種ノモノ即チ原形ヲ失ヒタル状態ニ至ラシメ若シクハ壅塞即チ他ノモノヲ以テ普通ノ往來ヲ妨ケシムルノ状態ヲ來サシメ爲メニ第二即チ人畜ノ往來牛馬車等ノ駄送ノ妨害ヲ生セシメタルコトヲ要スルニハ必ス以上ノ行爲ヲ以テ犯罪ヲ成スノ意思ヲ必要トス故ニ若シ此意思ナキトキハ決シテ本條ノ罪ハ成立セサルナリ第二項ハ第一項ノ犯罪ニ因テ生シタル即チ自己ノ意思カ其所ニ及ハサリシ結果ヲ尙且ツ罰セントスルノ意義ニシテ只第一項ト異ナル點ハ一ハ本條ノ罪ヲ以テ本條ノ刑ヲ科スルモ他ハ本條ヲ以テ論セスシテ傷害罪ニ問擬セントス何故然ルヤト云フニ犯人ノ意思ハ唯第一項ノ場合ノミニアリシト雖モ第一項ノ罪ヲ犯シタル爲メニ生シタル第二項ノ罪タルヤ既ニ傷害罪ニ異ナルナキヲ以テ其規定ヲ比較シテ相當ノ制裁ヲ加ヘント

第百六十八條　第百六十二條ノ罪ヲ犯シ因テ人ヲ殺傷シタル者ハ毆打創傷ノ各本條ニ照シ重キニ從テ處斷ス

ス蓋シ罪刑其宜シキヲ得セシメンカ爲メナリト知ルヘシ(舊法一六二、一六八參照)

第百二十五條　鐵道又ハ其標識ヲ損壞シ又ハ其他ノ方法ヲ以テ汽車又ハ電車ノ往來ノ危險ヲ生セシメタル者ハ二年以上ノ有期懲役ニ處ス

燈臺又ハ浮標ヲ損壞シ又ハ其他ノ方法ヲ以テ艦船ノ往來ノ危險ヲ生セシメタル者亦同シ

本條ハ鐵道又ハ其標識ヲ損壞シ又ハ其他ノ方法ヲ以テ汽車電車ノ往來ニ危險ヲ生セシメ或ハ燈臺又ハ浮標ヲ損壞シテ艦船ノ往來ニ危險ヲ生セシメタル罪ニ對スル制裁法ナリ本罪構成ニハ普通行ハルル陸路水路ト異ナリ鐵道即汽車電車ノ一定ノ規矩トシテ彰表スル所ノ物ヲ損壞シ又ハ損壞セサルモ因テ以テ往來ノ危險ヲ生セシメタル場合ニアレハ即チ本條ノ罪ハ成立スル

第百六十五條　汽車ノ往來ヲ妨害スル爲メ鐵道及ヒ其標識ヲ損壞シ其他危險ナル障礙ヲ爲シタル者ハ重懲役ニ處ス

第百六十六條　船舶ノ往來ヲ妨害スル爲メ燈臺浮標其他航海ノ安寧ヲ保護スル標識ヲ損壞シ又ハ詐僞ノ標識ヲ標示シタル者ハ亦前條ニ同シ

モノナリ而シテ此危險トハ將ニ大事ニ至ラントスル狀態ニシテ例セハ汽車電車等ノ顚覆セントスルトカ標識ヲ損壞シタル爲メ衝突スルトカ云フ狀態ニアルヲ云フモノナリ第二項ハ水路ニ關シテ航海中最モ必要トスル燈臺若シクハ航路ノ目標タル浮標ヲ損壞又ハ其他如何ナル行爲ニヨリテ爲スモ前項ト同シク爲メニ危險ヲ生セシメタルトキハ二年以上ノ有期懲役ニ處スルモ處分ハ大ニ適用ノ範圍ヲ擴張シ罪刑均衡ヲ保タシメントスル立法者ノ意多トスヘキモノアリ從テ職ニ實際ニ當ルノ士ハ深ク留意シテ法ノ精神ニ背カサランコトヲ望ム（舊法一六五、一六六、參照）

第百二十六條　人ノ現在スル汽車又ハ電車ヲ顚覆又ハ破壞シタル者ハ無期又ハ三年以上ノ懲役ニ處ス

人ノ現在スル艦船ヲ覆沒又ハ破壞シタル者亦同シ

前二項ノ罪ヲ犯シ因テ人ヲ死ニ致シタル者ハ死刑又ハ

無期懲役ニ處ス

本條ハ現ニ人ノ在ル汽車電車及船艦ヲ顚覆破壞又ハ覆沒セシメタル制裁法ナリ本罪ヲ構成スルニハ第一人ノ現在スル汽車電車及船艦ナルコトヲ要ス第二顚覆覆沒及破壞シタルコト及其意思アルコトヲ要ス故ニ第二要件タル所爲アルモ人ノ現在セルモノナラサルトキハ本條ノ罪ヲ構成セス從テ人ノ現在スルモノナルモ第二要件ニ示ス所ノ行爲ナキトキハ又本條ノ罪ヲ構成スルコトナシ即チ單ニ危險ヲ生セシメタルノミニテハ決シテ本罪成立スルモノニアラサルコトハ一般要件ノ要件タル所以ニシテ又深ク說明ヲ要セサルナリ第三項ノ規定ハ唯所分上ノ差ヲ示シタルニ過キスシテ卽單ニ顚覆覆沒若クハ破壞スルモ人命ニ何等ノ關係ナキトキハ別ニ本項ノ必要ナキモ若シ人ノ生命ニ及シ苟クモ死ニ致ス如キコトアランカ又重刑ヲ科スル別ニ恠ムニ足ラス以上ノ罪ハ何レモ最初ヨリ罪ヲ犯スヘキ意思アルコトヲ要スルモノニシテ此意思ノ有無ハ第百三十條ノ罪ト區別スル要點ナルヲ以テ深ク

第四百十五條 衝突其他ノ所爲ヲ以テ人ヲ乘載シタル船船ヲ覆沒シタル者ハ死刑ニ處ス但船中死亡ナキ時ハ無期徒刑ニ處ス

第百六十九條 百六十五條百六十六條ノ罪ヲ犯シ因テ汽車ヲ轉覆シタル時ハ無期徒刑ニ處シ人ヲ死ニ致シタル時ハ死刑ニ處ス

第百七十條 此節ニ記載シタル輕罪ヲ犯サントシテ未タ遂ケサル者ハ未遂犯罪ノ例ニ照シテ處斷ス

注意ヲ要スルモノナリ(舊法四一五、參照)

第百二十七條 第百二十五條ノ罪ヲ犯シ因テ汽車又ハ電車ノ顚覆若クハ破壞又ハ船艦ノ覆沒若クハ破壞ヲ致シタル者亦前條ノ例ニ同シ

本條ハ行文一讀第百二十六條ト對照セラレナハ明カナルヘシ依テ説明ヲ畧ス(舊法一六九、參照)

第百二十八條 第百二十四條第一項、第百二十五條及ヒ第百二十六條第一項、第二項ノ未遂罪ハ之ヲ罰ス

本條又別ニ説明ヲナサスシテ讀者自ラ了解セラルヘシ(舊法一七〇、參照)

第百二十九條 過失ニ因リ汽車、電車又ハ艦船ノ往來ノ危險ヲ生セシメ又ハ汽車、電車ノ顚覆若クハ破壞又ハ艦船

ノ覆沒若クハ破壞ヲ致シタル者ハ五百圓以下ノ罰金ニ處ス

其業務ニ從事スル者前項ノ罪ヲ犯シタルトキハ三年以下ノ禁錮又ハ千圓以下ノ罰金ニ處ス

本條ハ過失罪ヲ罰スル規定ナリ蓋シ本章ニ揭ケタル罪ハ公共ノ安寧秩序ニ影響スル少カラス故ニ意思ナキ即チ全ク自己ノ不注意ヨリ生シタル事柄ナリト雖モ社會ニ及ホス處ノ害惡尠少ナラサルヲ以テ之レヲ罰スル又當然ト云フヘキナリ而シテ第二項ハ職務ニ從事スル卽チ汽車電車艦船等ニ於ケル車長船長或ハ機關士等ノ過失ニ出テタルトキハ普通人ヨリ重ク罰スルノ必要アリ由來職務ニ從事スル者ハ苟且ニモ如斯事生セサル樣常ニ注意ヲ加ヘサルヘカラサル責任アルモノナリ然ルニ偶々其注意ヲ缺キタル爲メ謀ラサル結果ヲ見ルニ至リタル責ハ常人ト同一視スヘキモノニアラス故ニ本條第二項ハ特ニ此點ニ注意セル規定ト云フベキナリ

第十二章　住居ヲ侵ス罪

人ハ故ナク其住所ヲ侵サルルコトナシトハ我憲法ニ明示スル所由來人ノ住居ナルモノハ國ニ於ケル城廓ト同シクコレニ依テ安全ヲ保持シ財産ヲ保護スルモノナルコトハ疑ナシ故ニ洋ノ東西ヲ問ハス住居不可侵ノ制ヲ執ラサルハナシ我憲法又臣民ノ住居ヲ保障セリ然ルニ此住居ニ權利ナクシテ侵入センカ良民ハ一日タリトモ安全ニ生活スルヲ得サルノ結果ヲ生ス豈之レヲ戒メスシテ可ナランヤ之レ本章ノ規定アル所以ニシテ舊法又其第二編第三章第七節ニ此規定ヲ設ケタルモ規定自躰カ頗ル狹隘ニシテ從テ充分ニ人ノ家宅安全ヲ保護スル能ハサルトノ非難ヲ免レサリシ所ナルヲ以テ本法ハ之ヲ修補シテ完全ヲ期シタリ

第百三十條　故ナク人ノ住居又ハ看守スル邸宅建造物若クハ艦船ニ侵入シ又ハ要求ヲ受ケテ其場所ヨリ退去セ

サル者ハ三年以下ノ懲役又ハ五十圓以下ノ罰金ニ處ス

本條ハ人ノ住居人ノ看守シタル邸宅建造物及艦船內ニ故ナク卽チ權利ナクシテ侵入シタル行爲ヲ罰セントスル規定ナリ本條ノ罪ヲ構成スルニハ第一正當ノ理由ナク他人ノ住居其他法定ノ場所ニ侵入シタル所爲アルコト第二法定ノ場所ハ人ノ住居又ハ人ノ看守シタル所第三要求ヲ受ケテ退去セサルコトノ三個ノ特別要件ヲ備ヘサルヘカラス而シテ第一要件ノ正當ノ理由ナク侵入スルトハ權利ナクトノ意ニシテ法律上何等ノ特例ナキ場合ヲ云フ侵入トハ猥ニ入ル卽チ許可ナクシテ入ルトノ意ナリ又人ノ住居トハ人ノ生活スル換言スレハ寢食スル所ヲ云フ此住居ハ一時ノモノナルト永遠ニ涉ルモノナルトヲ問ハス現ニ犯罪ノ際人ノ住居タレハ可ナリ其他法定ノ場所トハ行文明示スル如ク邸宅建造物若クハ船艦ヲ云フ此邸宅トハ人ノ家屋及ヒ其週圍例セハ牆壁ヲ以テ廓ヘタル部分ヲ總稱スルモノニシテ建造物トハ神社佛閣等ヲ云ヒ艦船ハ又別ニ說明ヲ要セス然レトモ此種ノモノニ付テ本條ノ

罪ヲ構成スルモノニハ人ノ看守シ居ル所ナルヲ要スルモ人ノ看守ナキ換言スレハ番人ノ居ラサル場所ニ侵入スルモ決シテ本條ノ罪ヲ構成スルモノニアラス蓋シ先ニモ說キタルカ如ク我刑法ハ重キヲ人ノ安寧保持ニ置キ加之財産上ノ保護モナサントスルモノナルガ故人ノ居ラサル所ハ別ニ害ヲ被リタリト云フヘキニアラス之レ特ニ此規定アル所以ナリ又第三要件タル要求ヲ受ケテ其場所ヨリ退去セサルモノトハ一度ハ故アリテ即チ正當ノ理由アリテ吾人ノ家ニ來リタルモノニ向テ或理由ノ爲メ退去ヲ請求セシニモ拘ラス請求ヲ受ケタル場所ヨリ退去セサル場合卽チ不法行爲ニ依ル場合ナリ

以上ノ場合ニ於テ之レヲ罰スル所以ノモノハ公共ノ安寧ヲ保全スルニアリ故ニ此犯罪ニ對スル處分ハ犯罪自躰カ單ニ家宅ノ安全ヲ侵害シタルト云フニ過サル故從テ刑輕シ然レトモ舊法ニ列擧スル如ク或ハ夜間トカ若シクハ門戶牆壁ヲ踰越損壞スルトカ又ハ鎖鑰ノ施シアル所ヨリ入ルト晝間ナルト門戶牆壁ヨリ入ルトハ自ラ情狀異レリ又犯罪行爲ノ上ニ於テモ兇器ヲ携帶シテ入ルト携帶セスシテ只空手ニテ入ルトハ實際ノ程度自ラ異ナル所アル

第百七十一條 晝間故ナク人ノ住居シタル邸宅又ハ人ノ看守シタル建造物ニ入リタル者ハ十一日以上六月以下ノ重禁錮ニ處ス

若シ左ニ記載シタル所爲アル時ハ一等ヲ加フ

一 門戸墻壁ヲ踰越損壞シ又ハ鎖鑰ヲ開キテ入リタル時

二 兇器其他犯罪ノ用ニ供ス可キ物品ヲ攜帶シテ入リタル時

三 暴行ヲ爲シテ入リタル時

四 二人以上ニテ入リタル時

第百七十二條 夜間故ナク人ノ住居シタル邸宅又ハ人ノ看守シタル建造物ニ入リタル者ハ一月以上一年以下ノ

ヲ以テ此場合ハ宜シク事實裁判官ノ認定ニ任シ三年以下ノ懲役又ハ五十圓以下ノ罰金ノ範圍內ニテ犯罪ノ情狀ニ依リ尤モ公平ナル刑ヲ科セントスル精神ナリ故ニ實際ニ當ル人ハ宜シク注意シテ法ノ精神ヲ貫徹スルコトニ勉メサルヘカラサルナリ例ヘハ一度ハ正當ノ理由アリテ入ルモ其後何等カノ都合ニ依リ其モノノ退去ヲ請求スルカ如キハ複雜錯綜セル今日ノ時勢ニアリテハ往々散見スル所ナリ然ルニ必要ヲ充ス能ハサルモノハ又故ナク侵入スルト同シク人ノ衣食住ヲ妨害スルモノナルヲ以テ之レヲ罰スルヤ當然ナリ而シテ此不退去ノ場合モ前ト同シク故ナク退去セサル場合ノミノ適用ニシテ正當ノ理由アリテ退去セサルトキハ決シテ本罪成立スルコトナシト云ハサル可カラス何トナレハ法文又ナル文字ヲ使用シアレハナリ(舊法一七一、一七二、參照)

第百三十一條 故ナク皇居、禁苑、離宮又ハ行在所ニ侵入シタル者ハ三月以上五年以下ノ懲役ニ處ス

重禁錮ニ處ス
若シ前條ニ記載シタル加重ス可キ所爲アル時ハ一等ヲ加フ

第百七十三條
故ナク皇居禁苑離宮行在所及ヒ皇陵内ニ入リタル者ハ前二條ノ例ニ照シ各一等ヲ加フ

神宮又ハ皇陵ニ侵入シタル者亦同シ

本條ハ特ニ皇室ノ尊嚴ヲ保持セントノ精神ヨリ出テタル規定ナリ即チ故ナク皇居禁苑離宮又ハ行在所ニ侵入スルカ如キハ普通人ノ住居邸宅等ニ侵入スルト其趣キヲ異ニシ其行爲至テ惡ムヘキナリ故ニ特ニ區別シテ之ヲ罰セントスルモノナリ其處分即チ刑期ノ重キハ犯罪ノ情狀既ニ然ルモノト云ハサル可カラス皇居トハ申迄モナク　天皇陛下ヲ始メ奉リ御一家ノ御住居ヲ奉稱スルモノナリ禁苑トハ御庭ナリ離宮トハ別宮ヲ云フ例ヘハ吾人臣民ノ所謂別邸ト云フカ如キモノニシテ行在所ハ一時或地方ニ行幸ノ砌リ御宿泊遊ハサルル處ヲ云フ第二項ノ神宮又ハ皇陵ノ規定ハ別ニ説明ヲ加ヘザルモ明カナルベシ其神宮陵ノ何タルヤハ皇室ニ對スル章中ニ説明シタレバ參照アルベシ(舊法一七三、參照)

第百三十二條　本章ノ未遂罪ハ之ヲ罰ス

本條ハ未遂罪即チ着手以上ノ所爲ニシテ未タ目的ヲ達セサル前ニ於テモ尚

實害アリトシテ之ヲ罰スル規定ナリ

第十三章　秘密ヲ侵ス罪

凡ソ吾人處世ノ方法トシテ他人ニ知ラシムル能ハサル秘密事項ハ其階級ノ那邊ニアルヲ論セス如何ナル人モ時ニ或ハ之ヲ有セサルモノナシト云フヲ得サル可シ然ルニ秘密ヲ猥リニ他人ノ口ヨリ漏泄セラレンカ社交上財産其他ニ非常ノ損害ヲ蒙ルコトアリ又云フ可カラサル恥辱ヲ受クルコトナキニアラス如斯ハ獨リ被害者而巳ナラス延テ社會公共ノ安寧ヲ維持スル能ハサル結果ヲ生ス故ニ苟クモ吾人人類カ共同生活ノ爲ニ必要ナル法則ヲ定メ社會ノ安寧秩序ヲ維持スル爲メニ設ケタル刑典ハ充分ニ此制裁ヲ設ケ因テ以テ社會公衆ノ安全ヲ保障セザルベカラス之レ本章ノ必要アル所以ニシテ舊法又其幾分ヲ認メタリト雖モ思潮今日ノ如クナラザリシ時代ニ制定セラレタル法典ナルニ依リ欠點モ少ナカラス故ニ特ニ補正シ勉メテ時勢ニ適格スル所ノ規定ヲナサン趣旨ヨリ舊法第三編身體財産ニ對スル罪中誹毀罪ノ一

部ト特ニ人文發達ノ今日尤モ必要ナル文書ノ秘密ニ關スルモノヲ創設シテ本章ヲ設ケタリ

第百三十三條　故ナク封緘シタル信書ヲ開披シタル者ハ一年以下ノ懲役又ハ二百圓以下ノ罰金ニ處ス

本條ハ信書ノ秘密ヲ侵シタルモノニ對スル制裁法ナリ換言スレハ憲法ノ所謂信書ノ秘密ヲ保障シタル規定ナリ故ニ本條ノ罪ヲ正當ニ構成スルニハ(1)封緘シタル他人ノ信書ナルコト(2)其信書ヲ正當ノ理由ナク開披隱匿又ハ毀棄シタルコト(3)開披隱匿及毀棄スルノ意思アルコトノ三要件ヲ具備セサル可カラス而シテ第一要件タル封緘シタル信書ハ秘密ニ屬スルモノナリヤ否ヤト云フニ封緘ノ一點ニテハ直チニ其信書ハ秘密ナリト云フヲ得スト雖モ封緘ハ封緘ノ性質上他人ノ開披ヲ許ササル性質ノモノタルヤ明ナリ而シテ本條信書トハ特定人間ノ意思ノ傳達ヲ爲ス所ノ文書ヲ指スヤ疑ナシ故ニ文書ハ必スシモ彼ノ郵便若シクハ電信ニ依ルモノ而已ナリト云フヲ得サルナ

リ人動モスレバ信書トシ云ヘハ郵便電信ニ據ルモノト速斷スルモノアルモ此ハ誤レリト云ハサル可カラス此特定人間ノ意思ノ傳達ヲ中途ニ於テ他人ノ開披スル所トナランカ恐ルベキ害惡ヲ社會ニ流スニ至ル故ニ我憲法モ其第二十六條ニ於テ之レカ保障ヲナシタリ又第二要件タル開披トハ封緘ノ効果ヲ失セシメタル狀態ヲ云ヘリ隱匿トハ特定人ニ達スヘキモノヲ中途第三者ノ手ニ匿サレ本人即チ受信人ニ於テ發信人ノ意思ヲ知ル能ハサルニ至ラシムレハ足ル之ヲ毀棄スルトハ全ク其形ヲ變シタル場合ヲ稱ス第三要件タル意思アルコト意思ニ就テハ別ニ說明スルマテモナク開披隱匿及毀棄シテ他人ヲ害セントスル意思アレハ即チ可ナリ故ニ本罪ノ場合ハ如何ニ他人ニ損害ヲ及ホスコトアルモ正當ノ理由換言スレハ法律命令等ニ依リテ權利アルモノカ開披スルトカ又ハ全ク意思ナク過失等ニ出テタル場合ハ決シテ本條成立スルコトナシ本條ハ舊法ニハ何等ノ規定ナカリシモ時勢ノ進運ト共ニ此規定ノ必要ナルヲ認メ新ニ設ケタルモノナリ

第百三十四條　醫師、藥劑師、藥種商、產婆、辯護士、辯護人、公證

人又ハ此等ノ職ニ在リシ者故ナク其業務上取扱ヒタルコトニ付キ知得タル秘密ヲ故ナク漏泄シタルトキハ六月以下ノ懲役又ハ百圓以下ノ罰金ニ處ス
宗教若クハ禱祀ノ職ニ在ル者又ハ此等ノ職ニ在リシ者故ナク其業務上取扱ヒタルコトニ付キ知得タル人ノ秘密ヲ漏泄シタルトキ亦同シ

本條人ノ秘密ヲ他人ニ漏告シタルモノニ對スル制裁法ナリ故ニ本條ノ罪ヲ構成スルニハ又三個ノ特定要件ヲ具備セサル可カラス即チ(1)法定ノ身分又ハ職業ニ從事シタル者ノ犯罪タルコト(2)其身分又ハ職業ニ因リ委託ヲ受ケテ知得シタル人ノ秘密ヲ漏泄シタルコト(3)意思アルコトヲ要ス而シテ第一要件タル法定ノ職業ヲ有スルモノトハ醫師藥劑師藥種商産婆辯護士辯護人又ハ公證人及之等ノ職ニ在リタルモノヲ云フ此種ノ身分所謂職業上ノ身分

第三百六十條 醫師藥商產婆又ハ代言人辯護人代書人若クハ神官僧侶其身分職業ニ於テ委託ヲ受ケタル事ニ因リ知得タル陰私ヲ漏告シタル者ハ誹毀ヲ以テ論シ十一日以上三月以下ノ重禁錮ニ處シ三圓以上三十圓以下ノ罰金ヲ附加ス
但裁判所ノ呼出ヲ受ケテ事實ヲ陳述スル者ハ此限ニ在ラス

有スルモノハ業務ノ性質上各般ノ人ノ陰私ヲ知ラサル可カラサルモノナリ勿論如何ナルモノモ概シテ然リト云フ能ハスト雖モ普通吾人カ秘密ト稱スル事柄ハ他人ニ知ラルヽヲ欲セサルモノ多シ殊ニ醜事ヲ他人ニ漏告セラレンカ社會ニ立テ耻辱ヲ受ケ損害ヲ蒙ルコト大ナリ然ルニ秘密ヲ知ル前記ノ人々ガ(第二要件)他人ニ漏告センカ犯人自身ハ別ニ益スル所ナキ場合モ尚社會公益ノ為メニ公許セラレタル特定ノ業務ニ從事スルモノカ却テ社會公共ノ為メニ害ヲ蒙ラシムルニ至ル如斯ナランカ法ハ却テ社會ヲ紊亂破壞セヨト命スルガ如シ故ニ刑法ハ此場合ニ於テ充分ナル制裁ヲ設ケサル可ラザルヤ勿論ナリトス第三ノ意思ハ即チ人ノ秘密ナルコトヲ知リテ犯スト云フ特別ノ意思アルコトヲ要ス

第二項ノ規定亦同シ即チ宗教若シクハ禱祀ノ職ニアル彼ノ僧侶神官又ハ種々ノ加持祈禱ヲ為ス例セハ山伏ノ如キ者等ハ業務ノ性質上ノ秘密ヲ知ルニ最モ易ク從テ是等ノ者カ人ニ漏告スルハ尤モ易キモノナルカ故特ニ此規定ヲ設ケ社會公共ノ安全ヲ維持セントス(舊法三六〇參照)

第三百六十一條此節ニ記載シタル誹毀ノ罪ハ被害者又ハ死者ノ親屬ノ告訴ヲ待テ其罪ヲ論ス

第百三十五條　本章ノ罪ハ告訴ヲ待テ之ヲ論ス

本條ハ所謂親告罪ナルモノノ適用ヲ示シタルモノナリ蓋シ本章ノ罪ノ如キハ實際其被害者ニアラサレハ果シテ爲メニ害ヲ蒙リタルヤ否ヤヲ知ル能ハサレハナリ何者彼ノ封緘シタル信書ヲ開封スルカ如キ即チ信書ノ秘密ヲ侵シタリト雖モ爲メニ必スシモ被害者ハ損害ヲ受ケタリト速斷セラレサルナリ又前條ノ罪ノ如キモ害ハ假リニ甚タシトスルモ被害者ハ之ヲ社會ノ原告官ニ據テ罪ヲ法廷ニ訴ヘラレタル爲メ却テ俗ニ謂フ暗闇ノ恥ヲ明ルキ處ニ出サレテ一層甚シキ害ヲ蒙ラストモ限ラサルコトアラン故ニ法典ハ此等ノ點ヲ推測シテ被害者ノ告訴ヲ待テ其罪ヲ論セントスルモノナリ司法警察官檢事豫審判事之レヲ知ルト雖モ他ノ犯罪ノ如ク進ンテ檢事處分スヘキモノニアラスト規定セリ之レ此種ノ犯罪ハ性質上被害ノ程度カ被害者ナラサレハ容易ニ知ル能ハサルモノト認メタルカ故ナリ故ニ本條ノ適用上刑事訴訟法ノ規定ニ依レハ被害者一時激シテ告訴スルモ未タ判決確定セサル以前ニ

第五章　健康ヲ害スル罪
第一節　阿片烟ニ關スル罪
第二百三十七條　阿片烟ヲ輸入シ及ヒ製造シ又ハ之ヲ販賣シタル者ハ有期徒刑ニ處ス
第二百三十八條　阿片烟ヲ吸食スルノ器具ヲ輸入シ及ヒ製造シ又ハ之ヲ販賣シタル者ハ輕懲役ニ處ス
第二百三十九條　税關官吏情ヲ知テ阿片烟及ヒ其器具ヲ輸入セシメタル者ハ前二條ノ刑ニ照シ各一等ヲ加フ
第二百四十條　阿片烟ヲ吸食スル爲メ房屋ヲ給與シテ利ヲ圖ル者ハ輕懲役ニ處ス
人ヲ誘引シテ阿片烟ヲ吸食セシメタル者

下ケタル時ハ直ニ被告人ヲ免訴シテ又追及セサル者タリ(舊法三六一、參照)

第十四章　阿片煙ニ關スル罪

人文發達シテ醫藥ノ業進ムニ從ヒ昔日蠻野ノ境ヲ脱シ衞生ノ人類生活ニ最モ必要ナルコトヲ知レル今日公ノ衞生ヲ害スル如キ所爲アランカ法律ハ宜シク之レカ制裁ヲ加ヘサル可カラス殊ニ本章ノ犯罪ノ如キハ衞生ヲ害スルコト甚タシキモノナレトモ動モスレハ人好テ之ヲ吸食スルモノアルヲ以テ往々阿片ヲ輸入シ或ハ其吸食器ヲ販賣スルモノアリ此等ハ現時我帝國人間ニハ行ハレサルモ尚支那人ハ好ンテ之ヲ吸食シ一度阿片ヲ吸食スルトキハ身心共ニ恍トシテ快云フ能ハス而シテ一度其快味ヲ感センカ終生忘却スル能ハスシテ連吸スルニ至ル之ヲ度々使用センカ遂ニ精神ニ多大ノ異狀ヲ呈シ精神耗弱シテ恰モ白痴人ノ如クナル豈恐ルヘキ害毒ナラスヤ之レ本章ノ規定ヲ設ケテ此種ノ犯人ヲ科罰シ以テ全滅セントノ精神ニ出テタルモノト知ルヘシ(舊法第三編第五章第一節參照)

亦同シ、第二百四十一條 阿片烟ヲ吸食シタル者ハ二年以上三年以下ノ重禁錮ニ處ス
第二百四十二條 阿片烟及ヒ吸食ノ器具ヲ所有シ又ハ受寄シタル者ハ一月以上一年以下ノ重禁錮ニ處ス

第百三十六條　阿片煙ヲ輸入、製造又ハ販賣シ若クハ販賣ノ目的ヲ以テ之ヲ所持シタル者ハ六月以上七年以下ノ懲役ニ處ス

本條ハ阿片營業者ヲ罰スル規定ナリ而シテ本條ノ輸入トハ海外ヨリ買入レ又ハ製造販賣等ヲ爲スモノヲ云ヒ別ニ說明ヲ要セス又販賣ノ目的ニテ所持スルコトヲ要スルヲ以テ其目的ニアラスシテ例セハ醫藥ノ料トシテ藥種商等ノ所持スルハ決シテ罪トナルヘキモノニアラス勿論此醫藥ノ料トナルヘキモノト吸食用ノ物トハ均シク阿片ナルモ之レニ區別アリテ本條ハ此吸食用ノ物ニ對スル規定ナルコトハ疑フヘクモアラス尙此阿片煙ナルモノハ如何ナルモノナリヤ余素ヨリ之ヲ詳悉セスト雖モ兎ニ角一種ノ痲睡藥ナルコトハ疑ナシ而シテ本罪ヲ重ク罰スル所以ノモノハ輸入製造販賣者アランカ弊害ノ傳播甚シク啻ニ個人ヲ害スルノミナラス引テ一國ノ滅亡ヲ來タサストモ計リ難シ或ル國ニハ今尙此吸食盛ニ行ハレ一度之レカ吸食ヲナサンカ殆

ト業務ヲ抛棄シテ只恍トシテ酔ヲ採ルヲノミ快トスト甚シキ變風ト云ハサルヘカラス之レ本罪ヲ特ニ重ク罰スル所以ナラン

第百三十七條　阿片煙ヲ吸食スル器具ヲ輸入、製造又ハ販賣シ若クハ販賣ノ目的ヲ以テ所持シタル者ハ三月以上五年以下ノ懲役ニ處ス

本條ハ前條ト其精神毫モ異ナルコトナク只器具タルト阿片煙其モノトノ差アルノミ此差ニ準シテ處分ヲ異ニセルニ過キサルナリ

第百三十八條　稅關官吏阿片煙又ハ阿片煙吸食ノ器具ヲ輸入シ又ハ其輸入ヲ許シタルトキハ一年以上十年以下ノ懲役ニ處ス

本條ハ禁制セル阿片煙及ヒ其器具ヲ輸入スルコトヲ許シタル官吏ヲ罰スル規定ナリ蓋シ絕對ニ法律カ禁制シタルモノナルコトヲ知リテ取締ヲ爲ス稅

官吏カ之ヲ許スカ如キコトアランカ法ヲ全然死物タラシムル不法行爲タルノミナラス之ヲ罰セサルトキハ爲メニ測ルベカラサル實害ヲ生スルニ至ル之レ特ニ本條ヲ設ケタル所以ナリ而シテ本條ノ罪ハ深ク說明スル迄モナク稅關官吏ノ犯シタルコト及阿片煙及其器具ヲ輸入シタルコトヲ以テ犯罪成立ノ要素トナセリ又許シトハ公許ト默許トヲ問ハサルナリ

第百三十九條　阿片煙ヲ吸食シタル者ハ三年以下ノ懲役ニ處ス

阿片煙ヲ吸食スル爲メ房屋ヲ給與シテ利ヲ圖リタル者ハ六月以上七年以下ノ懲役ニ處ス

本條ハ阿片煙ノ吸食者ヲ罰スル規定ニシテ苟クモ其量ノ如何ヲ論セス吸食ノ事實アレハ卽チ本罪成立スルモノニシテ深ク說明ヲ要セサルベシ第二項ノ房屋給與トハ阿片煙ヲ吸食スル場所ヲ給與シ因テ利ヲ圖リ卽チ手數料若

クハ室料等ヲ徵收シタル場合ノ制裁法ニシテ此種ノ行爲ヲ罰セサルトキハ本章全躰ノ完成ヲ爲サヽルカ故特ニ本項ノ規定アル所以ナリ

第百四十條　阿片煙又ハ阿片煙吸食ノ器具ヲ所持シタル者ハ一年以下ノ懲役ニ處ス

本條ハ吸食セス使用セス只阿片煙及其器具ヲ所持シタル事實ニ於テ既ニ犯罪ト認ルモノナリ之レ我法律ハ如何ニ本罪ニ重キヲ置キタルヤヲ察知スルヲ得ヘシ之等ノ規定ハ政策上實際ノ必要ヨリ生シタル規定ニシテ別段說明ノ要ナカルベシ

第百四十一條　本章ノ未遂罪ハ之ヲ罰ス

本條ハ說明ヲ要セスシテ明カナラン

第十五章　飮料水ニ關スル罪

吾人ノ生活上飮料水ハ一日モ缺クベカラサル必要品ナルコトハ何人モ首肯

スル處ナラン故ニ飲料水ハ道義ノ上ヨリ觀察スルモ亦鄭重ニ之レヲ保護セサルヘカラス從テ一朝此必要物ニ毒物ヲ投入シ或ハ汚穢センカ吾人カ一日タリトモ安全ニ生活スルコト能ハサルノミカ健康ヲ害セラレ生命ヲ危殆ナラシムルニ至ルモ測ルヘカラス若シ夫レ如斯犯罪行ハレンカ公共ノ安寧ヲ維持スル能ハサルニ至ル故ニ法律ハ此等ノ行爲ニ對シ相當ノ刑罰ヲ科シ再犯ヲ防遏セサル可カラス舊法モ均シク之ヲ認メタル所ナルモ規定自躰カ時勢ニ適合セサルヲ以テ大ニ錯綜ヲ極メタルモ本法ハ之レニ充分ノ修正ヲ加ヘ以テ金科玉條ト爲シタル所ナリ乞フ諸氏ハ後ニ掲クル各條ヲ讀過シテ其精神ノアル所ヲ攻究セラルヘシ

第百四十二條　人ノ飲料ニ供スル淨水ヲ汚穢シ因テ之ヲ用フルコト能ハサルニ至ラシメタル者ハ六月以下ノ懲役又ハ五十圓以下ノ罰金ニ處ス

本條ハ飲料水ヲ汚穢シタルモノニ對スル制裁法ナリ本罪構成ニハ(1)人ノ飲

第二百四十三條　人ノ飲料ニ供スル淨水ヲ汚穢シ因テ之ヲ用フルコト能ハサルニ至ラシメタル者ハ十一日以上一月以下ノ重禁錮ニ處シ二圓以上五圓以下ノ罰金ヲ附加ス

料ニ供スル淨水ナルコトヲ要シ(2)汚穢ノ行爲ニ依リ飲用シ能ハサラシメタルコト(3)右ノ意思アルコトノ三要件ヲ具備セサルヘカラス而シテ人ノ飲料ニ供スル淨水トハ文字自躰既ニ說明セル如ク吾人カ日常飲用スル所ノ河水井水澤水等ヲ云ヒ又第二要件タル汚穢ノ所爲トハ文字甚タ茫漠ノ感アリト雖モ要之泥土塵芥汚穢物等ヲ投入シ又ハ水底ヲ攪亂シテ飲料ニ供スル能ハサラシメタル狀態ニアレハ卽チ可ナリ第三ノ意思ハ特ニ汚穢シテ飲用ニ供スルコトヲ得サラシムルノ意思ナカルヘカラズ例ヘハ水源修繕等ノ爲メ一時飲用シ能ハサラシメタルカ如キ塲合ハ本條ノ罪ヲ構成スルコトナシ(舊法第二百四十三條參照)

第百四十三條　水道ニ由リ公衆ニ供給スル飲料ノ淨水又ハ其水源ヲ汚穢シ因テ之ヲ用フルコト能ハサルニ至ラシメタル者ハ六月以上七年以下ノ懲役ニ處ス

人口ノ集合スル市街地等ニアリテハ井水澤水ノ類ニテハ容易ニ全般ノ飲料

ニ供スル底ノ淨水ヲ得ル能ハザルハ蓋シ一般ノ狀態ナリ否假リニ井水等ヲ以テ供給シ能ハントスルモ市街地等ニアリテハ概テ衞生上無害ノ淨水ヲ得ルコト能ハサルハ之レ又理ノ然ラシムル處ニシテ現今ノ實際ヲ見ルモ如何ナル地方ト雖モ苟クモ一市街ヲ爲スノ場所ニアリテハ其住民ノ飲料水ヲ得ルニ就テハ水道ヲ敷設シテ遠ク澤水河水ヲ引キ來リ以テ住民一般ノ飲料水ニ供シツツアリ而シテ此水道ニ由リ公衆ニ供給スル飲料ノ淨水ハ彼ノ井水等ト異ナリ一個ノ流域內ヨリ市民一般ニ供スルモノナルヲ以テ一度此ノ洋水又ハ其水源ヲ汚穢セシカ爲メニ蒙ル害ハ水道ニ由リ供給セラル住民一般ニ及ホス恐ルヘキ不法行爲ナリ故ニ法律ハ之等ノ犯罪ニ就テハ普通罪以外ノ刑罰ヲ設ケ以テ相當救濟方法ヲ講セサルヘカラス之レ本條ニ於テ特ニ此ノ場合ヲ制定シ以テ此ノ恐ルヘキ大害ヲ未發ニ防遏セントスル所以ニシテ別ニ說明ヲ加ヘサルモ讀者概ヲ法ノ精神ヲ了解セラレタルベシ故ニ玆ニ之レヲ贅セズ

第百四十四條　人ノ飲料ニ供スル淨水ニ毒物其他人ノ健

第二百四十四條　人ノ健康ヲ害スヘキ物品ヲ用ヒテ水質ヲ變シ又ハ腐敗セシメタル者ハ一月以上一年以下ノ重禁錮ニ處シ三圓以上三十圓以下ノ罰金ヲ附加ス

康ヲ害ス可キ物ヲ混入シタル者ハ三年以下ノ懲役ニ處ス

本條ハ第百四十二條ニ規定セラレタル即チ人ノ飲料ニ供スル淨水中ニ毒物ヲ混入シ又人ノ健康ヲ害スルモノヲ投入シタルモノニ就テノ規定ナリ故ニ第百四十二條ノ罪ハ單ニ淨水ヲ汚穢スルノ所爲アレハ足レリ本條ハ進ンテ毒物其他健康ヲ害スルモノヲ淨水中ニ混入セサル可カラス而シテ本罪構成ニハ毒物其他健康ヲ害スル物件ヲ混入シタル所爲アレハ未タ中毒若シクハ健康ヲ害セサルトキト雖モ其罪ヲ論スルモノナリ若シ夫レ有害ナランカ直ニ次條ノ規定ニ基テ罰ヲ蒙ラサルヘカラサルヤ勿論ナリトス本條ノ處分又危險ノ大ナルモノナルヲ以テ特ニ重ク罰スル所以ナリ本條ノ罪ハ決シテ公共ノ飲料水ニアラスシテ個人若シクハ特定人ノ場合ニ限ラルルモノト注意セラル可シ(舊法二四四、參照)

第百四十五條　前三條ノ罪ヲ犯シ因テ人ヲ死傷ニ致シタル者ハ傷害ノ罪ニ比較シ重キニ從テ處斷ス

第二百四十五條　前條ノ罪ヲ犯シ因テ人ヲ疾病又ハ死ニ致シタル者ハ毆打創傷ノ各本條ニ照シ重キニ從テ處斷ス

本條ハ行文一讀直ニ了解シ能フ可ク其因テ死傷ニ致シタルモノニ就テハ始メヨリ死傷ニ致ス意思ナキモノト雖モ尙傷害罪ニ比較シテ罰セントス蓋シ當然ト云フヘキナリ而シテ本罪ハ前三條ノ罪ヲ犯シタル結果生シタル死傷ナラサル可カラス若シ夫レ最初ヨリ人ヲ傷害スル意思ヲ以テ飲料淨水ヲ汚穢シ毒物其他健康ヲ害スル物ヲ混入スレハ傷害罪ノ純然タル手段ナルヲ以テ本條ノ適用ヲ受クヘキモノニアラス（舊法二四五、參照）

第百四十六條　水道ニ由リ公衆ニ供給スル飲料ノ淨水又ハ其水源ニ毒物其他人ノ健康ヲ害ス可キ物ヲ混入シタル者ハ二年以上ノ有期懲役ニ處ス因テ人ヲ死ニ致シタル者ハ死刑又ハ無期若クハ五年以上ノ懲役ニ處ス

本條ハ公共用ノ飲料水即チ水道ヲ利用シテ其飲料ニ供スルモノノ中ニ毒物等ヲ混入シタルモノニ對スル制裁法ニシテ第百四十四條ト異ナル點ハ公衆

ニ關スルト然ラサルニアリ從テ其害大ナルヲ以テ刑罰ヲ加重スルハ實際ノ條理上ヨリ來ル社會刑罰權ノ適用ナリ又本條末段ノ規定ハ法文事理明白ニシテ別段說明ヲ要セサルモ只此場合ニ此規定ヲ置カサルトキハ實際ニ遭遇スルニ及ヒ解釋ヲ異ニスル處レアルヲ慮カリテ制定セラレタルモノナラント信ス

第百四十七條　公衆ノ飲料ニ供スル淨水ノ水道ヲ損壞又ハ壅塞シタル者ハ一年以上十年以下ノ懲役ニ處ス

本條ハ水道ヲ損壞壅塞シタル場合ノ規定ナリ蓋シ公衆ノ飲料ニ供スル淨水ノ水道ヲ損壞又ハ壅塞シテ飲料水ヲ絕タンカ爲メニ非常ノ苦痛ヲ公衆ニ與フルモノニシテ公益ヲ害スル甚タシト云フヘキナリ故ニ法律ハ特ニ重ク罰スル所以ナリ

第十六章　通貨僞造ノ罪

凡ソ吾人人類カ世ニ處スル方法トシテ又手段トシテ眞實ニアラサルコトヲ眞實ナリトシテ事ニ當ランカ社會ハ何時如何ナル時代ニ於テモ道理ニ適シ正義ニ反セストハ云フ能ハサルナリ如斯ヲ廣キ意味ニ於ケル背信罪ト云フ何トナレハ社會公衆カ正當ニ道義理德ノ途ニ近カラントスルノ意思ハ一日タリトモ其胸裡ヲ去リシコトナケレハナリ殊ニ靈性アル吾人人類ハ常ニ正義ニシテ邪道ヲ排斥セントスルハ蔽フヘカラサル事實ナリト云フ可シ之レ畢竟社會ノ公人ハ正義善良ナル者トシテ維持セントスルニアレハナリ故ニ國家ハ常ニ法ヲ設ケテ外形ニ顯出シタル人間ノ行爲善ナレハ之ヲ賞シ惡ナレハ之ヲ責罰ス盖シ國家當然ノ義務ト云フ可キナリ故ニ苟クモ社會ノ信憑ヲ破壞スルモノアランカ即チ國法ニ背ク所以トナル而シテ此信憑ニ背クトハ取リモ直サス眞實ナラサル即チ虛僞ノ所爲ニ依テ社會ヲ害セントスル行爲ヲ云フ本章規定ノ通貨僞造罪ハ其最モ顯著ナルモノニシテ一度如斯行爲アランカ法律ハ容赦ナク之ヲ責罰セサル可カラス盖シ通貨僞造行爲ノ如キ何レノ方面ヨリ立論スルモ善良ノ風俗ヲ害シ公ノ秩序ニ背反セルモノト云

ハサル可カラス(勿論突飛ナル破壞主義者ニアラサル以上ハ)於茲乎羅馬ノ創メテ法ヲ造リシ以來洋ノ東西人種ノ如何ナルモノ又政體ノ如何ナル國ニ於テモ之レヲ罰セサルハナシ我刑典又舊法ヲ始メ此點ニ就テ重キ規定ヲ設クル所以ナリトス

通貨僞造トハ如何ナル行爲ヲ意味スルヤ本章ノ通貨僞造罪トハ如何ナル範圍迄立入リ居ルヤヲ考慮スルニ通貨トハ學者間ニ異論アルモ余ハ本法ノ認メタル強制的通用力ヲ有スル貨幣紙幣及兌換銀行券ヲ總稱スト云フ而シテ此種ノ通貨ハ本章ノ表題ニハ只僞造トノミアルモ其行爲ヲ罰セントスルモノハ僞造變造及ヒ僞造變造ノ通貨ヲ輸入シタルモノモ等シク本章ノ犯罪ト爲スモノナルコトハ明文ヲ見レハ又別ニ疑ヲ挾ム餘地ナキモノトス之レ舊法第二編第四章第一節ノ規定ニ修正ヲ加ヘ其他多少補正シタル者ナルモ法ノ精神ニ至リテハ前ニモ述ヘタル如ク羅馬法以來別ニ異ル所ナシ

第百四十八條　行使ノ目的ヲ以テ通用ノ貨幣、又ハ銀行券

ヲ僞造又ハ變造シタル者ハ無期又ハ三年以上ノ懲役ニ處ス

僞造、變造ノ貨幣、紙幣又ハ銀行券ヲ行使シ又ハ行使ノ目的ヲ以テ之ヲ人ニ交付シ若クハ輸入シタル者亦同シ

本條ハ通貨僞造罪ニ就テノ規定ナリ即チ僞造トハ行使ノ目的ヲ以テ通用ノ貨幣紙幣又ハ兌換銀行券ヲ僞造シタルコトヲ云フ故ニ本條ノ罪ヲ構成スルニハ第一、通用ノ貨幣紙幣及ヒ兌換銀行券ナルコト第二、行使ノ目的ヲ以テ僞造變造ヲ爲シタルコト第三、犯罪ノ意思ノ三要件ヲ具備セサル可カラス從テ刑典ノ性質上右三要件ヲ具備セサルトキハ本罪成立スルモノニアラス今此要件ニ付キ少シク說ク處アラン

第一通用ノ貨幣紙幣及兌換銀行券トハ如何ト云フニ通用トハ現實ニ强制ナルト任意的ナルトヲ問ハス內國ニ流通スルモノトノ意味ナルコトハ法ノ精神ヨリ明カニ認メラルル處ナリ又貨幣トハ廣キ意味ニ於ケル所謂經濟上ノ

交換價格ヲ有スルモノヲ云フ此交換價格即チ物品交換ノ媒介物トシテ政府カ一定ノ規定ヲ定メ價格ヲ表名セル一定ノ方寸ヲ有スル金屬性ノモノヲ本條ノ所謂貨幣ト云ヒ又金屬性ニアラサル即チ紙片ニ政府カ保證ヲ與ヘテ發行シ恰モ前述ノ金屬性ノモノト同一ノ價値ヲ有セシムルモノ之ヲ本條ノ紙幣ト云フナリ之レ等ハ何レモ政府自ラ發行スルモノニシテ一般經濟上ヨリ立論スルトキハ均シク貨幣ト云フナラン然レトモ現ニ本法ハ紙幣ナル文字ヲ挿入シアルヲ以テ特ニ刑典ノ上ニ於テハ之ヲ區別セサル可カラス又兌換銀行券トハ政府ノ特許ヲ得テ國立又ハ私立銀行カ價額交換ノ媒介ニ供スル爲メ發行スルモノヲ政府ノ發行シタル者ト同一ノ眞價ヲ得セシメ流通スルモノニシテ發行ノ手續特別法ヲ以テ規定セラル現ニ日本銀行ニ於テ發行シ居ル所ノ通稱紙幣ナルモノハ實ニ日本銀行カ特許ヲ得テ發行シ居ル兌換銀行券ナリトス又通貨ノ種類ハ現ニ我國ニ行ハレ流通シ居ルモノハ金銀白銅ヲ以テ作製セル金屬製ノモノト紙幣ナリ而シテ之等數種ノ内我國ニ於テハ通貨ノ本位ハ金トシ銀銅等ハ何レモ補助貨幣トナシツツアリ又此ノ種ノ交

換價額ノ標準ヲ區別スルニハ一定ノ呼價ヲ其形狀ニ現ハシ以テ相互ノ差異ヲ分ツニ便ナラシムルト同時ニ貨幣ト他ノ物件トノ識別ヲ容易ナラシメタリ尙同一金屬間ノ貨幣ニテモ其形ニ大小ヲ認メ現ハスニ文字ヲ以テ呼價ヲ定メタルモノナルコトハ其實物ニ就テ究メラレタランニハ反覆說明ノ要ナキ處トス

第二行使ノ目的ヲ以テ僞造又ハ變造ヲナスコトハ本罪成立ニ重要ナル條件ニシテ行使ノ目的トハ眞實ナラサル卽チ僞造又ハ變造ノ通貨(著者ノ所謂通貨ハ本條ノ貨幣紙幣及兌換銀行劵ヲ總稱スルモノナリ)ヲ眞實ノモノト同シク流通セシメントスルノ行爲ヲ云フト認テ誤リナカランプレ本條ノ罪ヲ構成スルニ最モ必要ナル事項ナリ故ニ行使ノ目的ニアラスシテ單ニ美術裝飾品等ニ供スル意思ヲ以テ製作スルカ如キハコノ限ニアラス從テ行使ノ目的ナルヲ以テ前段ニ所謂流通セルモノナラサル可カラス故ニ通用セザル貨幣假ヘバ舊幕時代ニ於テハ全ク流通セル實貨ナリシモ今日ニ於テ貨幣トシテノ通用ナキ彼ノ大判小判ノ如キモノヲ作製スルモ本罪成立スルモノニアラ

トハ如何此區別ニ就テハ古來學說紛々錯綜容易ニ解決セサル所ナルモ余ハ自己ノ信スル點ヲ述ベテ本條ヲ解釋セントス蓋シ著者ノ目的ハ素ヨリ學說ヲ批難セズシテ本法ヲ最モ平易ニ且ツ正當ニ解釋ヲ與ヘントスレバナリ故ニ曰ク通貨ノ僞造トハ眞實ニアラサル卽チ通貨以外ノ物件ヲ以テ更ニ通貨ニ酷似シタルモノヲ製作スル行爲ヲ云フ故ニ現ニ通貨ニアラサルモ一度通貨トシテ流通シタルモノヲ材料トシテ僞造スルモ本罪構成ニ妨ケナシ又例セハ形狀ノ異ナル現在ノ通貨ヲ素品ニ使用シテ自己ノ目的ノ通貨ヲ造出スルモ共ニ本罪ノ所謂僞造ト云フヘキナリ又變造トハ一言以テ之ヲ蔽ヘハ通貨(現ニ流通スル)ノ外觀卽チ形躰ヲ損セスシテ單ニ實價ノミヲ減殺シ而シテ眞實ナル通貨ナリト誤信セシムル方法ヲ云フ故ニ此方法ニ就テハ文字ヲ變更スルモノモアラン又眞實ノ通貨ノ劣等ナルモノニ鍍金其他總テ虛僞ノ行爲ヲ加ヘ以テ高價ノモノト一般人ニ想像セシムル工作ヲ施ス等之レミナ變造ナリ要之通貨以外ノ物件ヲ以テ作製シタル僞造ト通貨ノ實價ヲ減殺シタル變造ト又劣等ナル通貨ヲ以テ高價ノ通貨ノ如ク外觀ヲ裝ヒタル變造トハ

何レモ區別シ得ルト雖モ均シク實物ニアラストノ點ヨリ今日マテ學者實際家ノ間ニ異論紛々タリシ僞造變造ヲ一丸ト爲シ本法ハ總テ通貨僞造罪トナシタリコレ大ニ英斷ニ出テタルモノヽ如シ著者又多少意見ナキアラスト雖モ今ハ論セス他日更メテ述フル所アルヘシ

第三犯罪ノ意思アルコトハ別ニ説明スルマテモナク本罪ノ意思ハ卽チ通用ノ通貨ヲ行使スル目的ヲ以テ僞造變造ノ意思アルコトヲ要スルモノト知ル可シ

第二項ハ知情行使知情交付及知情輸入罪ノ制裁規定ナリ從テ本項ノ罪ハ自カラ僞造變造ヲ爲サヽルモ其僞造若クハ變造ノ通貨タルコトヲ知リツヽ之ヲ行使シ或ハ他人ニ交付シテ行使セシメ又ハ外國ニ於テ我國ノ通貨ヲ僞造變造シタルモノヲ輸入セシムル行爲アレハ足ル而シテ本罪ニ特別ナル構成要件トシテハ情ヲ知リテ行使シ交付輸入ヲ爲シタルコトヲ必要トス尤モ本項ノ行文ニハ特ニ知情ノ文字ヲ用ヰアラサルモ凡ソ犯罪ハ犯意アルコトヲ要スルヲ以テ各條必ラス其文字アルニアラス行文ノ解釋上當然此必要ナル

文字アルコトヲ記セサルヘカラス從テ假リニ僞造變造ノ通貨ヲ行使交付輸入スルモ其ノ僞造變造ノ通貨タルコトヲ知ラサル時ハ犯罪アリト云ヲ得ス故ニ此場合ニハ本項ノ責任ニ缺クヘキモノニアラス之レ余輩カ特ニ本罪構成ニ知情ナルコトヲ要スルト云フ所以ナリ亦本項ノ文字中行使トハ僞造變造ノ物件ナルコトヲ知リツツ他人ニ對シテハ眞實ノ通貨タル如ク裝ヒ以テ一般公衆間ニ流通セシムル狀態ヲ云フ又交付トハ自カラ流通セシムルニアラスシテ通用セシムヘキ目的ヲ以テ自己以外ノ人ニ交付シタル場合ナリ此場合ニ於テハ其物件カ必スシモ交付シタル人ニ依テ使用セラルルコトヲ要セス唯如斯場合ニハ當然交付セラレタル人カ流通スルコトアルヘキ狀態ニアレハ足レリ更ニ本項末段ノ輸入トハ外國ニ於テ邦人ト我國人トヲ問ハス我カ國ノ通貨ヲ僞造若クハ變造シタルモノヲ我國内ニ持チ來ルヲ云フ然レトモ此場合ト雖モ亦犯罪ノ性質上當然行使セシムヘキ意思ナカルヘカラス故ニ例セハ輸入スルモ却テ僞造變造等ノ犯罪檢擧上必要ナル證據品トシテ爲シタル場合ノ如キハ本罪ヲ構成スヘキモノニアラサルヤ勿論ナリ

以上第一第二項ノ説明ヲ終リ特ニ處分ニ付一言センカ本條ノ規定ヲ案スルニ無期又ハ三年以上ノ懲役ニ處スヘク定メラレタリ之レ一見刑罰重キニ失スル嫌ナキ能ハスト雖モ翻テ本罪カ實際ニ行ハレタル場合ヲ想像セハ又強チ重刑トモ云フ可カラス何者本條ノ罪ノ如キハ社會公安ヲ害スルコト甚シク一般公衆カ常ニ僞造變造ノ通貨カ流通スルト思ハハ何人モ安ンシテ諸般ノ取引ヲ爲スコト能ハサルノミナラス通貨ニ對スル眞價ノ確信ヲ破リ引テ經濟上ノ大擾亂ヲ來スヘク商工業ノ發達ヲ杜絶シ大ニシテハ國家ノ生存ニ重大ナル影響ヲ及ホスヘキ場合ナキヲ保スヘカラサルヲ以テ特ニ重刑ヲ科シ再犯ヲ防遏シ未然ニ防止スルノ要アルモノト云ハサルヘカラス之レ本法カ特ニ自由刑中ノ最極刑ヨリ犯罪ノ情狀ニ因リ有期刑ヲ定ムルノ必要ヲ生シタルモノト知ルヘシ

第百四十九條　行使ノ目的ヲ以テ内國ニ流通スル外國ノ貨幣、紙幣又ハ銀行劵ヲ僞造又ハ變造シタル者ハ二年以

上ノ有期懲役ニ處ス

僞造、變造ノ外國ノ貨幣、紙幣又ハ銀行劵ヲ行使シ又ハ行使ノ目的ヲ以テ之ヲ人ニ交付シ若クハ輸入シタル者亦同シ

本條ハ本邦内ニ流通スル外國ノ通貨ヲ僞造シ若クハ變造シ及知情行使知情交付並ニ知情輸入ニ關スル制裁規定ナリ案スルニ現今我カ國ニ於テハ之ヲ許シ居ルコトナシト雖モ政府ノ必要ニ因リ如斯政策ヲ採ルコトナシト云フ能ハス若シ夫レ我政府カ認メテ我國内ニ外國ノ通貨流通ヲ許シタルトキハ之カ取締ハ我カ國法ヲ以テセザルベカラズ然ラサレハ我カ國ノ安寧ヲ害スルノミナラズ亦外國ノ威信ニ關スルコト大ナレバナリ之レ本條ノ特ニ必要ナル所以ニシテ本罪構成要件其他ニ付テハ特ニ説明ヲ要スルモノナク大躰ニ於テ前條ノ説明ヲ採用スレバ足ルベシ又處分カ我國ノ通貨ノ場合ニ比シテ輕キ感ナキ能ハスト雖モ此ノ案ハ邦人ノ習慣上外國通貨ハ一般國内ニ

第百八十九條　僞造變造ノ貨幣ヲ内國ニ輸入シタル者ハ僞造變造ノ刑ニ同シ

流通スルコト之ナク之ヲ許スモ一定ノ區域内ニ止マルコト多キニ居ルヲ以テ其害惡本邦ノ通貨ノ如ク大ナラストノ立法者ノ推斷ヨリ斯ク定メタルモノナルヘシ(舊法、一八九參照)

第百五十條　行使ノ目的ヲ以テ僞造、變造ノ貨幣、紙幣又ハ銀行劵ヲ收得シタル者ハ三年以下ノ懲役ニ處ス

本條ハ僞造變造ノ通貨ナルコトヲ知リ且ツ行使スル目的ヲ以テ其僞造變造ノ貨幣紙幣等ヲ收得シタルモノニ對スル規定ナリ僞造變造ノ貨幣紙幣又ハ兌換銀行劵ナルコトハ本罪構成ノ特別要件トス而シテ本條中ノ收得トハ單純ニ解スルトキハ他人ヨリ受取ルノ意ノ如クナルモ然ラス受取トハ他ヨリ交付スルモノアルコトヲ要スルモ收得ニハ然ラサル場合多々アリ例ヘハ强竊盜若シクハ拾得等ニ因テモ之ヲ得ルコトアリ故ニ本條收得トハ兎ニ角自己ノ手ニ物件ヲ容レタルコトヲ要ス此收得ハ必ラス行使換言スレハ僞造若シクハ變造ノ貨幣紙幣ナルコトヲ知ラサルモノニ交付スルノ目的アルヲ要

第百九十條　偽造變造ノ情チ知テ其貨幣チ取受シ之チ行使シタル者ハ偽造變造シテ行使シタル者ノ刑ニ照シ各二等チ減ス其未タ行使セサル者ハ各三等チ減ス

第百八十六條　前數條ニ記載シタル貨幣ノ偽造變造已ニ成テ未タ行使セサル者ハ各本刑ニ照シ一等チ減シ其未タ成ラサル者ハ二等チ減ス若シ偽造ノ器械チ豫備シテ未タ著手セサル者ハ各三等チ減ス

ス此目的ナキトキハ本罪成立セス本條ノ處分ハ未タ行使セサル前ナルヲ以テ從テ之レヲ行使シタルモノニ比スレハ害惡甚タシカラサルモ犯人偽造變造ノモノナルコトヲ知リテ行使スル目的ヲ有ス故ニ之ヲ抛棄シ置カンカ爲メニ害惡ヲ生ジ從テ相當ノ罰ヲ科スルノ必要アリトス(舊法一九〇參照)

第百五十一條　前三條ノ未遂罪ハ之ヲ罰ス

前三條ノ罪ハ頗ル重大ナル犯罪ナレバ未遂罪ヲ罰スルコト當然ニシテ別ニ説明ヲ要セサルベシ(舊法一八六、參照)

第百五十二條　貨幣、紙幣又ハ銀行券ヲ收得シタル後其偽造又ハ變造ナルコトヲ知テ之ヲ行使シ又ハ行使ノ目的ヲ以テ之ヲ人ニ交付シタル者ハ其名價三倍以下ノ罰金又ハ科料ニ處ス但一圓以下ニ降スコトヲ得ス

本條ハ收得シタル後ニ於テ偽造又ハ變造ノモノナルコトヲ知リ行使シタル

第百九十三條　貨幣ヲ取受スルノ後ニ於テ僞造又ハ變造ナルコトヲ知リ之ヲ行使シタル者ハ其價

モノニ對スル制裁法ナリ本罪構成ニハ第一收得ノ當時ハ知ラスシテ收得後僞造變造ノ通貨ナルコトヲ知リタルコト第二知リテ而シテ行使シタルコトヲ要ス蓋シ僞造變造タルコトヲ知ラスシテ收得シタル所爲ハ素ヨリ罪トナルヘキモノニアラス之ヲ知リテ行使スル所爲始メテ罪トナルモノナリ故ニ之等ノ所爲ニ對スル意思ハ普通犯罪ノ意思トハ異リ極メテ單純ナルモノニシテ社會ヲ害セントスル意思アルヘキ道理ナク只自分カ其僞造變造ノ貨幣等ヲ受ケ之ヲ他人ニ交付セサルトキハ受ケタル損害ヲ償フ能ハストノ淺薄ナル考ヨリ犯ス罪ニシテ深ク之ヲ咎ムルノ所爲ニモアラス故ニ法律モ極メテ其處分ヲ輕クシテ犯人ノ意思ヲ充分酌量シタルモノナリ而シテ本條ノ處分ハ名價三倍以下ノ罰金又ハ科料ニ處ストアリ名價三倍以下トハ行使シタル高ノ三倍例セハ五圓ノ貨幣ヲ行使シタルトキハ十五圓以下ノ罰金又ハ科料ニ處スト云フ意味ニシテ要スルニ本罪ヲ罰スル所以ハ之ヲ使用セハ過大ノ損失ヲ受クルモノナルコトヲ犯人ニ知ラシムル懲戒處分ニ外ナラサルナリ（舊法一九三、參照）

額ニ倍ノ罰金ニ處ス但其罰金ハ二圓以下ニ降スコトヲ得ス

第百八十六條　若シ偽造ノ器械ヲ豫備シテ未タ著手セサル者ハ各三等ヲ減ス

第百五十三條　貨幣、紙幣又ハ銀行劵ノ僞造又ハ變造ノ用ニ供スル目的ヲ以テ器械又ハ原料ヲ準備シタル者ハ三月以上五年以下ノ懲役ニ處ス

本條ハ豫備ノ所爲ヲ罰スル特別規定ナリ蓋シ我刑典ハ單ニ豫備ノ所爲ノミニテハ罰セサルヲ原則トスト雖モ本章ノ罪ハ社會ニ害惡ヲ與フル甚シキモノナルヲ以テ特ニ豫備ノ所爲ヲモ罰シ犯罪ヲ未發ニ防遏セントノ趣旨ニ出テタルモノナリ(舊法一八六、第二項參照)

第十七章　文書僞造ノ罪

眸ヲ放ツテ錯綜紛亂變化極マリナキ社會ノ狀態ヲ達觀セヨ未タ以テ生靈アル吾人人類間ノ權義若シクハ或事實ノ證明ヲ爲スニハ只一片ノ言葉而已ニテハ容易ニ其正實ヲ顯ハス能ハサルヲ故ニ權義若シクハ或事實ノ證明ヲ眞實ナラシメ社會公衆ニ向ヒテ諸般ノ行爲ニ信ヲ置カシムルニハ先ツ以テ文

書ナル一個ノ機關ニ因ルヲ普通トス然リ而シテ此文書ナルモノハ廣キ意味ニ於テ解釋スルトキハ吾人ノ心裡ニ藏セル思想若シクハ或事實ヲ最モ正確ニ外他ニ發表スル機關ト云フヘキナリ故ニ吾人ノ普通此文書ヲ以テ發顯シタル、人ノ正實ナル思想或ハ直正ナル事實トシテ看做サヽルヘカラス然ルニ假リニモ此正確直實ナリト信スル文書ニシテ虛僞ノモノトセンカ換言スルハ僞造變造ノ物件ナリトセンカ吾人ハ爲メニ測ラサル損害ヲ蒙ラサル可カラス殊ニ惡意ヲ有スル者カ全ク根據ナキ又ハ事實ニ符合セサル所ノモノヲ以テ善良ノ人ヲ欺クカ如キ所爲アランカ被害者ノ損害ハ素ヨリ引テ社會一般ニ恐慌ヲ來スハ勿論一日タリトモ公安ヲ保チ社會ノ秩序ヲ維持スル能ハサルナリ如斯現象ハ果シテ社會ノ慶スヘキ狀態ナリヤ決シテ然ラサルノミカ大ニ憂フヘキ事實ナリト云フヘキナリ斯ク恐ルヘク忌ムヘキ現象カ如何ニシテ發生スルヤト云フニ前述ノ如ク文書ナル一ノ形躰ヲ有スル物件ガ眞實ナラサルニアリ故ニ苟クモ國家トシテ又ハ或ル團躰トシテ永久ニ社會ヲ保持スルコトヲ構スル邦國ニ在リテハ古來ヨリ文書ノ眞實ナラサルモノヲ作成シ行使スルモノヲ罰スル規定ヲ認メサルモノ、ナシ故ニ舊法モ其第二編第四章第三、四、五節ニ於テ之レニ關スル規定ヲ設ケタリ然レトモ行文頗ル粗笨加之編纂ノ態又穩當ヲ缺キ盛ニ批難攻擊アリシ法條ナリシヲ以テ本法ハ大修正ヲ加ヘ特ニ文書僞造罪トシテ本章ノ下ニ綜合シ完美セシメタルモノナリ

第百五十四條　行使ノ目的ヲ以テ御璽、國璽若クハ御名ヲ使用シテ詔書其他ノ文書ヲ僞造シ又ハ僞造シタル御璽國璽若クハ御名ヲ使用シテ詔書其他ノ文書ヲ僞造シタル者ハ無期又ハ三年以上ノ懲役ニ處ス

御璽、國璽ヲ押捺シ又ハ御名ヲ署シタル詔書其他ノ文書ヲ變造シタル者亦同シ

本條ハ御璽國璽ヲ押捺シテ始メテ効果アル所ノ　天皇陛下ノ降シ玉フ詔書

或ハ文書ヲ僞造又ハ變造シタル罪ニ對スル制裁法ナリ故ニ本條ノ罪ヲ構成スルニハ第一行使ノ目的ヲ以テ詔書其他ノ文書ヲ僞造若クハ變造スルコト第二其詔書若クハ文書ニハ御璽國璽若クハ御名ヲ不正ニ使用又ハ僞造變造シタル御璽國璽御名ヲ使用シタルコトハ本罪ニ特別ナル要件トス第一行使ノ目的ヲ以テト云フ意義ニ就テハ先キニ屢々説キタルヲ以テ今又贅セス其詔書其他ノ文書トハ如何ナルモノヲ指スヤト云フニ凡ソ天皇ノ自ラ國家ノ主長トシテ國家爲政上必要ナル勅ヲ文書ナル機關ニ依テ降シ給フ處ノ世ニ所謂詔勅ナルモノヲ名ツケテ廣ク詔書ト稱ス此中ニハ御勅書或ハ勅語勅諭等ヲ包含スルト云ヒテ可ナラン其他ノ文書ハ均シク天皇陛下ノ御作成遊ハサルル所ノ親諭若クハ宸翰或ハ交際上例ヘハ友邦ノ君主又ハ皇族若クハ其他ノ貴顯諸公等ニ對シ天皇ノ御意思ヲ發表セラルル所ノ一個ノ形躰ヲ具フルモノヲ云フ第二要件ハ實ニ本罪ノ主脳トモ云フ可ク前述ノ詔書其他ノ文書ニハ必ラス御璽國璽又ハ御名ヲ不正ニ使用シテ僞造スルヲ必要トスル所以ノモノハ由來詔書其他天皇ノ名ニ於テ發セラルル文書ハ概子御璽國璽ヲ

押捺セサルハナシ故ニ此押捺ナキトキハ假リニ文書ヲ他人卽チ自己又ハ自己ノ共犯人以外ノモノニ提示スルモ容易ニ信セサルナリ信セサレハ文書ノ僞造行使罪等ハ成立スヘキモノニアラス玆ニ於テカ不正ニ使用スルトカ又ハ僞造ノ御璽又ハ國璽ヲ使用シテ文書ヲ僞造スルコトヲ要スル所以ナリ御璽トハ天皇ノ印章ヲ云ヒ又國璽トハ大日本帝國ヲ表彰スル印章ヲ云フ之等ノ印章ヲ不正ニ使用スルトハ正當ノ理由ナク卽チ私ニ僞造ノ文書ニ押捺スルコトヲ云フ故ニ此場合ノ御璽國璽ハ常ニ天皇ノ使用セラルル所ノ實際卽チ眞實ノモノナラサル可カラス從テ前段ノ場合ハ印章御名ハ眞實ノモノナルモ之ヲ不正ニ使用シテ詔書其他ノ文書ヲ僞造シタル狀態ニアルヲ要ス又第一項後段ノ場合ニアリテハ押捺セル印章若シクハ御名モ尚僞造シテ僞造ノ文書ニ押捺シタルモノヲ云フ故ニ此場合ハ全然眞實ナラサル物件ナリト云フ可シ而シテ此僞造トハ常ニ行使ノ目的ヲ以テ犯スノ所爲ヲ云フ而シテ僞造ノ點ニ就テハ又玆ニ贅セスト雖モ只一言注意シ置カンニ本罪ノ僞造ハ詔書其他ノ文書ニ依リ自己ノ目的ヲ達セントスルニアルヲ以テ必スシモ他

ニ向テ効力アルモノナラサル可カラス此効力ヲ有スルト眞實ヲ僞リ實害ヲ生セシムル狀態ニ至ルコトヲ要ス

第二項變造ナル所爲ハ正當ナル文書詔書ヲ舊法ノ所謂增減變換スルノ所爲ヲ云フモノニシテ別ニ說明ヲ要セサルベシ(舊法二〇二、前段參照)

第百五十五條　行使ノ目的ヲ以テ公務所又ハ公務員ノ印章若クハ署名ヲ使用シテ公務所又ハ公務員ノ作ル可キ文書若クハ圖畵ヲ僞造シ又ハ僞造シタル公務所又ハ公務員ノ印章若クハ署名ヲ使用シテ公務所又ハ公務員ノ作ル可キ文書若クハ圖書ヲ僞造シタル者ハ一年以上十年以下ノ懲役ニ處ス

公務所又ハ公務員ノ捺印若クハ署名シタル文書若クハ圖畵ヲ變造シタル者亦同シ

前二項ノ外公務所又ハ公務員ノ作ル可キ文書若クハ圖

第二百二條　詔書ヲ僞造シ又ハ增減變換シタル者ハ無期徒刑ニ處ス

書ヲ僞造シ又ハ公務所又ハ公務員ノ作リタル文書若クハ圖書ヲ變造シタル者ハ三年以下ノ懲役又ハ三百圓以下ノ罰金ニ處ス

本條ハ官公文書ノ僞造及ヒ變造罪ニ對スル規定ナリ即チ本條ノ罪ヲ構成スルニハ前條ト同ク第一公務所又ハ公務員ノ造ルヘキ文書若クハ圖書ナルコトヲ要ス第二其文書又ハ圖書ヲ行使スル目的ヲ以テ僞造若クハ變造シ其僞造シタル文書又ハ圖書ニハ公務所又ハ公務員ノ印章若クハ署名ヲ不正ニ使用シ又ハ僞造ノ印章若シクハ署名ヲ使用スルコトヲ要ス而シテ本條ノ公務所及公務員ノ何タルヤニ付テハ總則編ニ詳カナルヲ以テ敢テ贅辨ヲ費サス文書トハ舊法所謂官公文書及其他一切ノ公務員ナル特別ノ資格ヲ以テ作成スル處ノモノヲ云フ例セハ法律命令及ヒ諸般ノ帳簿ヨリ單純ナル往復書類ヲモ尚此内ニ包含セシム又圖書トハ或形躰ヲ紙其他ノ上ニ書キタルモノヲ云フ例セハ廳舍新築ノ模形測量圖郡市町村其他國縣等ノ境界等ヲ示セル圖

書等ヲ指稱スルモノナリ之ヲ僞造スルトハ先キニモ屢々述ヘタル如ク眞實ヲ僞リ他人ヲ害セン爲メ作成スルコトヲ云フ第二要素ハ行使ノ目的卽チ僞造變造ノ文書ヲ自己ト利害ヲ同フセサル第三者ニ提示シテ誤信セシメ實害ヲ蒙ラシメントスル目的ヲ以テ公務署又ハ公務員ノ印章署名ヲ不正ニ使用シテ文書ヲ僞造スルコトヲ云フ此不正トハ前條ニ說キタル如ク權利ナク且ツ第三者ヲ害スル目的ヲ以テ僞造スルコトヲ云フ又僞造變造ノ印章署名ヲ使用シテ前段ノ文書若クハ圖書ヲ僞造セサル可カラスト云フノ義ナリ

次ニ第二項ノ變造ニ就テハ別ニ說明ヲ要セサル可シ第三項ハ公務所又ハ公務員ノ印章若クハ署名ヲ要セサル文書ヲ云フ此種ノ文書圖書ニ就テハ自カラ事實ノ問題ニ屬スルヲ以テ今一々之レヲ例示スル能ハサルモノナレハ事實裁判官ノ認定ニ一任スル立法ノ精神ト推セラルル本條及ヒ前條ノ處分ニ就テ一言センニ前條ニ揭ケタル罪ハ吾人臣民トシテ若シ犯スモノアランカ背德悖理ノ之ヨリ甚シキモノアラサルナリ何者苟クモ國民トシテ君主又ハ國ノ主長トシテ發表セラルル所ノ詔書文書ヲ僞造スルカ如キハ既ニ國民分限

第二百三條 官ノ文書ヲ僞造シ又ハ増減變換シテ行使シタル者ハ輕懲役ニ處ス其官ノ文書ヲ毀棄シタル者亦同シ

第二百十三條 官ノ免状又ハ鑑札ヲ僞造シテ行使シタル者ハ一ケ月以上一年以下ノ重禁錮ニ處シ四圓以上四十圓以下ノ罰金ヲ附加ス但官印ヲ僞造シ又ハ盜用シタル時ハ僞造官印ノ各本條ニ照シテ處斷ス

ノ何タルヲ辨セサル痴狂人ナラ、サレハ極惡無道ノ大罪人ト云ハサル可カラス之レ特ニ自由刑ノ尤モ重キ無期若シクハ五年以上ノ懲役ニ處スル所以ニシテ國家社會ヲ維持スル法律トシテ尤モ當ヲ得タルモノト云フ可キナリ又本條ノ處分ハ前條ノ如ク背德極リナシト云フ程ニモアラサレトモ國家ノ行政司法立法權等ヲ侵害セサルトモ限ラサル犯罪ナルヲ以テ特ニ重ク罰スル必要アルモノトセリ唯第三項ニ規定シタル犯罪ハ實害輕微ナルヲ以テ罪刑其均等ヲ得セシムル爲メ特ニ區別シタルモノト知ルベシ(舊法二〇三二一三、參照)

第百五十六條 公務員其職務ニ關シ行使ノ目的ヲ以テ虚僞ノ文書若クハ圖畫ヲ作リ又ハ文書若クハ圖畫ヲ變造シタルトキハ印章、署名ノ有無ヲ區別シ前二條ノ例ニ依ル

本條ハ公務員カ職務上當然行フヘキ文書又ハ圖畫ヲ不正ニ作成シタル場合

ニ就テノ規定ナリ故ニ本條ノ罪ヲ構成スルニハ第一公務員タル特別ノ身分アルモノタルコトヲ要ス第二行使ノ目的ヲ以テ虛僞ノ文書若シクハ圖書ヲ作リ又ハ變造シタルコトヲ要ス第一ノ要件タル公務員トハ上ハ大臣ヨリ下ハ町村役場ノ雇員迄ヲ總稱スルコトハ別ニ說明スルマテモナク既ニ已ニ了解セラレタルナラン第二此種ノ身分ヲ有スルモノカ其職務ニ關シトハ舊法ノ謂フ管掌ニ係ルト同一意義ニシテ職務上作ルヘキ權利ヲ有スル卽チ自ラ文書ヲ作成シテ國若シクハ地方團體ノ爲政機關ヲ運轉シ得ヘキ法律規則ノ發布ヨリ往復文書ノ起案ニ至ルマテ職務上行フヘキ職責ヲ有スルモノカ行使ノ目的ヲ以テ殊更ニ虛僞卽チ眞實ナラサル文書若シクハ圖書ヲ作リ又ハ不正ニ文書若シクハ圖書ヲ變造シタルモノナラサルヘカラス

本條ノ處分ニ就テ一言センニ印章署名ノ有無ヲ區別シテ前二條ニ依リテ處斷セントスルニアリ此印章署名ノ有無トハ卽チ前條第三項ノ場合ト第百五十四條及前第一、第二項ノ場合等ヲ審案シテト云フ義ナリ之レ等公務員ノ犯罪ニ就テハ舊刑法ハ特ニ區別シテ普通人ノ犯シタル場合ヨリ刑一等ヲ加ヘタルニモ拘ハラス本法ハ何故ニ之レヲ同一ニシタルヤ聊カ了解ニ苦ム所ナリ何トナレハ前二條ノ罪トハ異リ身自ラ其職ニアルモノハ犯スニ容易ニシテ一方之ヲ防遏スルニ困難ナルノミナラス職務ヲ汚辱シ職權ヲ濫用シ遂ニハ國家ノ威信ヲ失墜スルコト甚タシキガ故ニ本條ノ場合ノ如キハ宜シク加重シテ可ナリ然ルニ無之ハ如何、大ニ疑ナキ能サルナリ

以上說明シ來テ玆ニ一個ノ問題ヲ惹起ス此ハ舊刑法ノ當時ヨリ度々起リシ彼ノ公務員タル資格ヲ備フルモノト然ラサルモノト共謀シテ犯シタル場合及均シク公務員ナル資格ハ備フルモ現ニ休職若シクハ停職中ノモノト共謀シテ犯シタルトキハ如何此問題ニ就テハ古來學說區々ニ分レタリト雖モ本法ハ其第一編第十一章第六十五條第一項ニ明定シタルヲ以テ特別ノ身分ヲ有スルモノト然ラサルモノト共ニ犯シタルトキハ身分ナキモノモ均シク身分アルモノト共犯ト爲スモ處分ニ關シテハ同條第二項ニ示ス如ク身分ナキモノ卽チ本條ノ場合ヨリ論スルトキハ本罪成立スルモ處分ハ本條ニ依ラス蓋シ身分アルモノト雖モ現ニ其職ニ居ラサルモノト全然身分ナキモノト共

第二百五條 官吏其管掌ニ係ル文書ヲ僞造シ又ハ増減變換シテ行使シタル者ハ前二條ノ例ニ照シ各一等ヲ加フ其文書ヲ毀棄シタル者亦同シ

第二百十四條 屬籍身分氏名ヲ詐稱シ其他詐僞ノ所爲ヲ以テ免状鑑札ヲ受ケタル者ハ十五日以上六月以下ノ重禁錮ニ處シ二圓以上二十圓以下ノ罰金ヲ附加ス

官吏情ヲ知テ其免状鑑札ヲ下付シタル者ハ一等ヲ加フ

ニ犯シタルトキハ如何ナル法條ニ依テ處分セントスルカ余ハ此場合ニハ双方共普通身分ナキモノノ犯シタル場合ノ規定ヲ適用シテ處分セサルヘカラサルモノト信ス何トナレハ彼ノ官吏ノ休職停職ナルモノハ身分ノ官吏ナルコトハ失ハスト雖モ其官吏ノ行フヘキ職權ナルモノニ就テハ毫モ司ルコトナシ否司掌スル能力ヲ有セサルヲ以テ恰カモ身分ナキモノト同一ナリト解釋セサル可カラス從テ均シク身分アリ且ツ現ニ其職ニアルモノト雖モ例セハ裁判所員ノ行フ職務ヲ警察又ハ監獄或ハ大林區署員カ行フコトアルモ之レ又自ラ區別アリテ本條ノ所謂職務ニ關シト云フ內ニハ包含セサルモノト解セサル可カラス要之本條ノ罪ハ公務員ナル身分ヲ有スルモノカ其自ラ行フヘキ職責アル事務ニ就テノ意ナルコトヲ知ルヘキナリ例セハ登記官吏カ本罪ヲ犯サントスルニハ自己所管ノ登記簿ニ虛僞ノ登記ヲ爲ストカ又ハ不正ニ變造スルトカ云フ場合ナラサルヘカラサルコトヲ注意セラル可シ(舊法二〇五ノ一、二一四ノ二參照)

第百五十七條 公務員ニ對シ虛僞ノ申立ヲ爲シ權利、義務

ニ關スル公正證書ノ原本ニ不實ノ記載ヲ爲サシメタル者ハ二年以下ノ懲役又ハ百圓以下ノ罰金ニ處ス

公務員ニ對シ虛僞ノ申立ヲ爲シ免狀、鑑札又ハ旅劵ニ不實ノ記載ヲ爲サシメタル者ハ六月以下ノ懲役又ハ五十圓以下ノ罰金ニ處ス

前二項ノ未遂罪ハ之ヲ罰ス

本條ハ相當職責アル公務員ニ對シ虛僞ノ申立ヲ爲シ以テ不實ノ記載ヲ爲サシメタルモノニ對スル規定ナリ所謂虛僞ノ申立トハ事實若シクハ眞實ニアラサルコトヲ事實若クハ眞實ノ如ク申立ツルコトヲ云フ彼ノ戶籍簿卽チ公務所ニ備付アル簿冊詳言スレハ各戶籍役塲ニ備付アル人ノ身分登記ニ必要ナル登記簿其他ノ帳簿各裁判所或ハ區裁判所出帳所ニ備付アル他人ノ身分若クハ財產權ヲ證明スル爲メ設ケタル帳簿其他權利義務ニ關スル公正證書

卽チ公證作成人ノシタル裁判上ノ證據トシテ最モ有力ナル證書ノ原本ニ不實ノ記載卽チ登錄ヲ爲サシメタルモノ例セハ身分生年月日氏名等ヲ僞リテ戶籍吏ノ前ニ於テ戶籍簿ニ登錄セシムルトカ或ハ登記官吏等ニ對シ自己ノ所有ニアラサル不動產ヲ自己ノ所有ノ如ク申立テテ登記セシムルトカ或ハ債權證書ナト僞リテ公證人ニ公正ヲ爲サシムルトカ云フ場合ハ正ニ本條ニ該當スルモノナリ

第二項ハ公務員ニ對シテ虛僞ノ申立ヲ爲シ之ヲ以テ免狀鑑札其他旅劵ニ不實ノ記載ヲ爲サシメタルモノハ盡ク之ヲ罰セサル可カラス而シテ此免狀鑑札ハ何レモ其レニ依テ他人ハ其人ノ價値ヲトスルモノナレハ此類ノ物ニ不實ノ記載アランカ爲メニ其免狀鑑札ヲ提示セラレテ信憑シタルモノハ不測ノ損害ヲ來スコトナシト云フ能ハス又被ノ狩獵免狀ノ如キ營業鑑札ノ如キモノニ此犯罪アランカ爲メニ行政權ノ一部或ハ司法權ノ作用ヲ誤ラシムルコトナキヲ保ス可カラス又旅劵トハ外國旅行ノ場合ニ當該官廳カ之ヲ認許シテ下渡シタル證劵ヲ云フ

第三項ノ規定ニ至リテハ未遂罪ヲ罰スルコトヲ規定シタルニ過キサルヲ以テ別ニ説明ヲ要セス

第百五十八條　前四條ニ記載シタル文書又ハ圖畫ヲ行使シタル者ハ其文書又ハ圖畫ヲ僞造若クハ變造シ又ハ虛僞ノ文書若クハ圖畫ヲ作リ又ハ不實ノ記載ヲ爲サシメタル者ト同一ノ刑ニ處ス

前項ノ未遂罪ハ之ヲ罰ス

本條ハ僞造變造若クハ虛僞ノ文書又ハ圖畫ヲ行使シタルモノニ對スル規定ナリ由之觀之前四條ノ規定ハ行使ノ目的ヲ以テ爲セハ未タ行使セサル以前ニ於テモ既之ニ犯罪成立スルモノナルコトヲ解スルニ難カラサルナリ本條ノ所謂前四條ニ掲ケタル文書又ハ圖畫トハ即チ御璽國璽若シクハ御名ヲ使用シテ詔書其他ノ文書ヲ僞造シ又ハ變造シタルモノ及ヒ公務員カ其職務ニ

關シ行使ノ目的ヲ以テ文書其他ノ圖書ヲ僞造變造シタルモノ其情ヲ知リテ他人ニ提示シ以テ人ヲ誤ラシメ不正ノ利ヲ圖リテ實害ヲ生セシメタルトキハ直チニ前四條ノ犯罪ト同シ程度ニ於ケル加害ト看做シ從テ同一ノ刑ヲ科セントスルモノニシテ素ヨリ至當ノ立法ナリト云ハサルヘカラス第二項ノ規定ハ前項即チ第一項ノ罪ヲ犯サントシテ未タ遂ケサルモノハ未遂トシテ尚之レヲ罰セントスルモノニシテ又說明ノ要ナキ所ナリトス

第百五十九條　行使ノ目的ヲ以テ他人ノ印章若クハ署名ヲ使用シテ權利、義務又ハ事實證明ニ關スル文書若クハ圖書ヲ僞造シ又ハ僞造シタル他人ノ印章若クハ署名ヲ使用シテ權利、義務又ハ事實證明ニ關スル文書若クハ圖書ヲ僞造シタル者ハ三年以上五年以下ノ懲役ニ處ス

他人ノ印章ヲ押捺シ若クハ他人ノ署名シタル權利、義務

又ハ事實證明ニ關スル文書若クハ圖畫ヲ變造シタル者亦同シ

前二項ノ外權利、義務又ハ事實證明ニ關スル文書若クハ圖畫ヲ僞造又ハ變造シタル者ハ一年以下ノ懲役又ハ百圓以下ノ罰金ニ處ス

本條ハ舊刑法ノ所謂私文書僞造變造罪ニ該當スルモノニシテ全ク個人間ニ係ル犯罪ヲ規定シタルモノナリ故ニ本罪成立ニ必要ナル條件ハ第一行使ノ目的ヲ以テ他人ノ權利義務若クハ事實證明ニ關スル文書圖畫ヲ僞造變造スルコト第二其僞造ニハ他人ノ印章署名ヲ使用シタルコトヲ本罰構成ノ特別要件トス他人ノ權利義務ニ關スル文書圖畫トハ自己以外即チ自己ノ共犯人以外ノ人ノ諸種ノ權利義務例ヘハ債權證書ノ如キ又ハ債務關係ヲ有スル借用證書ノ如キモノ或ハ其繪圖面ヲ實際ニ反シテ權利ナクシテ眞實ノモノノ

第二百十條　賣買貸借遺贈交換其他權利義務ニ關スル證書ヲ僞造シ又ハ增減變換シテ行使シタル者ハ四月以上四年以下ノ重禁錮ニ處シ四圓以上四十圓以下ノ罰金ヲ附加ス

其餘ノ私書ヲ僞造シ又ハ增減變換シテ行使シタル者ハ一月以上一年以下ノ重禁錮ニ處シ二圓以上二十圓以下ノ罰金ヲ附加ス

如ク作リ他人ニ提示セントスル目的ヲ云フ又僞造ノ文書ニハ必ス被害者ノ印章若クハ署名ヲ不正ニ使用スルトカ或ハ眞實ナラサル特ニ自己カ其眞實ノ如ク僞造シタル印章署名ヲ使用シテ而シテ實害ヲ與フルコトヲ云フ此實害ハ必ラス惡意ヲ以テ被ラシメサル可カラス即チ最初ヨリ行使スルノ目的ヲ以テ僞造ニ着手セサルヘカラス變造亦然リ他人ノ印章署名ヲ使用シ劣等ナル文書圖書ニ加工シテ以テ他人ニ害ヲ與フル此種ノ犯罪ハ何レモ他人ノ權利義務(直接ト間接トヲ間ハス)ニ關セサルトキハ犯罪成立スヘキモノニアラス蓋シ一般人ノ權利若シクハ義務ニ關セサル文書圖書ヲ僞造スルモ決シテ害ヲ生スルモノニアラサレハナリ害ヲ生セサルモノヲモ尚之レヲ罰セントスルハ法律ノ許ササル所如斯場合ハ社會上德義ノ制裁ヲ加フルコトヲ得ルモ決シテ法律ニハ反セサルモノト斷定セサル可カラス又本條ノ處分ヲ前數條ト比較シ當然斯クセサル可カラサルモノト確信ス(舊法二一〇參照)

第二項及第三項ノ規定ハ別ニ說明セザルモ前數條ノ說明ヲ參照セラレタランニハ自ラ解セラルベシ

第百六十條　醫師公務所ニ提出ス可キ診斷書、檢案書又ハ死亡證書ニ虛僞ノ記載ヲ爲シタルトキハ三年以下ノ禁錮又ハ五百圓以下ノ罰金ニ處ス

本條ハ醫師ト云フ特別ナル身分ヲ有スルモノカ其職務上公務所ニ向テ提出スヘキ文書ニ虛僞ノ記載ヲ爲シタル場合ノ制裁法ナリ故ニ本條ノ罪ハ第一醫師タル身分ヲ有スルコト第二公務所ニ提出スヘキ文書ニ虛僞ノ記載ヲ爲シタルコトノ二特別要素ヲ具備スルトキハ直チニ成立スルモノナリ此醫師トハ少ナクモ內務省ニ於テ醫術開業ノ免許ヲ得タルモノナルヲ要ス彼ノ私ニ醫業ヲ爲ス者ノ如キハ本條ノ所謂醫師ト云フヲ得ス私ニ醫業ヲ爲ス罪ニ就テハ舊刑法ハ之ヲ規定シタルモ本法ハ右等ノ行爲ハ特別法ヲ設ケテ罰スルノ當ヲ得タルモノトシテ特ニ之ヲ删除シタリ右ノ次第ナルヲ以テ本條ノ醫師ハ開業免狀ヲ有スル者ナラサルベカラズ而シテ公務所ニ提出スヘキ診斷書トハ病人ノ依賴ヲ受ケテ其病氣ヲ證スル所ノモノヲ云フ例ヘハ官吏カ

第二百十五條　公務ヲ免カル可キ爲メ醫師ノ氏名ヲ用ヒ疾病ノ證書ヲ僞造シテ行使シタル者ハ自己ノ爲メニシ他人ノ爲メニスルヲ分タス一月以上一年以下ノ重禁錮ニ處シ三圓以上三十圓以下ノ罰金ヲ附加ス
醫師囑託ヲ受ケテ其詐僞ノ證書ヲ造リタル者ハ一等ヲ加フ

病氣ニ罹リ之レヲ證スル爲メ醫師ニ囑託シタル場合ノ如キ檢案書トハ裁判所若クハ司法警察官檢事等ヨリ命令若クハ囑託ヲ受ケ人ノ身躰ヲ檢シタル結果文書ニテ提出スルモノヲ云フ死亡證書トハ戸籍吏ニ向テ提出スヘキモノヲ云フ之レ等ノ文書ニ眞實ヲ記載セスシテ虛僞ノ記載ヲ爲スカ如キコトアランカ爲メニ或ハ司法權ノ執行ヲ誤ラシメ或ハ衛生行政ニ偉大ノ失態ヲ來サシメ或ハ官ノ威嚴ヲ損スル等ノコトナキニシモアラス故ニ本條ヲ設ケテ特ニ之ヲ罰スル所以ナリ(舊法二一五、參照)

第百六十一條　前二條ニ記載シタル文書又ハ圖畫ヲ行使シタル者ハ其文書又ハ圖畫ヲ僞造若クハ變造シ又ハ虛僞ノ記載ヲ爲シタル者ト同一ノ刑ニ處ス

前項ノ未遂罪ハ之ヲ罰ス

本條ハ前二條ニ規定シタル僞造變造又ハ虛僞ノ記載或ハ不實ノ記載ヲ爲サ

シメタル文書圖畫ヲ行使シタルモノヲ罰スル規定ナリ之レ本法カ舊刑法ト異リ文書又ハ圖畫ノ僞造變造等ヲ爲シタルモノハ之ヲ罰スト定メタル結果特ニ本條ヲ設クルノ必要ヲ認メタル所以ナリ勿論舊法ニハ本章ノ所謂圖書ナルモノニ就テハ先キニモ說明シタル如ク何等ノ規定ヲ爲サヽリシモ圖畫ト雖モ之レヲ罰スル必要アレハナリ何トナレバ彼ノ官吏公吏等ノ作成シタル測量圖トカ若シクハ檢證調書ニ附屬スル繪圖トカ云フモノヲ僞造變造センカ非常ノ害ヲ社會ニ與フレハナリ而シテ本罪構成ニハ先ニ通貨僞造罪ニ於テ述ヘタル如ク行使ナル現實ノ行爲ナカル可カラス行使ハ直接ニ他ヲ害スル行爲ナルカ故本章ニ規定シタル前二條ノ刑ト同一ノ刑ヲ科スル所以ナリ故ニ本條ノ罪モ亦一般犯罪ト同シク不正ト知リ行使セサル可カラサルナリ從テ其不正品ナルコトヲ知ラスシテ行使シタルトキハ罪トナルヘキモノニアラス

第二項ハ本條ノ未遂罪ヲ罰スル規定ニシテ別ニ說明ヲ要セサルヘシ

第十八章　有價證券僞造ノ罪

人文ノ發達ハ信用經濟ニ偉大ノ影響ヲ及ホスヘキモノタルハ爭フ可カラサル事實ナリ近世我國ノ進歩ハ内治外交トモ昔日ノ比ニアラサルコトハ今更著者ノ呶々スルマテモナキ所ニシテ社會ノ狀態既ニ然リ故ニ其商工業上ノ取引關係ニ就テハ一々通貨ヲ以テナスノ繁ナルヲ覺ユ於茲乎近來各國共ニ手形等ノ取引頻繁トナレリ從テ此種ノモノノ續々發行セラルルヲ看ルニ至リ之等ハ何レモ取引者間ノ信用ニ依賴スルモノニシテ我國ノ法典ハ民法商法等ニ於テ充分其效力ヲ認メタリト雖モ奸黠者アリテ之カ僞造若クハ變造ヲ爲サンカ爲メニ經濟社會ヲ紊亂スルコト蓋シ甚シト云ハサル可カラス故ニ若シ之レカ刑罰法ヲ規定セサランカ遂ニハ信用ヲ維持スル能ハサルニ至ル之レ我新舊刑法トモ之ヲ認メタル所以ナリ然リト雖モ舊法ハ其規定及立法編纂ノ躰裁共頗ル粗雜ナリシヲ以テ本法ハ特ニ本章ヲ設ケ且行文又大ニ修正ヲ加ヘ遺憾ナカラシメンコトヲ期シタリ

第百六十二條　行使ノ目的ヲ以テ公債證書、官府ノ證券、會社ノ株劵其他ノ有價證劵ヲ僞造又ハ變造シタル者ハ三月以上十年以下ノ懲役ニ處ス

行使ノ目的ヲ以テ有價證劵ニ虛僞ノ記入ヲ爲シタル者亦同シ

本條ハ有價證劵僞造變造ノ罪ヲ規定シタリ其本罪成立ニ必要ナル條件ハ第一行使ノ目的ヲ以テ僞造變造及ヒ虛僞ノ記入ヲ爲シタル所爲アルコト第二公債證書、官府ノ證劵會社ノ株劵其他ノ有價證劵ヲ云フ特定物件タルコト第三犯罪ノ意思アルコトヲ要ス即チ本條ノ第一要件ハ別ニ說明ヲ要セサルモ第二要件ニ關シ少ク說明ヲ與フルノ必要アリ今其大要ヲ說カンニ公債證書トハ例ヘハ整理公債トカ軍事公債トカ云フ公務所カ募集スル所ノ證書ニシテ證書其物カ取引ノ目的物トナル物件ヲ云フ故ニ政府發行ノ公債ノ如キハ

恰モ紙幣等ト同一ノ効力ヲ有スルモノトシテ不可ナカラン何トナレハ政府ハ相當ノ保障ノ下ニ規定ヲ設ケ償還義務アルヲ以テ信用經濟ノ上ヨリ慥ニ右ノ規定ヲ爲スコトヲ得ヘク官府ノ證券トハ彼ノ大藏省ニ於テ發行スル證券ノ如キ短期間ニ償還スヘキ證券ヲ云フ又會社ノ株券トハ私人間ニ於テ設立スル社團或ハ財團法人トシテ民法若クハ商法ノ下ニ或ハ特別法ノ下ニ保障セラレテ効力ヲ有スル株式會社合資會社合名會社ノ如キ法人ノ資財或ハ其會社ノ定款ニ基キ發行シタル社債券例ヘハ日本銀行トカ正金銀行トカ勸業銀行トカ又ハ電車會社トカ市街鐵道會社トカ或ハ生命保險火災保險ト云フカ如キ苟クモ二人以上ノモノカ出資シテ一ノ法人ヲ設立シ渾テノ取引ハ其會社ノ名義ノ下ニ人格ヲ認メラレ對抗スルコトヲ得ベキ會社ノ發行シタル株券又ハ社債券ハ取引市場ニ於テ直ニ通貨ト交換シ得ラルル効力ヲ有スルモノノ如キヲ稱ス又其他ノ有價證券トハ爲替手形約束手形小切手或ハ公務所ノ責任アル公務員カ發スル支拂命令ノ如キ郵便局ニ於テ取扱フ所ノ郵便爲替ノ類ヲ云フモノニシテ其例一々枚擧ニ遑アラサレトモ少クトモ其物

第二百四條　公債證書地券其他官吏ノ公證シタル文書ヲ僞造シ又ハ增減變換シテ行使シタル者ハ輕懲役ニ處ス

若シ無記名ノ公債證書ニ係ル時ハ一等ヲ加フ

第二百九條　爲替手形其他裏書ヲ以テ賣買スヘキ證書若クハ金額ト交換ス可キ約定手形ヲ僞造シ又ハ增減變換シテ行使シタル者ハ輕懲役ニ處ス

其手形證書ニ詐僞ノ裏書ヲ爲シテ行使シタル者亦同シ

件カ直チニ記載金額ノ價値アルモノヲ云フ故ニ此點ガ紙幣或ハ兌換銀行券ト異ナル所ナルモ前述セル如ク直ニ交換セラルルモノナルガ故ニ之ヲ僞造變造スルモノアランカ忽チ經濟ヲ紊亂シ爲メニ取引ノ進捗ヲ阻害ス之レ本條ノ規定ヲ見ル所以ニシテ處分ハ三月以上十年以下ノ刑ヲ科シ一ハ以テ再犯ヲ豫防シ他ハ必ラス未發ニ防遏セントスル立法ノ精神ナリ

第二項ノ有價證券ニ虛僞ノ記入ヲ爲ストハ彼ノ裏書ヲ以テ流通スル手形ノ如キモノノ其裏書ニ眞實ナラサル記載ヲ爲ストカ或ハ有價證券ヲ發行スル者カ發行ノ際ニ於テ虛僞ノ記載ヲ爲ス等ノ場合ヲ想像シテ規定シタルモノナリ本項ハ法文自體カ頗ル茫漠タル感ナキ能ハスト雖モ之レ本法渾テノ場合ニ如斯規定ヲ見ルヘシ蓋シ社會進步ニ伴ヒ到底特定ナル場合ニ而已限ル能ハサレハナリ何者立法者ト雖モ神ニアラサル限リハ一々想僞シテ列擧スル能ハサルト一ハ近世法律編纂ノ體カ概ネ抱括主義ナルヲ以テ斯クハ規定セラレタルモノナリ（舊法二〇四、二〇九、參照）

第百六十三條　僞造、變造ノ有價證券又ハ虛僞ノ記入ヲ爲

シタル有價證券ヲ行使シ又ハ行使ノ目的ヲ以テ之ヲ人ニ交付シ若クハ輸入シタル者ハ三月以上十年以下ノ懲役ニ處ス

前項ノ未遂罪ハ之ヲ罰ス

本條ハ前條規定ノ犯罪ニ因ル物件タルコトヲ知テ行使シ交付シ輸入シタルモノニ就テノ制裁法ナリ之レ最モ恐ルヘキモノニシテ有價證券ノ性質上一度之ヲ債務者ニ呈示スルトキハ一定ノ期間內若シクハ卽時ニ裏面記載ノ金額ヲ所持人又ハ指名者ニ支拂ハサルヘカラサルヲ以テ或ハ僞造變造若クハ虛僞ノ記載ナルヲ調査スル暇ナク往々之レニ因テ支拂フコトナキニアラス如斯ナランカ爲メニ被害者ハ直接詐僞的損害ヲ蒙ルノミナラス引テ社會ヲ害スルモノナレハ行使者モ亦重キ刑ヲ科セサルヘカラス交付ノ場合亦同シ然リ而シテ更ニ不正ノ有價證券ヲ輸入シタルモノモ之ヲ罰セサル可カラザルモノト云ハヽサル可カラス輸入トハ如何ナル場合ニシテ又如何ナル手段ノ

モノナルヤヲ案スルニ重ニ外國ニ於テ外國ノ有價證劵（日本ニ流通スルモノ）若クハ日本ノ有價證劵ヲ外國ニテ僞造若クハ變造シ或ハ虛僞ノ裏書ヲ爲シタルモノヲ輸入シ內國ニ於テ行使セントスル目的ヲ有スルモノナリ蓋シ此種ノ物件ヲ一度本邦ニ於テ使用センカ亦忽チ經濟ヲ擾亂スルコト甚タシキカ故ニ本法ハ交通頻繁ノ狀況昔日ト異リ加之日露戰爭カ我國ノ眞價ヲ益々世界ニ發揚スルニ至リ彼ノ多數ノ公債カ外國市場ニ取引交換セラルルニ至リタルヲ以テ國モ亦國際的經濟ニマテ注意セサルヘカラサルヤ勿論ナリ之レ本法カ特ニ此規定ヲ設ケ一面ニハ本條ノ如キ犯罪ヲ防止シ他ノ一面ニ於テハ既發ノ犯罪ニ就テ相當科罰ノ方法ヲ制定シタル所以ナリ第二項ハ未遂罪ヲモ尙罰セサル可カラサル必要アルヲ以テ此ノ規定ヲ設ケタルニ過キス

第十九章　印章僞造ノ罪

凡ソ永久ニ涉リ或事實ノ信確ナルコトヲ證明シテ自己ノ信用ヲ保持セントスルニハ眞實ナル自己ノ印章又ハ署名ヲ以テセサル可カラサルモノアリ故

ニ公務所タルト公務員タルト將タ一私人タルトヲ問ハス我國ノ制度ハ古來ヨリ最モ此印章ニ重キヲ置キ官公署ノ作成スヘキ文書等或事實ヲ永久ニ證明セントスルニハ其署ノ印章ヲ他ノ物躰ニ押捺セサルヘカラサルコトトナシタル如ク公務員ノ作成スヘキモノモ亦然ラサルハナシ斯クノ如ク押印署名ナキ以上ハ全ク其効力ナキ場合多シ例ヘハ刑事訴訟法ニ規定スル如ク官吏ノ作ルヘキ文書ニハ必ス署名捺印ヲ要ス若シ署名捺印ナキトキハ其効ナシトマテ宣告セリ斯ク重キヲ署名捺印ニ置ク所以ノモノハ蓋シ其眞實ヲ證明セントスルニアリ之レト同シク一私人ニ於テモ古來印章ハ首ト引換ナリトノ俗言アリテ之レニ重キヲ置キタル所以ノモノモ誠ニ事實ノ信確ヲ證明スル唯一ノ物件ト看做サル斯ク一般ニ重キヲ置ク社會ノ狀態ナルヲ以テ若シ夫レ惡奸無賴ノ徒アリテ他人ノ印章ヲ僞造變造シテ使用スルモノアランカ印章ノ信確ハ得テ望ムヘカラス印章ノ信確ヲ望ムヘカラサランカ忽チ信用ヲ害シ社會進步ノ途ヲ杜絶スルニ至ル豈ニ恐ルヘキ現象ト云ハサル可ケンヤ於玆乎法律ハ各國共之レニ關スル規定ヲ設ケ以テ社會ヲ保護セサル可

カラスト爲セリ我カ刑法亦新舊共ニ之レヲ認メタリ然リト雖モ舊刑法ハ他ノ場合ト同シク本章ノ場合モ規定全躰ニ就テ穩當ヲ缺キタルヲ以テ批難攻擊ヲ免レサリシ所本法ハ此點又大ニ鑑ミルアリテ修正ヲ加ヘ萬般ニ適用シ罪刑ノ均衡ヲ得セシメタリ乞フ舊刑法ノ官印及私印僞造ノ各場合ヲ參照セラレンコトヲ

第百六十四條　行使ノ目的ヲ以テ御璽、國璽又ハ御名ヲ僞造シタル者ハ二年以上ノ有期懲役ニ處ス

御璽、國璽又ハ御名ヲ不正ニ使用シ又ハ僞造シタル御璽國璽又ハ御名ヲ使用シタル者亦同シ

本條ハ印章僞造ノ最モ重キ御璽國璽又ハ御名ヲ僞造シタル場合ノ規定ナリ蓋シ日本臣民トシテ御璽國璽若クハ天皇ノ御名ヲ僞造シテ行使セントスル手段ノ如キハ詔書等僞造ノ場合ト同シク惡ムヘキモノコレヨリ太甚タシキ

第百九十四條　御璽國璽ヲ僞造シ又ハ其僞璽ヲ使用シタル者ハ無期徒刑ニ處ス

第百九十七條　御璽國璽官印記號印章ノ影蹟ヲ盗用シタル者ハ前數條ニ記載シタル僞造ノ刑ニ照シ各一等ヲ減ス

若シ監守者自ラ犯シタル時ハ僞造ノ刑ニ同シ

ハナシ故ニ如斯犯罪ニ就テハ最モ重キ制裁ヲ加ヘサル可カラス本條ノ犯罪成立ニ必要ナル條件トシテハ第一御璽國璽及御名ナルコト第二僞造又ハ不正ニ使用スル所爲アルコト第三意思アルコトノ三點ナリ此點ノ文字ノ解釋ニ就テハ別ニ説明スルマテモナク御璽トハ天皇ノ御印ニシテ國璽ハ大日本帝國ノ印章ナリ又御名ハ天皇ノ御名ヲ稱シ奉ルモノニシテ人文發達今日ノ如ク國ノ交際頻繁ニ赴キタル時代ニアリテハ事實ノ證明ハ印章ナル物躰ヲ押捺セスシテ唯署名ノミニテ證明スルコト間々アルヲ以テ斯ク御名ナルコトヲ加ヘタルモノナリ第二ノ印章ノ何タルニ就テ一言センニ印章トハ一定ノ形狀ヲ有シ一定ノ物件ニ押捺シ事實ヲ證明スルモノヲ云フ御璽國璽ハ何レノ物躰ニ使用スルモノナルカト云フニコハ何レモ詔書又ハ官吏任免ノ辭令書等ニ押捺スルノヲ云フ僞造ノ所爲ニ就テハ文書僞造若クハ通貨僞造ノ部ニ於テ説明シタルカ故ニ更ニ贅セス

第二項ノ不正ニ使用スルトハ舊刑法ノ所謂盗用等ヲ包含スルモノニシテ正當ノ理由ナク密ニ押捺スル所爲ヲ云フ（舊法一九四、一九七、參照）

第百六十五條　行使ノ目的ヲ以テ公務所又ハ公務員ノ印章若クハ署名ヲ偽造シタル者ハ三月以上五年以下ノ懲役ニ處ス

公務所又ハ公務員ノ印章若クハ署名ヲ不正ニ使用シ又ハ偽造シタル公務所又ハ公務員ノ印章若クハ署名ヲ使用シタル者亦同シ

本條ハ公務所又ハ公務員ノ使用スル印章若クハ其署名ヲ行使ノ目的ヲ以テ偽造シ又ハ其印章若クハ署名ヲ不正ニ使用シタル者ニ對スル制裁法ナリ本條亦文書偽造罪ニ於テ詳説シタルヲ以テ深ク贅セサルモ今其成立要素ヲ擧ケンカ第一公務所又ハ公務員ノ使用スル印章若シクハ署名ナルコト第二偽造又ハ偽造ノ印章署名ヲ不正ニ使用シタルコト第三惡意アルコトノ三要件

ヲ具備セサルトキハ本罪成立スルコトナシ而シテ本條ノ罪ハ前條ト異リ常ニ犯サルル所ニシテ殊ニ官公署ニ執務スルモノカ自ラ犯スコト多シ尤モ僞造ノ場合ハ多カラサルモ不正ニ使用スルコトハ專ラ公務員ニ多シ從テ實害甚タ大ナリ故ニ職ニアルモノハ勉メテ戒飾セサル可カラサル所ナリ本條第一項ハ單ニ僞造ノ所爲アレハ直チニ罪トナルモノニシテ使用スル目的アリテ使用セサルモ僞造ノ所爲アレハ直チニ本罪成立ス

公務所又ハ公務員ノ印章トハ其職トシテ又其公務所トシテ或事實ノ證明ヲ爲スニ必要ナル一個ノ物躰即チ紙面等ニ押捺シテ其影跡ニ因リ事實ヲ證明スルモノトス署名トハ自署ヲ云フコハ近代最モ多ク行ハレ殊ニ交通頻繁ニ至レル今日ニアリテ外國人ノ取引其他ノ關係ヲ生シ渾テ或事實ヲ證明セントスルニハ日本ノ如キ印章ヲ用ヒサルヲ以テ只自己又ハ當事者ノ名ヲ自ラ署シテ永久ニ證明セントス從テ是等ノ交際ヲ爲スニハ飽迄舊慣ヲ固執スルヲ許サス速ニ改メサル可カラザルノ必要アルカ故ニコノ法文中自然署名ノミニテ効力ヲ認ムルニ至リタレバ之ヲ僞署シテ眞實ニ背キタル行爲アラン

第百九十五條 各官署ノ印ヲ僞造シ又ハ其僞印ヲ使用シタル者ハ重懲役ニ處ス

第百九十七條 御璽國璽官印記號印章ノ影蹟ヲ盜用シタル者ハ前數條ニ記載シタル僞造ノ刑ニ照シ各一等ヲ減ス

若シ監守者自ラ犯シタル時ハ僞造ノ刑ニ同シ

カ相當ノ制裁ヲ加フル盖シ當然ナリト云フヘキナリ第二項ハ彼ノ舊刑法ノ盜捺ノ所爲ヲ包含セラレアルコトヲ注意セサル可カラス由來本法ノ主義トシテ立法ノ躰裁ハ渾テ包括的ノ規定多ク列擧主義ハ之ヲ排シタルヲ以テ自然一條ノ下ニ萬般ニ通スル規定ヲナシ因テ以テ判官ノ自由裁斷ノ區域ヲ擴張シ又一方ニハ行爲自躰ハ犯罪ナルモ獨法ニ規定ナキ爲メ罰スル能ハスト云フカ如キコトナカラシメントスルニアリ若シ斯ノ如キコトアランカ人智ノ發達スルニ從ヒ惡人ハ益々惡智識ヲ啓發シテ法網ヲ免レ遂ニハ徒法ニ終ルコトナキヲ保シ難キニ至ラント思惟シ茲ニ諸般ノ包括的ノ規定ノ方法ヲ採用スルニ至リタルモノナラン(舊法一九五、一九七、參照)

第百六十六條 行使ノ目的ヲ以テ公務所ノ記號ヲ僞造シタル者ハ三年以下ノ懲役ニ處ス

公務所ノ記號ヲ不正ニ使用シ又ハ僞造シタル公務所ノ記號ヲ使用シタル者亦同シ

第百九十六條　產物商品等ニ押用スル官ノ記號印章ヲ偽造シ又ハ其偽印ヲ使用シタル者ハ輕懲役ニ處ス

書籍什物等ニ押用スル官ノ記號印章ヲ偽造シ又ハ其偽印ヲ使用シタル者ハ一年以上三年以下ノ重禁錮ニ處ス

第百九十七條　御璽國璽官印記號印章ノ影蹟ヲ盜用シタル者ハ前數條ニ記載シタル偽造ノ刑ニ照シ各一等ヲ減ス

若シ監守者自ラ犯シタル時ハ偽造ノ刑ニ同シ

本條ハ公務所カ使用スル記號ヲ偽造シタル者ニ對スル規定ナリ故ニ本條ノ罪ヲ構成スルニハ第一公務所ノ使用スル記號ナルコト第二行使ノ目的ヲ以テ偽造シタル所爲アルコト第三犯意アルコトノ三點ハ又例ニ依リ本條ノ犯罪構成ニ必要缺ク可カラサルモノナリトス而シテ公務所ノ使用スル記號トハ其種類數多アリテ一々之ヲ列擧スル能ハスト雖モ一二之レカ例ヲ擧クレハ舊刑法ニ規定シタル產物商品書籍什物等ニ押用スル記號ノ如シ又產物商品等ノ精粗眞否ヲ證明スルトコロノ記號ト前條ノ印章トノ區別ニ就テハ古來學者間ニ種々ナル異說アリシモ要スルニ用法ニ據ル區別ニシテ文書等ニ押捺シ直チニ文字ヲ表顯シテ證明ノ資料ニ供スルモノト單ニ形等ニ依テ尚區別シ得ラルルモノ例ヘハ農商務省部內ニ於テ或ル產物ニ三角若クハ四角形ノ內ニ諸模形ヲ表ハシテ押捺スルモノトノ別アリ前者ヲ印章ト云ヒ後者ヲ記號ト稱ス第二項ハ舊刑法ノ所謂盜用ヲ包含シ不正ニ記號ヲ使用シタル罪ヲ云フ此使用ハ文書ヲ偽造セサリシ場合ニモ尚罰セラルヘキモノナリ（舊法一九六、一九七、參照）

第百六十七條　行使ノ目的ヲ以テ他人ノ印章若クハ署名ヲ僞造シタル者ハ三年以下ノ懲役ニ處ス

他人ノ印章若クハ署名ヲ不正ニ使用シ又ハ僞造シタル印章若クハ署名ヲ使用シタル者亦同シ

本條ハ舊刑法ノ私印僞造ノ罪ヲ規定シタルモノナリ卽チ行使ノ目的ヲ以テ自己以外ノ人ノ印章署名ヲ僞造シ若クハ不正ニ使用スルトカ又ハ僞造シタル印章署名ヲ文書ニアラサルモノニ使用シタル場合ヲ指稱スルモノナルヲ以テ本罪構成ノ必要條件トシテハ第一自己若クハ自己ト共犯人以外ノ他人ノ印章署名ナルコト第二其所爲ハ僞造シタリト云フ事實及ヒ不正ノ使用ナル事實アルコト第三意思アルコトヲ要ス故ニ右條件ノ一タリトモ欠缺スルトキハ本罪ヲ構成スルコトナシ他人ノ印章云々ノ點ニ就テハ既ニ公務所及公務員ノ場合ヲ採用シテ其大躰ノ説明ヲ爲スコトヲ得ヘキ性質ノモノナルヲ以ヲ茲ニ更ニ贅セサルコトトナセリ然レトモ尚一言注意シ置カサルヘカ

第二百八條 他人ノ私印ヲ僞造シテ使用シタル者ハ六月以上五年以下ノ重禁錮ニ處シ五圓以上五十圓以下ノ罰金ヲ附加ス若シ他人ノ印影ヲ盗用シタル者ハ一等ヲ減ス

ラサルモノアリ幵ハ多クノ人ハ他人ノ印章トシ云ヘハ直チニ實印ナリト速了スルモノアルモ本條ノ規定ハ決シテ此實印ノミヲ云フニアラスシテ例ヘハ人ノ多ク用フル認印或ハ普通商工業家ノ用フル仕切判ト稱スルモノヲモ包含スルモノト解セサル可カラス署名トハ單ニ其人ノ名ヲ署シテ直チニ物ノ證明ヲ爲スニ足ル場合ヲ云フ要之本條モ一時ト永久トヲ問ハス或物ノ權利ニ關スル證明ノ資料ニ供スルモノヲ僞造シ若クハ本人ノ許可ナクシテ不正ニ使用スルトカ或ハ強テ押捺セシムル即チ所有者ノ眞意ニ出テスシテ押捺セシメタル場合若クハ文書ヲ僞造セスシテ僞造ノ印章署名ヲ使用シタル所爲アルトキハ本條ノ刑ヲ科セラルヘキモノト知ルヘシ(舊法二〇八、參照)

第百六十八條　第百六十四條第二項、第百六十五條第二項、第百六十六條第二項及ヒ前條第二項ノ未遂罪ハ之ヲ罰ス

本條ハ別ニ説明スルマテモナク實害多キ犯罪行爲ナルヲ以テ未遂罪ト雖モ尚之レヲ罰シテ犯罪撲滅ヲ期セントスル趣旨ニ出テタル規定ナリ

第二十章　僞證ノ罪

凡ソ裁判所ニ於テ法律ヲ適用セントスルニハ刑事タルト民事タルト商事行政陸海軍ニ關スル裁判タルトヲ問ハス只一片被告ノ陳述當事者ノ供述而已ニテハ容易ニ之レヲ判斷スヘカラサルハ近世法ノ原則ナリ故ニ少クトモ一個ノ事件ヲ審理スルニ當リテハ常ニ證憑ノ蒐集ニ務メサル可カラス其證憑ニハ人證及物證ノ二種類アリ裁判官カ自ラ聽キテ判斷ノ資料ニ供スルコトアリ又裁判官必スシモ萬能ノモノニアラサルヲ以テ如何ナル事物モ自己ノ力ノミニテハ仔細ニ知ル能ハサルヤ勿論ナリ故ニ自ラ知覺スル能ハサルモノニ付テハ其途ノ專門家ニ力ヲ借リ以テ神聖公平ナル判決ヲ下ササル可カラス此公平神聖ノ判決ヲ爲スノ資料ニシテ若シ夫レ一私人ノ無責任ナル言行ニ據ラシカ甚シキ誤判ヲ來シ遂ニハ裁判ノ威信ヲ失墜スルノミナラス無辜罪セラレ義務ナキモノ不法ノ責任ヲ負ハシメラルルコトアルニ至ル故ニ法律ハ此場合ニ公益上最モ正確ヲ期セサル可カラス従テ相當ノ刑罰ヲ科シ

以テ此種ノ誤リナカランコトヲ策セサル可カラサルノ必要アリ之レ本章ノ規定ヲ要スル所以ニシテ本章ノ證人鑑定人若クハ通事カ宣誓シテ其地位ニ立チタル以上ハ積極的ニ正確ニ裁判官ニ助力ヲ與ヘシメ神聖ヲ阻害セシメサラシメサル可カラサルナリ之レ舊刑法第二編第四章第六節ニ委シク規定シタル所ナルモ行文稍ヤ穩當ヲ欠クト萬般ニ渉ルコト能ハサルトノ缺點アリシヲ以テ本法ハ大ニ之レニ修正ヲ加ヘタル所以ナリ就テ參照セラル可シ

第百六十九條　法律ニ依リ宣誓シタル證人虚僞ノ陳述ヲ爲シタルトキハ三月以上十年以下ノ懲役ニ處ス

本條ハ法律ニ依リ宣誓シテ證人トナリタルモノカ眞實ニ反シテ虚僞ノ陳述ヲ爲シタルモノニ對スル制裁法ナリ法律ニ依リ宣誓ヲ爲ストハ其裁判所ノ刑事ナルト民事ナルト將タ行政裁判ナルト陸海軍特別裁判所ナルヲ問ハス證人タルモノハ宣誓ナル一定ノ形式ヲ履ミ眞實ノコトヲ申立テンコトヲ誓ヒ其證言スル所虚僞ナランカ裁判官ハ爲メニ神聖公平ノ判斷ヲ爲ス能ハサ

第二百十八條　刑事ニ關スル證人トシテ裁判所ニ呼出サレタル者被告人ヲ曲庇スル爲メ事實ヲ掩蔽シテ偽證ニ爲シタル時ハ左ノ例ニ照シテ處斷ス

ルコトナシトハ保スヘカラス故ニ此種ノ行爲ナカラシメントシテ特ニ刑典ノ罰則ヲ設クルノ必要アリ故ニ本罪構成ニ必要ナル條件ハ第一宣誓シタル證人ナルコト第二虚偽ノ陳述ヲ爲シタルコト第三惡意アルコトノ三要素ヲ具備セサル可カラス第一宣誓シタル證人タルコトヲ要スル故ニ宣誓セサル證人例ヘハ民刑事訴訟ニ規定シタル參考人トシテ訊問スル身分ヲ有スルモノノ如キハ例ヘ虚偽ノ申立ヲ爲スモ決シテ本罪成立スルモノニアラス之レ證人トシテノ能力ナキモノナレハナリ而シテ此能力ノ有無ハ卽チ本條冒頭ニ示サレタル法律ニ依テ之レヲ定メタルモノニシテ證人トシテノ能力アルモノニ就テハ必ス宣誓シテ陳述ヲ爲サシムルモノナリ此ノ宣誓トハ通常裁判官カ證人トシテ陳述スヘキ命令ヲ下シタル換言スレハ證人トシテノ資格定マリタル後ニ於テ眞實ヲ述ヘ何事ヲモ附加セス又何事ヲモ默秘セサル旨ヲ誓フコトヲ云フ此宣誓コソ實ニ本條ノ罪ヲ成立ズルノ標準ナリト云フヘキナリ何者同シク證人トシテ取調ヲ受クルモ彼ノ刑事訴訟ニ宣誓ナクシテ證言シタルモノハ決シテ本罪成立スルモノニアラス第二虚偽ノ陳述トハ眞

一　重罪ヲ曲庇スル爲メ偽證シタル者ハ二月以上二年以下ノ重禁錮ニ處シ四圓以上四十圓以下ノ罰金ヲ附加ス
二　輕罪ヲ曲庇スル爲メ偽證シタル者ハ一月以上一年以下ノ重禁錮ニ處シ二圓以上二十圓以下ノ罰金ヲ附加ス
三　違警罪ヲ曲庇スル爲メ偽證シタル者ハ違警罪ノ本條ニ依テ處斷ス
第二百十九條　偽證ノ爲メ被告人正當ノ刑ヲ免カレタル時ハ偽證者ノ刑前條ノ例ニ照シ各一等ヲ加フ

實ニアラサルトノ意味ナルヲ以テ假令ハ訴訟當事者ヲ陷害スルト曲庇スルトヲ問ハサルナリ只眞正ノ陳述ニアラサレハ足ルヘキナリ第三ノ要素ハ又別ニ説明スルマテモナク之レナケレハ素ヨリ犯罪トナラサルモノナリ以上ノ要件具備スルトキハ本法ハ其犯罪ノ情狀ニ依リ裁判官ニ許スニ十年以下ノ刑期ノ範圍内ニ於テ相當ノ刑ヲ科セシメントスルニアリ十年ノ刑ハ舊刑法ト比シ頗ル重キニ失スル嫌ナキ能ハスト雖モ飜テ規定ノ精神ヲ案スルニ舊刑法ノ本罪ノ塲合ハ細密ニ失シ居リ反座等ノ規定アリタリ然レトモ本法ハ舊刑法ノ規定ヲ理由ナキモノトシテ修正シタルヲ以テ勢ヒ刑期ノ範圍モ充分ニ擴張シ裁判官ヲシテ適宜ノ刑ヲ科セシムルノ必要アリタル所以ナリ

（舊法二一八、乃至二二三、參照）

第百七十條　前條ノ罪ヲ犯シタル者證言シタル事件ノ裁判確定前又ハ懲戒處分前自白シタルトキハ其刑ヲ減輕又ハ免除スルコトヲ得

第二百二十三條　民事商事又ハ行政裁判ニ關シテ僞證チ爲シタル者ハ一月以上一年以下ノ重禁錮ニ處シ五圓以上五十圓以下ノ罰金チ附加ス

第二百二十六條　此節ニ記載シタル罪チ犯シタル者其事件ノ裁判宣告ニ至ラサル前ニ於テ自首シタル時ハ本刑チ免ス

本條ハ一度虚僞ノ陳述ヲ爲シタルモ其裁判確定又ハ懲戒處分前ニ於テ虚僞ノ陳述ヲ爲シタルコトヲ自白シタル者ニ對スル處分規定ナリ而シテ本條ハ自己カ證人トシテ證言シタル事件ノ裁判カ未タ確定セサル前トカ或ハ懲戒裁判ニ付セラレタル事件ノ證言ヲナシ未タ其事件カ懲戒處分執行前ニ該リ前非ヲ悔ヒテ虚僞ノ陳述ヲ爲シタルコトヲ自白シタルトキハ其刑ヲ減輕若クハ免除スルモノナリ蓋シ一度虚僞ノ陳述ヲ爲シ裁判官ヲシテ虚僞タルコトヲ知ラシメス判決言渡ヲ成シタル後ト雖モ未タ其事件カ確定セサル前ニ於テ爲シタルトキハ爲メニ多少ノ錯雜ヲ手續上ニ來スコトアルモ實害ヲ生セスシテ濟ムモノナルヲ以テ其事件ノ成行ニ依リ全ク刑ヲ免除スルモノト減刑スルモノト區別ヲナシ適宜ノ處分ヲ裁判官ニ爲サシムルモノナリ故ニ本條ノ自白ハ必ス裁判確定前及懲戒處分前ナラサル可カラス又此自白ハ虚僞ノ陳述ヲ爲シタル公務所ナラサル可カラサルコトハ本條別ニ規定スル所ナキモ當然ノ事ト信ス以上ノ規定ハ可成的誤判ヲ未發ニ防カントノ政策上ノ必要ヨリ出テタル規定ニシテ最モ當ヲ得タルモノト云フヘキナリ（舊法二

二六、參照)

第百七十一條　法律ニ依リ宣誓シタル鑑定人又ハ通事、虛僞ノ鑑定又ハ通譯ヲ爲シタルトキハ前二條ノ例ニ同シ

本條ハ不實ノ鑑定若クハ通譯ヲ爲シタルモノニ科スル裁判法ナリ而シテ本條ハ亦第百七十條ト同シク法律ニ依リ司法裁判所行政裁判所等ヨリ命ニ依リ宣誓シテ鑑定人トナリ又ハ通事トナリタルコト及虛僞ノ鑑定又ハ通譯ヲ爲シタルコト其所爲ノ意思アルコトノ三要件ヲ具備セサルトキハ本罪成立スルモノニアラス鑑定人若クハ通事トハ何レモ裁判官ノ力ヲ補フモノニシテ特別ノ技能ヲ有スル者ナラサル可カラス故ニ裁判所カ命スルニハ第一相當ノ資格能力ヲ有スル者ヲ撰定スルヲ常トス之レ裁判官カ自己ノ及ハサル點ニ付鑑定人又ハ通事ノ如キ專門家ノ力ヲ借リテ公平無私ノ判斷ヲ下スノ材料ニ供セントスルニアリ然ルニ此鑑定人通事カ眞實ニアラサル卽チ不實ノ通譯ヲナシ又ハ虛僞ノ鑑定ヲナサンカ裁判官素ヨリ自己ノ知ラサル事柄

第二百二十四條 鑑定又ハ通事ノ爲メ裁判所ニ呼出サレタル者詐僞ノ陳述ヲ爲シタル時ハ前數條ニ記載シタル僞證ノ例ニ照シテ處斷ス

ニ係ルヲ以テ其鑑定人若シクハ通譯人カ爲シタル虛僞ノ鑑定又ハ通辯ヲ斷罪ノ證據トセンカ甚タシキ不都合ヲ生スルヤ勿論ナリ故ニ本條ノ罪ハ科スルニ前二條ニ比例シテ刑セントスル又至當ノ規定ト云ハサル可カラス蓋シ害ノ及ブ處決シテ一個人ニ限ラサルヲ以テナリ而シテ第三要素ノ意思トハ如何ト云フニ詐リ虛僞ノ陳述若クハ鑑定通譯ヲ爲シ以テ裁判ヲ誤ラシメントスルノ意思ヲ云フ從テ實害甚タ大ナルモノト云ハサル可カラス(舊法二二四、參照)

第二十一章 誣告ノ罪

人文發達スルニ從テ各人何レモ名譽ヲ重ンシ信用ヲ失ハサラントスルハ人情ノ常ナリ故ニ惡奸無賴ノ徒アリテ言フニ足ラサル私怨ヲ霽サン爲メ無實ノ事ヲ其筋ニ申告スルモノアランカ一個人ノ信用ヲ傷クルノミナラス引テ公益ヲ害スルコト甚シ如斯場合ニハ法律ハ充分之レカ取締ヲ爲シ以テ社會ノ公安ヲ維持セサル可カラス之レ本章ノ設アル所以ニシテ舊法亦此點ニ就

キ第三編第一章第十二節中第三百五十五條乃至第三百五十七條ニ規定シ前章ノ場合ト同シク罰セントシタルモ行文完全ナラサリシヲ以テ本法ハ特ニ補修シタルアリ就テ參照セラル可シ

第百七十二條　人ヲシテ刑事又ハ懲戒ノ處分ヲ受ケシムル目的ヲ以テ虛僞ノ申告ヲ爲シタル者ハ第百六十九條ノ例ニ同シ

本條ハ誣告ノ所爲アル者ニ對スル制裁法ナリ本條ノ所謂人ヲシテトハ自己以外ノモノトノ意ナリ刑事又ハ懲戒ノ處分ヲ受ケシムル目的ヲ以テトハ卽チ彼ノ人カ或種ノ罪ヲ犯シタリ又ハ彼ノ行政官カ如斯失策アリトシテ刑罰及懲戒處分ニ處セラルヘキ樣不實ノ申告ヲ其處分ノ權力アル者ニナシタル行爲ヲ云フ此行爲ハ必ラス虛僞ナル事ヲ要スルモノナリ故ニ本條ノ罪ヲ構成スルニハ第一人ヲシテ刑事又ハ懲戒ノ處分ヲ受ケシムル目的アルコト第二其目的ヲ以テ虛僞ノ申立ヲ爲シタルコト第三人ヲ害スル意思アルコトノ

三要素ヲ具備セサル可カラス而シテ第一ノ刑事又ハ懲戒ノ處分ヲ受ケシムルトハ先ニモ說キタル如ク刑法ノ犯罪ヲ爲シタリトカ或ハ行政上ノ失策トカヲ處分ノ權力アル司法警察官檢事或ハ行政長官ニ告訴告發又ハ密告等ヲ爲ス所爲ヲ云フ尚本條ノ申告ハ必ス人ヲ指示スルコトヲ要ス故ニ漫然犯罪アリトカ失策アリトカ云フ如キ未確定ノモノナルトキハ決シテ本罪成立スルモノニアラス第二ノ申告ヲ爲スモノハ何等ノ關係ヲ有セサル狀態ニアルコトヲ要ス故ニ現ニ申告スル人カ證人若シクハ鑑定人等ヲ命セラレタル場合ニ於テ虛僞ノ申告ヲ爲スモ決シテ本罪成立スルモノニアラス如斯行爲ハ前章ノ僞證罪トナルモノナリ第三ノ虛僞ナルコトヲ知リツツ申告スル意思アルコトヲ要スルヲ以テ其行爲自體カ既ニ眞實ニアラサレハ以テ足ルモノニシテ進ンテ他人ヲ害セントスルノ意思ノ有無ハ問ハサルナリ故ニ自己ノ罪ヲ他人ニ負ハセントシテ其人ヲ指示スルモ可ナリ之レ誣告ノ性質上法律カ既ニ他人ヲ指示スレハ惡意アリタリト認ムルヲ以テナリ於玆乎戲ニ誣告スルモ尚本罪成立ニ缺クル所ナシト云ハサルヘカラス以上ノ事實ニシテ具

第三百五十五條不實ノ事ヲ以テ誣告シタル者ハ第二百二十條ニ記載シタル僞證ノ例ニ照シテ處斷ス

備スルトキハ前章僞證ノ場合ト同一刑ヲ科セラルルモノニシテ別ニ疑フ處ナキナリ(舊法三五五、參照)

第百七十三條　前條ノ罪ヲ犯シタル者申告シタル事件ノ裁判確定前又ハ懲戒處分前自白シタルトキハ其刑ヲ減輕又ハ免除スルコトヲ得

本條ハ第百七十一條ノ規定ト同性質ノモノナリ即チ人ヲシテ刑事又ハ懲戒ノ處分ヲ受ケシムル目的ヲ以テ處分ノ權利アルモノニ有效ニ申告セシモ其申告シタル事件カ未タ裁判確定セサル前又ハ懲戒處分前ニ自白即チ虛僞ノ申告ナル旨ヲ明カニ申出タルモノハ其事件進行ノ情狀ニ依リ科スヘキ刑ヲ減輕シ或ハ免除スルモノナリ何トナレハ假令一度ハ他人ニ無辜ノ罪ヲ負ハセント議スルモ未タ爲メニ其人カ受刑前或ハ懲戒處分ヲ受クル前ナルトキハ被害者ハ只一時ノ迷惑ニ過キサルヲ以テ深ク之ヲ罰スルノ必要ナク又一方ニ於テハ可成的此種ノ犯罪ヲ未前ニ防遏セントノ政畧規定ヲ置クノ必要

アルヲ以テ特ニ減刑又ハ免除ノ恩典ヲ設ケタル所以ナリ(舊法三五六、參照)

第二十二章　猥褻姦淫及ヒ重婚ノ罪

文明國ノ最モ恐ルヘク忌ムヘキ所爲ハ公ノ秩序善良ノ風俗ニ反スル行爲ナリ故ニ人苟クモ文明的社會ニ棲息セントスルニハ一秒時タリトモ道義ノ觀念ヲ念頭ヨリ離脱スヘキモノニアラス公德ニ背反スルハ尤モ不可ナリ然レトモ現時代ハ未タ全ク樂天主義ヲ主張スル能ハサルノ狀態ニアリ否近代我國ノ現象ハ或一部ノモノヲ除キテハ其人ノ品位貧富ノ如何ヲ論セス德義ノ何タルヲ省ミサルモノ多キハ實ニ長嘆息ノ至リト云ハサル可カラス此公德公義ニ斯ク全社會カ擧ケテ反スルカト云ヘハ未タ以テ夫レ程マテ墮落ハセサルモノノ如シ故ニ他ニ法律以外ノ制裁ヲ以テ此等背德漢ヲ矯正スル機關アリト雖モ此法律以外ノ制裁ニテハ未タ足ラサル所ノモノアリ卽チ本章ニ擧ケタル猥褻姦淫重婚罪ノ如キハ尤モ道義ノ觀念ノ缺如シタルモノナルカ故ニ法律ノ制裁ヲ以テスルニアラサレハ到底救濟スル能ハサルモノアリ何

者其行爲ハ實ニ社會ノ秩序ヲ紊亂スルコト甚シク公安ヲ害スル尠少ナラサレハナリ故ニ洋ノ東西時ノ近古ヲ論セス苟クモ法律ヲ以テ社會人民保護ノ準則否人民生活ノ準則トスル國ニ在リテハ此種ノ罪ヲ刑セサルハナシ我舊刑法又佛國ノ流ヲ汲ミタルモノト雖モ此ノ點ニ就テハ最モ委シク規定シタリシモ完全無缺ノ玉條ト云フ能ハス學者實際家ノ間ニ於テ種々異説ヲナシ適用困難ヲ極メタル部分ナリシカバ本法ハ特ニ其缺點ヲ補フト同時ニ編纂ノ態又多少修正ヲ加ヘタリ即チ本章ニ該當スル規定ハ(舊刑法第二編第六章第二百五十八條及第二百五十九條第三編第一章第十一節全部ヲ以テセリ就テ參照セラル可シ

第百七十四條　公然猥褻ノ行爲ヲ爲シタル者ハ科料ニ處ス

本條ハ公然猥褻ノ行爲ヲ爲シタルモノニ對スル制裁規定ナリ故ニ本條ノ罪ヲ構成スルニハ(1)猥褻ノ行爲アリタルコト(2)公然ノ所行ニ出テタルコト(3)

公然ナスノ意思アルコトノ三要素ヲ缺クヘカラサルナリ猥褻ノ行爲トハ程度問題ニシテ兼テ其犯セシ其ノ風俗慣習ヲ究メサルヘカラス換言スレハ淫事ヲ爲シタルコトカ如何ナル程度ニアルカ又其行爲ノアリタル時ハ果シテ世ノ一般カ認テ以テ淫事ナリトスルヤ否ヲ極メタル上ニアラサレハ斷案スヘカラサルナリ假令ハ帝都ニテハ猥褻ノ所業ト謂フモ人情風俗ノ異ナル田舍ニアリテハ又以テ猥褻ノ所爲ナリト認メサルモノ間々アリ要スルニ猥褻ナリヤ否ヤヲ斷スルニハ時ト場所トニヨリ觀察シテ所謂法律ヲ適用セサル可カラス故ニ場合ニ依リテハ夫婦間ノ淫事ト雖モ尚且本條ヲ以テ律セサル可カラサルモノアラン第二公然ノ所爲ニ出ツルハ文字自體カ示ス如ク公ノ場所若シクハ公衆ノ目ニ觸ルヘキ所ヲ云フ假令ハ人ノ往來頻繁ナル道路公衆ノ娯樂ニ供スル公園ハ勿論汽車汽船鐵道馬車內或ハ自家ノ室內ト雖モ公衆ノ目ニ映スル所ハ本條ノ所謂公然ニ當テ箝ムルコトヲ得ヘキモノナリ第三ノ意思ニ就テハ兎ニ角公衆ノ面前或ハ衆人ノ目ニ觸ルル所ニテ爲スノ意思アレハ卽チ可ナリ故ニ衆人ノ目ニ觸ルルト云フモ自己カ期セスシテ多ク

第二百五十八條　公然猥褻ノ所行ヲ爲シタル者ハ三圓以上三十圓以下ノ罰金ニ處ス

ノ人ノ目ニ映スルコトアルモ決シテ本罪成立スルモノニアラス例セハ常ニ人ノ通行スル所ニアラサル場處ニ於テ淫事ヲ爲シツツアル時偶々人カ入リ來リタル場合ノ如キハ行爲自體カ猥褻ニ渉ルト雖モ決シテ本罪成立スルモノニアラス要ハ公德ニ反スル所爲ナルコトヲ要ス此公德ニ反スル行爲アリタルトキハ科料ニ處セラルルモノニシテ處分ノ點ニ就テハ別ニ說明ヲ要セサルヘシ(舊法二五八、參照)

第百七十五條　猥褻ノ文書、圖畫其他ノ物ヲ頒布若クハ販賣シ又ハ公然之ヲ陳列シタル者ハ五百圓以下ノ罰金又ハ科料ニ處ス販賣ノ目的ヲ以テ之ヲ所持シタル者亦同シ

本條ハ犯罪手段カ或物件ニ依テ犯サレタル罪ニ對スル規定ナリ故ニ本罪構成ニ必要ナル條件ハ(1)猥褻ノ文書圖畫其他ノ物件ナルコト(2)其物品ヲ頒布シ又ハ公然陳列シ若シクハ販賣シ或ハ販賣ノ目的ヲ以テ所持スルコト(3)意

思アルコトヲ要ス而シテ本條ノ所謂猥褻ノ文書トハ猥褻ノ文字ヲ記載シタル冊子印刷物及紙片ニ記載シタルモノヲ云ヒ又圖畫トハ時々人ノ口ニセラル春畫裸體畫等ヲ云ヒ又他ノ物品トハ以上ノ二種以外ノモノニシテ苟クモ爲メニ公德ニ反スルモノヲ云フ以上ノ物品モ只陰カニ之ヲ所持スルトキハ決シテ公德ヲ害スト云フヲ得サルヲ以テ罪トナラサルモ第二ノ要件タル物品ヲ頒布シ又ハ公然陳列シ若クハ販賣シ或ハ販賣ノ目的ヲ以テ所持スルトキハ即チ公然ヲ害ス害スレハ從テ罰セサル可カラサルナリ故ニ彼ノ美術家カ研究ノ爲メ春畫ヲ書キ小說家カ文章練磨ノ爲メ猥褻ニ涉ル文章ヲ草スルコトアルモ之ヲ公然販賣頒布シ又ハ陳列セサルトキハ決シテ罪トナルヘキモノニアラス然レトモ若シ夫レ前述ノ物品ヲ聽テハ販賣セントノ意思ヲ以テ所持スルトキハ之レ何時カハ公ニセラルルモノナルヲ以テ斯ル場合ニハ本罪成立ス而シテ此罪ヲ斷定センニハ偏ニ法律ニ於テ犯罪ナリト認メ得ラルヘキ場合ナラサル可カラス又本條ハ五百圓以下ノ罰金若クハ科料トナシアルヲ以テ其何レノ刑ヲ科スルヤハ事實司法官ノ認定ニ一任スルノ外ナキ

第二百五十九條　風俗ヲ害スル册子圖畫其他猥褻ノ物品ヲ公然陳列シ又ハ販賣シタル者ハ四圓以上四十圓以下ノ罰金ニ處ス

ナリ（舊條二五九、參照）

第百七十六條　十三歳以上ノ男女ニ對シ暴行又ハ脅迫ヲ以テ猥褻ノ行爲ヲ爲シタル者ハ六月以上七年以下ノ懲役ニ處ス十三歳ニ滿タサル男女ニ對シ猥褻ノ行爲ヲ爲シタル者亦同シ

本條ハ暴行脅迫等ノ特別行爲ニ因リ十三歳以上ノ男女ニ對シ猥褻ノ行爲ヲ爲シタル罪ノ制裁法ナリ故ニ本條ノ罪ハ原則シテ(1)十三歳以上ノ男女ニ對シ(2)猥褻ノ行爲ヲ爲シタルコト(3)其行爲ハ暴行脅迫ニ出タルヲ構成要件トス而シテ法文カ特ニ十三歳以上ノ男女ニ對シト定ムルヲ以テ本條末段ノ十三歳以下ノ男女ニ對スル猥褻ノ行爲ハ暴行脅迫ヲ要セサルコト明カナリ蓋シ十三歳以下ノ男女ノ如キハ凡テノ能力完全ニ發達シ居ラサルノミナラス概ネ是非ノ辨別力ヲ有セサルモノナレハ此等ノ男女ニ對シ猥褻ノ所行ヲ爲

サンニハ特ニ暴行脅迫ヲ以テセサルモ抵抗力微弱ナレハ尤モ犯シ易キ故、特ニ此規定ヲ爲シタル所以ナリトス

猥褻ノ處爲トハ普通男女ノ淫事ニ關スル語ナルモ彼ノ姦淫ノ場合トハ其趣ヲ異ニセサルヘカラス故ニ本條ニ於ケル猥褻ハ彼ノ男女ニ暴行即チ有形ニ常識以外若クハ無形ニ言語動作等ニ依リ被害者ヲ畏怖セシメテ强ユルニ手淫或ハ裾ヲ開キテ公衆ノ面前若クハ公ノ場所等ニ於テ陰部ヲ露出セシムル等其他被害者ノ言語擧動等ヲ以テ一般人ニ惡感情ヲ抱カシムルカ如キ行爲ヲ爲サシメタルヲ云フ

以上說明スル如キ非文明的蠻風ハ各人共ニ愼マサルヘカラサルモノナルニモ拘ラス之ニ向テ暴行脅迫ヲ爲シ遂行セシムルカ如キ兇漢ハ宜シク重刑ヲ科シ矯正ノ途ヲ講セザルベカラス之レ本條カ此場合ニ特ニ重刑ヲ科スル所以ナリ然レトモ猥褻ノ所行ノ如キハ其行ハルル場所若クハ被害者ノ身分犯人ノ身分等ニ因テ必ラズシモ一樣ニ論スルコト能ハサルベキカ故ニ處分ノ範圍ヲ擴張シテ裁判官ニ自由採量ノ重責ヲ以テシ因テ以テ罪刑其當ヲ得セ

シムベク定メタル法文ナリトス

本條末段ノ十三歳以下ノ男女ニ對シ猥褻ノ行爲ヲ爲シタルモノ亦同シトアルモ必ラズシモ暴行脅迫ヲ要セサルニアラズ暴行脅迫ノ手段ニ因リ爲スモ本條ニ因リ制裁ヲ加ヘル外ナシ只タ法文ハ十三歳ニ滿タザル男女ハ暴行脅迫ヲ加ヘサルモ普通行ハルルカ故ニ斯ク規定セラレタルモノナリトス

第百七十七條　暴行又ハ脅迫ヲ以テ十三歳以上ノ婦女ヲ姦淫シタル者ハ強姦ノ罪ト爲シ二年以上ノ有期懲役ニ處ス十三歳ニ滿タサル婦女ヲ姦淫シタル者亦同シ

本條ハ強姦ノ定義ヲ定メ併セテ之レカ制裁法ヲ示シタルモノナリ由來強姦ナル罪ノ標準ヲ定ムルニ就テハ今日マテ學説一定セサリシヲ以テ本法ハ頗ル丁寧ニ規定セラレタルモノノ如シ即チ本條ノ罪ヲ構成スルニハ(1)十三歳以上ノ婦女ナルコト(2)姦淫ノ行爲アルコト(3)其行爲ハ暴行脅迫ヲ以テ行ヒタルノ三要件ヲ備ヘサル可カラス即チ本罪ノ主躰ハ婦女ナルコトヲ要ス隨

第三百四十八條　十二歳以上ノ婦女ヲ强姦シタル者ハ輕懲役ニ處ス藥酒等ヲ用ヒ人ヲ昏睡セシメ又ハ精神ヲ錯亂セシメテ姦淫シタル者ハ强姦ヲ以テ論ス

テ犯人ハ男子ナルコト又明ナリ何トナレハ前條ト異リ本條ハ姦淫ト云フ姦淫ハ其性質上男女兩性ノ交接ヲ指稱スルモノナルヲ以テ男子ト男子或ハ女子ト女子ニテハ到底本罪成立ノ要素ヲ形成セサルナリ本條ノ姦淫ナルモノハ必スヤ暴行脅迫ノ所爲ナカラサル可カラス何者若シ此ノ姦淫ノ場合カ男女兩性合意ノ上ニ出テタルトキハ決シテ法律カ干渉スヘキモノニアラサレハナリ之レ廣ク社會ニ實害ヲ及ホササレハナリ故ニ本條ノ罪ヲ構成スルニハ必ス暴行脅迫ナル行爲ヲ要ス亦本條末段ノ十三歳ニ滿タサル幼女ヲ姦スルカ如キハ尤モ罪深クシテ又犯シ易キモノナリ蓋シ十三歳未滿ノ者ノ如キハ未タ是非善惡ヲ識別スル能力ナキモノト看做ササル可カラサルヲ以テ只他人ノ爲ス儘ニ放任スレハナリ而シテ此種ノモノヲ姦センカ幼少ノ生育ヲ害スルコト甚シキハ生理學上當然ノ結果ナリ人ノ生育ヲ害センカ社會ニ流ス害毒之レヨリ甚タシキハアラサルナリ此ノ場合ニ於ケル行爲自躰ハ强姦ドハ云フ能ハサルモ以上述ヘタル點ニ就テ同一ノ刑ヲ科スル又至當ト云ハサル可カラス之レ特ニ强姦ノ罪ニ準シテ刑ヲ科シ以テ一ハ再犯ヲ防遏シ他

第三百四十九條　十二歳ニ滿タサル幼女ヲ姦淫シタル者ハ輕懲役ニ處ス若シ强姦シタル者ハ重懲役ニ處ス

ハ未前ニ防カントノ刑典ノ大主義ヲ示シタルモノト云フ可キナリ(舊法三四八、三四九、參照)

第百七十八條　人ノ心神喪失若クハ抗拒不能ニ乘シ又ハ之ヲシテ心神ヲ喪失セシメ若クハ抗拒不能ナラシメテ猥褻ノ行爲ヲ爲シ又ハ姦淫シタル者ハ前二條ノ例ニ同シ

準猥褻準强姦罪ニ關スル規定ナリ即チ人ノ心神喪失若クハ抗拒不能ニ乘シ又ハ心神ヲ喪失セシメ若クハ抗拒不能ナラシメテ猥褻姦淫ヲ爲シタルモノハ前二條ニ基キ處分スベキナルヲ以テ本條ノ適用ヲ受クベキ犯罪ハ法文所定ノ狀態ニアル被害者ニ對スル場合ナラサルベカラズ然リ而シテ本條ニ云フ心神喪失トハ既ニ第一編ニ於テ説キタル如ク常識ヲ備ヘ居ラザル即チ是非ノ辨別ヲ爲スノ能力ナキ狀態ニアル人ニ對スル場合ヲ云ヒ亦抗拒不能トハ被害者側ヨリ見テ加害者ノ行爲ニ爭フ可キ力ヲ有セザル狀態ニアル詳言スレバ被害者ガ疾病ノ爲メ臥床中トカ或ハ睡眠中トカ云フ場合ニ犯シタル

モノヲ云フ又一時藥品等ヲ以テ心神ヲ喪失セシメ若クハ抗拒不能ナラシメテ猥褻又ハ姦淫ヲ爲スカ如キ行爲ハ暴行脅迫ノ手段ニ出テテ行フ犯罪ト選フ所ナキカ故ニ本法ハ特ニ前二條ニ準シテ處分セントスル所以ナリ此ノ規定ハ舊刑法ニ於テハ斯ク場合ヲ擧ケテ論シ來リタルモ之レ亦日一日ト新タラシキ手段方法ヲ案出シテ法網ヲ免レントスル犯人ナキヲ保シ難キ故斯ク大躰ノ規定ヲ爲シ以テ一般ニ備ユル所以ナリトス

第百七十九條　前三條ノ未遂罪ハ之ヲ罰ス

本條ハ前三條ノ罪ヲ犯シ未タ遂ケサル者ヲモ尙未遂罪ノ例ニ照シテ相當ノ刑ヲ科セントスルモノナリ蓋シ同一章ニ規定セラルルモ本章中他ノ場合トハ大ニ其性質ヲ異ニシ社會ノ風紀公德ヲ紊スコト甚シク個人ノ危險實ニ忍ヒサルモノアルヲ以テナリ

第百八十條　前四條ノ罪ハ告訴ヲ待テ之ヲ論ス

本條ハ前四條ノ罪ハ法律上自ラ進ンテ罰スルコトヲ爲サス被害者又ハ被害

者ノ法定代理人ノ告訴ヲ待テ處斷セントノ不干渉主義ヲ採用シタルモノナリ之レ學者ノ所謂親告罪ナリ蓋シ前四條ノ犯罪ヲ法律カ進ンテ審理センカ犯人ヲ罰スルヨリモ一層被害者ニ苦痛ヲ與ヘ却テ社會ノ秩序ヲ紊スニ至ルコトナシト云ヒ難ケレハナリ何トナレハ此種ノ犯罪ハ由來社會ノ秩序ヲ紊スヨリ寧ロ個人ノ名譽ヲ毀損スルコト大ナルヲ以テ法律カ認メテ個人ノ名譽ヲ毀損シタリトハ容易ニ判スル能ハサルナリ蓋シ個人ノ名譽ハ如何ナル程度ニ於テ損セラレタルヤハ被害者又ハ其法定代理人ナラサレハ判知スルコト困難ナリ假リニ判知スルコトヲ得トスルモ被害者ニシテ如斯事ヲ世ニ公ニシ却テ一家ノ平和ヲ害シ世人ノ知ラサル隱事ヲ公ニスルヲ欲セサルモノ多々アラン故ニ特ニ被害者ノ親告アリテ始メテ罰スル方却テ穩當ナリトシ斯クハ規定シタルモノナリ此結果トシテ刑事訴訟法ニ於テハ假令一度被害者ガ一時ノ憤怒ニ乘シテ告訴スルモ退テ靜カニ考慮ヲ廻ラシ自己ノ不利益ヲ辨シタルトキハ判決確定前ナレハ何時ニテモ取下ケヲ許シ取下ケタル時ハ加害者ニ對シテハ直チニ免訴ノ處分ヲ受クレモノナリトス（舊法三五〇

第三百五十條 前數條ニ記載シタル罪ハ被害者又ハ其親屬ノ告訴ヲ待テ其罪ヲ論ス

參照)

第百八十一條 第百七十六條乃至第百七十九條ノ罪ヲ犯シ因テ人ヲ死傷ニ致シタル者ハ無期又ハ三年以上ノ懲役ニ處ス

本條ハ第百七十六條乃至第百七十九條ノ罪ヲ犯シタル結果他ノ事實即チ殺傷等ニ致シタル場合ニ對スル制裁規定ナリ本條ノ罪ヲ有効ニ成立セシメンニハ猥褻ノ所爲及ヒ强姦ノ行爲アリタル結果其被害者ヲ死ニ致シ若クハ傷ヲ負ハシメタル事實ヲ生セシムルコトヲ要ス之レ一ノ行爲ニテ二ソ犯罪ヲ成立セシメタルモノナレバ二罪併科ヲ適當トスト雖モ素ヨリ行爲ハ一ナリ加之犯人ハ本條ノ場合ヲ豫期セス且ツ全ク死傷ニ致ス意思ナカリシニ依リ二罪併科ハ素ヨリ法理ノ許サザル所ナルヲ以テ特ニ本條ヲ設ケ例ヘ意思ナキ罪ト雖モ前記ノ所爲ヨリ生シタル結果此責任ヲ負ハシメントスルモノナリ之レ我舊刑法ニ於テモ他ノ國ニテモ此ノ場合ハ本條ノ如キ規定ヲ爲シ居

第三百五十一條　前數條ニ記載シタル罪ヲ犯シ因テ人ヲ死傷ニ致シタル者ハ毆打創傷ノ各本條ニ照シ重キニ從テ處斷ス但強姦ニ因テ癈篤疾ニ致シタル者ハ有期徒刑ニ處シ死ニ致シタル者ハ無期徒刑ニ處ス

ルカ故ニ本法モ亦此主義ヲ採用シタルモノナリ本條ノ處分ハ死傷罪トシテハ至當ノ制定ナリトス（舊法三五一、參照）

第百八十二條　營利ノ目的ヲ以テ淫行ノ常習ナキ婦女ヲ勸誘シテ姦淫セシメタル者ハ三年以下ノ懲役又ハ五百圓以下ノ罰金ニ處ス

本條ハ營利ノ目的ヲ以テ淫行ノ常習ナキ婦女ヲ勸誘シテ淫行ヲ爲サシメタル罪ヲ罰セントスル規定ナリ故ニ本條ノ罪ヲ構成スルニハ第一營利ノ目的ヲ以テ婦女ヲ勸誘スルコト第二勸誘シテ淫行ノ常習ナキ婦女ヲ姦淫セシムルコトノ特別要件ヲ具備セサル可カラス而シテ營利ノ目的トハ因テ以テ利益ヲ得ントスルモノ彼女衛ト稱スルモノノ如キヲ云フ又犯罪ノ主躰ハ婦女ナルコトヲ要ス此婦女カ法文ノ示ス如ク淫行ノ常習ナキコトヲ必要トスルカ故ニ淫賣婦ノ如キモノナルトキハ本罪成立スルコトナシ要ハ世ニ云フ生娘ノ如キモノナラサル可カラス又勸誘トハ媒介ヲ意味スルモノニシテ卽チ

第三百五十二條　十六歳ニ滿サル男女ノ淫行ヲ勸誘シテ媒合シタル者ハ一月以上六月以下ノ重禁錮ニ處シ二圓以上二十圓以下ノ罰金ヲ附加ス

自カラ媒介シテ誘導スルコトヲ云フ此誘導ハ姦淫ヲ爲サシムヘクスルモノナルヲ以テ自ラ姦淫ヲ爲スノ意思ナキコトヲ要ス故ニ彼ノ男女カ已ニ姦淫スヘク豫メ定メタルモノヲシテ姦淫ヲ容易ナラシムル爲メ房屋ヲ給與スルカ如キ場合ハ本罪成立スルモノニアラス

以上ノ所爲ヲ罰スル所以ハ蓋シ背德行爲ヲ爲サシメテ利益ヲ得ントスルモノナルカ故世ヲ害シ善良ノ風俗ニ反シ加之公ノ秩序ヲ毀フ所爲ナレハナリ故ニ彼ノ淫行ノ常習アルモノ等ハ自カラ背德行爲ヲ爲スモノナレバ其制裁タルヤ只道德ノ範圍ニ屬シ法律ヲ以テ論スヘキモノニアラサルモ未タ淫行ノ常習ナキ未通女ナランカ爲メニ健康ヲ害シ一生其發達ヲ妨クルニ至ルヤモ圖ラレス之レ法律カ進ンテ相當ノ科罰ヲナシ此等ノ罪惡ヲ撲滅セントスル所以ナリ(舊法三五二、參照)

第百八十三條　有夫ノ婦姦通シタルトキハ二年以下ノ懲役ニ處ス其相姦シタル者亦同シ

前項ノ罪ハ本夫ノ告訴ヲ待テ之ヲ論ス但本夫姦通ヲ縦容シタルトキハ告訴ノ效ナシ

本條ハ有夫ノ婦カ他ノ男子ト姦淫シタル場合ノ制裁ナリ故ニ本條ノ罪ヲ構成スルニハ(1)有夫ノ婦ナルコト(2)姦通ノ行爲アルコト(3)其姦通ハ自由ノ意思アルコトノ三要件ナカルヘカラス茲ニ有夫ノ婦トハ民法親族編ノ規定ニ依リ正當ニ法定ノ形式ヲ經タル夫婦ナルコトヲ云フモノナリ故ニ能ク世ニ行ハルル内縁ノ妻トカ夫ト云フモ未タ婚姻ノ正式ノ届出ヲ成ササルモノニアリテハ例ヘ姦通ノ事實證據トモ完全スルト雖モ決シテ本條ノ所謂有夫ノ婦トシテ制裁ヲ受クルモノニアラス姦通ノ所爲トハ色欲ノ爲メニ夫ノ有ルヲ省ミス他ノ男子ト通シテ淫事ヲ爲シタル事實ナカラサル可カラス而シテ之レヲ罰スル所以ニ付テハ古來ヨリ各國競フテ嚴刑ヲ以テシタリト雖モ其後世ノ開明ニ赴クニ從ヒ或ハ罰スヘシト云ヒ或ハ罰スヘカラスト云ヒ學說區々ニ別レタリト雖モ未タ全ク英國ヲ除キテハ何レノ邦國モ之レヲ罰セサ

ルモノナシ蓋シ夫婦ハ婚姻契約ナル民法上ノ契約ヲ結ヒ夫婦ナル公ノ身分ヲ獲得シタルモノナレハ苟クモ人ノ妻タルモノカ濫リニ他ノ男子ト姦センカ夫婦ノ神聖ヲ害スル甚タシク從テ公ノ秩序ヲ害スルモノナルヲ以テ單ニ民法上ノ契約ニ違反シタル場合ノ如ク婚姻契約ヲ解除シテ足ルヘキモノニアラス宜シク此種ノ犯罪ハ適當ノ規定ヲ刑典ニ設テ公安ヲ維持セサル可カラサルヤ素ヨリ其所ナリ之レ世ニ有夫姦罪ヲ民法上ノ制裁ニ止メントスル說ニ從ハスシテ罰スル所以ナリ本條第一項後段ノ相姦者トハ有夫ノ婦ナルコトヲ知リテ其婦ト姦シタル男子ヲ云フ故ニ相姦者ハ必ラス有夫ノ婦ナリシコト及夫カ縱容セサルモノナルコトヲ知ラサル可カラス何トナレハ有夫ノ婦ニアラサルトキハ姦スルモ隨意ニシテ決シテ法ノ咎ムヘキモノニアラサレハナリ然ルニ近來男子ト云フ點ニ付キ彼ノ有婦ノ夫カ他ノ女ト姦シタルトキハ又罰スヘキ筋合ノモノナリト說クモノ輩出ス現ニ帝國議會ニモ此問題顯ハレ盛ニ政治家法律家連ノ對論アリシ處ナルモ之レ素ヨリ道德上ノ議論ニシテ法律上立論スヘキモノニアラストノ說勝ヲ制シ遂ニ談笑ノ中ニ

第三百五十三條　有夫ノ婦姦通シタル者ハ六月以上二年以下ノ重禁錮ニ處ス其相姦スル者亦同シ
此條ノ罪ハ本夫ノ告訴ヲ待テ其罪ヲ論ス但本夫先ニ姦通ヲ縦容シタル者ハ告訴ノ效ナシ

埋沒セラレタリト雖モ理論トシテハ尚玆ニ一考ヲ要スル問題ナルモ今ハ論セズ只此問題アルコトヲノミ讀者ニ一言シ置クニ止メントス
第二項ハ本夫ノ告訴ヲ待テ論シ進ンテ其罪ヲ問ハサル主義ヲ採用シタルハ第百八十條ノ理由ト異ナル所ナキモ告訴權ヲ有スルモノヲ本夫ニ限リタルハ被害者ノ直接ナルモノハ本夫ナレハナリ而シテ民法上普通ニ結婚年齡ニ達シタルモノニアラサレハ夫婦タル身分ヲ有セサルヲ以テ他ノモノヨリ容喙スルコトヲ得セシメサリシ所以ナリ然レトモ此本夫ト雖モ自ラ姦淫スルコトヲ許シテ爲サシメタル時ハ已ニ告訴ノ効ナカラシム之レ又必要ナル規定ト云ハサル可カラス(舊法一二五三、參照)

第百八十四條　配偶者アル者重ネテ婚姻ヲ爲シタルトキハ二年以下ノ懲役ニ處ス其相婚シタル者亦同シ

本條ハ配偶者アルモノカ重婚シタル場合ニ科スル制裁法ナリ蓋シ一度婚姻ナル契約ニ依リ夫婦ナル公ノ身分ヲ有シナカラ其婦タリ夫タル者カ又他ニ

第三百五十四條　配偶者アル者重ネテ婚姻ヲ爲シタル時ハ六月以上二年以下ノ重禁錮ニ處シ五圓以上五十圓以下ノ罰金ヲ附加ス

婚姻セントスルカ如キハ背德ノ最モ甚タシキモノニシテ從テ公安ヲ害スル事尠ナカラス之レ本條ノ規定アル所以ナリ

本條ノ罪ヲ構成スルニハ第一配偶者アル男女タルコトヲ要シ第二重テ婚姻ヲナシタルコトヲ要ス配偶者トハ夫タリ妻タルヲ云フ一方ニ法律上有效ニ婚姻契約ニ基キテ一定ノ形式ヲ履ミタルモノナラサル可カラサルハ前條ノ有夫ノ婦タル資格ヲ備ヘサル可カラサルト同シク本罪構成ニ缺クヘカラサル所ノ條件ナリ然レトモ姦通罪ト異ル所ハ我法律ハ姦通罪ノ主躰ハ有夫ノ婦ナルコトヲ必要トスルモ重婚姻罪ニ於テハ配偶者ノ何レナルヲ問ハス一度婚姻ヲ爲シ其婚姻ヲ解除セスシテ他ノ男トカ又ハ女ト法律ノ形式ヲ履行シテ有效ニ婚姻シタル場合ニハ之ヲ本條ニ問擬セントス故ニ未タ法律ノ形式ニ適合セサルモノナルトキハ不正ニ男女カ結合シタリト云フニ止マリ決シテ本罪成立スルモノニアラス又本條後段ノ規定ハ素ヨリ明カナル次第ナルモ然シ此場合モ必ラス知情即チ一方ニハ正式ノ配偶者アルコトヲ知リテ婚シタルコトヲ要ス此ノ要素ヲ備フルトキハ又同一ノ罪ヲ以テ論セントス

蓋シ當然ノ規定ト云フヘシ（舊法三五四、參照）

第二十三章　賭博及ヒ富籤ニ關スル罪

僅少ノ勞力ヲ以テ多大ノ利益ヲ得ントト謀ルハ經濟學上ノ原則ナリ然レトモ全然勞力ヲ廢シ安逸ヲ得ントスルカ如キハ假リニ人情ノ常ナリト云ハンモ如斯モノハ須ラク社會外ニ驅逐セザル可カラス然リ公安ヲ害スレハナリ何トナレバ毫モ勞力ヲ費サズシテ只管安逸ヲ欲スル如キハ生存競爭塲裡ニ一日モ正當ニ立ツ能ハザレバナリ一日モ立ツ能ハザルトセバ社會ニ有害ニシテ毫モ利益ナキモノナレバナリ賭博富籤ノ如キハ實ニ此ノ勞ヲ惜ミ安逸ヲ求ムルニハ尤モ適格ノモノナリ故ニ人情ノ常タル愉安忌勞ノ發念ヲ起サシムル賭博富籤ヲ常業トスルモノヲ法律カ公許セバ國民ノ一部ハ必ズ之レニ傾クモノナリ國民ノ一部カ之レニ走ランカ其國民ハ遊惰ノ性トナリ又邦家ノ爲メニ盡スモノナキニ至ル邦家ノ爲メニ盡スモノナキニ至ランカ爲メニ亡國ノ悲境ニ陷ルコトナシト云フ可カラス故ニ法律カ之ヲ罰スル所以ナリ

然ルニ世ノ學者無意味ナル説ヲ爲シテ曰ク賭博富籤ノ如キハ行爲者ガ自己ノ財ヲ賭シテ自カラ得自カラ失フモノニシテ決シテ他ヲ害スルコトナキヲ以テ之ヲ罰スルハ酷ナリ否法理ニ反スト何等ノ囈語ゾ偏見者流ノ言若シ夫レ之ヲシモ公許セント云ハンカ彼ノ阿片ヲ吸食スル罪ノ如キ又自カラ財ヲ投シテ自己ノ身體ヲ害スルノミ決シテ他ヲ害セサルヲ以テ罰スル能ハスト云ハザル可カラズ豈ニ如斯無意味ナル法理アランヤ勿論我カ德川幕府時代及ビ現ニ歐洲ニ於テ一二此種ノコトヲ公許スル所ナキニアラズト雖モ之ヲ以テ萬般ニ通セシメントスルハ偏見ノ甚シキモノト云ハザル可カラズ故ニ我舊法モ既ニ此點ニ付キ充分ノ規定ヲ其第二編第六章中ニ明定シタル處ナリシモ法文極メテ散漫ニシテ爲メニ刑罰ノ目的ヲ達スル能ハザルコト往々アリシカ故ニ本法ハ立案ノ當時ヨリ之レニ注意シ修正シタル所頗ル多ク金科玉條ヲ期セントシタル立法者ノ勞又多トスベキナリ乞フ如何ニ其躰裁ヲ異ニシ綿密ノ規定ヲ見タルカヲ比較參照セラレヨ

第百八十五條　偶然ノ輸贏ニ關シ財物ヲ以テ博戲又ハ賭

事ヲ爲シタル者ハ千圓以下ノ罰金又ハ科料ニ處ス但一時ノ娯樂ニ供スル物ヲ賭シタル者ハ此ノ限ニ在ラス

本條ハ賭博ノ罪ヲ規定シタリ卽チ賭博罪ヲ構成スルニハ(1)偶然ノ輸贏ヲ謀ラントスルコト(2)財物ヲ投シテ博戲又ハ賭事ヲ爲シタルコトノ二要素ヲ具備セサル可カラス而シテ偶然ノ輸贏トハ既ニ文字ノ示ス如ク萬一ヲ僥倖トシテ勝敗ヲ決セントスル意思ヲ有スルコトヲ云フ我カ法律ハ單ニ博戲又ハ賭事トシテ其如何ナル物ニ依テ又如何ナル手段ヲ以テスルヲ問ハザル所以ノモノハ蓋シ列擧シ能ハザレバナリ否列擧シ能ハザルノミナラス日進月歩ノ開明時代ト生存スル人類ハ殊ニ賭博ヲ以テ輸贏ヲ爭ハントスルモノノ如キハ法網ヲ免レン爲メ如何ナル考慮ヲ巡ラシ如何ナル手段又如何ナル器具ヲ發明シテ犯サンカ之ヲ豫見スル能ハサルヲ以テ特ニ斯ク廣義ノ規定ヲ設ケ苟クモ手段ノ如何ナルヲ問ハス財物ヲ賭シテ犯シタル行爲アルトキハ必ラズ之ヲ罰セントスルモノナリ故ニ財物ハ金錢ナルト物品ナルトヲ論セス

第二百六十一條　財物ヲ賭シテ現ニ博奕ヲ爲シタル者ハ一月以上六月以下ノ重禁錮ニ處シ五圓以上五十圓以下ノ罰金ヲ附加ス其情ヲ知テ房屋ヲ給與シタル者亦同シ但飲食物ヲ賭スル者ハ此限ニ在ラス
賭博ノ器具財物其現場ニ在ル者ハ之ヲ沒收ス

輸贏ヲ偶然ニ爭ハントスルモノハ毫モ假借スル所ナク之ヲ罰セントス彼ノ偶然ノ勝敗ヲ決スルニ最モ適當ナル賽ノ目又ハ骨牌ノ如キハ最良ノ器具ト云フベキナリ尚進ンテ之等ノ器具ニヨラサルモ彼ノ競馬會ニ於テ甲乙何レノ騎士カ勝ヲ制スルカト云ヒテ財物ヲ賭スルガ如キ場合モ又本罪成立ニ毫モ差支ナカル可キモノト信ス

本條ノ場合ニ於テ舊法ハ現ニナル文字ヲ用ヰタル爲メ現行ノ場合ナラザル可カラズト雖モ本法ハ現ニナル文字ヲ删除シタルヲ以テ非現行ノ場合モ尚且ツ犯罪成立スルモノト云フ可キナリ又本條末段ノ規定ハ例ヘ財物ヲ賭スルモ一時ノ娯樂ニ供スル物例ヘバ菓子ノ如キ菓物ノ如キヲ賭ケル博戲又ハ賭事ヲ爲シタルニ過キサルトキハ敢テ之ヲ罰スル必要ナキモノナルヲ以テ法律ハ此罪ニ就テハ罪トシテ罰スルノ限リニアラズト規定シタル所以ナリ

（舊法二六一、參照）

第百八十六條　常習トシテ博戲又ハ賭事ヲ爲シタル者ハ

三年以下ノ懲役ニ處ス

賭博場ヲ開張シ又ハ博徒ヲ結合シテ利ヲ圖リタル者ハ三月以上五年以下ノ懲役ニ處ス

本條ハ賭博ヲ常習トシテ行フモノヲ罰スル規定ナリ本條ノ罪ハ前條ノ各條件ニ付スルニ常習ノ事實アレバ可ナリ而シテ常習トハ常ニ博戲又ハ賭事ヲ業ト爲シ生活スルモノヲ云フ之レ古來ヨリ社會ノ一部ノ人民ハ全ク之ニ依テ生活スルモノアリ彼ノ「ゴロツキ」ト稱スル卽チ一定ノ常業換言スレバ正業ナク徘徊スルモノヲ云フ此種ノモノハ實ニ善良ノ風俗ニ反シ往々博徒ノ多クハ一堂ニ集マリテ公ノ秩序ヲ害スルモノアルヲ以テ特ニ法律カ重ク罰セントスル所以ナリ此種ノモノハ現ニ輸贏ヲ爭ノ意味ニテ博戲ヲ爲シ賭事ヲ行フモノナラサルベカラス加之前條ニモ說キタル如ク偶然ノ輸贏ニ關スルコトヲ要スルハ勿論ナリ此偶然ノ點ニ就テハ人往々此場合ヲ說クニ當リ勝敗ハ必ラズシモ偶然ノモノ而已ニアラズト思惟スルモノアリト雖モソハ全ク

第二百六十條　賭場ヲ開張シテ利ヲ圖リ又ハ博徒ヲ招集シタル者ハ三月以上一年以下ノ重禁錮ニ處シ十圓以上百圓以下ノ罰金ヲ附加ス

第二百六十一條　財物ヲ賭シテ現ニ博奕ヲ爲シタル者ハ一月以上六月以上ノ重禁錮ニ處シ五圓以上五十圓以下ノ罰金ヲ附加ス其情ヲ知テ房屋ヲ給與シタル者亦同シ但飲食物ヲ賭スル者ハ此限ニ在ラス
博賭ノ器具財物其現場ニ在ル者ハ之ヲ沒收ス

勝敗ノ原理ヲ知ラズシテ解クモノト云ハザル可カラス抑モ勝敗ハ多少優劣アリテ劣者ハ常ニ優者ニ敗スル如クナルモ或ル財物ヲ賭シテ勝敗ヲ決セントスルモノ即チ學術技藝等ニ因テ勝敗ヲ決スルモノノ外ハ何レモ偶然ト云ハサル可カラス故ニ彼ノ骨子骨牌ヲ以テ爭フモノノ如キハ最モ輸贏ニ關スル適例ト云フ可キナリ

第二項ハ賭場ヲ開張シテ博徒ニ結合シ利益ヲ圖リタルモノニ對スル罰則ナリ賭場トハ博奕即チ本法ノ博戲若クハ賭事ヲナス房屋場所ヲ云ヒ博徒トハ賭博ヲ常業トスル彼ノ舊幕時代ニ行ハレタル親分幡隨院長兵衛ノ子分即チ身內ト稱スル無賴漢ヲ云フ此無漢賴ヲ誘引シテ房屋ヲ給與シ寺錢ト稱スル手數料ヲ徵收シテ爲サシムルモノ恰モ賭博ノ媒合者タリ又敎唆者ナリトノ觀アルモノナルヲ以テ充分ニ之ヲ罰セサル可カラズ之ヲ罰セザランカ一方ニ於テハ博奕ノ事ヲ禁シ一方ニ此營業ヲ禁止セザルガ如キハ法理ノ許ス所ニアラズ然レトモ本項ノ行文上他ノ犯罪ト同ク必ズ利益ヲ圖ル目的ヲ以テナササルトキハ本罪成立スルモノニアラズ(舊法二六〇、二六一、參照)

第百八十七條　富籤ヲ發賣シタル者ハ二年以下ノ懲役又ハ三千圓以下ノ罰金ニ處ス
富籤ノ發賣取次ヲ爲シタル者ハ一年以下ノ懲役又ハ二千圓以下ノ罰金ニ處ス
前二項ノ外富籤ヲ授受シタル者ハ三百圓以下ノ罰金又ハ科料ニ處ス

本條ハ富籤ニ關スル規定ナリ蓋シ富籤ハ前ニモ説キタル如ク場合ニ依リテハ政府ガ公許スル場合アリ現ニ明治三十九年六月臺灣律令第七號ヲ以テ臺灣ニハ富籤ヲ允許シテ財政上ノ收入ヲ得ント企ツルノ止ムヲ得ザルニ至ルガ如ク政策上ノ必要ニ應シテ之ヲ許スコトアリ然レトモ如斯ハ例外ニシテ通常內地ニ於テハ之ヲ許サザルヲ原則トス卽本罪構成要件ハ(1)富籤ヲ發賣セルコト及ヒ(2)發賣ノ取次ヲ爲シ又ハ受授シタルモノナルコトヲ要ス而シ

テ富籤トハ舊刑法ニハ其定義ヲ與ヘテ餘ス所ナシ卽チ舊刑法第二百六十二條ニ規定シテ曰ク財物ヲ醵集シ富籤ヲ以テ利益ヲ僥倖スルノ業云々トアリ之ヲ解剖スルトキハ富籤ハ多數ノ人ノ財物ヲ醵集シテ一團トナシ抽籤ヲ以テ偶然ノ僥倖ヲ得ントスルモノヲ云フ而シテ本條ノ罪ハ此富籤ヲ發賣シテ利益ヲ得ル者ヲ云フガ故ニ富籤ヲ發賣シテ以テ多クノ財物ヲ集メ一團トナシ其中ヨリ抽籤ナル手段ニ依テ其集メタル財物ヲ不平等ニ分配スル者ナリ此分配ハ出財者ニ爲スモノナルモ又全ク分配セサルモノアリ之レ富籤ナル名稱ヲ付シタル所以ナルカ此富籤ヲ罰スル所以ノモノハ彼ノ賭博トハ性質ニ於テ異ナル所アルモ偶然ノ勝敗ヲ得ントスル點ニ就テハ全ク同一ナレハナリ而シテ賭博ト富籤ノ性質上ノ差異ハ如何ト云フニ一ハ勝負ト云フ出來事ニ依テ始メテ勝者カ敗者ノ手中ヨリ財物ヲ獲得スルト云フノ手段卽チ勝敗ナル關係ニ依ルモ一ハ抽籤ト云フ偶然ノ事ニ依リ豫テ出資シ置キタル額ヨリ多クノ額ヲ得ルカ又ハ少ナキカ或ハ絶ヘテ得ザルカト云フ點ニ於テ異ナル所アリ而シテ此行爲カ何故社會ニ害アルカト云フニ畢竟人ノ僥倖心ヲ

第二百六十二條　財物ヲ醵集シ富籤ヲ以テ利益ノ僥倖スルノ業ヲ興行シタル者ハ一月以上六月以下ノ重禁錮ニ處シ五圓以上五十圓以下ノ罰金ヲ附加ス

養成シ爲メニ一部ノ國民ヲシテ惰弱ニ陷ラシムルノ結果ヲ生スルカ故ナリ第二項ハ第一項ノ犯人カ發賣スル富籤ノ發賣ヲ取次ク者ニシテ之ヲ罰スル所以ノモノハ取次者ナキトキハ或ハ社會ニ流ス實毒ヲ自然ニ止ムルコトヲ得ベキモ若シ媒介スルモノアリテ盛ニ此種ノ行爲ヲ遂行センカ其害至大ナルモノアルヲ以テ之ヲ罰スル又當然ノ理ト云フ可キナリ(舊法二六二、及十五年布告二十五號第一條參照)

第三項ハ前二項ノ外富籤ヲ授受シタルモノニ對スル規定ナリ故ニ本項ノ罪ハ富籤ヲ授受スレバ未タ損益ノ結果ヲ得サル者ニテモ直ニ本罪成立スルモノナリ而シテ之ヲ罰スル所以ハ彼ノ財物ヲ賭シテ博戲又ハ賭事ヲ爲シタルモノト同一ノモノナレバナリ然レトモ只之ヲ罰金又ハ科料ニ止メントスルハ未タ以テ甚シキ公益ヲ害スルコトナキガ故ナルベシ(明治十五年布告第二十五號第二條參照)

第二十四章　禮拜所及ビ墳墓ニ關スル罪

我カ帝國憲法第二十八條ハ日本臣民ニ許スニ安寧秩序ヲ妨害セス又臣民タル義務ニ反セサル範圍內ニ於テ信敎ノ自由ヲ以テシ之ガ保障ヲ與ヘタリ蓋シ人ノ道義觀念ヲ發企センニハ宗敎ナル信仰ニ如クモノナシ此ノ宗敎ヲシテ有効ニ信仰セシムルコトヲ保障センニハ之ヲ妨害スルモノアラバ相當ニ處罰セザル可ラズ蓋シ信敎ニハ內心ノミノ作用ヨリ來ルモノト外部ニ顯ハレテ一定ノ形式ヲ以テ爲スモノトアリ而シテ此內心ノ作用ヨリ來ルモノハ人々個々ノ心裡ニ存スルヲ以テ法律ガ之ニ干涉スル能ハサルモ形ニ顯ハレテ爲スモノニ對シテハ充分之ヲ保護セザル可カラズ何トナレハ人カ或ル物躰ニ向ヒ或ハ集會シテ尊信畏敬ノ意ヲ表スルヲ妨害シ又ハ物躰ヲ損壞センカ一ハ以テ死者ノ名譽ヲ汚シ人ノ信仰ヲ妨害スルコト甚シケレハナリ往古羅馬ノ未タ宗敎政治ヲ行ヒツツアリシトキハ此種ノ犯罪ヲ嚴罰シタルコトアリ又宗敎ノ爭ヨリ戰爭ヲ惹起シタルコトモ少ナカラズ故ニ我カ舊法モ佛國ノ刑法ヲ母法トセル結果其第二編第七章及ヒ第二百六十三條ニ於テ委シク規定シタル所アリシモ規定ノ躰裁宜シカラズ更ニ規定ノ缺ケタル誹リヲ

免レサリシヲ以テ特ニ修正補訂シタル所アリ詳細ハ各條ノ下ニ說明スル所アラン

第百八十八條　神祠、佛堂、墓所其他禮拜所ニ對シ公然不敬ノ行爲アリタル者ハ六月以下ノ懲役若クハ禁錮又ハ五十圓以下ノ罰金ニ處ス

說教、禮拜又ハ葬式ヲ妨害シタル者ハ一年以下ノ懲役若クハ禁錮又ハ百圓以下ノ罰金ニ處ス

本條ハ人ノ尊信畏敬スル者ニ對シテ不敬ノ行爲ヲ爲シタル罪ニ對スル罰則ナリ故ニ本條ノ罪ヲ構成スルニハ下ノ要素ヲ具備セザル可カラズ(1)公然不敬ノ行爲アルコト(2)神祠佛堂墓所其他禮拜所ニ對スルコト(3)不敬ノ行爲ヲ爲ス意思アルコト此要件ヲ備ヘサルトキハ罪ヲ構成スルコトナシ而シテ公然トハ陰私ニ對スル語ニシテ匿レテ行フノ意ニアラザルナリ又不敬トハ本

法第七十四條及ヒ第七十六條ニ於テ說キタルト同一ナルヲ以テ別ニ說明セス神祠トハ神體ヲ祭レル所ヲ云ヒ佛堂トハ佛像ヲ安置スル所ニシテ何レモ建造物ナラサル可カラズ然レトモ要ハ其建造物ヲ指スニアラズシテ建造物內ニ安置スル神佛ヲ指スモノナリ墓所トハ死者ヲ葬レル所ヲ云ヒ禮拜所トハ以上三個ノ外ノモノヲ云フ此種ノモノハ何レモ人ノ尊敬ス可キ所ナルコトハ別ニ說明ヲ要セスシテ明カナリ然ルニ之レニ向ヒテ公然不敬ノ行爲アランカ他人ノ信敎ヲ害スル甚シ害スルコト甚シキトキハ一般ノ公德ヲ壞ル者ナリ公德ヲ破ルニハ不敬ナル行爲ヲ要ス此行爲ハ犯スノ意思ナカラザル可カラズ卽チ神祠佛堂ヲ破壞スルガ如キ有形ノ所爲ハ勿論無形ノ罵詈暴言ヲ以テスルモ本罪ヲ構成ス又本罪ノ場合ニ就テ此ノ神祠佛堂等ハ公許ヲ得タルモノニ限ルヤ否ヤノ問題アリト雖モ此場合ハ强ヒテ公認セラレタルコトヲ要セズ吾人カ公然憲法ノ保障ノ下ニ尊敬スル物ナルトキハ足レリ何トナレバ本條ヲ信仰及宗敎ヲ維持センガ爲メニ規定セラレタルモノナレバナリ第二項ノ犯罪ハ彼ノ神官僧侶傳導師ノ如キモノカ信者ノ爲メニ信仰ノ道

第二百六十三條　神祠佛堂墓所其他禮拜所ニ對シ公然不敬ノ所爲アル者ハ二圓以上二十圓以下ノ罰金ニ處ス若シ說敎又ハ禮拜ヲ妨害シタル者ハ四圓以上四十圓以下ノ罰金ニ處ス

理ヲ說キ居ルモノ又ハ信者カ神佛ニ向テ禮拜中或ハ死者ヲ葬ラン爲メ宗敎上ノ儀式ヲ行フテ妨害シタルモノヲ罰セントスルモノニシテ深ク說明ヲ要セザルナリ本條ノ罪ニ對スル處分ハ舊法ト異リ稍ヤ刑ノ重キモノアルモ之レ公安ヲ害スル加害ノ程度ニ比較シテ輕カリシヲ以テ特ニ重キ刑ヲ科シ法律ノ目的ヲ達セントセル所以ナリ(舊法二六三、參照)

第百八十九條　墳墓ヲ發掘シタル者ハ二年以下ノ懲役ニ處ス

本條ハ墳墓ヲ發掘シタル罪ヲ規定シタリ蓋シ墳墓ハ人ノ死屍ヲ埋葬シタル所ナルヲ以テ吾人臣民ノ死屍ノ神聖ヲ此墓所ナルモノニ依テ維持スルモノナレバ其親屬故墳ハ常ニ之ニ向テ敬禮ヲ表シ以テ追慕景仰スルモノニシテ若シ之ヲ發掘シテ死躰ヲ露出スルガ如キコトアランカ其公安ヲ害スル甚シキヲ以テ法律ハ可及的之ヲ保護セサル可カラス故ニ本罪構成ノ要件ハ墳墓ヲ發掘スル所爲ナカル可カラス此ノ發掘ヨリ生スル結果ハ死體ヲ必ズシモ

第二百六十五條墳墓ヲ發掘シテ棺槨又ハ死屍ヲ見ハシタル者ハ二月以上二年以下ノ重禁錮ニ處シ三圓以上三十圓以下ノ罰金ヲ附加ス因テ死屍ヲ毀棄シタル者ハ三月以上三年以下ノ重禁錮ニ處シ五圓以上五十圓以下ノ罰金ヲ附加ス

露出スルヲ要セス單ニ埋葬シアル墳墓ヲ發掘スレハ成立スルモノトス然レトモ本條ノ罪ニハ發掘セントスル意思ナカラサル可カラズ此意思ナキトキハ罪トナラザル可シ例ヘハ道路新設等ニ際シ墓地アル場合ニハ勢ヒ之ヲ發掘シテ他ニ轉セザル可カラサルコトアリ此行爲ハ即チ發掘ナル事實ノ上ヨリ見ルトキハ缺クル所ナシト雖モ之レ決シテ惡意アルニアラズ惡意ナケレバ過失ノ場合ヲ罰スル罪ノ外ハ決シテ犯罪ナリト云フ可カラズ犯罪ナラザレバ罰スヘキモノニアラザルハ素ヨリ其所ナリ(舊法二六五參照)

第百九十條 死體、遺骨、遺髮又ハ棺內ニ藏置シタル物ヲ損壞、遺棄又ハ領得シタル者ハ三年以下ノ懲役ニ處ス

本條ハ道義又ハ宗教上ノ感情ヲ害スル目的ヲ以テ死體等法定ノ物躰ヲ損壞遺棄又ハ領得シタル行爲ヲ罰スル規定ナリ故ニ本條ノ罪ヲ構成スルニハ(1)死體遺骨遺髮又ハ棺內ニ藏置シタル物ナルコト(2)損壞遺棄又ハ領得ノ行爲アルコト(3)其意思アルコトヲ要ス而シテ死體トハ人ノ死體ヲ云フモノニシ

テ彼ノ鳥獸ノ死體ノ如キハ本條ノ所謂死體ニアラズ蓋シ普通ノ死體ト云ヘバ人ノ死體ヲ指スモノニシテ鳥獸等ノ死體ナルトキハ特ニ鳥獸ノ文字ヲ明ニセサル可カラズ本條ノ死體ハ此文字ナキ故直ニ人ノ死體ナリト解釋セザル可カラズ人ノ死體ナルガ故形體ヲ存セザル可カラサルヲ以テ彼ノ未タ形體ヲ造ラサル姙娠後一二ケ月ノ死者ノ如キハ決シテ本條ノ死體ト云フ可カラズ遺骨トハ火葬ニ付シテ其骨ヲ集メタルモノヲ云フ尤モ必ズ火葬ノ結果ナラズト雖モ骨ヲ藏包スル外部ノ筋肉等カ腐敗シテ骨トナリタル場合モ尚本罪構成ニ支障アル可カラズ遺髮トハ死者ノ髮ヲ云フ例セハ日露戰役ノ爲メ吾同胞タル軍人ガ敵彈ニ斃レ戰地ヨリ遺骨ヲ送還スル能ハサル場合ニ其髮ヲ剃リテ死者親屬等ニ送リ來レルガ如シ斯ル場合ニハ親屬等ハ恰カモ死體ト同一ニ尊敬スルモノナルヲ以テ特ニ此規定アル所以ナリ又棺內ニ藏置シタルモノトハ前三個ノ外尙之等ノモノヲ藏置スルト同時ニ宗教上ノ信仰ヨリ種々ノ物品例ヘハ死者ノ愛スル所ノ物品等ヲ同時ニ藏棺シテ埋葬スルコト往々アリ本條ハ此場合ニ此物品ヲモ尙犯罪ノ客躰ト爲ス

第二百六十四條　埋葬ス可キ死屍ヲ毀棄シタル者ハ一月以上一年以下ノ重禁錮ニ處シ二圓以上二十圓以下ノ罰金ヲ附加ス

以上ノ物ノ損壞遺棄又ハ領得スル所爲トハ損壞ハ文字自躰カ示ス如ク其形體ヲ變セシムルモノニシテ例セハ死體ヲ寸斷スルトカ遺骨ヲ粉粹スルトカ云フ場合ヲ云ヒ遺棄トハ埋葬等ノ行爲ヲ爲サス山川原野等ニ棄ルモノヲ云フ前述ノ行爲ハ渾テ惡意アルコトヲ要スルモノナリ故ニ此意思ナキ例セハ醫師カ認諾ヲ得テ死體ヲ解剖スル行爲ノ如キハ損壞ノ行爲ナリト雖モ決シテ罪トナルヘキモノニアラズ蓋シ本條ノ罪ヲ罰スル所以ノモノナレハ生者ニ對スル行爲ヲ延長シテ罰セントスル注意ナルヲ以テナリ故ニ往々法ヲ説クモノノ口ニ上ル彼ノ謀殺故殺等ノ犯人カ其罪ヲ蔽ハン爲メ本條規定ノ如キ罪ヲ犯スモ決シテ本條ヲ適用セザルモノト知ルベシ(舊法二六四)

第百九十一條　第百八十九條ノ罪ヲ犯シ死體、遺骨、遺髮又ハ棺内ニ藏置シタル物ヲ損壞、遺棄又ハ領得シタル者ハ三月以上五年以下ノ懲役ニ處ス

本條ハ墳墓ヲ發掘シテ前條ノ罪ヲ犯シタル者ヲ罰セントスル規定ナリ蓋シ

墳墓ヲ發掘シテ尚此罪ヲ犯スモノヽ如キハ宗教上ノ感情ヲ害スル之レヨリ甚シキモノアラザレバナリ故ニ第百九十條ハ單ニ墳墓ヲ發掘シタルモノヲ罰シ前條ハ未タ墳墓ニ埋メザルモノニ對スル罪ヲ規定シタリ尤モ前條ノ罪ハ假埋葬等ノ場合ニハ適用セラルル規定ナラン然シテ本條ノ罪ヲ構成スルニハ前條ノ場合ニ加フルニ墳墓ヲ發掘シテ爲スコトヲ必要トスルヲ以テ其一ヲ缺クトキハ本條ノ罪成立スルモノニアラザルコトヲ知ル可シ

第百九十二條　檢視ヲ經スシテ變死者ヲ葬リタル者ハ五十圓以下ノ罰金又ハ科料ニ處ス

本條ハ變死者ヲ濫リニ葬リタルモノヲ罰セントスル規定ナリ蓋シ人ノ死ハ法律ハ非常ニ之ヲ重ンスルモノナルヲ以テ人苟クモ普通ニアラザル死ヲ遂ケタルトキハ直ニ相當公務所ニ屆出テ公務員ノ檢視ヲ受ケ埋葬セサル可カラズ是レ行政取締上必要ナル故之レニ反シテ葬リタル所爲ハ少クトモ行政取締リニ反スルモノナルヲ以テ又罪トセザル可カラズ之レ本項ノ規定アル

所以ナリ而シテ本條ノ處分ニ付テハ非常ニ公益ヲ害スルニアラサルヲ以テ單ニ罰金若クハ科料ノ刑ニ止メタル次第ナリ

第二十五章　瀆職ノ罪

凡ソ國政ニ參與スル公務員ハ行政官タルト司法官タルト將タ各種ノ議員參事員タルトヲ問ハス其職務ヲ執行スルニ該リテハ須ラク其職責ヲ重ンジ精忠勤勉ナラザル可カラザルコトハ素ヨリナリ蓋シ公務員ハ渾テ　天皇ノ統治遊ハサルル機關ヲ運轉スル處ノモノナレバ常ニ誠實廉直ノ心ヲ以テ社會ニ立タザル可カラザレバナリ然ルニ此重要ノ任務ヲ負フ所ノ公務員ニシテ苟クモ不正無權限ノ行爲ヲ爲サンカ上ハ天皇陛下ノ御意思ニ反シ下ハ多クノ臣民ノ權利ヲ侵害スルモノナルガ故若シ夫レ如斯行爲ヲ爲スモノアランカ法律ハ極メテ嚴重ニ責罰セザル可カラズ是レ刑典ガ其職務ヲ瀆スモノニ對スル罪ヲ定メ刑ヲ科セザル可カラザル必要アル所以ナリ試ミニ見ヨ本章中ニ規定セラレタル諸般ノ罪質中他人ヲ保護スル職責ヲ負ヒタル官公吏等

カ其職務ヲ濫用シテ行爲不行爲ヲ强ルトカ或ハ身天皇ノ名ニ於テ法ヲ司ル職ニアル裁判官ガ枉法ノ所爲等アランカ臣民ニ向テ憲法ノ保障ヲ空シカラシムル而已ナラス人權ヲ害スル是レヨリ甚シキハ非ザルナリ殊ニ公務員カ賄賂ヲ收受シテ法ノ運用ヲ枉グルガ如キコトアランカ破廉恥之ヨリ大ナルハナシ於玆乎各國共ニ斯ル場合ニ處スルニ本章ノ如キ罪ヲ規定セサルハナシ我ガ舊法又其第二編第九章第二節ニ於テ委シク規定シタルモ未ダ充分ナラザル所アリトシテ本法ハ之レニ修正ヲ加ヘ其趣キヲ更ヘ以テ遺憾ナカラシメンコトヲ期セリ乞フ讀者ヨ自ラ新舊法ヲ對照シテ如何ニ修正セラレタルカヲ研究セラレヨ

第百九十三條　公務員其職權ヲ濫用シ人ヲシテ義務ナキ事ヲ行ハシメ又ハ行フ可キ權利ヲ妨害シタルトキハ六月以下ノ懲役又ハ禁錮ニ處ス

本條ハ公務員ノ職務ヲ濫用シタル場合ヲ規定シタリ故ニ本條ノ罪ヲ構成スルニハ(1)公務員タルコト(2)職務ヲ濫用シテ行爲不行爲ヲ強ヒタルコト(3)惡意アルコトノ三要件ナカラザル可カラズ公務員トハ總則編ニ定メラレタルモノニシテ今改メテ説明ヲ要セス職權ヲ濫用スルトハ自己ガ有スル職權ヲ濫リニ用ヰルコトヲ云フモノ換言スレバ自己ノ有スル職權ノ限度ヲ超ヘテト云フ意味ナリ此職權ノアルヲ奇貨トシ濫リニ用ヰテ臣民ノ負フベキ責任ナキ事ヲ行ハシメ又ハ臣民カ行ハントスル權利ノ執行ヲ妨害シタルモノハ本條ノ重ナル犯罪ナリ凡ソ吾人臣民ハ帝國憲法ニ依リ發布セラレタル正當ナル法律規則ノ範圍内ニ於テ負フベキ義務ハ果タサザル可カラズ之ニ反シ法律命令ニ依リ許サレタル權利ハ飽クマテ法律ノ下ニ保護セラレテ之ヲ行フコトヲ得ル權利ヲ有スルモノナルヲ以テ法律命令ニ反セサル行爲ハ自由ニ施行セラルルモノナリ然ルニ本條規定ノ如ク法律規則ヲ執行スル公務員ガ其職權ナリトシテ服從者タル臣民ヲ強ヒテ爲スベキ義務ナキ例ヘバ一度法律規則ニ依リ徵收セラレタル租税ヲ同一事由ノ下ニ再度徵收スルカ如キ

第二百七十六條　官吏擅ニ威權ヲ用ヒ人ヲシテ其權利ナキ事ヲ行ハシメ又ハ其爲ス可キ權利ヲ妨害シタル者ハ十一日以上二月以下ノ輕禁錮ニ處シ二圓以上二十圓以下ノ罰金ヲ附加ス

行爲ハ全ク義務ナキ事柄ナルニ强ヒテ納税セシメ或ハ人ガ自己ノ權利ヲ行使スル例ヘバ言論自由ノ保障ヲ受ケ居ルヲ以テ其言論ヲ爲サントスルモノヲ法律規則ニ從ハス若クハ法律規則ヲ無視シテ其言論ヲ停止スルカ如キコトアランカ全ク人ハ法律ノ保障ヲ受クル能ハズ從テ吾人生活ノ準則タル法律規則ハ却テ害トナルベキ現象ヲ呈スルニ至ル豈ニ如斯不理不法アランヤ然レトモ此行爲不行爲ヲ爲サシムルニハ全ク公務員タル資格ヲ有スルモノガ自己ノ職權ヲ濫用シテ爲スノ意ナカラザル可カラズ故ニ假令行爲不行爲ヲ强ユルモ何レモ自己ノ職權内ニシテ又法律規則ニ違背セザル場合ニハ決シテ罪トナルコトナシ故ニ本罪成立ニハ普通犯罪ト同シク惡意即チ依テ以テ人ヲ害スルノ意思ナカル可カラズ意思ナキ行爲ハ之ヲ罰セザルナリ彼ノ下官カ上官ノ命令ニ依リ自分ハ不法ノ行爲ナリト知リツツモ上官ノ命令ヲ服膺セザル可カラザル場合ニ於テ本條ノ行爲ヲ爲スモ全ク自分ニ惡意ナキ狀態ニ於テハ罪トシテ罰スベキモノニアラズ之レ惡意ヲ要スル所以ナリ又本條ノ處分ハ外觀上頗ル輕キ刑ノ如ク見ユルモ罪質ヨリ察スルトキハ別ニ

不均一ノ刑ニアラザルナリ(舊法二七六)

第百九十四條　裁判、檢察、警察ノ職務ヲ行ヒ又ハ之ヲ補助スル者其職權ヲ濫用シ人ヲ逮捕又ハ監禁シタルトキハ六月以上七年以下ノ懲役又ハ禁錮ニ處ス

本條ハ人ヲ逮捕監禁スル職權ヲ有スルモノカ不法ニ人ヲ逮捕監禁シタル場合ノ制裁法ナリ蓋シ本條ハ正當ノ規定ニ基キ執行スルトキハ敢テ罪トナルコトナキモ若シ不法ニ之ヲ行ハンカ人權ヲ害スル之レヨリ甚シキモノハアラザルナリ本條ノ罪ヲ構成スルニハ第一裁判檢察警察ノ職務ヲ行ヒ又ハ之ヲ補助スル者第二其職權ヲ濫用シタルコト第三人ヲ逮捕監禁シタルコトノ三要素ヲ必要トス故ニ此要素ヲ具備セザルトキハ罪トシテ論ゼラルルコトナシ而シテ裁判トハ人ノ罪惡ヲ審理判斷シ法律ニ依リ刑罰ヲ言渡ス權能ヲ有スル彼ノ判事ヲ云ヒ檢察トハ社會ノ原告官トシテ又法律ノ執行官トシテ職務ヲ有スル檢事ヲ云ヒ警察トハ所謂人ヲ保護スル上ニ於テハ不眠不休ノ

職ヲ全フシ一面ニハ檢察事務ノ補佐ヲ爲スモノヲ云ヒ又ハ之ヲ補助スルモノトハ例ヘハ警部長警視警部憲兵將校下士森林官吏稅務官吏ノ職ニアルモノ及ヒ之等ヲ補助スル憲兵巡査ノ如キ職ニ在ルモノヲ云フ職權ヲ濫用スルトハ前條ニモ述ベタル如ク不法ニ職權ヲ用ユルコトヲ云ヒ逮捕トハ人ノ來往去就ノ自由ヲ剝奪スルコトヲ云ヒ又監禁トハ來往去就ノ自由ヲ剝奪シタル上ニ尙一定ノ場所ニ多少ノ時間留置シテ自由ノ行動ヲ禁シタルコトヲ云フ

以上ノ各場合ハ何レモ不法ニ出テタル場合ナラザル可カラザルコトハ勿論ナリ而シテ此ノ罪ヲ罰スル所以ノモノハ一言以テ之ヲ蔽ヘバ人權ヲ侵害スル行爲ニシテ又刑ノ重キ理由ハ何レモ此種ノ職ニ在ルモノハ容易ニ犯シ得ルノミナラス徒ニ反抗スル能ハサルト其職務ヲ瀆スコト甚シキトヲ以テ普通人ト區別シテ重罰スル所以ナリ（舊法二七八、參照）

第二百七十八條　逮捕官吏法律ニ定メタル法式規則ヲ遵守セスシテ人ヲ逮捕シ又ハ不正ニ人ヲ監禁シタル者ハ十五日以上三月以下ノ重禁錮ニ處シ二圓以上二十圓以下ノ罰金ヲ附加ス但監禁日數十日ヲ過クル毎ニ一等ヲ加フ

第百九十五條　裁判、檢察、警察ノ職務ヲ行ヒ又ハ之ヲ補助

スル者其職務ヲ行フニ當リ刑事被告人其他ノ者ニ對シ暴行又ハ陵虐ノ行爲ヲ爲シタルトキハ三年以下ノ懲役又ハ禁錮ニ處ス

法令ニ因リ拘禁セラレタル者ヲ看守又ハ護送スル者被拘禁者ニ對シ暴行又ハ陵虐ノ行爲ヲ爲シタルトキ亦同シ

本條ハ刑事被告人囚人等ヲ虐待スル罪ヲ規定シタリ由來犯罪者ノ嫌疑ヲ受ケ居ル刑事被告人刑ノ執行ヲ受ケ居ル囚人又ハ罰金科料等ヲ納メザル爲メ自由刑ニ換ヘラレ其執行ヲ受ケ居ル留置人等ハ何レモ國法ヲ侵シ又ハ犯シタルモノトノ嫌疑ヲ受ケ居ルモノナルヲ以テ一定ノ法規ノ下ニ從ハサル可カラザルモ法律以外ニ暴行ヲ加ヘラレ又陵虐ヲ受クルガ如キ義務ナシ故ニ法律ハ其犯罪ヲ審理スル上ニ於テモ刑ヲ執行スル上ニ於テモ夫々程式ノ規

定ヲ設ケ專ラ其規定ニ準據セシメアルヲ以テ其規定ニ反シ本條ノ如キ重大ナル職務ヲ握ルモノカ背法非理ノ行爲ヲ爲サンカ直チニ之ヲ罰シ以テ罪以上ノ苛刻ヲ加ヘザラシメンコトヲ期セザルベカラズ、蓋シ古來未タ野蠻ノ域ヲ脫スル能ハザリシ德川氏以前ノ時代ニ於テハ刑ヲ科スルニハ犯人ノ自白ヲ而已待ツコトトセシヲ以テ往々其自白ヲ求ムル爲メニ慘酷忍ヒ難キ方法ヲ採リシモ人文發達ノ今日ニ於テハ昔日ノ惡風日ヲ逐ヒテ改マリ現時ニ在リテハ實ニ此ノ種ノ犯罪千百中僅ニ一二ニ過ギス開明ニ趣クニ從ヒ大ニ改メザル可カラサルナリ卽チ本條ノ罪ヲ構成スルニハ(1)裁判檢察警察及ヒ之ヲ補助スル職務ヲ有スルモノナルコト(2)刑事被告人其他ノ者ニ對シ暴行又ハ陵虐ノ行爲アルコト(3)惡意アルコトヲ要ス此ノ三要素中說明ヲ要スルモノハ陵虐ニアリ此ノ陵虐トハ非理ヲ以テ人ニ罪ヲ稼スルコトヲ云フ換言スレバ程式行爲ニ反シテ法律以外ノ責ヲ加フルコト及殘忍酷薄云フニ堪ヘザラシム行爲ヲ爲スヲ云フ卽チ檢察官警察官等ガ犯罪搜查ヲ爲スニ爲リ苛酷ノ責苦ヲ與フルコト或ハ裁判官カ審理ヲ爲スニ該リ彼ノ古ニ行ハレタル如

第二百八十條 前二條ニ記載シタル官吏又ハ護送者囚人ニ對シ飲食衣服ヲ屏去シ其他苛刻ノ所爲ヲ施シタル者ハ三月以上三年以下ノ重禁錮ニ處シ四圓以上十圓以下ノ罰金ヲ附加ス
因テ囚人ヲ死傷ニ致シタル時ハ毆打創傷ノ各本條ニ照シ一等ヲ加ヘ重キニ從テ處斷ス
第二百八十二條 裁判官檢事及ヒ警察官吏被告人ニ對シ罪狀ヲ陳述セシムル爲メ暴行ヲ加ヘ又ハ凌虐ノ所爲アル者ハ四月以上四年以下ノ重禁錮ニ處シ五圓以上五十圓以下ノ罰金ヲ附加ス
因テ被告人ヲ

ク嫌疑者タル被告人ニ對シ痛苦ニ堪ヘザラシムル暴行ヲ爲シ犯人ノ自白ヲ希フガ如キコトヲ云フ如斯行爲ハ社會ノ公安ヲ害スル甚シキモノタルノミナラズ憲法ヲ以テ保障セラレタル人權ヲ害スル之レヨリ甚シキハナキヲ以テ刑法ハ之レニ科スルニ重刑ヲ以テセルナリ

第二項ハ法律ニ依リ監獄内ニ拘禁セラレタル者ヲ看守スル司獄官吏又ハ其者ヲ護送スル職ニアル巡査憲兵上等兵ノ如キモノカ其職務執行中前段ニ説キタル如ク暴行又ハ陵虐ノ行爲ヲ爲シタル者ヲ罰スル規定ニシテ其之ヲ罰スル所以ハ前段ト同一理由ヨリ出テタルモノナルヲ以テ再ビ贅セズ(舊法二八〇、二八二、參照)

第百九十六條 前二條ノ罪ヲ犯シ因テ人ヲ死傷ニ致シタル者ハ傷害ノ罪ニ比較シ重キニ從テ處斷ス

本條ハ前二條ノ犯罪ノ結果ニ依テ罪刑ヲ異ニセントノ規定ナリ前二條ハ單ニ暴行陵虐ノ行爲アレバ直ニ犯罪成立スルモノニシテ一朝其苛酷ニ失シ遂

死傷ニ致シタル時ハ毆打創傷ノ各本條ニ照シ一等ヲ加ヘ重キニ從テ處斷ス

ニ其者ヲ傷害シ致死セシメタル場合ニハ前二條ニ依ラスシテ後ニ說ク處ノ傷害罪ト比較シ重キモノニ付テ刑ヲ科セントス故ニ本條ノ適用ヲ爲ス場合ハ前二條ニ規定セラレタル行爲ヨリ人ヲ死傷ニ致シタルコトヲ必要條件トスルモノナリ故ニ死傷ニ至ラザルトキハ決シテ本條ノ適用ヲ見ルコトナシ而シテ之ヲ規定スル所以ハ別ニ說明スルマテモナク罪刑ノ均衡ヲ得セシメントスル法ノ精神ナリ(舊法二八〇ノ二、二八二ノ二、參照)

第百九十七條　公務員又ハ仲裁人其職務ニ關シ賄賂ヲ收受シ又ハ之ヲ要求若クハ約束シタルトキハ三年以下ノ懲役ニ處ス因テ不正ノ行爲ヲ爲シ又ハ相當ノ行爲ヲ爲ササルトキハ一年以上十年以下ノ懲役ニ處ス

前項ノ場合ニ於テ收受シタル賄賂ハ之ヲ沒收ス若シ其全部又ハ一部ヲ沒收スルコト能ハサルトキハ其價額ヲ

追徴ス

本條ハ公務員又ハ仲裁人ノ收賄罪ヲ規定シタル法文ナリ

抑モ身公務員タリ又ハ仲裁人タルモノハ常ニ嚴正謹直ニシテ至公至正ノ職務ヲ採ラサル可カラサルヤ素ヨリ其所ナリ然ルニ此ノ至公至正ノ方針ニ出テス賄賂ヲ收受シテ其職ヲ賣ラントスル如キコトアラハ一日モ其職ニ居ル能ハサルノミナラス威嚴ヲ失墜シ官職ヲ恥カシムル是レヨリ大ナルハナシ故ニ各國刑法皆此場合ニハ充分ノ規定ヲ爲シ我カ舊法亦之ヲ規定シタルハ實ニ止ムヲ得サルナリ本法ハ之カ修正ヲ爲シ本罪構成ノ要件トシテ具備セサル可カラサルモノハ下ノ如シ(1)公務員又ハ仲裁人タルコト(2)職務ニ關シ賄賂ヲ收受シ約束シ又ハ要求シタルコト又後ノ段ノ場合ニハ(3)依テ不正ノ行爲ヲ爲シ又ハ相當ノ行爲ヲ爲ササルコトヲ必要トス

以上ノ條件ニシテ具備セサルトキハ本條ノ罪ヲ構成スルコトナシ今之ヲ分拆說明センニ第一公務員ニ就テハ別ニ說明ヲ要セサルモ仲裁人トハ我カ刑

法カ始メテ用井タル語ニシテ舊法又何等ノ規定ヲ見ス此ノ仲裁人ナルモノハ當事者ノ間ニ在リテ尤モ公正至正ノ位置ヲ以テ自己ガ負フ所ノ職務ヲ執行セザル可カラザル彼ノ媒介者即チ兩者ノ間ヲ調停スル者ヲ云フ若シ仲裁者ニシテ賄賂ヲ兩者ノ一方ヨリ收受シテ事ヲ不正ニ定メンカ爲メニ相手方ノ一方ハ甚シキ損害ヲ蒙リ其害惡ハ公務員ト殆ンド讓ラサルモノアル可シ是レ本法ガ特ニ仲裁ナルモノヲ掲ケシ所以ナリ第二職務ニ關シテトハ即チ自己ガ執行スル職務上ニ於テトノ義ニシテ例セバ裁判官檢察官ノ如キ審理判決ニ付キ若クハ犯罪搜査ニ關シ又行政官ニ就テ云ヘハ工事ノ監督員ガ其監督スベキ工事ニ就テ或ハ或ル處分ヲ爲スモノ例セバ森林官ガ森林原野ノ賣拂處分ヲ爲ス上ニ於テ或ハ又税務官吏カ酒造檢査ノ職ヲ執行スル上ニ於テ又市町村吏員カ衛生取締リヲ爲ス上ニ於テ各種ノ參事會員ガ其職務上或ル事件ノ裁決ヲ爲ス上ニ於テ破産管財人カ其管理スベキ破産財團ニ就テスルガ如キ諸般ノ場合ヲ云フモノニシテ此ノ多クノ職務執行者ニ對シテ賄賂即チ贈與物換俗ニ所謂進物ヲナシ又ハ自分ヨリ進ンテ請求シ又ハ收受ノ約

束ヲ爲スガ如キハ瀆職ノ甚シキモノニシテ社會ニ流ス害毒決シテ尠少ナラズ然レトモ是等ノ收受要求又ハ約束ハ何レモ公務員仲裁人ニ於テ因テ以テ不正ノ行爲ヲ爲シ又ハ相當ナル行爲ヲ爲サザルトノ意思ナカラザル可カラズ之レナキトキハ或ハ行政上ノ懲戒ハ受クルコトアルモ決シテ犯罪成立スルモノニアラズ之レト同シク例ヘ賄賂ヲ受クルモ要求スルモ職務ニ關係セザルトキハ普通私人ノ交際上贈與物ヲ受ケタルト一般決シテ罪トナルベキモノニアラズ然レトモ此場合ニ於テ若シ公務員カ官吏ナルトキハ官吏服務紀律ニ反ストノ故ヲ以テ懲戒處分ヲ免レザル可シ第三ハ第一第二ノ條件ヲ具備シタルトキハ未タ爲メニ不正ノ處分ヲ爲シ又ハ相當ノ行爲ヲ爲サザルモ罪トシテ三年以下ノ懲役ニ處セラルベキ状態ニアル者カ遂ニ不正ノ處分ヲ爲シ或ハ相當ニ爲スベキ所爲ヲ爲サザリシ場合ノ規定ニシテ之レ單ニ罪重シトシテ刑ノ重キヲ科セントスルノ注意ニ過キズ而シテ其之レヲ重シトスル所以ハ社會ニ致ス害毒非常ニ多キヲ以テ重ク刑セントスルモノニシテ別ニ說明ヲ要セザルナリ

第二百八十四條　官吏人ノ囑託ヲ受ケ賄賂ヲ收受シ又ハ之ヲ聽許シタル者ハ一月以上一年以下ノ重禁錮ニ處シ四圓以上四十圓以下ノ罰金ヲ附加ス
因テ不正ノ處分ヲ爲シタル時ハ一等ヲ加フ

第二百八十八條　前數條ニ記載シタル賄賂已ニ收受シタル者ハ之ヲ沒收シ費用シタル者ハ其價ヲ追徵ス

第二項ハ處分ノ範圍ニ屬スル規定ナリ即チ前項ノ所爲ノ結果收受シタル賄賂ハ渾テ之ヲ沒收セントスルカ故ニ現ニ在ルトキハ素ヨリ論ナキモ我カ刑法ハ特ニ收賄罪ニ限リテ現ニ存セザルトキハ追徵シテ尙之ヲ沒收セントノ注意ヲ示シタリ蓋シ一般ノ犯罪ニ例ナキ規定ヲ制定シタル所以ノモノハ法ノ尊嚴ニヨリ此種ノ犯罪ヲ防遏セントシタルモノニシテ若シ之ヲ規定セザル時ハ從來無資ノモノト雖頓ニ巨萬ノ富有トナリ不正ニ樂境ニ生活スルガ如キ奇觀ヲ呈シ本條規定ノ効力減殺セラルヽモノアレバナリ(舊法二八四、二八八、參照)

第百九十八條　公務員又ハ仲裁人ニ賄賂ヲ交付、提供又ハ約束シタル者ハ三年以下ノ懲役又ハ三百圓以下ノ罰金ニ處ス

前項ノ罪ヲ犯シタル者自首シタルトキハ其刑ヲ減輕又

ハ免除スルコトヲ得

本條ハ贈賄者ヲ罰スル規定ナリ蓋シ贈賄者ハ場合ニ依リテハ或ハ犯罪ノ敎唆者ノ如ク又犯罪ノ他動的原因ヲ形成スルモノナレハナリ然ルニ舊法ハ此點ニ付キ規定ヲ欠キタルヲ以テ學者非難ノ聲ハ往々耳ニスル所ナリシナリ故ニ本法ハ此欠點ヲ補ヒ以テ其非難ヲ免レタルハ洵ニ適當ナリト云フ可シ而シテ本罪成立ノ要素ハ(1)或行爲不行爲ヲ不正ニ爲サシムル意思ヲ以テ賄賂ヲ贈與シ提供シ又ハ約束シタルコト(2)公務員又ハ仲裁人カ當然行フ職務ニ關シテ爲シタルコトノ二要件ヲ具備セサル可カラス此贈與カ必ラスシモ成効スルコトヲ要スルヤ換言スレハ爲メニ收賄者カ不正ニ行爲不行爲ヲ爲スコトヲ必要トスルカ之ヲ案スルニ本條規定ノ精神ハ必スシモ其贈賂カ効力ヲ有シテ希望ヲ達セラルルト否トハ問ハサル者ノ如シ只犯人カ自己ノ欲望ヲ達セントシテ贈賄スレハ足ル例セハ工事ノ請負人カ其工事ノ檢査ヲ寛ニ爲サレンコトヲ希望シテ豫メ其監督員ニ贈物ヲ爲スカ如キ又或工事ノ請

負ヲ爲サン爲メニ豫メ當局者ニ贈賄シテ其目的ヲ達セント謀ルカ如キハ現代ニハ珍ラシカラズ近年何人ノ口ニモ噲炙セラレタル東京市水道問題ノ如キ土木請負ノ如キ文敎科書問題ノ如キ何レモ贈賄シテ自己ノ利益ヲ獲得セントスルモノニシテ其間必ス不正ノ行爲カ介在スルモノナルヲ以テ法律ハ特ニ規定ヲ設ケ收賄罪ノ行働ヲ防カントスル所以ナリ

第二項ハ本條ノ罪ヲ犯スモ尙社會ニ夫レ程害ヲ流サザル前ニ於テ防遏セントスルノ法意ヨリ出テタルモノニシテ卽チ一度贈賄シタル後悔悟徹底シ事未ダ發覺セサル前ニ於テ自首シタルモノノ如キハ之レヲ罰セサルコトトセリ蓋シ政策上此規定ノ必要ヲ感スル所以ナリ

第二十六章　殺人ノ罪

人ハ社會團體ヲ形成スルノ要素タリ故ニ人ハ國家ヲ維持スル上ニ於テ最モ必要ナルモノニシテ人ナケレハ國家ナシト云フモ過言ニアラサル可シ然リ而シテ此人タルモノハ世ニ生存スル間ハ自己ノ權利ヲ飽クマテ主張スル自

由ヲ有ス然レトモ此自由ハ國ヲ立テ共同國躰ヲ維持スル上ニ於テハ人ノ生活ニ必要ナル準則ニ從ハサル可ラサルヤ論ナキ處此準則コソ主權者ノ制定ニ係リ被治者一般ニ遵守セサル可カラサル處ノ法是レナリ法ニハ學說上自然法ト制定法ノ二種アリト雖モ今ハ玆ニ之レヲ論セス唯此ノ法ノ下ニ生息スル吾人立憲君主國ニ生活スルモノノ守ルヘキ主張スヘキ將タ保護ヲ受クヘキ法律ノ下ニハ如何ナル優勝劣敗生存競爭ノ世ナリト雖モ徒ニ生命與奪ノ自由ヲ各人ニ與フヘキモノニアラスシテ之レヲ嚴禁セサル可カラス然ラサレハ吾人ハ一日モ安全ニ生命ヲ保チ公共ノ爲メニ盡ス能ハサルナリ蓋シ太古ノ如ク生存競爭ノ結果劣者ハ勝者ノ爲メニ生命ヲ奪ハルルモ別ニ制裁ナカリシ時代ハ暫ク措キ立憲法治國ニアリテハ法律ニ因リ之レニ對スル制裁法ヲ嚴ニセサル可カラス是レ世ノ進步ト共ニ殺人ノ行爲ヲ犯罪ト認メ科スルニ重刑ヲ以テシタル所以也然レトモ近世開明國ノ刑典ニ於テハ殺人ノ犯罪ハ認メ居ルモ中古時代ノ如ク極刑ヲ科セサル所アルニ至リ本法制定ノ當時死刑ノ廢止ヲ盛ニ主張スルモノアリタリ然レトモ既ニ總則編ニ於テ詳

述シタル如ク現時ノ國勢尙早ノ嫌ナキ能ハス又罪ノ性質トシテモ共同團躰ヲ傷フ之レヨリ甚タシキハナキヲ以テ本法ニ於テハ之ヲ存シタルモノナリ然レトモ殺人ノ行爲モ又タ千編一律ニ之レヲ研究スルコト能ハス各種ノ階級アリテ何レモ因果關係異ナルモノナルヲ以テ假令殺人ノ結果アリト雖モ之ヲ處置スル上ニ於テ全ク罰セサルモノアリ例ヘハ意識喪失者ノ行爲ノ如キ或ハ過失罪ノ如キ又或ハ原因結果カ完全セサル故殺ノ如キアリ而シテ如何ナル關係ヨリスルモ生命刑ヲ科スル殺親罪ノ如キアリテ容易ニ之ヲ究ムル能ハサルモ要ハ犯人ニ於テ殺人ナル結果ヲ豫想シテ犯罪行爲ニ着手シタルモノニアラサレハ眞正ノ殺人罪ト云フコトヲ得サルナリ卽チ原因結果カ何時モ具備シテ離レサルトキナラサル可カラス卽チ人ナル有形ノ物體而カモ生存セル目的物ヲ破壞スルノ惡意ヲ以テ殺シタルトキニアラサレハ殺人罪ノ已遂ト云フ能ハサルナリ然レトモ前ニモ述ヘタル如ク過失殺毆打致死暴行陵虐致死或ハ意識喪失者ノ所爲ノ如キ結果ハ正ニ然リト雖モ原因異ナルヲ以テ直ニ殺人罪トシテ本章ノ下ニ規定スヘキモノニアラス

本章ハ舊法第三編第一章第一節及第五節ヲ修正シテ得タル所ナレハ讀者ハ宜ク彼我對照シテ研究セラル可シ

第百九十九條　人ヲ殺シタル者ハ死刑又ハ無期若クハ三年以上ノ懲役ニ處ス

本條ハ一般殺人罪ノ規定ナリ即チ他人ノ生命ヲ不正ニ亡失スル行爲ニ對スル處分法ナリ故ニ本條ノ罪ヲ構成スルニハ第一目的物ハ人タルコト其人ノ生命カ生存スルコト第二殺人ノ行爲アルコト第三意思アルコトヲ要スルヤ勿論ナリ故ニ此要素ニシテ缺クル處アランカ即チ第一殺人ノ目的物タル人ニアラサル他ノ動物ナランカ決シテ本罪成立スルモノニアラス又其目的物ハ人ナルモ生命ヲ存セサル死人ノ如キ即チ未タ犯罪行爲アラサル前ニ於テ他ノ原因ニ依リテ死亡シタル死體ナルトキハ本罪成立スヘキモノニアラス此理ヨリシテ彼ノ姙娠中ノ胎兒ヲ流産スルトカ又ハ藥物等ヲ用ヒテ墮胎スルコトアルモ本條ノ罪ヲ構成セス然ルニ茲ニ一ノ問題アリ彼ノ人身內ヨリ

生レテ人ニ似サルモノ卽チ奇形兒アリ此等ノ怪物ヲ殺セハ如何殺人ト云フコトヲ得ヘキカ余ハ此場合ハ消極的ニ然ラスト信スルモノナリ第二ノ犯人タル行爲ニ就キテハ既ニ概論シタル如ク行爲ニ依テ死ナル結果ヲ生シタル場合ナラサルトキハ例ヘハ害惡ノ甚タシキモノアリ又如何ニ惡意ノ大ナルモノアリト雖モ決シテ本罪成立スルモノニアラス此行爲ハ如何ナル手段ニ依テ然ルヤト云フ點ニ就テハ法律ハ別ニ規定セサルヲ以テ本罪成立ニハ唯死ナル結果カ犯人ノ行爲ニ因リタルモノナレハ白刄ヲ以テスルモ縊殺スルモ又精神的ニ惱殺スルモ敢テ異ナル所ナシ故ニ學理上ヨリ之レヲ說ク時ハ本罪成立ノ手段ハ有形ナルト無形ナルト將タ積極ナルト消極ナルトヲ問ス犯人ノ行爲ト死ナル結果カ證明セラルレハ足ルヘキナリ然レトモ其因果ノ關係ヲ證明シ得ル狀態ニアルモ第三ノ要素タル意思卽チ犯人カ豫メ希望シタル死ト云フ別言スレハ人ノ生命ヲ奪フノ意思ナカル可カラス然ラサレハ本罪成立スルモノニアラス之レニ反シテ意思アルトキハ例ヘ自己ノ欲シタル特定ノ人ヲ殺サスシテ誤テ他人ヲ殺害スルモ死ト云フ結果ニ於テ將又社

第二百九十二條　豫メ謀テ人ヲ殺シタル者ハ謀殺ノ罪ト爲シ死刑ニ處ス
第二百九十四條　故意ヲ以テ人ヲ殺シタル者ハ故殺ノ罪ト爲シ無期徒刑ニ處ス

會ヲ害スルト云フ點ニ於テ毫モ異ナル處ナキヲ以テ敢テ差異アラサルカ故當然本罪ヲ成立ス然ルニ此場合ハ犯人ノ欲セシモノニアラサルヲ以テ卽チ豫謀ニ反セシ結果ヲ生シタルカ故然ラスト說クモノアレトモ此ハ殺人ナル主觀的意思ノ狀態ヲ皮想的ニ觀察セル偏見ニシテ毫モ理由トナルヘキモノニアラス要之本條ノ罪ハ前述各要件ノ構成ヲ欠カサルトキニ規定ノ刑ヲ科スルモノニシテ人ヲ殺シ死刑ニ處セサルハ稍々穩當ヲ欠クノ嫌ナキ能ハスト雖モ之レ立法論ニ屬スルヲ以テ今ハ暫ク解カサルコトトナセリ（舊法二九二、二九四、參照）

第二百條　自己又ハ配偶者ノ直系尊屬ヲ殺シタル者ハ死刑又ハ無期懲役ニ處ス

本條ハ殺人罪ノ尤モ重キモノ卽チ殺親罪ヲ規定シタリ盖シ家族制度ノ國躰タルト然ラサルトヲ論セス苟クモ人トシテ尊屬親ヲ殺スカ如キハ人倫ノ大道ヲ破ルノ之レヨリ甚タシキハナシ尊屬トハ法文カ特ニ直系タルコトヲ必要

トスルカ故ニ例ヘ尊屬ナルモ傍系ナルトキハ本條ノ罪ヲ構成セス而シテ此直系尊屬トハ如何ナルモノナリヤト云フニ我民法ハ四等親ヲ認メタルヲ以テ曾祖父母迄ヲ云フ却說本條ノ規定ヲ案スルニ本罪ヲ構成スルニハ(1)自己若クハ自己ノ配偶者ノ直系尊屬ナルコト(2)殺人ト云フ行爲卽チ死ヲ惹起スル所爲アルコトヲ要件トシテ具備セサル可カラサルモノナリ自己トハ犯人ヲ云ヒ又配偶者トハ自己ノ妻タルカ又ハ夫タル資格ヲ備フルモノヲ云フ此自己若クハ配偶者ノ直系尊屬卽チ父母祖父母曾父母カ犯罪ノ客躰タラサル可カラス故ニ此以外ノモノニ就テハ例ヘ扶養ノ義務アルモノヲ殺スモ本條ノ罪トナラス本法ハ特ニ配偶者ノ直系尊屬ヲ自己ノモノト同一ニ認メタルハ別ニ深キ理由ナキモノノ如シ只我國ノ如キ家族制度ノ特殊ナル邦國ニアリテハ其ノ必要アリトノ簡短ノ理由ニ過キス然リ而シテ此犯罪ヲ斯ク重ク罰スル所以ノモノハ自己カ最モ敬重スヘキ親ナルニモ拘ハラス自ラ手ヲ下シ又自ラ手ヲ下ササルモ依テ以テ他人ヲ使役シテ殺害行爲ヲナスハ全ク道德ノ意義ヲ沒却シ背戾スルノ太甚シキヲ以テ如斯ハ宜ク社會ノ圈外ニ驅逐

セサル可カラス之レ法律カ特ニ重ク罰スル所以ナリ

第二百一條　前二條ノ罪ヲ犯ス目的ヲ以テ其豫備ヲ爲シタル者ハ二年以下ノ懲役ニ處ス但情狀ニ因リ其刑ヲ免除スルコトヲ得

本條ハ殺人行爲ノ豫備ヲ罰スル規定ナリ蓋シ本法カ豫備ノ行爲ヲ罰スル規定甚タ尠キニモ拘ハラス本章ノ罪ヲ犯サントシテ其準備ヲ整ヘタルモ未タ實行ニ着手セズ換言スレバ未タ人ヲ殺スト云フ實行ニ至ラズシテ社會ニ何等ノ害ヲ加ヘサル前ニ於テ尚ホ之ヲ罰セントスル所以ノモノハ一度準備ヲ爲スヲ知テ放任センカ必ラス其目的ヲ遂ケント謀ルコト必然ナルヲ以テ法律ハ未發ニ防カン爲メ政策上之ヲ罰スルノ必要ヲ認メタル故ナリ而シテ豫備ノ行爲ハ如何ナル程度ニ至リタルヲ本條ニ問ハントスルヤニ付キテハ法文別ニ規定スル處ナキモ内心作用ニ止マルトキハ決シテ犯罪ト云フ能ハサルヲ以テ本條ノ適用ヲ受クルニハ尠クトモ意思カ外形ニ顯ハレ殺人行爲ニ

必要ナル準備ヲ爲シタル狀態ニアルコトヲ必要トスルヤ疑ナキ處トス

第二百二條　人ヲ敎唆若クハ幇助シテ自殺セシメ又ハ被殺者ノ囑託ヲ受ケ若クハ其承諾ヲ得テ之ヲ殺シタル者ハ六月以上七年以下ノ懲役又ハ禁錮ニ處ス

本條ハ廣義ニ所謂自殺幇助罪ヲ規定シタルモノナリ由來人ハ其生命ヲ父母ヨリ受ケタルモノナリト雖モ其之レヲ處分スルハ自己ノ利益ヲ自由ニ處分スル權利ヲ有スルト同シク人トシテ存在權ヲ自ラ亡失スルコトヲ得ルヤ疑ヒナシ(但シ宗敎上哲學上ヨリ立論スル時ハ他ニ説アルモ余ハ説カス)ト雖モ其自殺卽チ自ラ死ノ原因ヲ作リタルモノヲ幇助スル行爲ハ之レ明ニ背德行爲タリ故ニ此行爲ニ對シテハ最モ適當ナル刑罰ヲ科シ犯罪ヲ防止セサル可カラス之レ本條ノ規定アル所以ナリ而シテ本條ノ罪ヲ構成スル必要條件ハ(1)犯罪ノ客躰タル人ハ自ラ死ヲ決スルコト(2)犯人ハ敎唆受託若クハ承諾ヲ得死ナル結果ヲ生セシメタルコト(3)意思アルコトヲ必要トス之レナケレハ

普通ノ犯罪ト同ク又罪ノ成立スルモノナシ第一ノ要素タル人ハ自ラ死ヲ決スルコト即チ自殺ノ意思ヲ有セサル可カラス自殺トハ如何ナルモノナリヤト云フニ此問題ヲ解クニ當リテハ勢ヒ他殺ナル反對ノ事實ヲ想像セサル可カラス此他殺ノ如何ナルモノナルヤハ業ニ既ニ說明シタル如ク形軀ヲ存シ生存スル人ナルコト殺人ノ所爲アルコト又意思アルコトヲ要スルハ勿論ナリ此行爲ヲ他殺ト云フカ故ニ自殺ハ之レニ反シテ死ナル原因ハ例ヘ他ノ敎唆ニ出ツルモ自己カ自由ノ決斷力ヲ以テ決意シタルコトヲ要スルヤ疑ナシ故ニ他殺ト自殺トヲ區別スル標準ハ人ノ生命ヲ亡失スルノ結果ヲ生セシムルニ其人カ自カラ原因ヲ發生シタルト之レニ反シテ他人ノ意思ニ拘束セラレテ自己ハ毫モ知ラサル卽チ死ノ原因ニ關セサルトノ差ヲ標準トスヘキナリ此前者ハ卽チ本條ノ適用ヲ受クル自殺ニシテ又自殺ノ性質ハ全ク玆ニ存スルモノナリ第二ノ人ヲ敎唆シテ自殺セシメトハ自殺者ハ前ニハ何等ノ考モナカリシニ汝ハ今日ノ場合ニ於テ永ク生存スルヨリモ寧ロ死シテ苦痛ヲ慰スルニ如カスナトト其人ノ境遇等ヨリ割出シテ自殺ヲ爲サシムル場合ヲ

云フ然レトモ此等ノ敎唆ニシテ其效ヲ奏セサルトキハ無論罪トナラサルモ反之自殺ノ遠因ニ變化ヲ生セシ場合ト雖モ尙敎唆ノ性質ヲ帶フ然リト雖モ法律ハ犯罪行爲ノ遠因ハ之レヲ論セサルヲ原則トス故ニ此場合ニハ罪トナラス又被殺者ノ囑托ヲ受ケ若クハ承諾ヲ得テ殺シタルトキハ自殺ノ幇助タリ卽チ殺サルル人ガ既ニ自殺ノ決意ヲ爲シ其介錯ヲ他人ニ依賴シタル場合ニ其依賴ニ應シテ殺人ナル行爲ヲナシタルモノノ如キ後者ハ被殺者ノ生命ヲ斷ツコトヲ犯人自分ヨリ依賴シ又請求シテ其承諾ヲ得デ殺シタル場合ヲ云フ然ルニ世ノ學者後者ノ場合ニハ自殺幇助ノ性質ヲ有スルモノニアラスシテ殺人罪ヲ犯シタルモノナリト云フ者アレトモ之等ハ極メテ皮想ノ見解ト云ハサル可カラス何トナレハ此場合ハ先キノ敎唆ノ場合ト稍ヤ彷彿タルモノニシテ死ナル原動力ハ他人ヨリ發シタルモノナルモ死ヲ決斷セシハ死者ノ自由ノ意思ヨリ發動シタルモノナルヲ以テ犯人カ自カラ普通ノ殺人罪ヲ犯シタルモノト云フコトヲ得サルナリ故ニ本法又之レヲ認メ本條ノ規定ヲ見ルニ至リタルモノナリ終リニ一言ス本條ノ處分ハ只茫漠トシテ七年以

第三百二十條 人ヲ教唆シテ自殺セシメ又ハ囑託ヲ受ケテ自殺人ノ爲メニ手ヲ下シタル者ハ六月以上三年以下ノ輕禁錮ニ處シ十圓以上五十圓以下ノ罰金ヲ附加ス其他自殺ノ補助ヲ爲シタル者ハ一等ヲ減ス

下ノ懲役又ハ禁錮ニ處ストノ廣キ範圍ヲ設ケ科刑ノ方法測度ハ偏ニ裁判官ニ一任シタル所以ノモノハ由來本法ノ大主義ナリト雖モ又一ハ舊法第參百二十一條前段ノ如キ自己ノ利益ヲ計リ云々等ノ文字ヲ削除シタル結果如斯キ場合ニハ重ク罰シ單ニ舊法第三百二十條末段ノ場合ノ如キ時ニハ輕ク罰スル必要アルモ舊法ノ如ク刑罰ノ如何ニ依リテ罪ノ同シキモノヲ區別シテ規定スル必要ヲ認メサル結果刑ノ範圍ヲ擴張シ以テ裁判所ノ自由裁量ニ一任シタル所以ナルコトヲ忘ル可カラス(舊法三二〇、參照)

第二百三條 第百九十九條第二百條及ヒ前條ノ未遂罪ハ之ヲ罰ス

本條ハ別ニ說明ノ必要ナカル可シ

第二十七章 傷害ノ罪

本章記載ノ犯罪ハ精神機能ヲ有スル人體換言スレハ生活狀態ニアル人身ニ

對シ不法ノ行爲ニ依リ損害ヲ與ヘタル場合ニ於ケル制裁規定ナリトス之レニ就テ舊刑法ヲ案スルニ第三編第一章第二節毆打創傷ノ下ニ規定セラレタルモノヲ本法ハ法律上ノ用語ヲ修正シタルモノナリ本章ノ規定ハ舊法ノ下ニ於テハ隨分難解ノ一ニシテ學者實際家ニ疑問百出大ニ修正ノ要アリトセル處ナリシヲ以テ立法者カ罪名ヲ修正シタル迄ニ付キテノ理由ヲ讀者ニ紹介シテ攻學ノ參考ニ資セン立法者曰ク

一現行法(著者カ舊法ト稱スルモノ)ハ本章ノ規定ヲ毆打創傷ノ罪ト名クト雖モ其語穩當ヲ欠キ因リテ甚タシク不便ヲ感スルハ已ニ爭フヘカラサル事實ナルヲ以テ本刑法ハ改メテ傷害ノ罪ト名ケ汎ク身體傷害ニ關スル規定タルコトヲ明ニセリ之レヲ以テ毆打以外ノ方法ニ依リ又ハ外部ニ創痍ヲ生セスシテ傷害ヲ生シタル場合ノ如キモ皆之レヲ包含スルヲ以テ從來ノ疑義ヲ氷解セシメタルモノト云フ可シ

二現行法ハ豫謀ニ出ツル傷害罪ト然ラサルモノトヲ區別スト雖モ其必要ナキヲ以テ本案ハ此區別ヲ廢シタリ(以下略ス)

以上立法者ノ修正ノ理由ヲ讀了セハ少クトモ本章ノ罪ノ如何ナルモノナルヲ想像シ得ラルヘシ

卽チ本章ノ罪ハ人ノ身體ヲ傷害スル行爲ヲ罰スルモノナルヲ以テ其外部ナルト內部ノ所謂病的傷痍ナルトヲ問ハス又其行爲ハ直接ナルト間接ナルト將タ積極ナルト消極ナルトヲ論セス苟クモ他人ノ身體ヲ傷害スル不法ノ意思アリテ相當ノ結果ヲ生シタルトキハ直ニ以テ本章ノ規定ニ則リ處罰セラルルヤ明カナリ

第二百四條　人ノ身體ヲ傷害シタル者ハ十年以下ノ懲役又ハ五百圓以下ノ罰金若クハ科料ニ處ス

本條ハ人ノ身體ヲ傷害シタルモノニ對スル處分ヲ定メタルモノナリ然リ而シテ其人ノ身體ヲ傷害スルトキハ如何ナルコトヲ云フヤ又如何ナル行爲ニ出テテ傷害スルヲ以テ足ルヤニ付テハ別ニ規定スル處ナシト雖モ本章ノ始メニ於テ略述シタル如何ナル行爲ヨリスルモ自己以外ノ人ノ身體ヲ傷害ス

レハ卽チ本條ニ依テ處分セサル可カラス以下傷害ニ對スル法律上ノ解釋ヲ試ミンカ

第一本條ノ罪ノ構成ニハ生活セル所謂精神機能ヲ有スル人タルコトヲ要ス學者ノ所謂犯罪ノ客躰ハ必ス生ケル人ナラサル可カラス故ニ彼ノ死者ナルトキハ本條ノ罪ヲ構成セス

第二犯罪ノ客躰ハ生ケル人ナルコトヲ要スルト共ニ此者ヲ傷害セントスル意思カ不法ニ出テサル可カラス故ニ假令他人ノ身體ヲ傷害スルモ不法ニアラサレハ本條ノ罪トナラス例ヘハ傷害ハ均シク傷害ナリト雖モ彼ノ外科醫師カ病者ヲ治療スル爲メ身體ニ傷ヲ負ハスルカ如キ或ハ幼者ノ監督權ヲ有スル父母ヤ後見人カ其子ヲ懲戒スル爲メ我國ノ舊慣ニヨリ灸點ヲ施シテ其結果往々身體ニ傷ヲ負ハスルコトアルモ之レ惡意否不法ニアラサルヲ以テ本條ノ罪ヲ構成スルモノニアラス

第三不法ノ行爲カ原因トナリ人ノ身體ニ創傷ノ結果ヲ生セシメタルコトヲ要ス故ニ未タ身體ニ損害ヲ來ササルトキハ亦以テ本條ノ罪ヲ構成セス

第三百條 人ヲ毆打創傷シ其兩目ヲ瞎シ兩耳ヲ聾シ又ハ兩肢ヲ折リ及ヒ舌ヲ斷チ陰陽ヲ毀敗シ若クハ知覺精神ヲ喪失セシメ篤疾ニ致シタル者ハ輕懲役ニ處ス

其一目ヲ瞎シ一耳ヲ聾シ又ハ一肢ヲ折リ其他身體ヲ殘虧シ癈疾ニ致シタル者ハ二年以上五年以下ノ重禁錮ニ處ス

第三百一條 人ヲ毆打創傷シ二十日以上ノ時間疾病ニ罹リ又ハ職業ヲ營ムコト能ハサルニ至ラシメタル者ハ一年以上三年以下ノ重禁錮ニ處ス

其疾病休業ノ時間二十日ニ至ラサル者ハ一月以上一年

例ヘハ人ヲ毆打シ創傷セシメントノ意思アリテ携フル處ノ棒或ハ杖ヲ以テ鞭撻ヲ加フルコトアルモ未タ創傷セサル場合ニ於テハ第二百九條ノ罪ヲ構成スルハ兎ニ角本條ノ罪ハ成立セサルモノト云ハサル可カラス

以上三個ノ要件ヲ具備セサルトキハ本條ノ罪ヲ構成スルコトナシ而シテ三個ノ要件ハ如何ナル方法ニ出ツルヲ要スルヤニ付テハ別ニ問フ所ニアラス故ニ其行爲ノ直接ナルト間接ナルトヲ問ハス又傷害ハ身體ノ外部ヨリ見ラルル創傷ナルト内部即チ表面ニ見ハレサルモ内部ニ傷痍ヲ生セシメタル場合ナルモ共ニ本條ノ罪ノ成立ニ支障ナシトス

如斯シテ罪ヲ犯シタルモノニハ十年以下ノ懲役又ハ五百圓以下ノ罰金若クハ科料ニ處セラルルモノナリ此處分ノ方法ニ付キ舊法ハ創傷ノ輕重ニ依リ區別ヲ爲シタリト雖モ本法ノ本旨ニアラサルヲ以テ特ニ十年以下ノ懲役ヲ科スルヤ五百圓以下ノ罰金ヲ科スルヤ或ハ科料ニ止メンヤハ偏ニ事實裁判官ノ認定ニ一任シアレバ局ニ當ル裁判官ハ鋭敏ナル手腕ト公平ナル頭腦等

以下ノ重禁錮ニ處ス
疾病休業ニ至ラスト雖モ身體ニ創傷ヲ成シタル者ハ十一日以上一月以下ノ重禁錮ニ處ス
第三百三條　重罪輕罪ヲ犯スニ便利ナル爲メ又ハ已ニ犯シテ其罪ヲ免カルル爲メ人ヲ毆打創傷シタル者ハ亦前條ノ例ニ同シ

ヲ以テ裁判ヲ爲サヽルトキハ往々誤判ヲ來シ爲メニ刑法ノ旨趣ニ反スルコトナキヲ保セス宜シク戒飭スヘキ點ナリトス（舊法三〇一、三〇〇、三〇三參照）

第二百五條　身體傷害ニ因リ人ヲ死ニ致シタル者ハ二年以上ノ有期懲役ニ處ス

自己又ハ配偶者ノ直系尊屬ニ對シテ犯シタルトキハ無期又ハ三年以上ノ懲役ニ處ス

本條ハ舊刑法ノ所謂毆打致死罪ヲ罰スル規定ナリ人ノ身體ヲ傷害シタル結果カ死ナル狀態ヲ演出シタル如キハ殺人ト殆ト撰フ處ナシ然レトモ彼レト是レトハ其間大ナル差異アル者ト云ハサル可カラス何者ハ彼ノ殺人ノ場合ハ始メヨリ殺人ノ意思ヲ備フルモノナリト雖モ傷害ノ結果死ニ致シタルモノニアリテハ始メヨリ身體ヲ傷害スル意思ハ充分ナルモ死ニ致ス意思ハ全クナカリシモノト云ハサル可カラス故ニ刑法之ヲ問擬セサル可カラサルハ

第二百九十九條 人ヲ毆打創傷シ因テ死ニ致シタル者ハ重懲役ニ處ス

第三百六十三條 子孫其祖父母父母ニ對シ毆打創傷ノ罪其他監禁脅迫遺棄誣告誹毀ノ罪ヲ犯シタル者ハ各本條ニ記載シタル凡人ノ刑ニ照シ二等ヲ加フ但癈疾ニ致シタル者ハ有期徒刑ニ處シ篤疾ニ致シタル者ハ無期徒刑ニ處シ死ニ致シタル者ハ死刑ニ處ス

勿論ナリト雖モ無意ノ殺人罪ハ之レヲ罰スル能ハサルモノト云フベシ然リト雖モ飜テ仔細ニ此間ノ消息ヲ窺フトキハ又絶對ニ死ナル犯意ナカリシト云フヲ得ス何者苟クモ生アル人ヲ傷害スルトキハ必ラス死ナル結果ヲ惹起スルコトヲ想像セサル可カラス然ルニ犯人ノ不注意ヨリ其結果ヲ想像セスシテ濫リニ他人ノ身體ヲ傷害シ爲メニ此結果ヲ生シタルモノナルヲ以テ一ノ行爲ニ依テ身體傷害罪ト過失殺人罪トノ二個ノ罪ヲ犯シタルモノト云ハサル可カラス故ニ此場合ハ傷害致死ナル一罪ノ下ニ適當ノ刑ヲ科スル又至當ノ立法ト云フヘキナリ學者ハ此場合ヲ解シテ折衷特別罪ト云フモノアリ蓋シ殺人トモ云ハス又純粹ノ傷害罪ニモ當ラサル罪ヲ規定シタル爲メナラント思科ス斯ノ傷害ニ原因シテ死ナル結果ヲ生シタルモノナルヲ以テ刑ノ短期ヲ二年トシ本條ニ依テ二年以下ノ刑ヲ科スルハ偏ニ減刑ノ規定ニ依ラサル可カラサルモノト知ル可シ

第二項ハ直系尊屬ヲ重ンスル旨趣ヨリ特ニ重罰スルモノニシテ深ク説明ノ要ナキモノトス(舊法二九九、三六三參照)

第二百六條　前二條ノ犯罪アルニ當リ現場ニ於テ勢ヲ助ケタル者ハ自ラ人ヲ傷害セスト雖モ一年以下ノ懲役又ハ五十圓以下ノ罰金若クハ科料ニ處ス

本條ハ意思ナクシテ他人ノ犯罪行爲ヲ助勢幇助シタル罪ニ對スル規定ナリ即チ前二條ニ定メアル犯罪實行ヲ目撃シ傍ラヨリ加害ニ勢ヲ添ヘタル場合ノ如キ正ニ本條ニ該當スルモノナリ例ヘハ道路ニ於テ甲乙盛ニ喧噪ヲ爲シ將ニ毆打セントスルニ際シ偶々通行人來リテ其一方ニ力ヲ添ヘン爲メ「毆クレ」「ヤッツケロ」「疊ンテ仕舞」ナトト相手方ノ一方ニ力ヲ添ヘタルカ如キハ俗ニ彌次馬連ト稱シテ都鄙何レノ處ニモ能クアル實例ナリ如斯行爲ハ自ラ手ヲ下サスト雖モ既ニ其助勢ニ遭ヒ加害者ハ爲メニ力ヲ得テ前二條ノ罪ヲ犯シタリトセハ助勢者又其加害行爲ニ與リテ力アリタリト云ハサル可カラス故ニ之等ノ者ニハ相當ノ責任ヲ負ハスルハ刑罰法當然ノ規定ト云ハサル可カラス

第三百六條　二人以上共ニ人ヲ毆打スルニ當リ自ラ人ヲ傷セスト雖モ幇助シテ傷ヲ成サシメタル者ハ現ニ傷ヲ成シタル者ノ刑ニ一等ヲ減ス

以上ノ如クナルヲ以テ本條ノ罪ヲ構成スル要件ハ(1)自ラ手ヲ下サスシテ單ニ加害ニ助勢シタル事實ト被助勢者ガ因テ加害行爲ヲ遂ケタルトキハ別ニ助勢者カ加害者ト共ニ犯スノ意思ナリ又身體傷害ノ意思ナクトモ本條ノ罪ハ完全ニ構成スルモノナリトス彌次馬連的行爲又刑法上ノ責任ヲ負フ靑年者等ハ大ニ愼マサル可カラス(舊法三〇六參照)

第二百七條　二人以上ニテ暴行ヲ加ヘ人ヲ傷害シタル場合ニ於テ傷害ノ輕重ヲ知ルコト能ハス又ハ其ノ傷害ヲ生セシメタル者ヲ知ルコト能ハサルトキハ共同者ニ非スト雖モ共犯ノ例ニ依ル

本條ハ二人以上共同犯罪ニ對スル處分方法ヲ明ラカニシタルモノナリ即チ二人以上ニテ暴行ヲ加ヘタルモ其何レカ重キ罪ヲ犯シ何レカ輕キ罪ヲ犯シタルヤヲ區別スル能ハス又ハ何人ノ行爲カ被害者ニ創傷セシメタルヤヲ判スル能ハサルトキニハ其二人以上ノ暴行者ハ共同者ニアラスト雖モ第一編

第三百五條　二人共ニ人ヲ毆打創傷シタル者ハ現ニ手ヲ下シ傷ヲ成スノ輕重ニ從テ各自ニ其刑ヲ科ス若シ共毆シテ傷ヲ成スノ輕重ヲ知ルコト能ハサル時ハ其重傷ノ刑ニ照シ一等ヲ減ス但敎唆者ハ減等ノ限ニ在ラス

ニ定メタル共犯例ニ依リ其刑ヲ科セントスルモノニシテ學者間ニ於テ舊法中總則ノ共犯ト同一ナリ否共犯ノ例外ナリト種々紛議ノアリシモノヲ明カニシタル法條ナリトス

本條ノ規定ニ依ルトキハ全ク共犯ノ例外ニシテ共犯例ヲ適用スルモノナリ例ヘハ甲者乙者ト喧鬪ヲ爲シツツアリ偶々丙者來テ之レヲ見其甲者ハ自己カ常ニ心ニ憎シト思ヒ折アラハ辛キ目ニ逢ハセント考ヘ居ル所ニ今乙者カ甲者ヲ毆打シツツアリ之レニ乘シテ自分モ甲者ニ一撃ヲ加ヘント發意シ直ニ飛懸リテ乙者ト共ニ甲者ヲ毆打シタリ然ルニ自分ノ毆打行爲カ身體ヲ傷害シタルモノナルヤ或ハ乙者ノ加害行爲ハ甲者ニ傷ヲ負セタルヤ全ク判明セサル場合アラン裁判官又之レヲ判知スル能ハサルコト多シ如斯キ場合ニ於テハ特ニ本條ノ規定ニヨリ總則ノ所謂二人以上共ニ罪ヲ犯シタル例ニ依リ各自平等ニ相當ノ刑ヲ科セントノ注意ニシテ共犯ノ例外ト云フヘキナリ

（舊法三〇五參照）

第二百八條　暴行ヲ加ヘタル者人ヲ傷害スルニ至ラサル

第四百二十五條　左ノ諸件ヲ犯シタル者ハ三日以上十日以下ノ拘留ニ處シ又ハ一圓以上一圓九十五錢以下ノ科料ニ處ス

トキハ一年以下ノ懲役若クハ五十圓以下ノ罰金又ハ拘留若クハ科料ニ處ス

前項ノ罪ハ告訴ヲ待テ之ヲ論ス

本條ハ他人ニ暴行ヲ加ヘタルモ身體ヲ傷害スルニ至ラサル罪ニ對スル制裁方ナリトス蓋シ傷害セサル程度ニ於ケル暴行ノ如キハ未タ以テ社會ニ大ナル危害ヲ加ヘタリトハ云フ能ハス殊ニ被害者ト雖モ普通他人ニ暴行ヲ加ヘラルルカ如キ場合ニ於テハ日常ノ行爲カ兎ニ角多少暴行者ノ意思ニ反スルモノ多キニ原因スルモノナルヲ以テ斯ル場合ニハ法律カ又進テ暴行者ノミヲ重ク罰スル必要ナシト云ハサル可カラス然レトモ絶對ニ之レヲ罰セサルトキハ良民保護ノ注意ニ反スルヲ以テ相當ノ處分ヲ爲ササル可カラス之レ本條ノ規定アル所以ナリ

第二項ノ規定ハ本罪ノ性質上何レカ犯罪ノ原因ヲ惹起シタルヤ否ヤ不明ノモノアルノミナラス往々暴行ヲ受クル原因カ被害者ノ行爲ニ出テタルコト

ナキヲ保セス從テ被害者カ自己ノ行爲ヲ省ミテ敢テ加害者ノ罪ヲ追究セサルトキハ大ナル害ヲ加ヘラレタリトスル能ハサルヲ以テ社會ハ進ンテ訴追スルニハ及ハサルナリ之レ本條ノ罪ヲ親告罪トシタル所以ナリ（舊法四二五ノ九號參照）

第二十八章　過失傷害ノ罪

九人ヲ毆打シテ創傷疾病ニ至ラサル者

本章ニ於テ過失トハ如何ナルモノヲ云フヤニ付テハ別ニ規定スルモノナシ然リト雖モ舊法第三百十七條ハ恰モ其定義トモ見ルヘキモノヲ揭ケタリ今其條ヲ示メセハ疎虞懈怠又ハ規則慣習ヲ遵守セス過失ニ依テ云々ト故ニ法律上ノ過失ハ本章ノ下ニモ此數文字ヲ箝當スレハ稍ヤ解釋ノ正鵠ヲ得ルモノト云フヘキナリ卽チ過失ノ原因ハ(1)疎虞懈怠(2)規則習慣ノ不遵守之レナリトス

(1)疎虞懈怠共ニ原因ヲ爲シテ犯人不期ノ結果ヲ生シタル場合カ卽チ過失ナリ然リ而シテ不期ノ結果ヲ生スルニハ疎虞通俗ニ云フトキハ犯人ノ不注

意カ原因トナラサル場合ヲ云ヒ懈怠トハ常ニ犯人不注意カ原因トナリ居ル場合ヲ云フ故ニ嚴格ニ云フトキハ過失罪ハ又有意ノ行爲ヨリ不明ノ結果ヲ生シタル場合ナリト云フコトヲ得ヘシ然レトモ彼ノ普通有意犯トハ其趣ヲ異ニセルモノナルコトヲ忘ル可カラズ何シトナレハ普通有意犯トハ犯人カ常ニ意思ト同一ノ結果ヲ生シタルモノナルモ過失ノ場合ハ前述ノ如ク全ク不明ノ結果ヲ生シタル場合ナラザル可カラズ故ニ過失ニ因テ犯人カ其責任ヲ負フハ一ハ注意ヲ怠ラザルトキハ結果ヲ生セザリシモノト推測アル場合ニシテ他ハ注意不注意ハ犯人自由ノ撰擇ニ任スベキモノナルニ犯人カ特ニ注意セズト決心シタル行爲ヨリ生スル結果ナリトス例ヘハ遊獵ニ出テ銃口ノ先キニ人アルヲ知リ充分豫防シテ放タンニハ其人ニ的中セザリシモノヲ「何人ニハ的中スルコトハナイ」ト俗ニ横着ニ出デテ放チタルニ偶然其人ニ的中シタル場合ノ如キ素ヨリ人ヲ殺スコトヲ期セザルモ充分ノ注意ヲ怠リタル爲メ豫期セサル結果ヲ生シタルモノ之ヲ懈怠ト云ヒ過失ノ責ヲ免ルル能ハズ故ニ所爲者カ充分注意ヲ加ヘタルトキ

ハ決シテ過失ノ問題ヲ生セス例ヘバ土木ノ工事中道路ニ穴ヲ穿チ未タ相當ノ蓋ヲ爲サザル爲メ其周圍ニ立入ルコトヲ得ストノ制札ヲ建テ置キタル場合ニ於テ其被害者カ盲者ナル爲メ夫レヲ見ル能ハスシテ遂ニ穴中ニ墜落シタルガ如キ場合アリトスルモ其場合ニハ決シテ所爲者カ責ヲ負フベキモノニアラス

(2) 規則慣習ノ不遵守トハ法律規則ニ於テ所爲者ノ行爲ハ必ラス何々ノ注意ヲ怠ルヘカラスト命シタル場合又ハ慣習ニ依ルトキハ必ラス何々ノ注意ヲナサザル可カラサルモノニナリ居ルニモ拘ラス其注意ヲ爲サザル結果カ所爲者不期ノ結果ヲ惹起シタル場合ノ如キヲ云フ例ヘハ人家稠密ノ場所ニ於テ烟火ヲ打上ク可カラストノ規定アルニモ拘ラス烟火ヲ打上ケタル爲メ彈丸ノ破片ガ見物人ノ頭上ニ落チ來リ傷害セシメタル場合ノ如キ一例ナリトス

以上要スルニ過失トハ所爲者ノ有意ノ所爲ガ不明ノ結果ヲ生シタル場合ヲ云フモノニシテ本章ノ罪カ此ノ過失ニ因テ生シタル罪ニ對スル責任ヲ定メ

タルモノナリ以下各條ノ下ニ於テ尚ホ説明スル所アラントス

第二百九條　過失ニ因リ人ヲ傷害シタル者ハ五百圓以下ノ罰金又ハ科料ニ處ス

前項ノ罪ハ告訴ヲ待テ之ヲ論ス

本條ハ過失罪ノ通則トモ云フベキ規定ナリ卽チ過失ニ因テ人ヲ傷害シタルトハ所爲者カ注意ヲ怠リ又ハ無意味ニ事ヲ採リタル結果自己ノ期セサル人ヲ傷害シタル場合ヲ云フ然リ而シテ自己ノ期セサル結果トハ全ク傷害行爲ヲ爲スノ意思無キ場合ヲ云フ又タ傷害ノ何タルヤニ付テハ前條規定ヲ參照スレハ別ニ説明ヲ要セスシテ明カナル處トス本條ノ罪ヲ犯シタルモノアルモ之ヲ社會カ罰スルニハ告訴ヲ待テ而シテ論スルモノニシテ告訴ヲ爲スヘキモノハ被害者又ハ被害者ノ法定代理人ナレハ效力アルモノト解セサル可カラス此ノ告訴アリテ始テ檢事ハ之ヲ起訴シ裁判官カ之レニ五百圓以下ノ罰金又ハ科料ニ處スヘキ判斷ヲ下スモノナリ本條ニ於テハ傷害ノ程度ニ付

第三百十八條
過失ニ因テ人チ創傷シ癈篤疾ニ致シタ者ハ十圓以上百圓以下ノ罰金ニ處ス
第三百十九條
過失ニ因テ人チ創傷シ疾病休業ニ至ラシメタル者ハ二圓以上五十圓以下ノ罰金ニ處ス

前章ノ如ク規定スルモノナシト雖モ五百圓以下ノ罰金又ハ科料ノ範圍内ニ於テ適當ノ刑ヲ科スルハ一ニ裁判官ノ手腕ニ待タサルヘカラサルナリ附言ス本條ニ於テ舊法ノ下ニ學者往々過失傷害罪ニハ共犯アルヤ否ヤノ問題生シ甲論乙駁未タ定説ナク本法又共犯ノ點ニ付一言之ニ及フモノナシト雖モ既ニ前述セル如ク過失罪モ一種ノ有意ノ行爲ナリト説キタル以上ハ法理上共犯ヲ認メサル可カラサルモノト信ス(舊法三一八、三一九、參照)

第二百十條　過失ニ因リ人ヲ死ニ致シタル者ハ千圓以下ノ罰金ニ處ス

本條ハ過失致死ノ處分法ヲ定メタルモノナリ蓋シ過失ニ原因スルト雖モ人ノ生命ヲ斷ツカ如キハ社會ニ採リテハ恰モ其構成員ノ一人ヲ失ヒタルモ同一ナルヲ以テ普通ノ場合ト異ナリ重罰スルノ必要アリ故ニ本條ハ前條ノ通則ニ異リ此規定ヲ爲シ重ク罰スル所以ナリ又前條ニ於テハ渾テ親告罪ト爲シタリト雖モ本條ノ罪ハ他ノ殺人罪等ニ比シ處分甚タ輕シト雖モ而カモ人

第三百十七條 疎虞懈怠又ハ規則慣習ヲ遵守セス過失ニ因テ人ヲ死ニ致シタル者ハ二十圓以上二百圓以下ノ罰金ニ處ス

ヲ死ニ致シタル行爲ハ決シテ輕シト云フ能ハサルヲ以テ告訴告發ヲ待タス社會ヲ代表セル檢事ハ自ヲ進ンテ其犯罪ヲ捜査シ以テ速ニ後患ヲ滅スルノ術ヲ採ラサル可カラス之レ過失ノ度最モ重キモノナルカ故ナリトス(舊法三七一參照)

第二百十一條 業務上必要ナル注意ヲ怠リ因テ人ヲ死傷ニ致シタル者ハ三年以下ノ禁錮又ハ千圓以下ノ罰金ニ處ス

本條ハ所爲者ノ業務ノ性質カ當然充分ノ注意ヲ爲ササル可カラサルニモ拘ラス其注意ヲ怠タリシカ原因トナリ他人ヲ死傷シタル者ニ對スル處分法ナリトス蓋シ所爲者ノ職務カ常ニ他人ニ危險ヲ及ホスヘキモノナル故之ヲ豫防セサル可カラサルニ其防備ヲ爲サスシテ他人ヲ死傷シタルカ如キ場合ニ於テハ又過失殺傷ノ通則ニ從ヒ處斷スルハ輕ロキニ失スルヲ以テ特ニ重キ刑ヲ科スル必要アリト云ハサル可カラス例ヘハ鐵道會社カ營業中常ニ線路

ノ踏切等ニハ濫リニ立入ルコトヲ禁示シ尚進行中汽車ヲ運轉スル役員ハ危險ト認メタルトキハ直チニ汽笛ヲ鳴ラシ非常ヲ報知セサル可カラサルニモ拘ラス標札ヲ立ツルナク又汽車ノ進行先キニ人ノアルヲ認メナカラ警報ノ汽笛ヲ鳴サス汽車ノ進行ヲ止メスシテ遂ニ人ヲ死ニ致シ或ハ傷害シタル場合ノ如キハ本條ノ好適例トモ云フヘキナリ

如斯犯罪ノ構成セルニモ拘ラス人ヲ殺スノ意ナカリシ故ヲ以テ普通ノ人ノ過失ニ出テ人ヲ死傷ニ致シタルモノト同一ニ論スルハ道理ノ許サヽル所トス故ニ我カ刑法ハ特ニ如斯場合ニハ罪刑相當ノ處分ヲ爲サントスルモノナリ

第二十九章　墮胎ノ罪

凡ソ吾人カ母體ヨリ分離セラルルニハ一定ノ生理上ノ日子ヲ要シ其分娩セラレテヨリ尚生育シ能フ丈ニ母體内ニ於テ生育セザル可カラズ然ルニ此ノ自然ノ生育ヲ爲シ能ハザル換言スレバ自然ノ分娩期以前ニ不正ニ分娩セラ

レンカ到底胎兒ノ生育覺束ナク俗ニ云フ闇カラ闇ニ葬ラルルモノニシテ人生ノ恨事之レヨリ甚シキハナシ而カモ本章ノ規定ヲ通覽スルニ其罪甚タ輕カラサルニ其刑甚タ輕ク彼ノ世ニ多ク犯サルル嬰兒殺ト結果ノ撰ブ所ナキガ如シ然ルニ本法科罰カ一方ニ重ク一方ニ輕キ所以如何ヲ案スルニ嬰兒殺ト墮胎罪トノ異ナル點ハ只母體ニ存スルト母體ヲ分離セラレタルトニアルノミ其之レヲ犯スノ意思ハ共ニ父母タル人カ其子ノ養育ヲ免レントスルカ又ハ不正ノ結合ニヨリ自己ノ不名譽ヲ來タシ社會ニ指彈セラレ嘲笑セラルルヲ蔽ハンカ爲メニ彼ノ普通ノ殺人罪ノ如ク怨恨嫉妬復讐等ト異リ犯人ニ於テ敢テ恐ルベキ惡意ヲ包持スルニハアラズ中ニハ犯罪實行前其切ナル心情九腸寸斷セラルルノ思ヲ爲シナガラモ止ムナク自己ノ不名譽ヲ蔽ハンカ爲メ或ハ敎養スル能ハザルトノ思想カ打勝チ敢テ此ノ犯罪行爲ニ及ブモノ多キヤ疑ナシト雖モ之ヲ區別シテ處罰スル所以ハ歷史上ヨリ來リシモノナランカ史ヲ案スルニ古昔文化未タ發達セス父母ヨリ產出スルモノハ父母ノ所有物ナリトシテ生殺與奪ノ權ハ一ニ父母ニアリテ國法ハ是等ノ行爲ヲ問

ハザリシノミナラズ希臘羅馬ノ古代ニ在リテハ人口ノ增殖ヲ恐レ或ハ分娩ノ苦痛ヲ避クル爲メ特ニ墮胎ヲ奬勵シ若クハ許可シタルコトアリシト雖モ人文漸ク進步スルニ從ヒ其非ナルヲ悟ルト同時ニ嬰兒殺ノ行爲ハ墮胎ノ行爲ニ先チ處罰スルニ至リタリ蓋シ古代ニ在リテハ生理解剖ノ學未タ今日ノ如ク明カナラサル結果其尙母體ニ在ル間ニ於テ之ヲ分離セシムルノ法ヲ解セザルカ故ニ嬰兒殺ノ行爲ハ墮胎ノ行爲ニ先ツハ自然ノ順序ナルト同時ニ德義ノ觀念今日ノ如ク精緻ナラサル爲メ吾人ト同一ノ生活ヲ爲シ得ル者ニ對シテハ些カ愛憐ノ情ヲ惹起シ易カラシメタリト雖モ胎兒ノ如キ外形上吾人トノ關係密ナラザル者ニ至リテハ此情ヲ惹起スルニ困難ナリシヲ以テ胎兒ニ重キヲ置クコトナカリシモ漸次社會ノ進步ニ連レ漸ク墮胎ヲ一ノ犯罪ト認ムルニ至リタルト雖モ尙之ヲ以テ胎兒其者ニ對スル犯罪トセス之レガ作製者タル父母ニ對スル罪トセリ故ニ當時ニアリテハ父母自カラ之ヲ行フカ若クハ父母ノ承諾ヲ得テ之ヲ行フ場合ニハ文決シテ犯罪ヲ構成スルコトナカリキ之ヲ父母ニ對スル罪ナルノミナラズ胎兒ニ對シテモ亦一ノ犯罪ト

認ムルニ至リシハ羅馬ノ末葉基督敎ノ漸ク盛ニナリ其勢力國法ニ及ヒタル時代ニシテ爾來何レノ邦國モ之ヲ罪トシ來リシモ全ク嬰兒殺トハ區別シタルナリ故ニ本法モ亦各國ノ例ニ倣ヒ之ヲ區別スル所以ナラン

第二百十二條　懷胎ノ婦女藥物ヲ用ヒ又ハ其ノ他ノ方法ヲ以テ墮胎シタルトキハ一年以下ノ懲役ニ處ス

本條ハ懷胎ノ婦女自カラ墮胎ノ罪ヲ犯シタル場合ノ處分法ナリトス先ニモ一言シタルガ如ク懷胎ノ婦女カ敢テ此ノ大罪ヲ犯スハ全ク身ノ振リ方ニ困難シ哀咽斷腸數行ノ血涙ヲ呑ミツツモ思慮盡キテ止ムヲ得ス犯スモノ多キニ居ルヲ以テ立法者ハ特ニ是等ノ哀情ヲ鑒ミ又一ハ懷胎ノ兒女ハ必ス完全ニ生産スト定マリタルモノニアラザルヨリ其刑ヲ重クセザルナリ而シテ其墮胎ノ方法ニ至リテハ本條ハ單ニ藥物ヲ用ヒ又ハ其他ノ方法ヲ以テト規定シタルヲ以テ如何ナル方法ニヨルモ自然ノ分娩期以前ニ於テ人工ニ依リ不法ニ墮胎スレバ以テ本條ノ罪ヲ構成ス之ニ反シテ假令出產ハ自然ノ分娩期

第三百三十條　懷胎ノ婦女藥物其他ノ方法ヲ以テ墮胎シタル者ハ一月以上六月以下ノ重禁錮ニ處ス

以前ナリト雖モ彼ノ墮胎ノ婦女カ疾病等ノ爲メ藥用シタルニ其藥物偶々胎兒ニ中毒シ分娩シタルコトアルモ決シテ本罪構成ス可キモノニアラス要ハ不正ニ母體ヨリ分離セラルルコトヲ必要條件トセサル可カラス又懷胎ノ婦女ナルヲ要スルカ故ニ婦女カ懷胎シタリト誤信シ墮胎ノ意思ヲ以テ藥品ヲ飲用スルコトアルモ之レ總則ニ於テ說明シタル如ク不能ノ罪ナルヲ以テ罪トナラサルハ言フヲ俟タサル可シ(舊法三三〇、參照

第二百十三條　婦女ノ囑託ヲ受ケ又ハ其ノ承諾ヲ得テ墮胎セシメタル者ハ二年以下ノ懲役ニ處ス因テ婦女ヲ死傷ニ致シタル者ハ三月以上五年以下ノ懲役ニ處ス

本條ハ懷胎ノ婦女以外ノ者カ懷胎ノ婦女ノ囑托ヲ受ケ又ハ其婦女ノ承諾ヲ得テ墮胎セシメタル者及ヒ墮胎セシムルノ目的ナリシモ墮胎ノ方法當ヲ得サリシ爲メ其婦女ヲ死傷シタルモノニ對スル制裁法ヲ規定シタリ

懷胎ノ婦女ノ囑託ヲ受ケテトハ婦女ヨリ墮胎ノ依頼ヲ承諾シテ墮胎行爲ヲ

第三百三十一條　藥物其他ノ方法ヲ以テ墮胎セシメタル者ハ亦前條ニ同シ因テ婦女ヲ死ニ致シタル者ハ一年以上三年以下ノ重禁錮ニ處ス

爲ス者ヲ云フ又其承諾ヲ得テトハ懷胎ノ婦女ニ墮胎ノ意思ナキモ進ンテ墮胎ノ得策ヲ説キ自カラ墮胎行爲ヲ敢テスルモノニシテ青年男女ノ交際親密ナルニ從ヒ往々此ノ種ノ實例ヲ見ルコトアリ婦女ノ囑託ノ點ニ至リテハ其婦人自己ノ振リ方ニ困難シ自ラ犯罪ヲ爲スヲ恐レテ他人ニ囑託スルコト往々之レアリ如斯ハ婦女自カラ罪ヲ犯スヨリ其情重キ故其處分又重クセサル可カラス若シ其結果婦女ヲ死ニ致シ若クハ創傷シタル場合ニハ彼ノ普通傷害ノ罪ヨリ又重罰スルノ必要アルヲ以テ斯ク規定シタルモノトス（舊法三三一、參照）

第二百十四條　醫師、産婆、藥劑師又ハ藥種商婦女ノ囑託ヲ受ケ又ハ其ノ承諾ヲ得テ墮胎セシメタルトキハ三月以上五年以下ノ懲役ニ處ス

因テ婦女ヲ死傷ニ致シタルトキハ六月以上七年以下ノ懲役ニ處ス

第三百三十二條　醫師穩婆又ハ藥商前條ノ罪ヲ犯シタル者ハ各一等ヲ加フ

本條ハ前條ノ例外規定トモ云フヘキモノニシテ懷胎ノ婦女ノ囑託ヲ受ケ又ハ承諾ヲ得テ罪ヲ犯スハ同一ナリト雖モ犯人ハ醫師產婆藥種商又ハ藥劑師等ノ業務ヲ營ミ居ルヲ以テ墮胎ノ方法ヲ知悉シ藥物等ヲ使用スルニハ最モ便利ナルヲ以テ往々是等ノ營業者ハ如斯犯罪ヲ犯シ易スキ地位ニアルヲ以テ充分ノ制裁ヲ加ヘサルトキハ將來ノ秩序ヲ維持スル能ハサルノミナラス又一方ニ於テハ無分別ナル婦女ヲ敎唆シテ暴利ヲ逞フセントスルモノナキヲ保シ難シ是レ本法カ特ニ此種ノ犯人ヲ重ク罰センコトヲ規定シタルモノニシテ別ニ深キ理由アルニアラサルナリ(舊法三三二參照)

第二百十五條　婦女ノ囑託ヲ受ケ又ハ其承諾ヲ得スシテ墮胎セシメタル者ハ六月以上七年以下ノ懲役ニ處ス

前項ノ未遂罪ハ之ヲ罰ス

本條ハ懷胎ノ婦女ノ意ニ反シテ墮胎セシメタル場合ノ規定ナリトス蓋シ墮胎ハ胎兒ニ對スル罪ノミナラス製作者タル父母ノ利害ヲモ斟酌シテ加重セ

第三百三十三條 懷胎ノ婦女ヲ威逼シ又ハ誑騙シテ墮胎セシメタル者ハ一年以上四年以下ノ重禁錮ニ處ス

第三百三十四條 懷胎ノ婦女ナルコトヲ知テ毆打其他暴行ヲ加ヘ因テ墮胎ニ至ラシメタル者ハ二年以上五年以下ノ重禁錮ニ處シ其墮胎セシムルノ意ニ出タル者ハ輕懲役ニ處ス

ラレサル可カラサル理由ナルヲ以テ本條ノ規定ノ如ク婦女ノ囑託ヲ受ケス又其承諾ヲモ得スシテ强テ墮胎セシムルガ如キハ其罪甚タ輕カラス之等ノ行爲ヲ爲スモノハ恰モ殺人ノ罪ト撰ブ處ナシト云フモ取テ誣言ニアラザルナリ之レ本法ガ特ニ重キ刑ヲ科スル所以ナリトス

第二項ノ規定ハ別ニ說明スルマデモナク假令未遂ノ所爲ナリト雖モ一度强テ墮胎セシムルコトヲ謀リ既ニ之ヲ着手シタルモノノ如キハ其婦女ニ危害ノ及ブコトハ勿論又間接ニハ公序良俗ニ反スルコト大ナルヲ以テ特ニ此ノ規定ヲ爲シタル所以ナリ

然リ而シテ墮胎ノ未遂トハ如何ナル場合ヲ云フヤ元來墮胎分娩期以前ニ於テ胎兒ヲ不法ニ產出セシムルノ行爲ニシテ胎兒ガ產後生育スル場合ノ如キハ未遂ト云フヤ又ハ遂行シ能ハザル卽チ普通犯罪ノ未遂ノ場合ト同一ナル狀態ヲ云フヤニ付テハ多少ノ疑問ナキニ非ラズト雖モ余ハ前段ノ場合ハ假令墮胎後產出兒カ生育スルモ墮胎ノ既遂ト云フニ躊躇セザルベク從テ未遂トハ未タ他ノ障礙等ニ依リ遂行シ能ハザリシ場合ヲ云フモノト謂ハント欲

第三百三十五條　前二條ノ罪ヲ犯シ因テ婦女ヲ癈篤疾又ハ死ニ致シタル者ハ毆打創傷ノ各本條ニ照シ重キニ從テ處斷ス

スルモノナリ(舊法三三三、三三四、參照)

第二百十六條　前條ノ罪ヲ犯シ因テ婦女ヲ死傷ニ致シタル者ハ傷害ノ罪ニ比較シ重キニ從テ處斷ス

本條ハ前條ノ罪ヲ犯シタルニヨリ其婦女ヲ死ニ致シ若クハ傷害シタル罪ニ對スル處分方法ナリトス蓋シ前條ノ罪ハ單ニ婦女ノ意ニ反シテ墮胎セントシタルモノニシテ傷害ノ意思全ク存セザリシト雖モ既ニ强ヒテ其罪ヲ犯シタルモノナルヲ以テ彼ノ婦女ノ囑託ヲ受ケ又ハ承諾ヲ得テ犯シタルモノト異リ婦女ニ對シテハ充分ノ危害ヲ加ヘタルモノナルヲ以テ傷害ノ結果ハ犯人カ豫期セザル可カラザル性質ノモノナリトス故ニ傷害ノ罪ニ比較シテ加害ノ程度ニ依リ重キニ從テ處斷セントスル法意ニシテ條理當然ノ規定ト云フベキナリ(舊法三三五、參照)

第三十章　遺棄ノ罪

本章ハ扶養ノ義務ヲ缺キタル罪ニ對スル處分方法ヲ定メタルモノナリ抑モ扶養ノ義務ハ人間ノ免ルベカラザル義務ノ一ニシテ彼ノ他人ニ扶養セラレザルトキハ生存ヲ全フスル能ハザル老者幼者又ハ不具者病者ノ如キニ至リテハ一日モ其保護ヲ欠クベカラザルモノナリ然ルニ若シ夫レ是等ノ者カ義務者ニ顧ミラレザランカ遂ニハ餓死セサレバ病者トナリ又病者ノ如キハ伏シテ床上ニ呻吟シ苦痛ヲ慰スルニ途ナク死ノ外他ニ頼ミナキニ至ル人生ノ悲境夫レ之レヨリ大ナルモノアラザルベシ故ニ我カ民法ノ如キ特ニ扶養ノ義務者ヲ定メタリ加之本章ノ規定ハ我國ノ如キ家族制度ヲ採ラザル歐洲大陸ニ於テモ又タ此ノ規定ヲ設ケサルナシ蓋シ洋ノ東西ヲ問ハズ苟クモ道義ヲ解スルノ人類ハ此ノ義務ニ最モ意ヲ注カザル可カラザルヤ勿論ナリトス

第二百十七條　老幼、不具又ハ疾病ノ爲メ扶助ヲ要スヘキ者ヲ遺棄シタル者ハ一年以下ノ懲役ニ處ス

本條ハ扶助ヲ要スベキ者ヲ遺棄シタル罪ヲ處斷スル方法ヲ定メタルモノナ

リ扶助ヲ要スベキモノ卽チ犯罪ノ客躰ハ老者幼者及ヒ不具者病者ノ四者ナリ又遺棄スルモノ卽チ犯罪ノ主躰ハ扶養ノ義務アルモノ之ナリ故ニ本條ノ罪ヲ構成スルニハ

(1)遺棄セラルル者ハ老者幼者及ヒ不具者病者ニシテ扶養ヲ要スルモノナルコト

(2)遺棄ノ所爲アルコト

(3)遺棄シタル者ハ扶助ノ義務アルモノタルコトヲ必要トス今暫ク此三者ニ付キ說明セン

(1)扶助ヲ要スル老幼又ハ病者ナルコトヲ必要トスルヲ以テ扶助ヲ要セザルモノ及ヒ壯年者及ヒ健康者ヲ遺棄スルモ本條ノ罪ヲ構成スルコトナシ然リ而シテ此老者及幼者不具者病者ニシテ扶助ヲ要スルモノトハ如何ナル程度標準ニ據テ判定スルヤニ付テハ法文一モ明示スルモノナキヲ以テ事實裁判官ノ判定ニ任スルノ外途ナシ要ハ實際扶養ヲ受クルニ非ラサレバ自カラ生活スル能ハザル老衰者又ハ幼者或ハ他人ノ看護ヲ

俟ツニアラザレバ自己ノ身體ヲサヘ自由ニスル能ハズ從テ生存スル能ハザル病者ナレバ足ル故ニ之ニ反シテ自カラ醫藥ヲ採リ又他人ノ看護ヲ受ケズシテ獨立自營ヲナスコトヲ得ルモノヲ遺棄スルモ決シテ本條ノ罪ヲ構成スルコトナシ

(2) 遺棄ノ所爲アルコト遺棄トハ如何ナルコトヲ云フヤト云フニ普通ニ遺棄トハ理由ナク扶養ノ義務ヲ免ルル行爲ヲ云フト云ハバ以テ遺棄ノ定義トナス可シ而シテ理由ナクトハ不正ト云フ意義ト同一ニ解スベク又其遺棄ノ方法ハ如何ナル手段ニ因ルモ遺棄ノ事實カ現實ニ行ハルレバ可ナリ例ヘバ扶助ヲ要スベキモノヲ日常扶助スベキ場所以外ニ放逐スルモ又義務者カ扶助ヲ要スヘキモノヲ置去リタル詳言スレバ被扶助者ヲ捨テテ自己ガ其居所ヲ晴シタル行爲ノ如キモ遺棄タル性質ニ缺クル點ナシトス然ルニ玆ニ一個ノ問題アリ扶養義務者ガ扶助ヲ要ス可キ者ヲ慈善病院及ヒ幼育院等ノ門前ニ遺棄シタルトキハ被遺棄者ハ時ニ因リテハ遺棄セラレタル爲メニ却テ安穩ニ生存シ又靜カニ病ヲ養フコト

ヲ得ル場合ナキヲ保セス如斯場合モ尚本罪ヲ構成スルヤ否ヤノ問案ナリ此ノ問題ニ付テハ學派ノ異ナルニ從ヒ國ヲ異ニスル等ヨリ立法ノ主義ヲ異ニシ主張ヲ異ニスルト雖モ我カ刑法ノ上ヨリ攻究スルトキハ此ノ場合ニ於テモ本罪ノ責任ヲ免ルルコト能ハズト解セザル可カラズト信ズ

(3) 扶助ノ義務アルモノナラザルベカラズ説明スルマテモナク扶助ノ義務ナキモノハ本罪ヲ構成スルコトナシ

以上ノ各要件ヲ具備シ玆ニ本罪成立スルトキハ一年以下ノ懲役ヲ科セラルルモノニシテ當然ノ規定ト云フベシ（舊法三三六、三三七、參照）

第二百十八條　老者、幼者、不具者又ハ病者ヲ保護ス可キ責任アル者之ヲ遺棄シ又ハ其生存ニ必要ナル保護ヲ爲ササルトキハ三月以上五年以下ノ懲役ニ處ス

自己又ハ配偶者ノ直系尊屬ニ對シテ犯シタルトキハ六

第九節　幼者又ハ老疾者ヲ遺棄スル罪

第三百三十六條　八歳ニ滿タサル幼者ヲ遺棄シタル者ハ一月以上一年以下ノ重禁錮ニ處ス

自ラ生活スルコト能ハサル老者疾病者ヲ遺棄シタル者亦同シ

第三百三十七條　八歳ニ滿サル幼者又ハ老疾者ヲ寥闃無人ノ地ニ遺棄シタル者ハ四月以上四年以下ノ重禁錮ニ處ス

第三百三十八條 給料ヲ得テ人ノ寄託ヲ受ケ保養ス可キ者前二條ノ罪ヲ爲シタル時ハ各一等ヲ加フ

第三百六十三條 子孫其祖父母父母ニ對シ毆打創傷ノ罪其他監禁脅迫遺棄誣告誹毀ノ罪ヲ犯シタル者ハ各本條ニ記載シタル凡人ノ刑ニ照シ二等ヲ加フ但癈疾ニ致シタル者ハ有期徒刑ニ處シ篤疾ニ致シタル者ハ無期徒

月以上七年以下ノ懲役ニ處ス

本條ハ犯人ノ身分ニ依リ其責任ノ加重ヲ定メタル法文ナリ由來老幼疾病者ヲ保護スベク他人ノ依頼ヲ受ケ又ハ法律上保護ノ責任アル(後見人ノ如キ)者カ其責任ヲ盡サズ加フルニ被保護者ヲ遺棄シ又ハ被保護者ノ生存ニ必要ナル保護ヲ爲サザルカ如キハ人倫ノ大道ニ反スルハ勿論之等保護者ノ中ニハ隨分多額ノ報酬ヲ得テ其義務ヲ盡サザル可ラザル關係ノ者ナキヲ保セズ斯ル者ガ保護スルニアラザレバ老者幼者不具者ノ如キ又ハ病者ノ如キハ一日モ世ノ中ニ立チ行ク能ハズ身邊ニ來ル危害又甚シキ等ヨリ人生ノ最大恨事タル憂キ目ヲ見ルニ至リ遂ニハ生存スル能ハズシテ所謂自然ノ命數迫ラザル中ニ死ト云フ哀レナル結果ヲ來スヤ往々之レアラン故ニ如斯行爲ハ被保護者ヲ害スルノミナラズ世ノ風俗ヲ害スルコト決シテ尠少ナラズコレ特ニ加重スル所以ナリトス

第二項ハ自己又ハ自己ノ配偶者ノ直系尊屬ニ係ルトキハ尚進ンテ加重セン

刑ニ處シ死ニ致シタル者ハ死刑ニ處ス
第三百六十四條　子孫其祖父母父母ニ對シ衣食ヲ供給セス其他必要ナル奉養ヲ缺キタル者ハ十五日以上六月以下ノ重禁錮ニ處シ二圓以上二十圓以下ノ罰金ヲ附加ス因テ疾病又ハ死ニ致シタル者ハ亦前條ノ例ニ同シ

第三百三十九條　幼老疾者ヲ遺棄シ因テ癈疾ニ致シタル者ハ輕懲役ニ處シ篤疾ニ致シタル者ハ重懲役ニ處シ死ニ致シタル者ハ有期徒刑ニ處ス

トスルモノニシテ吾人ノ責任ノ最モ重キモノハ古昔ヨリ君ニ忠ニ親ニ孝トハ幼時ヨリ常ニ其頭惱ニ刻セラルルカ如ク彼ノ戸主カ家族ニ對シ扶養ノ義務ヲ負フトハ須ク其撰ヲ異ニセザルベカラズ之レ本條ガ特ニ直系尊屬ニ對シ保養ヲ缺キタル罪ヲ重罰スル主義ヲ採リタルモノナリ(舊法三三八、三六三三六四參照)

第二百十九條　前二條ノ罪ヲ犯シ因テ人ヲ死傷ニ致シタル者ハ傷害ノ罪ニ比較シ重キニ從テ處斷ス

本條ハ前二條ニ定メタル罪ヲ犯シ其結果人ヲ死傷シタル罪ニ對スル責任ヲ明ニシタルモノナリ之レ第二百十七條ノ規定ト同シク傷害ノ意思ナシト雖モ常ニ之レヲ想像シ得ラルルモノヲ敢テ犯シタル爲メ當然生ズル結果ナルヲ以テ傷害罪ノ各本條ニ照ラシ處斷スルハ亦至當ノ法條ト謂ハサル可カラス(舊法三三九、參照)

第三十一章　逮捕及ヒ監禁ノ罪

帝國憲法第二十三條ハ特ニ臣民ノ自由ヲ重ンズル主意ヨリ規定シテ曰ク日本臣民ハ法律ニ依ルニ非ラスシテ逮捕監禁及ヒ審問處罰ヲ受ケルコトナシト抑モ吾人ハ何等ノ理由ナクシテ天賦ノ自由ヲ制限セラルルコトナキハ明カナリト雖モ往々弱者ハ强者ノ爲メニ此ノ自由ヲ奪ハルルコトナキヲ保シ難シ於茲乎憲法ハ特ニ前段ノ規定ヲ設ケテ之ヲ保護セリ然ルニ徒ニ此ノ自由ヲ侵害スル者アランカ國家ノ秩序ヲ維持スル能ハザルノミナラズ引テ國家ノ生存ヲ害スル尠少ニアラズ彼ノ吾人ガ故ナク逮捕監禁セラルルガ如キハ自由ニ對スル大ナル束縛ヲ受ケタルモノト云ハザル可カラズ本章ハ是等ノ所爲ヲ罰スル爲メ設ケタルモノニシテ人權ヲ重ンズル今日最モ必要ノ規定ト云フベキナリ

第二百二十條　不法ニ人ヲ逮捕又ハ監禁シタル者ハ三月

以上五年以下ノ懲役ニ處ス

自己又ハ配偶者ノ直系尊屬ニ對シテ犯シタルトキハ六月以上七年以下ノ懲役ニ處ス

本條ハ自由侵害罪ノ處分ヲ規定シタルモノナリ卽チ本條ニ因リソノ罪ヲ構成スルニハ下ノ條件ヲ具備セザル可カラズ

(1)人ヲ逮捕又ハ監禁シタルコト

(2)其逮捕監禁ハ正當ノ理由ナキコト

(3)不正ニ逮捕監禁スル意思卽チ惡意アルコト

以下各條件ニ付少ク說明セン

(1)人ヲ逮捕又ハ監禁シタルコト之レ本章ノ始メニ於テ說キタル如ク吾人ノ自由ヲ束縛スル行爲ニシテ吾人カ憲法ノ下ニ自由ヲ保障セラレアルモノヲ侵害セラレ吾人ノ自由ハ爲メニ犯人ニ奪ハルルモノナリ故ニ逮捕監禁ハ吾人天賦ノ自由ヲ失ハシメタルトキニ於テ始メテ本罪成立スルモノナ

リ而シテ逮捕ト監禁トノ差異ハ共ニ自由ヲ奪フモノナルモ逮捕ニアリテハ別ニ時間ニ何等ノ關係ヲモ有セズ卽チ吾人ヲ捕縛スレバ夫レニテ直チニ犯罪成立スト雖モ監禁ハ之ト異ナリ時間ノ觀念ヲ必要トス此時間ノ觀念カ監禁ナル行爲ニ大ナル關係ヲ有スルモノニシテ少クトモ一定ノ時間吾人ノ自由ヲ束縛セザル可カラザルトキハ監禁罪ハ成立セス故ニ此ノ結果トシテ時効期間ノ起算ニハ大ナル影響ヲ來タス卽チ逮捕ノ罪ニ付テハ逮捕當時犯罪成立スルヲ以テ直チニ經過ヲ始ムルト雖モ監禁罪ニ付テハ犯罪ノ最終ノ時ヨリ時効期間ノ經過アルモノナリ而シテ監禁罪成立スレバ概子逮捕罪モ成立スルモノト知ル可シ

(2) 其逮捕又ハ監禁ハ正當ノ理由ナキコトヲ換言スレバ不法ノ行爲ナルコトヲ要スル所以ハ若シ憲法ニ規定セラルル如ク法律ニ依ルニアラザルモ彼ノ醫師カ瘋癲白痴ノ者ヲ治療スル爲メ往々逮捕シ之ヲ一室ニ監禁スルカ如キハ決シテ不法ニアラザルヲ以テ本罪成立セズ又吾人カ途ニ白痴瘋癲人等ト出逢ヒ夢中ニ往來人ニ暴行ヲ加フル場合ノ如キ一時其者ヲ逮捕シ

第三百二十二條　擅ニ人ヲ逮捕シ又ハ私家ニ監禁シタル者ハ十一日以上二月以下ノ重禁錮ニ處シ二圓以上二十圓以下ノ罰金ヲ附加ス但監禁日數十日ヲ過クル毎ニ一等ヲ加フ

第三百二十三條　擅ニ人ヲ監禁制縛シテ毆打擄責シ又ハ飲食衣服ヲ屏去シ其他苛刻ノ所爲ヲ施シタル者ハ二月以上二年以下ノ重禁錮ニ處シ三圓以上三十圓以下ノ罰金ヲ附加ス

第三百六十三條　子孫其祖父母父母ニ對シ毆打創傷ノ罪其他監禁脅迫遺棄誣告誹毀ノ罪ヲ犯シタル者ハ各本條ニ記載シタ

監禁スルカ如キハ不法ト云フ可カラス故ニ特ニ本條ノ罪ガ成立スルニハ何等ノ理由ナクシテ即チ不法ニ人ヲ逮捕シ又ハ監禁シタル場合ナラザル可カラズ是レ特ニ本條ノ構成要件トシテ說カザル可カラザル所以ナリトス

(3) 惡意アルコト之レ又別ニ說明スルマデモナク總テノ犯罪ハ常ニ惡意ヲ要シ惡意ナキ所爲ハ多クハ犯罪成立セズト雖モ本條ノ罪ノ如キ又最モ惡意ノ有無ニ付キテ疑問ヲ生スルコトアルヲ以テナリ

例ヘバ他人ノ家ヨリ物品ヲ窃取シタリト思料スルモノヲ犯人カ自カラ之ヲ知リ直チニ其者ヲ逮捕スルカ如キ若シ此ノ窃盜犯人カ現行犯等ノ場合ナラバ刑事訴訟法ノ規定ニ因リ何人モ之ヲ逮捕スルコトヲ得ベシト雖モ非現行犯ノ場合ニアリテハ自己ニ逮捕ノ權利ナク又義務モ存セザルヲ以テ如斯場合ハ必ズ其逮捕ガ惡意ヨリ出テタル場合ト云フヲ得ベキカ疑ナキ能ハズ然カモ如斯場合ニ於テハ本罪成立スルヤ明カナリトス

以上ノ各條件ヲ具備シテ成立シタル犯罪ナルトキハ本條ヲ以テ直ニ處分セ

ル凡人ノ刑ニ照シ二等ヲ加フ但癈疾ニ致シタル者ハ有期徒刑ニ處シ篤疾ニ致シタル者ハ無期徒刑ニ處シ死ニ致シタル者ハ死刑ニ處ス

第三百二十四條　前條ノ罪ヲ犯シ因テ人ヲ疾病死傷ニ致シタル者ハ毆打創傷ノ各本條ニ照シ重キニ從テ處斷ス

第三百二十五條　擅ニ人ヲ監禁シ水火震災ノ際其監禁ヲ解クコトヲ怠リ因テ死傷ニ致シタル者ハ亦前條ノ例ニ同シ

ラルベシ

第二項ノ規定ハ身分ニ依リ又タ加重ノ原因トナルモノニシテ別ニ深ク説明セザルモ此ノ種ノ各場合ハ前屢々説明シタルヲ以テ彼我參照シテ通覽セラルベシ(舊法三二二、三二三、三六三、參照)

第二百二十一條　前條ノ罪ヲ犯シ因テ人ヲ死傷ニ致シタル者ハ傷害ノ罪ニ比較シ重キニ從テ處斷ス

本條ハ別ニ説明セズ前數章ニ準シ傷害罪ノ場合ヲ説キタルモノト異ナル點ナク法文一讀明瞭ナレバ敢テ贅セズ(舊法三二四、三二五、參照)

第三十二章　脅迫ノ罪

本條ハ吾人内心ノ自由ヲ奪フ處ノ犯罪ニシテ之レ又容易ナラザル犯罪ト云ハザル可カラズ而シテ脅迫トハ如何ナル所爲ヲ云フヤハ法文ニ明示スル處ナシト雖モ要ハ第二百二十三條以下ニ規定シタル危害ヲ加ヘント脅迫シ爲

メニ被害者ヲシテ危害ヲ受クルコトヲ豫想シ恐怖ノ念ヲ抱キタル狀態ニ至ラシメタル行爲ヲ云フ故ニ本章ノ罪ヲ構成スルニハ(1)脅迫ノ所爲アルコト(2)法定ノ原因ヲ以テ脅迫シタルコト(3)被害者ヲ畏怖セシムル意思アルコトノ三要件ヲ具備セザル可カラズ今暫ク此ノ要件ニ付キ説明スル所アラントス

(1)脅迫ノ所爲アルコト是レ本章ノ罪ノ成立條件トシテハ最モ必クナル點ナリトス而シテ脅迫ノ所爲トハ如何ナル方法ニ出ツルヲ問ハズ苟クモ被害者カ脅迫ニ依テ内心ノ自由ヲ奪ハレ大ニ恐怖スレバ足ル今解シ安カラシムル爲メ方法ノ一二ヲ擧ケンカ直接被害者ニ面シ言語ヲ以テ爲スモ間接ニ文書ヲ以テ爲スモ爲メニ被害者カ恐怖スル程度ニ至レバ本章ノ脅迫罪ハ成立スト云ハザル可カラズ

(2)法定ノ原因ヲ以テ脅迫シタルコト第二百二十三條ニ規定シタル原因即チ人ノ生命身體自由名譽又ハ財産ニ對シ危害ヲ加フベシト脅迫セザルベカラズ此他ノ方法ヲ脅迫ノ材料ト爲スモ脅迫罪ハ成立セズ

(3) 被害者ヲ畏怖セシムルコト之レ脅迫罪當然ノ結果トモ言フベキモノナリ由來脅迫罪ハ前述セル如ク他人ノ內心ノ自由ヲ奪フモノニシテ極メテ平穩ナル被害者ノ精神ニ脅迫ナル一ノ行爲ヲ受ケタル爲メ精神ハ完全ノ活働ヲ爲ス能ハス只恐怖スレバ足ル彼ノ脅迫ノ原因トナシタル行爲ヲ實行スルノ意思アルヲ要セズ從テ犯人ガ全ク此ノ位ニテハ恐怖セザル可シト想像シツツモ之ヲ行ヒタルニ被害者ハ案外物ニ動スルノ性質ニシテ忽チ恐怖スルトキハ本章ノ罪ヲ構成スルニ支障ナシトス

以上ハ脅迫罪ノ成立要件ヲ略述シタルモノナリト雖モ脅迫モ又各程度ニ依リ加重ノ原因トナリ居レリ詳細ハ各條ノ說明ニ讓ラン

第二百二十二條　生命、身體、自由、名譽又ハ財產ニ對シ害ヲ加フ可キコトヲ以テ人ヲ脅迫シタル者ハ一年以下ノ懲役又ハ百圓以下ノ罰金ニ處ス

親族ノ生命、身體、自由、名譽又ハ財産ニ對シ害ヲ加フ可キコトヲ以テ人ヲ脅迫シタル者亦同シ

本條ハ脅迫罪ノ通則ヲ定メタルモノナリ即チ脅迫罪ハ人ノ生命身體名譽又ハ財産ニ對シ害ヲ加ヘントト脅迫スルコトヲ要ズ本條ハ單ニ害ヲ加ヘント脅迫シタル者ハ云々ト規定セルヲ以テ前述ノ如ク其行爲ノ方法手段ノ如何ヲ問ハズ苟クモ其脅迫ニ因テ被害者カ恐怖ノ念ヲ惹起スレバ足ル從テ被害者案外ニ豪膽ニシテ加害者ノ脅迫ヲ意ニ介セザル場合ノ如キハ例ヘハ加害者ガ言語若クハ擧動ヲ以テ其生命ヲ奪ハント脅迫スルモ制縛監禁セント脅迫スルモ又文書ヲ以テ其名譽ヲ毀損スベク脅迫スルモ或ハ被害者ノ財産ニ放火セント脅迫スルモ其被害者ニシテ未タ加害者ノ行爲ヲ恐レザル間ハ本罪成立スルコトナシト云ハザル可カラズ法文ニ脅迫シタル者トアルヲ以テ完全ニ脅迫成立セザレバ未タ本條ノ既遂罪ヲ構成シタリト云フ能ハザルハ多言ヲ要セサル可シ

第三百二十六條　人ヲ殺サントシ脅迫シ又ハ人ノ住居シタル家屋ニ放火セント脅迫シタル者ハ一月以上六月以下ノ重禁錮ニ處シ二圓以上十二圓以下ノ罰金ヲ附加ス
毆打創傷其他暴行ヲ加ヘント脅迫シ又ハ財產ニ放火シ及ヒ毀壞劫掠セント脅迫シタル者ハ十一日以上二月以下ノ重禁錮ニ處シ二圓以上十圓以下ノ罰金ヲ附加ス
第三百二十八條　親屬ニ害ヲ加フ可キ事ヲ以テ脅迫シタル者ハ亦前二條ノ例ニ同シ

第二項ハ被害者ノ親族ニ對シテ犯シタルモノモ第一項ノ直接被害者ニ對シテ脅迫シタル罪ト同一ニ論センコトヲ明示シタルモノナリ蓋シ我國舊慣ノ久シキ开カ親族ヲ重ズルノ結果此ノ規定ヲ要スル所以ナリ又親族ノ何タルヤハ舊法ハ特ニ親族例ナル一章ヲ設ケタリト雖モ本法ハ之レヲ設ケス之ヲ設ケサル所以ハ親族ニ關シテハ既成民法第四編ニ於テ委シク規定シタレハ右ニ因リ知リ得ルヲ以テナリ(舊法三二六、三二八、參照)

第二百二十三條　生命、身體、自由、名譽若クハ財產ニ對シ害ヲ加フ可キコトヲ以テ脅迫シ又ハ暴行ヲ用ヒ人ヲシテ義務ナキ事ヲ行ハシメ又ハ行フ可キ權利ヲ妨害シタル者ハ三年以下ノ懲役ニ處ス

親族ノ生命、身體、自由、名譽又ハ財產ニ對シ害ヲ加フ可キコトヲ以テ脅迫シ人ヲシテ義務ナキ事ヲ行ハシメ又ハ

行フ可キ權利ヲ妨害シタル者亦同シ

前二項ノ未遂罪ハ之ヲ罰ス

本條ハ脅迫ノ手段カ暴行ヲ用ヒ又ハ其生命身體財產名譽ニ對シ害ヲ加ヘントト脅迫シテ被害者ニ或ル行爲又ハ不行爲ヲ爲サシメタル者ニ對スル處分法ナリ而シテ本條ノ罪ヲ犯シタル者ニ加重シテ重キ刑ヲ科スル所以ノモノハ均シク脅迫ノ事實ニ於テハ異ナル所ナキモ而カモ本條ハ單ニ脅迫而已ニ止マラズ進ンテ被害者ノ善意ニ反シテ義務ナキ行爲ヲ强ヒテ行ハシメ又ハ被害者ガ自己ノ責務トシテ必ス行ハザル可カラサル事ヲ妨害シテ行ハシメザル場合ニ始メテ本罪成立ス故ニ本條ノ罪ヲ構成スルニハ少クトモ前條ヨリ一步進ンテ暴行ヲ用ヒ脅迫スルノミナラズ更ニ進ンテ被脅迫者カ眞心畏懼心ヲ惹起シ其意卽チ良心ニ反シテ行爲不行爲ヲ爲シタルコトヲ要スルト同時ニ加害者カ爲サシメタルコトヲ必要トス若シ夫レ此ノ場合ト雖モ加害者カ行爲不行爲ヲ現實ニ爲サシメタルニアラズシテ被害者カ自カラ斯クセサ

レバ暴行ヲ免レザル可シト輕信シテ自己ノ柔弱怯臆ヨリ或ル行爲不行爲ヲ爲スコトアルモ加害者ノ責任ハ本條ニアラズシテ前條ノ責任ヲ負フニ止マル可シ何者前條ノ場合ニアリテハ加害者カ進ンテ行爲ヲ强ヒタルニアラサルヲ以テナリ

第二項ノ規定ハ前條第二項ノ規定ト其趣ヲ同シ其幸福禍害ヲ共ニシテ互ニ相扶ケ相親ムノ情最モ深キ一家親族ニ對シ害ヲ加ヘント脅迫センカ同胞相憐ノ情深キ吾人人類ハ忽チ恐怖ノ念ヲ生シ其者ヲ助ケ爲メニ自己ノ良心ニ反シテ往々行爲不行爲ヲ敢テ爲スニ至ル之レ本項ノ特ニ處分ヲ前項ト同一ニセントスルモノナリ

第三項ノ規定ハ總則ノ應用ナルヲ以テ別ニ贅セサルモ一讀悟ル所アラン

第三十三章　畧取及ヒ誘拐ノ罪

本章ノ規定ハ吾人ノ自由ヲ制限シテ犯人ノ意ヲ遂行セントスルモノヲ處分スル規定ナリ而シテ略取及誘拐ノ罪トハ如何ナルコトヲ云フヤヲ案スルニ

不法ニ監督者ノ監督ヲ脱出セシムルノ行爲ニシテ其手段ノ如キモ又數種アリテ我刑法ハ各條手段ノ如何ニ依リ加重ノ原因ヲ認メタルモ要ハ被拐取者ノ自由ヲ奪ヒ監督者ノ監督外ニ脱出セシムルノ行爲ニシテ之ヲ人生問題ヨリ斷案スルトキハ最モ惡ムヘキ忌ムヘク又厭フ可ク恐ルヘキノ行爲ト云ハサルヘカラス以下各條ニ於テ其成立要素ヲ略說セントス

第二百二十四條　未成年者ヲ略取又ハ誘拐シタル者ハ三月以上五年以下ノ懲役ニ處ス

本條ハ未成年者ニ關スル略取誘拐罪ノ制裁法ナリ法文ニ略取又ハ誘拐シタル者トアルヲ以テ本條ノ罪ヲ構成スルニハ(1)犯罪ノ客躰ハ未成年者タルコト(2)畧取又ハ誘拐ノ行爲アルコト(3)不正ノ意思アルコトノ三要件ヲ必要トス而シテ第一要件タル未成年者トハ從來屢々說キタル未成年者ト異ナルコトナク卽チ民法ニ於テ未成年者トシテ法律行爲能力ヲ認メザルモノヲ云フヤ疑ナシ亦第二ノ略取又ハ誘拐ノ行爲トハ法文ニ如何ナル行爲カ誘拐ナル

ヤ別ニ定メタルモノナシト雖モ普通ノ見解トシテ畧取誘拐共ニ不正ニ監督者ノ監督ヲ脱離セシムルコトヲ云フモノナルモ畧取ノ場合ハ文字上ノ解釋トシテ必ズ暴行强迫等カ其手段トナリ被畧取者ノ承諾ヲ得スシテ不正ニ監護者ノ監督ヲ離レシムルコトヲ云ヒ亦誘拐トハ畧取ニ反シテ常ニ被害者タル未成年者ノ承諾ヲ得テ監督ヲ脱出セシムルヲ要ス然レトモ此承諾ハ詐欺若クハ誘導ナル手段ニ出テサレバ本條ノ罪トナラサルモノト云ハサルベカラズ第三ノ不正ノ意思卽チ惡意ナキトキハ本條ノ罪ハ蓋シ成立セサルモノトス然ルニ學者或ハ畧取誘拐ノ行爲ニハ意思ヲ要セサル如クニ解スルモノアレトモ是レ非ナリ何者凡ソ犯罪ニハ如何ナル塲合ニモ惡意ヲ要スレバナリ

更ニ本條ノ場合ニ尙一ツノ硏究ヲ要スベキ問題アリ卽チ畧取誘拐共ニ不正ニ監護者ノ監護ヨリ脫出セシムルヲ要スルト雖モ彼ノ犯罪當時未成年者ニ監護者ナキトキ若クハ監督權ヲ離レ居リタル場合ハ本罪成立セザルヤ否ヤノ點ナリ本問題ニ付テハ古來學者問ノ問題トシテ提出セラレアルモノナレ

第三百四十一條　十二歳ニ滿タサル幼者ヲ略取シ又ハ誘拐シテ自ラ藏匿シ若クハ他人ニ交付シタル者ハ二年以上五年以下ノ重禁錮ニ處シ十圓以上百圓以下ノ罰金ヲ附加ス

第三百四十二條　十二歳以上二十歳ニ滿タサル幼者ヲ略取シテ自ラ藏匿シ若クハ他人ニ交付シタル者ハ一年以上三年以下ノ重禁錮ニ處シ五圓以上五十圓以下ノ罰金ヲ附加ス其誘拐シテ自ラ藏匿シ若クハ他人ニ交付シタル者ハ六月以上二年以下ノ重禁錮ニ處シ二圓以上二十圓以下ノ罰金ヲ附加ス

バ聊カ紹介ノ勞ヲ取ルノ必要アリトス案スルニ本問題ノ場合ニ於テハ事實上未成年者ハ監護者ノ監護ヲ脱シ居ルト雖モ法律ノ上ヨリ看ルトキハ未成年者ニハ必ズ看護ヲ爲スベキモノナカラザルベカラズ故ニ事實ヲ以テ法律上ノ規定ヲ無視スル能ハズ從テ本問題ノ場合ニアリテハ彼ノ所有者ノ手ニ存セザル財物ヲ窃取シタルトキト雖モ尚盗罪成立スル如ク本罪成立スルモノト解スルヲ至當ト信ス（舊刑法三四一、三四二、參照）

第二百二十五條　營利、猥褻又ハ結婚ノ目的ヲ以テ人ヲ略取又ハ誘拐シタル者ハ一年以上十年以下ノ懲役ニ處ス

本條ハ被拐取者ノ年齢等ニハ何等ノ關係ナク營利猥褻又ハ結婚ノ目的ヲ以テ畧取誘拐シタル行爲ニ對スル處分ヲ定メタルモノナリ而シテ本條ノ罪ヲ構成スルニハ畧取誘拐ノ手段カ僞計又ハ威力ヲ以テセサル可カラサルハ法文ノ解釋上當然ノ處ナリ故ニ本罪ノ成立要件トシテ必要ナルハ營利猥褻又ハ結婚ノ目的タルコトヲ必要トスルモノナリ而シテ營利ノ目的トハ普通拐

取シテ利ヲ謀ルコトヲ意味スルモノナルヲ以テ實際拐取ノ爲メニ損失シタル場合ト雖モ是等ハ決シテ問フ所ニアラズ何ントナレバ營利ノ目的ヲ以テ爲ス行爲ハ常ニ利ヲ得ルモノト推定セザルベカラズ然ルニ偶々拐取ニ依テ損失ヲ受クルコトアルモ之レ商業家カ往々損失ヲ招クコトアルモ爲メニ損失ヲ目的トシテ營業スルモノニアラザルト一般損失ハ偶然ノ出來事ニ屬スルヲ以テ此場合ト雖モ尙營利ヲ目的トスルト云フヲ躊躇セザレバナリ

猥褻ノ目的及婚姻ヲ目的トシテ拐取シタル點ニ付テ著者ハ多クヲ謂ハザルベシ唯讀者自カラ攻究セラレンコトヲ然レトモ婚姻ノ目的ヲ以テ拐取シタリト云フ點ニ付テハ少シク說カサル可ラサルモノアリ

由來婚姻ノ制度タル其原始時代ヨリ今日ニ至ルマテニハ幾變遷アリテ或ル時代ニ於テハ掠奪婚ト稱シテ故ラニ他人ノ兒女ヲ掠奪シ後チ我カ意ニ從ハシメタル時代アリシハ歷史ノ證明スル處ナリト雖モ其後更ニ變遷シテ古來ノ蠻風ヲ打破シ世バ益々開明ニ趣キ今日ニ至リテハ全ク如斯制度ヲ見ル所ナキニ至リ加之倫理道德ノ氣風盛トナリ掠奪婚ハ敗德ノ甚シキモノトシテ

之ヲ斥ケ我民法モ婚姻ニ最モ重要ナルハ當事者ノ承諾アルヲ以テセリ然ルニ聞ク今日ニ於テモ未タ山間未開ノ地方ニ於テハ此ノ厭フヘキ掠奪婚ノ惡慣例アリト如斯ハ實ニ矇昧野蠻ノ弊風ニシテ文明ノ今日ハ須ク此ノ惡慣例ヲ打破セサル可カラス是レ特ニ本條カ涙ヲ呑ンテ如斯規定ヲ爲スノ止ムヲ得サルニ出テタルモノナラン以上ノ如ク本條ノ行爲ハ前條ノ罪ニ比シ罪惡ノ程度過大ナルヲ以テ特ニ加重ノ方針ヲ採リタルモノナリ

第二百二十六條　帝國外ニ移送スル目的ヲ以テ人ヲ略取又ハ誘拐シタル者ハ二年以上ノ有期懲役ニ處ス

帝國外ニ移送スル目的ヲ以テ人ヲ賣買シ又ハ被拐取者若クハ被賣者ヲ帝國外ニ移送シタル者亦同シ

本條第一項ノ規定ハ被拐取者ヲ外國ニ移送スル目的ヲ以テ人ヲ拐取シタル犯罪ニ對スル處分方法ヲ定メタルモノナリ故ニ本條ノ罪ヲ構成スルニハ(1)

第三百四十五條　二十歳ニ滿タサル幼者ヲ略取誘拐シテ外國人ニ交付シタル者ハ輕懲役ニ處ス

被拐取者ヲ外國ニ移送スル目的ニ出テタルコト(2)不正ニ略取又ハ誘拐シタルコトノ二要件ヲ必要トス蓋シ一ハ國辱ヲ帝國外ニ曝ラシ從テ國家ノ威信ヲ失墜スルノ甚シキ行爲ナレハ罪狀普通ノ場合ヨリ甚タ重キヲ以テ重キ刑ヲ科セントスルハ實際ノ條理ヨリ打算シテ此必要アルヲ以テナリ第二項ノ規定ハ帝國外ニ移送スル目的ヲ以テ人ヲ賣買シ或ハ被拐取者若クハ被拐取者ヲ外國ニ移送シタル者ニ對スル所分方法ニシテ其犯情ノ重キ前項ヨリ甚シキモノアルカ如シ而シテ帝國外トハ日本ノ領土外ナルヲ以テ朝鮮支那ヲ始メ歐洲大陸米國南洋諸島何レノ處ヲ問ハス被害者ノ意ニ反シテ移送スル目的アレハ足ル此ノ目的ヲ以テ人身ヲ賣買スルカ或ハ又拐取者カ被拐取者ヲ外國ニ移送シ若クハ被賣者ヲ移送シタル場合等ヲ云フ此移送ハ如何ナル目的ニ出テタルヤノ點ニ付テハ法文別ニ規定スル所ナキモ苟クモ移送ノ事實アレハ醜業婦トシテ移送スルモ其他奴僕ノ用ニ資スル爲メ移送スルモ別ニ本條ノ問フ所ニアラス(舊法三四五、參照)

第二百二十七條　前三條ノ罪ヲ犯シタル者ヲ幇助スル目

的ヲ以テ被拐取者又ハ被賣者ヲ收受若クハ藏匿シ又ハ隱避セシメタル者ハ三月以上五年以下ノ懲役ニ處ス
營利又ハ猥褻ノ目的ヲ以テ被拐取者又ハ被賣者ヲ收受シタル者ハ六月以上七年以下ノ懲役ニ處ス

本條ハ拐取者ノ幇助罪ニ關スル規定ナリ故ニ本條ノ罪ヲ構成スルニハ(1)拐取者ヲ幇助スルノ意思アルコトヲ要ス(2)被拐取者ヲ藏匿又ハ隱避セシメタルコトヲ要ス蓋シ藏匿隱避スルモ拐取者ヲ助クルノ意思ナク却テ被拐取者ヲ救フノ意ニ出テタルトキハ寧ロ大ニ其行爲ヲ賞賛セザル可カラズ又幇助ノ意思アルモ藏匿隱避セシメズシテ却テ其監督者等ノ發見ヲ容易ナラシメタルトキハ未タ以テ本罪構成ノ要件ト見ル可カラズ而シテ本條ニ云フ藏匿トハ如何ナルコトヲ云フヤヲ譯スルニ彼ノ他人ノ人家ヲ離レタル別墅ニ置キ或ハ姓名服裝等ヲ變セシメ以テ他人ノ發覺ヲ困難ナラシメタル行爲ノ如キハ其重ナルモノト云フベシ隱避セシメタルトハ之レ又藏匿ト略ホ其趣ヲ

均フシ拐取者ト共ニ被拐取者ヲ人里遠キ處ニ逃レシメタル場合ノ如キ又其重ナル手段ト云フベキナリ以上ノ行爲ハ彼ノ婚姻ノ目的ヲ以テ拐取シタル場合等ニ名譽ヲ重ンスル人ニアリテモ敢テ此大罪ヲ犯スコトアルハ著者多年ノ經驗ニ徵シテ明カナリ慮カラズシテ可ナランヤ第二項ノ規定ハ被拐取者ヲ收受シタル罪ニ對スル處分法ナリトス而シテ被拐取者ヲ收受スルハ本項ノ明文ニ從ヒ營利又ハ猥褻ノ目的ヲ以テスルコトヲ要ス此營利又ハ猥褻ノ目的ヲ以テ收受スルトハ拐取者ヨリ被拐取者ノ交付ヲ受クルコトヲ云フモノニシテ其交付ヲ受クルノ目的ハ卽チ營利又ハ猥褻ノ爲メナラザル可カラズ彼ノ日々ノ新聞等ニテ散見スル田舍出ノ女子ヲ誘拐シテ之ヲ酌婦若クハ工女或ハ賣淫婦娼妓等ニ賣ラントスルニ當リ其拐取セラレタル女子ナルコトヲ知リテ料理店主工場主妓樓ノ主人カ相當ノ金錢ヲ投シテ收受スルノ實例アリ如斯收受者ハ相當ノ金錢ヲ以テ抱ヘタルトキト雖モ其女子ガ被拐取者ナルトキハ本項ノ罪ヲ構成スルニ欠クル所ナシ之レ刑法カ善良ノ風俗ニ反スルノミナラズ公安ヲ害スルノ甚シキモノトシテ特ニ重キ處刑ヲ科シ

第三百四十三條　略取誘拐シタル幼者ナルコトヲ知テ自己ノ家屬僕婢ト爲シ又ハ其他ノ名稱ヲ以テ之ヲ收受シタル者ハ前條ノ例ニ照シ各一等ヲ減ス

以テ再犯ヲ防遏スルト同時ニ是等ノ犯罪ヲ未發ニ防禦セントスル法ノ精神ヲ明カニシタルモノナリトス（舊法三四三、參照）

第二百二十八條　本章ノ未遂罪ハ之ヲ罰ス

本條ハ總則ノ適用ヲ示シタルモノニシテ其如何ナル所爲カ本章ノ未遂罪ナルヤニ付テハ總則未遂罪ニ付キ說明シタルモノヲ援用シテ研究セラルベシ

第二百二十九條　第二百二十六條ノ罪、同條ノ罪ヲ幇助スル目的ヲ以テ犯シタル第二百二十七條第一項ノ罪及ヒ此等ノ罪ノ未遂罪ヲ除ク外本章ノ罪ハ營利ノ目的ニ出テサル場合ニ限リ告訴ヲ待テ之ヲ論ス但シ被拐取者又ハ被賣者犯人ト婚姻ヲ爲シタルトキハ婚姻ノ無效又ハ取消ノ裁判確定ノ後ニ非サレハ告訴ノ效ナシ本條ハ社會ヲ代表シテノ原告官タル檢事ノ起訴權ニ制限ヲ加ヘタル規定ナリトス盖シ拐取セラレタル場合ヲ深ク考察スルトキハ國家ノ利益ヲ害セラレタリト云フヨリモ寧ロ被害者ノ利益ヤ名譽ヲ毀損セラルル點尤モ多キニ居ルヲ以テ法律ハ大ニ此點ヲ斟酌シテ特ニ親告罪トシ被害者ニ告訴權ヲ與ヘタリ故ニ檢事ハ被害者ノ告訴ナキトキハ進テ訴追スルコト能ハズ之レ親告罪當然ノ結果ナリトス然レトモ本條ハ前數條ニ記載シタル全部ノ犯罪ニ付テ被害者ニ告訴權ヲ與ヘタルモノニアラズ卽チ法文ノ明示スル如ク第三百廿六條其他營利ノ目的ニ出テタル場合ニ對シテハ最早被害者ノ利益ヲ重ンズル能ハズ社會公安ノ利益ヲ以テ重シトシ此種ノ犯罪アルトキハ檢事ハ進ンテ捜査ヲ爲シ犯罪ヲ檢擧シテ起訴セサル可カラズ又本條但書ノ場合ノ如キ是レ亦條理當然ト解釋セザル可カラズ何トナレバ被拐取者カ拐取者ト婚姻ヲ爲シタルトキハ例令其婚姻ハ僞計威迫ノ結果ナリト雖モ形式ニ於テ缺クル所ナキ以上ハ夫婦ハ二身同體ノモノ二者ノ心靈相一致シテ以テ平穩ニ團欒シツツアルモノト認メサル可カラザルヲ以テ假リニ被害者ハ拐取セ

第三百四十四條　前數條ニ記載シタル罪ハ被害者又ハ其親屬ノ告訴ヲ待テ其罪ヲ論ス但略取誘拐セラレタル幼者式ニ從テ婚姻ヲ爲シタルトキハ告訴ノ效ナシ

ラレタルモノトシテ告訴スルト雖モ其結合セル婚姻ニシテ無効又ハ取消ノ裁判確定セザル間ハ未タ以テ告訴ノ効力ヲ認メズ是レ我民法ニ於テ婚姻ハ從來ノ如ク輕視セズシテ大ニ重ンジタル結果此規定ヲ爲シタルモノナリ故ニ本條但書當然ノ解釋トシテ告訴ヲ有効ニ受理スルニハ先ツ婚姻ノ無効又ハ取消ノ裁判確定シタルコトヲ取調タル後ニアラサルベカラズ(舊法三四四參照)

第三十四章　名譽ニ對スル罪

凡ソ心靈ヲ有スル人トシテ自己ノ名譽ヲ重ンセザルモノハアラザル可シ名譽ハ吾人カ社會ニ立チテ身ヲ處スル上ニ於テ必要不可缺モノタルコトハ何人モ認ムル所實ニ名譽ハ吾人ノ最大重寶ナル可シ故ニ國家ハ充分之レカ保護ノ責任ヲ有ス若シ犯人アリ他人ノ惡事醜行ヲ摘發シテ之ヲ社會公衆ニ紹介センカ社會公衆ハ其事實ナルヤ虛僞ナルヤヲ問ハズ皆其缺德ヲ指彈セサルモノアラサルナリ其レガ爲メ將來被害者ガ社會ノ潮流ニ伴ヒ身ヲ處スル

コト能ハサルニ至ル果シテ然ルトキハ失望ノ極自暴自棄ノ止ムヲ得サルニ至リ社會ノ秩序ヲ害シ善良ノ風俗ヲ破壞スルニ至ルヤ盖シ疑ヲ容レサルナリ是レ本章ニ於テ是等加害者ノ制裁法ヲ定メタル所以ナリ

第二百三十條　公然事實ヲ摘示シ人ノ名譽ヲ毀損シタル者ハ其ノ事實ノ有無ヲ問ハス一年以下ノ懲役若クハ禁錮又ハ五百圓以下ノ罰金ニ處ス

死者ノ名譽ヲ毀損シタル者ハ誣罔ニ出ツルニ非サレハ之ヲ罰セス

本條ハ他人ノ惡事醜行ヲ摘發シテ名譽ヲ毀損シタル罪ニ關スル處分方法ヲ定メタルモノナリ故ニ本條ノ處分ヲ遂行スルニハ下ノ行爲アルコトヲ要ス(1)惡事醜行アリトシテ公ニ之ヲ摘示シタルコト(2)名譽ヲ毀損シタルコト(3)他人ノ惡事醜行ナルコトヲ知リテ摘示スルノ意思アルコト今暫ク此三構成

要件ヲ說明センカ(1)ノ條件中ノ醜行トハ如何ナルモノヲ云フヤニ付テハ法文別ニ明示スル所ナシト雖モ此惡事醜行トハ廣ク德義ニ反スル行爲及ヒ法律ニ觸ルル行爲ト解シテ可ナラン此刑律ニ觸ルル行爲及ヒ道義ニ反スル行爲ハ何人モ之ヲ秘密ニ爲シ置クモノナルヲ以テ本條ノ罪ヲ構成スルニハ之ヲ公然摘示スルコトヲ要ス從テ文書圖畫若クハ偶像ヲ公示シ又ハ公然ノ雜劇歌曲若クハ演說等ヲ以テスルモ其他如何ナル行爲ヲ以テ爲スモ要ハ社會公衆ニ周知セシムルノ方法ナレバ足ルモノト云ハザルベカラズ第二ノ要素タル名譽ヲ毀損シタルコトハ此陰秘ノ惡事醜行ヲ摘示シタル爲メナラザル可カラズ故ニ直接被害者ニ對シテ爲スヲ要セス否寧ロ本條ノ場合ハ其惡事醜行アルコトヲ社會ニ向ヒテ摘示スレハ足ル蓋シ紹介者アレハ社會公衆ハ直チニ被害者ヲ追想シ從テ被害者ノ地位品格ニ對シ嫌惡ノ情ヲ惹起シ其名譽ヲ毀損スルノ結果ヲ來スヤ普通ノ觀察ヨリ推定セラルルヲ以テ果シテ名譽ヲ毀損セラレタリヤ否ナヤハ偏ニ被害者ノ證明ヲ要スル所タルト同時ニ司直ノ職ニアルモノノ判斷如何ニアルモノトス於玆乎第三ノ要件ヲ

第三百五十八條　惡事醜行ヲ摘發シテ人ヲ誹毀シタル者ハ事實ノ有無ヲ問ハス左ノ例ニ照シテ處斷ス
一　公然ノ演說ヲ以テ人ヲ誹毀シタル者ハ十一日以上三月以下ノ重禁錮ニ處シ三圓以上三十圓以下ノ罰金ヲ附加ス
二　書類圖畫ヲ公布シ又ハ雜劇偶像ヲ作爲シテ人ヲ誹毀シタル者ハ十五日以上六月以下ノ重禁錮ニ處シ五圓以上五十圓以下ノ罰金ヲ附加ス
第三百五十九條　死者ヲ誹毀シタル者ハ誣罔ニ出タルニ非サレハ前條ノ例ニ照シテ處斷スルコトヲ得ス

備ヘザルベカラズ卽チ摘示シタル惡事醜行ハ何人モ認メテ惡事醜行トスルコトヲ犯人ニ於テ判斷ヲ下シ進テ之ヲ摘示スルノ意思ヲ有セザル可カラズ故ニ摘示シタル行爲ハ犯人自身ハ人ノ惡事醜行トセズ却テ美事善行ト思料シタルトキハ反對推理當然ノ結果トシテ罪トナルベキモノニアラズ殊ニ本條ノ惡事醜行ハ獨リ被害者ノ一身ニ立チ入ルモノナルヲ以テ事實ナルト果タ虛僞ナルトヲ問ハサルナリ尤モ名譽毀損ノ場合ニ於テ人ノ身上ニ立入ラズ社會公衆風敎ノ矯正等ヨリ漠然惡事醜行アリトシテ社會公衆ニ須知セシムル新聞紙ノ如キハ現行特別法タル新聞紙條例ニ於テ其被害者ノ名譽毀損ノ意思ナケレバ否名譽毀損ヲ爲シタルモ事實ヲ事實トシテ報導シタルトキハ同條例ニ依リテ罪ヲ構成セズトアルヲ以テ讀者ハ彼我對照ノ上詳細ハ自ラ攻究セラレンコトヲ要ス(新聞紙條例第二十五條)

以上ノ各要件ヲ具備シタルトキハ本條ノ規定ニ依リ處斷セラルモノナリ(舊法三五八、參照)

第二項ハ死者ノ名譽ヲ毀損シタル場合ノ例外規定ナリトス卽チ死者ノ名譽

第四百二十六條　左ノ諸件ヲ犯シタル者ハ三日以上五日以下ノ拘留ニ處シ又ハ一十錢以上一圓五十錢以下ノ科料ニ處ス

ヲ毀損シタリト云フニハ必ラズ其行爲ガ誣罔ニ出テタルモノナラザル可カラズ是亦行爲當然ノ制裁ト云フベキナリ(舊法三五九參照)

第二百三十一條　事實ヲ摘示セスト雖モ公然人ヲ侮辱シタル者ハ拘留又ハ科料ニ處ス

本條ハ單純ナル侮辱罪ニ關スル處分法ヲ定メタルモノナリ盖シ他人ノ惡事醜行ヲ摘示セサルト雖モ社會公衆ノ前ニ於テ他人ヲ侮辱スルカ如キハ是レ衆人ノ名譽ヲ毀損スルモノト云ハザル可カラズ例セハ吾人カ公衆群集中ニ於テ罵詈嘲弄セラレンカ敢テ惡事醜行ヲ働ク惡漢ナリト云ハレズト雖モ既ニ汝ハ馬鹿者ナリ汝ハ道義ヲ知ラサルモノナリナドト口外セラレンカ此間ニ於テ慥ニ吾人ノ名譽ハ毀損セラレタリト云ハザル可カラズ然レトモ彼ノ公衆ノ中ニ於テ現ニ盜罪ヲ働キタルコトヲ認メ彼レハ盜人ナリト吾人ハ聲言シタリト雖モ是等ハ決シテ侮辱ニアラザルヲ以テ本條ノ罪ヲ構成スルコトナシ要ハ公然侮辱シタリト云フ事實アレバ足ル而シテ其之ヲ所分スルニ

十二公然人チ罵詈嘲弄シタル者但訴チ待テ其罪チ論ス
第三百六十一條此節ニ記載シタル誹毀ノ罪ハ被害者又ハ死者ノ親

極メテ輕キ形ヲ科スル所以ハ罪刑ノ均衡ヲ得ンカ爲ナリトス(舊法四二六ノ一二、參照)

第二百三十二條　本章ノ罪ハ告訴チ待テ之チ論ス

本條ハ名譽侵害ノ程度ヲ知ルモノハ被害者若クハ法定代理人ニ如クモノナキヲ以テ親告罪トセル所以ヲ明カニシタルモノナリ蓋シ名譽毀損罪ノ如キハ間接ニハ本章ノ始メニ於テ說述シタル如ク社會ノ公安ヲ害スルニ至ルト雖モ直接ノ損害ハ被害者ニアルヲ以テ檢事ハ自ラ進ンテ起訴セズ被害者ノ告訴ヲ待チテ始メテ罪トシ相當ノ處分ヲ爲サントスルモノニシテ人權ヲ重ンスルノ主義ハ又此點ニモ注意ヲ要スルニ至レル所以ナリ(舊法第三六一參照)

第三十五章　信用及ヒ業務ニ對スル罪

社會ノ森羅萬象カ複雜ナルニ從ヒ吾人ノ生活上乃至ハ業務上社會一般ヨリ

屬ノ告訴ヲ待テ其罪ヲ論ス

受クル信用ナルモノニ因リ複雜ナル生活狀態ヲ脫セントスルハ蓋シ進歩セル時代ニ於テ最モ必要ナル點ナリトス從テ吾人カ社會ヨリ受クル信用ハ吾人ノ生存上極メテ重要ノモノナリト云ハザルベカラズ從テ此信用ヲ他人ノ虛僞ノ風說僞計等ニ基キ失墜セラルルガ如キ結果ヲ來サンカ迷惑之レヨリ甚シキハナシ吾人ノ迷惑甚シカランカ爲メニ公安ヲ害スルコト又尠少ナラズ以テ本法カ特ニ本章ヲ創設シテ此種ノ犯人ヲ嚴罰シ公ノ秩序ヲ維持セサルベカラサル必要ヲ生シタル所以ナリトス

第二百三十三條　虛僞ノ風說ヲ流布シ又ハ僞計ヲ用ヒ人ノ信用ヲ毀損シ若クハ其ノ業務ヲ妨害シタル者ハ三年以下ノ懲役又ハ千圓以下ノ罰金ニ處ス

本條ハ人ノ信用ヲ毀損シ若クハ業務ヲ妨害シタル犯罪ノ制裁法ナリ卽チ本條ニ於テハ虛僞ノ風說ヲ流布シ若クハ僞計ヲ用ヒテ罪ヲ犯ス者ハ三年以下ノ懲役若クハ千圓以下ノ罰金ニ處スベク定メラルル故ニ(1)虛僞ノ風說ヲ流布

シ若クハ偽計ヲ用ユルコト(2)他人ノ信用ヲ毀損シ又ハ業務ヲ妨害スルコト(3)悪意アルコト此三要件ハ本罪構成ニ必要ナル條件トス今條件ヲ解説スルトキハ第一ノ偽卽チ眞實ナル風説假令ハ某銀行ハ目下所有株劵ノ下落ニ因リ大破錠ヲ來シ日ナラズシテ破産ノ悲運ニ陷入ルベシナドト事實ナキ銀行ニ對シ恰モ有ルガ如キ風説ヲ一般ニ周知セシムルカ又ハ偽計ヲ用ヒテ第二其銀行ノ名譽ヲ失墜セシムルカ或ハ業務ヲ妨害シテ爲メニ取引ヲ困難ナラシムル狀態ヲ惹起セシメタルトキハ卽チ本罪構成ス然レトモ以上ノ行爲ハ凡テ悪意ヲ以テセサルベカラザレハ他ノ犯罪ト同ク本罪構成ニモ必要件ナリトス其他發達セル今日ノ社會ニアリテハ吾人ノ信用ヲ毀損セラルル方法數多アリテ本條ノ適用ヲ受クル場合日ヲ逐フテ盛ナラントス殊ニ業務ノ競爭ヨリ本條ノ罪ヲ犯スモノ多キヲ加フルニ至ルベキヲ以テ之カ制裁ヲ設ケテ相當ノ警戒ヲ加フルノ必要アリ之レ本法カ特ニ本條ヲ設ケタル所以ナリトス

第二百三十四條　威力ヲ用ヒ人ノ業務ヲ妨害シタル者亦

前條ノ例ニ同シ

本條ハ威力ヲ用ヒテ人ノ業務ヲ妨害シタル罪ノ制裁法ナリ故ニ(1)威力ヲ用ユルコト(2)他人ノ業務ヲ妨害シタルノ二要件ヲ具備スルトキハ本罪構成ス而シテ第一ノ威力ヲ用ヒトハ其手段方法ノ如何ナルヲ問ハス爲メニ被害者カ其威力ニ杭敵スル能ハサル狀態ニ於テ第二其被害者ノ業務ノ妨害ヲ爲セハ本罪ハ成立ス例ヘハ大道商人ノ營業開始中暴威ヲ逞フシテ其商賣ヲ爲ス能ハザラシムル場合ノ如キ或ハ自己ノ營業上不利益ナリトシテ他ノ同一營業者ノ營業ヲ暴威ヲ用ヒテ妨害スルガ如キ其他不法ニ他人ノ業務ヲ妨害スル爲メ其被害者ニ業務中止ノ止ムヲ得サラシムルニ至ラシムル場合彼ノ職工ニ同盟罷業ヲ企テシメ工場主ノ業務ヲ妨害スルガ如キ何レモ本條ノ適用ヲ受クル犯罪ナリトス

第三十六章　竊盜及ヒ強盜ノ罪

本罪ノ如何ナルモノナルヤハ普通文字ヲ解スル者ハ之レヲ知ルコトヲ得可シト雖モ然カモ仔細ニ觀察スルトキハ舊刑法ノ下ニ於テハ尤モ困難ノ一ナリキ依テ本法ハ種々苦心ノ結果大ニ修正ヲ加ヘタル所トス由來盜トハ他人ノ財物ヲ權利ナクシテ自己ノ所有ニ移スノ行爲ヲ云フモノナリ此犯罪ハ羅馬カ始メテ法ヲ立テタルトキヨリ之ヲ認メ當時羅馬ノ法典カ盜罪ノ定義ヲ下シテ曰ク他人ノ占有ニ係ル物件ヲ自己ノ占有ニ移スノ所爲ヲ盜罪ト云ヒ爾來此法系ニ屬スル刑法ハ皆此主義ニ依レリ彼ノ佛國刑法ノ如キ殆ント羅馬法ノ定義ト等ク從テ其惡流ヲ汲ミシ我舊刑法モ又斯ク定義セサル可カラズト解釋スル者多カリシ然レトモ此定義ニテハ盜罪ノ性質ヲ全フシタルモノト云フヲ得ストシテ他ノ主義ヲ主張スル學者又甚タ多シ本書ハ多クノ學者ノ學說ヲ批判スルカ如キハ素ヨリソノ希望ニアラザルヲ以テ本法ノ旨趣ニ從ヒ先ツ一般ニ通スル觀念ヲ示サン曰ク

盜罪トハ他人ノ所有ニ屬スル財物ヲ奪取シテ自己ノ占有ニ置クヲ云フ

此定義ヲ分析スルトキハ盜罪成立ノ要件トシテ

(a)他人ノ所有ニ屬スル財物ナルコト
(b)奪取ノ所爲アルコト
(c)自己ノ占有ニ置クコト

ノ三要件ヲ具備セサルベカラズ今各要件ニ付キ概說スル所アラン

(a)他人ノ所有ニ屬スル財物ナルコトヲ要スルヲ以テ自己ノ所有物件ハ盜罪ノ目的トナラズ然レトモ例外アリ即チ第二百四十二條ノ如ク例ヘ其物件ハ自己ノ所有ニ屬スルト雖モ一時處分權ヲ行使スル能ハサル狀態ニアルヲ以テナリ又自己カ其財物ノ一分所有即チ或ル不可分動產ヲ他人ト共有スル場合ノ如キハ自己モ其物件ニ付テハ所有權ヲ有スレトモ他人又自己ト均シキ所有權ヲ有スルヲ以テ此場合ニハ本罪ヲ構成スルモノト云ハザルベカラズ反之何人ノ所有權內ニモ屬セサル物件ノ如キハ假令犯人奪取ノ意思アルモ決シテ盜罪ヲ構成スルモノニアラズ然レトモ所有權者ガ他ノ原因ニ依テ一時其物件ノ占有ヲ離レ居ル場合ノ如キハ所有權ヲ拋棄シタルモノニアラサルヲ以テ此場合ニハ盜罪ヲ構成スルコト明カナリトス

之レ法文カ特ニ他人ノ財物タル廣キ意味ノ規定ヲ爲シタル當然ノ解釋ト云ハサル可カラズ

(b) 奪取ノ所爲アルコトヲ要スルヲ以テ正當ニ他人ノ交付ヲ受ケタル財物ハ本罪ヲ構成スルモノニアラズ然レトモ交付ハ公然他人ヨリ受ケタリト雖モ其受領スルマテニ至ル手段カ所有者ヲ欺罔スルトカ或ハ脅迫强制シテ得タル財物ノ如キ又ハ未成年者ノ智慮淺薄ニ乘シ若クハ精神耗弱者ヨリ交付セシメテ受領シタル場合ノ如キハ本罪ヲ構成スルニ缺クル所ナシ何トナレバ此種ノ所有者ハ概子眞意ニ出テタルモノニアラズトセバ之レ明ニ被交付者ハ正當ニ受ケタルモノト云フコトヲ得ス正當ニ受ケタルモノニアラサルトキハ之ヲ奪取シタル所爲ト異ナル點ナシ之レ明カニ本罪ヲ構成スル所以ナリトス

(c) 自己ノ占有ニ置クトハ財物所有者カ其物ノ上ニ有スル所有權等ノ權利行使ヲ妨害スルノ行爲ヲ云フ故ニ從來ノ學者ノ云ヘル盜罪ノ目的ハ必ラズ有躰動產ナラザルベカラスト云フカ如キ解釋ハ採用ス可カラズ自己ノ占

有ニ置クトハ現實ニ自己ノ身邊等ニ置クノ意ニアラザルコトヲ知ラザル可カラズ故ニ彼ノ不動產ノ如キ瓦斯電氣ノ如キ何レモ盜罪ノ目的トナリ得ルコトハ立法者ハ素ヨリ今日有數ノ學者ハ共ニ認ムル所ナリトス故ニ讀者此要件アルカ爲メ盜罪ノ目的物ハ有躰動產ニ限ルガ如ク輕信セザルコトヲ必要トス

以上盜罪ノ一般ニ通スル性質ヲ概說シタルヲ以テ以下例ニ依リ各條ノ下ニ於テ其成立條件等ヲ硏究セントス

第二百三十五條　他人ノ財物ヲ竊取シタル者ハ竊盜ノ罪ト爲シ十年以下ノ懲役ニ處ス

本條ハ竊盜罪ニ關スル規定ナリ竊盜ノ性質ニ付テハ從來學者間ニ種々ノ議論アリシ所ナリシモ本條ニ依ルトキハ竊盜トハ他人ノ財物ヲ竊取スルノ行爲ナリト云フテ可ナランン故ニ本罪ヲ構成スルニハ他人ノ財物タルコト及ヒ竊取ノ行爲アルコトヲ特別ノ要件トス而シテ財物ノ何タルヤヲ一言セサル

第三百六十六條　人ノ所有物ヲ竊取シタル者ハ竊盗ノ罪ト爲シ二月以上四年以下ノ重禁錮ニ處ス

第三百六十七條　水火震災其他ノ變ニ乘シテ竊盗ヲ犯シタル者ハ六月以上五年以下ノ重禁錮ニ處ス

第三百六十八條　門戸牆壁ヲ踰越損壞シ若クハ鎖鑰ヲ開キ邸宅倉庫ニ入リ竊盗ヲ犯シタル者ハ亦前條ニ同シ

第三百六十九條　二人以上共ニ前三條ノ罪ヲ犯シタル者ハ各一等ヲ加フ

第三百七十條　兇器ヲ携帶シテ人ノ住居シタル邸宅ニ入リ竊盗ヲ犯シタル者ハ輕懲

可カラズ此財物ハ廣キ意味ニ於テ解スルトキハ吾人ノ富ト云フコトヲ得ベシ故ニ民法上ノ物トカ或ハ物理學上ノ物タルコトヲ必要トセス彼ノ電液ノ如キ又窃盗ノ目的トシテ敢テ不可ナシ然レトモ窃取ノ所爲アルヲ要スルヲ以テ特ニ不動産ハ窃盗罪ノ目的ト爲スコトヲ得ザルヤ勿論ナリトス而シテ舊刑法ニ於テハ窃盗ニ二種ヲ認メタリ曰ク屋内窃盗曰ク屋外窃盗之ナリ然レトモ此區別ハ舊刑法ノ下ニ紛擾ヲ究メタル一ニシテ決シテ二者區別ノ實益ヲ見ス故ニ本法ハ本條ニ明文ヲ設ケタル如ク如何ナル場所ニ於テ窃取スルモ他人ノ財物タル以上ハ場所ノ如何ヲ問ハス渾テ窃盗ノ罪トシテ所罰セントスル法ノ精神ナリ又窃取トハ如何ナルコトヲ云フヤニ付テハ前述盗罪一般ニ通スル點ニ於テ了解セラレタルモ本條ニ窃取トアルヲ以テ公然交付ヲ受ケタル場合ト區別スルヲ要ス從テ强盗詐偽取財等ト區別ヲ要スルハ實ニ此點ニ存スルコトヲ注意セサルヘカラス換言スレハ窃盗罪ト其他ノ盗罪ト區別スルノ標準ハ一ニ此手段ニ因テ判斷スルモノト知ラサルヘカラス終リニ一言セサルヘカラサルハ本條カ屋内屋外ノ窃盗罪ヲ區別セサルヲ以テ

役ニ處ス
第三百七十二條　田野ニ於テ穀類菜果其他ノ產物ヲ竊取シタル者ハ一月以上一年以下ノ重禁錮ニ處ス
第三百七十三條　山林ニ於テ竹木礦物其他ノ產物ヲ竊取シ又ハ川澤池沼湖海ニ於テ人ノ生養シ若クハ營業ニ關スル產物ヲ竊取シタル者ハ亦前條ニ同シ
第三百七十四條　牧場ニ於テ牧畜ノ獸類ヲ竊取シタル者ハ二月以上二年以下ノ重禁錮ニ處ス

舊刑法及ヒ彼ノ明治二十三年法律第九十九號屋外窃盜ノ場合ノ如ク罪輕重ニ依テ處分ノ刑期ニ影響ヲ及ホスヘキ犯罪ニ付テハ本法ハ刑ノ範圍ヲ十年以下ト爲シ頗ル廣ク定メタルヲ以テ裁判官タルモノハ之等ノ點ニ付キ罪刑權衡ヲ失セサル樣大ニ注意シ以テ法律ノ目的ヲ達センコトヲ期セサル可カラサルコト之ナリ(舊法三六六、乃至三七〇、三七二、乃至三七四參照)

第二百三十六條　暴行又ハ脅迫ヲ以テ他人ノ財物ヲ强取シタル者ハ强盜ノ罪ト爲シ五年以上ノ有期懲役ニ處ス
前項ノ方法ヲ以テ財產上不法ノ利益ヲ得又ハ他人ヲシテ之レヲ得セシメタル者亦同シ

本條ハ强盜罪ニ關スル規定ナリ今本條ヨリ强盜罪ノ定義ヲ下ストキハ强盜罪ナルニハ暴行脅迫ヲ用ヒテ財物ヲ强取スルノ罪ト云フコトヲ得ヘシ而シテ其暴行脅迫ヲ爲ス方法ハ犯罪ノ客躰タル被害者ニ於テ救護スヘキ者ノ生命身體自由若クハ財產ニ對シ危害ヲ加ヘント脅迫スルコトヲ要ス故ニ危害

ヲ現ニ加ヘントシ脅迫シテ財物ヲ強取シタルモノニアラサレハ強盜罪トナラス彼ノ單ニ生命身躰自由若クハ財產ニ對シ脅迫セントシタル場合若クハ脅迫セントスト云ヒテ被害者ニ或行爲不行爲ヲ爲サシムルカ如キ場合ニアリテハ第三十二章ノ罪ヲ構成スルコトアルモ強盜罪トナラス故ニ脅迫罪ノ場合ノ脅迫ト強盜罪ノ脅迫ノ場合ハ他人ヲ畏怖セシムルノ點ハ同一ナリト雖モ其畏懼心ヲ生セシメテ而シテ財物ヲ強取スルト單ニ畏怖心ヲ惹起セシムレハ直ニ犯罪成立スト云フ點ハ大ニ異ナレリ故ニ脅迫罪ト強盜罪トノ區別ノ標準ハ暴行ヲ用ヒ危害ヲ加ヘントシ脅迫シテ財物ノ交付ヲ受クルモノト單ニ危害ヲ加ヘントシ脅迫シタルニ依テ直ニ犯罪成立スルト云フ點ヲ以テ區別ノ標準トナセハ足ル換言スレハ財物ノ交付ヲ受クルト然ラサルトカ區別ノ標準ナリト云フヲ得ヘシ又強盜罪ト前條ノ竊盜罪トノ區別ノ標準ヲ求ムレハ強盜罪ニハ暴行ヲ用ヒ危害ヲ被害者若クハ現ニ被害者ニ救護ヲ受クルモノニ對シ加ヘントシ脅迫シテ財物ノ交付ヲ受クルト一ハ竊カニ他人ノ財物ヲ奪取シテ自己ノ占有內ニ移ストノ點ニ於テ異ナルモノニシテ其他人ノ財物ヲ自

第三百七十八條　人ヲ脅迫シ又ハ暴行ヲ加ヘテ財物ヲ強取シタル者ハ強盜ノ罪ト爲シ輕懲役ニ處ス

己ノ占有内ニ置クノ點及ヒ行爲ノ不正ニ出テタル點ハ毫モ差異アルコトナシ從テ所分ノ點ニ於テモ兩者ノ間ニ其懸隔ヲ充分設ケタル所以ナリトス

第二項ハ別ニ說明スル程ノコトナケレトモ法律ノ用語ニ付キ一言シ置カントス

前條及ヒ本條共財物ト云ヒテ一般ノ財產上ノ利益ニ付テハ未タ規定ノ見ルヘキモノナキヲ以テ特ニ強盜ニハ竊盜ト異リ財產上ノ利益ヲ得ルコト容易ナルカ故財物竊取若クハ強取ノ外ニ或ル利益ヲ得又ハ他人ニ之ヲ得セシメタル場合ニハ其得ル方法カ暴行ヲ用ヒ危害ヲ加ヘント脅迫シタル狀況ニ居ルトキハ之レ均ク強盜ヲ以テ論セントスルモノナリ而シテ財產上ノ利益トハ暴行脅迫シテ被害者ノ抵抗力ヲ抑壓シ以テ或ル權利ヲ自己ニ得セシムルコトヲ迫リ又ハ他人ヲシテ得セシムヘシト脅迫シテ強テ其利益ヲ被害者以外ノ第三者ニ得セシメタル場合ヲ云フ（舊法三七八、參照）

第二百三十七條　強盜ノ目的ヲ以テ其ノ豫備ヲ爲シタル

者ハ二年以下ノ懲役ニ處ス

本條ハ强盜罪ノ準備行爲ヲ罰セントスル規定ナリ蓋シ總テノ犯罪中未タ準備行爲ハ犯罪トシテ罰セサルコトヲ明示シタルハ第一編ニ於テ說述シタル所ノ如クナリ然レトモ强盜罪ノ如キ事態重キ行爲ニ就テハ假令準備行爲中ニ發覺シタリト雖モ進テ未然ニ防遏スルノ必要アルヲ以テ特ニ罰スル必要アリト云ハサルヘカラス

第二百三十八條　竊盜財物ヲ得テ其取還ヲ拒キ又ハ逮捕ヲ免レ若クハ罪跡ヲ湮滅スル爲メ暴行又ハ脅迫ヲ爲シタルトキハ强盜ヲ以テ論ス

本條ハ加重竊盜ノ場合ニ對スル規定ナリ俗ニ遽カ强盜若クハ居直リ强盜ト稱スルモノニシテ其意義ハ本條ニ示サレタルカ如シ即チ準强盜トモ云フヘキモノニシテ本條ノ罪ヲ構成スルニハ(1)竊盜犯人カ其得タル財產ノ取還ヲ

拒ミ又ハ逮捕ヲ免レ若クハ罪證ヲ湮滅スル爲メノ行爲ナルコト(2)暴行又ハ脅迫ヲ爲シタルコトノ二要素ヲ具備セサル可カラス故ニ本條ノ罪ハ最初ヨリ強盜ノ目的ニアラス從テ強取ノ意思ハ犯人ニ少シモアラサルモ其竊取シタル財物ノ取還ニ逢ヒ又捕獲シタル場合若クハ罪證ノ發覺ヲ恐レ臨時暴行脅迫ヲ爲シタル而巳ニシテ敢テ強盜ノ爲メニ暴行脅迫ヲ爲シタルニハアラサルモ如斯場合ハ恰モ強盜ト違フ説ナシト云フヲ得ヘク從テ強盜罪ヲ以テ論シ再犯ノ防遏ヲ爲シ一方ニ於テハ將來來ルヘキ此種ノ犯罪ヲ未前ニ防止セントスル法ノ精神ヨリシテ一點ノ瑕瑾アル所ナシト云ハサル可カラス又法文ノ法語ヲ見ルニ財物ノ取還トハ竊盜ニ依テ得タル財物換言スレハ竊盜ナル行爲ニ依テ得タル物件ヲ被害者又ハ其他ノ者カ盜取セラレタル物件タルコトヲ知リ其物件ノ返還ヲ求ムルトキ臨時其物件ノ返還ヲ拒ム手段トシテ暴行ヲ用ヒ或ハ逮捕官吏其他現行犯罪ヲ認メ之ヲ捕獲セントスルモノニ對シ脅迫ヲ爲シ或ハ此儘歸家スルトキハ罪證之ヨリ顯ハレンコトヲ虞レ其罪跡ヲ湮滅スル爲メ暴行脅迫ヲ爲シタル等ノ場合ヲ云フ而シテ之ヲ處分ス

第三百八十二條　竊盜財ヲ得テ其取還ヲ拒ク爲メ臨時暴行脅迫ヲ爲シタル者ハ强盜ヲ以テ論ス

ルニハ强盜ヲ以テ論スルヲ以テ第二百三十六條ノ規定ノ刑罰ニ付スベキモノタルコトハ當然ト云ハザル可ラズ（舊法三八二、參照）

第二百三十九條　人ヲ昏醉セシメテ其ノ財物ヲ盜取シタル者ハ强盜ヲ以テ論ス

本條又加重竊盜ノ場合ニ關スル規定ナリトス抑モ本條ニアルガ如ク人ヲ昏醉セシメテ被害者ノ財物ヲ竊取スルカ如キハ毫モ强盜ト異ル所ナキヲ以テ舊刑法又之ヲ强盜罪トセリ然レトモ竊カニ案スルニ人ヲ昏醉セシムル行爲ハ全ク竊盜罪ト云フヲ得ザルモ犯人ノ意思ハ被害者ノ抵抗力ヲ排シテ財物ノ交付ヲ受クルガ如キ意思ハ素ヨリアルニアラズ唯竊取ノ手段トシテ例ヘハ藥物麻醉劑等ヲ用ヒタルニ過キザルヲ以テ準强盜トシテ之ヲ論ズレハ足ル之レ本條カ强盜ヲ以テ論スト云フ所以ナリ故ニ本條ノ罪ヲ構成スルニハ人ヲ昏醉セシムルノ手段サヘアレバ如何ナル方法ニ依ルヲ問ハザルナリ蓋シ舊刑法ノ下ニ於テハ藥物等ヲ用ユル手段ノ例ヲ擧ケタリト雖モ然レトモ

第三百八十三條　藥酒等ヲ用ヒ人ヲ昏醉セシメ其財物ヲ盜取シタル者ハ强盜ヲ以テ論シ輕懲役ニ處ス

人ヲ昏醉セシムルハ獨リ藥物而已ニアラス彼ノ催眠術ヲ施用シテモ人ヲ昏醉ノ狀態ニ陷入シムルコトヲ得ルヲ以テ本條ハ此例示ヲ斥ケ以テ其間ニ疑ヲ抱カシメザランコトヲ期シタリ而シテ斯ク人ヲ昏醉ノ狀態ニ陷入シメ以テ其者ノ財物ヲ竊取スレハ本條ノ罪成立シ之ヲ處分スルニ當リテハ第二百三十六條ノ强盜罪ニ準シ五年以上ノ有期懲役ニ處スルモノナリ（舊法三八三參照）

第二百四十條　强盜人ヲ傷シタルトキハ無期又ハ七年以上ノ懲役ニ處ス死ニ致シタルトキハ死刑又ハ無期懲役ニ處ス

本條ハ强盜加重ノ場合ニ關スル規定ノ一ナリ卽チ本條加重ノ原因ハ强盜傷人ノ罪及ヒ强盜殺人ノ二種ノ罪ヲ規定シタルモノナリ之レ傷害ノ意思ハ最初ニ於テハ全クナク當初ハ單ニ强盜ノ意思ノミニシテ其實行ニ着手スルコトアリト雖モ中途暴行ヲ用ヒ遂ニ被害者ニ傷ヲ負ハスルカ强盜罪ヲ犯スル

モノヨリ被害者ノ思想頗ル豪雄ニシテ犯人ノ暴行脅迫ニ對シ抵抗ヲ爲ス場合等アルハ實例ノ多ク見ルヘキモノアリ如斯場合ニ於テ其罪ヲ免ルル爲メ或ハ强テ遂行セントシテ强盜殺人ノ罪ヲ犯シ或ハ强盜傷人ノ罪ヲ犯スコト往々アリ故ニ如斯犯人ニ對シテハ普通ノ刑ヲ適用スルハ犯人保護ニ厚ク被害者保護ニ不忠實ノ刑法ト謂ハザルヘカラズ故ニ各國刑法何レモ加重ノ原因トシテ之ヲ規定セザルハナシ吾カ舊刑法及ヒ新法又之ヲ認メタル所以ナリ而シテ本罪構成ノ特別要件トシテハ傷害ノ罪ガ强盜ノ罪ト同一ニ成立スルヲ要セス强盜ノ目的ハ未遂ニ停マルトキト雖モ其目的ヲ以テ實行ニ着手シ未タ遂ケサル中ニ傷害ノ罪ヲ構成シタルトキハ本罪成立スルモノト云ハザルベカラズ何トナレハ法文特ニ强盜人ヲ傷害シタルトキ又ハ死ニ致シタルトキトアリテ必ラズシモ强盜罪ト共ニ成立スルヲ要セザルヲ以テナリ從テ本條ノ强盜トハ其罪ヲ犯ス所ノ犯人ヲ云フモノニシテ强盜ノ罪ヲ構成シ既遂ノ犯人ヲ指シタルモノニアラズト解セザルベカラズ

以上ノ如ク本罪ヲ構成シタル場合ノ處分方法ハ刑期非常ニ廣キ範圍ニアリ

第三百八十條
強盜人ヲ傷シタル者ハ無期徒刑ニ處シ死ニ致シタル者ハ死刑ニ處ス

殊ニ之ヲ適用スル司直ノ職ニアルノ士ハ其間ノ認定又非常ニ責任ノ重大ナルモノアレバ罪刑均衡ヲ失シ法ノ精神ヲ誤ラザル樣明斷ヲ爲サザル可カラザルモノナリ(舊法三八〇、參照)

第二百四十一條　強盜婦女ヲ強姦シタルトキハ無期又ハ七年以上ノ懲役ニ處ス因テ婦女ヲ死ニ致シタルトキハ死刑又ハ無期懲役ニ處ス

本條又加重強盜罪ノ二原因ヲ定メタルモノナリ即チ強盜婦女ヲ強姦シタルモノ而シテ其結果死ニ致シタルモノハ之レ又普通強盜ト殺人及強姦ノ三罪成立スルモノナリト雖モ之等三罪ハ各自ニ審理スルノ必要ナキヲ以テ特ニ強盜強姦罪ナル一ノ罪名ノ下ニ其情狀ニ依リ刑ヲ加重スルモノニシテ別ニ説明セザルモ明カナル所ナリトス本條ノ罪ヲ構成スル特別要件トシテハ強盜ノ目的ヲ以テ被害者ニ向ヒ若クハ被害者ノ家族等ノ婦女ヲ強姦シタルコト或ハ其結果婦女ヲ死ニ致シタルトキハ本罪成立スルモノニシテ前條ト同

第三百八十一條 强盜婦女ヲ强姦シタル者ハ無期徒刑ニ處ス

ク財物强取ハ必ラズシモ本罪成立ニ必要ナラザルモノト解セザルベカラズ構成要件具備スルトキハ直チニ本條規定ノ處刑ヲ科スベキモノナルヲ以テ事實ノ審理ハ大ニ意ヲ用ユベキモノアリト知ルベシ(舊法三八一、參照)

第二百四十二條 自己ノ財物ト雖モ他人ノ占有ニ屬シ又ハ公務所ノ命ニ因リ他人ノ看守シタルモノナルトキハ本章ノ罪ニ付テハ他人ノ財物ト看做ス

本條ハ自己ノ所有物ニ對シテノ盜罪ニ關スル規定ナリ蓋シ本條ノ規定ハ特ニ之ヲ設ケザルトキハ條理上決シテ犯罪トナルベキモノニアラズ然リ而シテ本條ニ於テ特ニ之ヲ處罰セント規定アル所以ノモノハ此場合ニ於ケル犯罪ハ均ク他人ノ利益ヲ侵害スルモノナルヲ以テナリ何者本條ニ掲ケタル如ク他人ノ占有ニ屬シ居ル物件例令バ質權留置權ノ如キ權利者カ相當ノ理由ニ依リ或ハ自己ノ有スル債權ノ擔保トシ若クハ債權ノ辨濟ヲ受クルマテ其物權ノ上ニ權利ヲ行フコトヲ得ルモノナルヲ以テ之ヲ侵害スルハ恰モ他人

第三百七十一條　自己ノ所有物ト雖モ典物トシテ他人ニ交付シ又ハ官署ノ命令ニ因リ他人ノ看守シタルトキ之ヲ竊取シタル者ハ竊盜ヲ以テ論ス

ノ權利ヲ侵害スルト異ルナシ故ニ之ヲ防止スルノ必要アリ法律カ豫メ防止スルニモ拘ハラズ其財物ヲ奪取スルハ盜罪ト毫モ撰ブ所ナシ又自己ノ財産ト雖モ自己以外ノモノニ公務所ガ保管ヲ命ジタル時ハ既ニ所有權者ハ其物ノ上ニ完全ノ所有權ヲ有セズトスレバ恰モ他人ノモノト同一ナリ之ヲ奪取スルハ他人ノ財物奪取ノ行爲ト撰ブ所ナシトス之レ本條カ特ニ所有權ハ自己ガ有スルモ或ル條件即チ本條規定ノ場合ニ於ケルガ如キ其所有權行使ヲ制限シアルモノニ付テハ他人ノ財物ト見做シ適當ノ處分ヲ爲シ以テ後患ヲ除カントスル所以ナリ今本條ノ成立條件ヲ略述スレバ(1)奪取シタル財物ハ自己ノ所有物ナルコト(2)其所有物ガ他人ノ占有ニ屬シ若クハ公務所ノ命ニ依リ他人ガ看守シ居ル物件ナルコト(3)奪取ノ行爲アルコトノ三條件ヲ特別要件トス此條件ニシテ具備スルトキハ前段ノ理由ニ依リ本條ノ適用上本章ニ掲ケタル各種ノ犯罪成立スルモノトス(舊法三七一、參照)

第二百四十三條　第二百三十五條、第二百三十六條、第二百

三十八條乃至第二百四十一條ノ未遂罪ハ之ヲ罰ス

本條ハ別ニ說明ヲ要セズ本條記載ノ各犯罪ハ例ヒ未遂犯ト雖モ處斷スルノ必要アルヲ以テナリ

第二百四十四條　直系血族、配偶者及ヒ同居ノ親族又ハ家族ノ間ニ於テ第二百三十五條ノ罪及ヒ其未遂罪ヲ犯シタル者ハ其刑ヲ免除シ其ノ他ノ親族又ハ家族ニ係ルトキハ告訴ヲ待テ其ノ罪ヲ論ス

親族又ハ家族ニ非サル共犯ニ付テハ前項ノ例ヲ用ヒス

本條ハ親族相盜罪ニ關スル規定ナリ今本條ヲ通覽スルニ直系血族其他同居ノ親族間ノ盜罪中卽チ窃盜ノ場合ニ其刑ヲ免除スト之レ如何ナル理由ニ基クヤト云フニ遠ク羅馬ノ古代ヨリ此主義ノ行ハレ來リタリト雖モ其時代ノ

法律ニ於テ罰セザル所以ノ理ハ家族ハ家長處分權內ニ屬シ從テ其財產ノ如キモ偏ニ家長ニ專屬シ親族間ニアリテハ互ニ特有ノ財產アルヲ認メザルヲ以テ甲ニ屬スル財產ハ又乙ナル親族ニモ屬スレバ此間ノ盜罪ハ恰モ自己ノ財產ヲ奪取スルト同一ナリサレバ其罪ヲ論セストノ主義ヲ採用シ來リタリト雖モ近代ニ至リ文化漸ク進ミ所謂家族制度ナルモノ漸次個人制度ニ傾クニ至リ法律ハ現ニ親族間相互ニ獨立シタル財產アルヲ認メ我カ民法モ現ニ之ヲ認メ保護シツツアリ玆ニ於テ前段ノ理由ノミニテハ親族相盜ヲ免刑ニスルノ理由トナル能ハズ然ラハ我刑法ハ如何ナル主義ニ因リ本條ヲ設ケタルヤヲ何レニカ需メザル可カラズ之ニ對スル從來ノ學說ヲ案スルニ極メテ簡短ナルモノナリ曰ク親族間ノ平和ヲ維持スルノ目的ニ出テタルモノニシテ道義若クハ公益ノ規定ニ基クト云フノ外ナシト然レトモ均ク此主義ヲ唱ヘツツ尙左ノ如キ說ヲ爲スモノアリ(a)親族相盜ヲ無罪トスルハ親族間ニ於ケル平和ヲ破ラザランガ爲メニシテ罪アルモ刑ヲ科セザルモノナリ(b)之ヲ無罪トスルハ公益ニ基クモノニシテ啻ニ刑ヲ科セザルノミナラズ犯罪其者

ヲモ構成セストスルモノ即チ公訴不受理ノ原因タルモノナリトス此二説我カ刑法ノ精神ヲ法文ヨリ案スルトキハ蓋シ(b)説ノ如クナラン何トナレバ被害者ノ犯人タル親族ノ刑ヲ免除スルニ止リ他人カ親族ノ犯人ト共謀シテ罪ヲ犯シタルトキ其他人ハ第二項ニ於テ明ニ之ヲ罰スルコトヲ規定スルヲ以テ見ルモ如何ニ親族間ノ平和ヲ維持センコトニ勉メタルヤヲ知ルヲ得ベシ以上ノ理由ニ依リ親族間ノ竊盜ニ對シテハ之ヲ罰セスト雖モ其親族ハ本條ノ明文ニ依リ又民法上ノ親族全部ヲ指シタルモノニアラズ即チ近親ト云フト雖モ吾人ノ兄弟姉妹ノ財産ヲ奪取シタル場合ノ如キハ同居ノモノナラザル以上ハ其親族ノ告訴アルトキハ明ニ法律ハ之ヲ罰セントスル主義ヲ採リタリ從テ本條ニ掲ケタル親族ハ直系血族即チ民法上ノ六等親內ノ血族及仝居ノ親族同居ノ親族ハ其直系タルト傍系タルトヲ問ハザルナリ苟クモ民法親族編ニ於テ親族トスルモノナラバ本條ノ適用ヲ受ケ刑ヲ免除セラルルナリ其他同居セザル親族ナルトキハ告訴ヲ待テ之ヲ論スト定メタルヲ以テ例ヘ同居セザルモ直系血族ノ關係ヲ有スルモノニ對シテノ犯罪ハ又之ヲ罰セ

第三百七十七條　祖父母父母夫妻子孫又ヒ其配偶者及ハ同居ノ兄弟姉妹互ニ其財産ヲ竊取シタル者ハ竊盗ヲ以テ論スルノ限ニ在ラス　若シ他人共ニ犯シテ財物ヲ分チタル者ハ竊盗ヲ以テ論ス
第三百九十八條　此節ニ記載シタル罪ヲ犯シタル者第三百七十七條ニ掲ケタル親屬ニ係ル時ハ其罪ヲ論セス

ザルヤ明カナリ蓋シ同居セザル直系血族ニアラザル親族間ノ罪ハ親族間ノ平和ヲ破ルガ如キ結果ヲ生スルヲ以テ特ニ親告罪ト爲シ親族間ノ相盗ト雖モ既ニ被害者ノ一方ガ告訴ヲ爲シ刑ヲ求メントスルガ如キ場合ニアリテハ法律ハ尚進ンテ其平和ノ維持ニ勉ムルノ必要ナキヲ以テナリ

第二項ノ規定ハ本條ノ初メニ於テ一言シタル如ク親族相盗ヲ罰セザルハ一ニ平和ヲ維持シ道義ヲ重シ公益ニ基キ特ニ其刑ヲ免除スルモノナリト雖モ之等ノ關係ナキ共犯人ノ一方ハ此理ヲ以テ論スル能ハズ從テ之ヲ規定セザルトキハ裁判所ニ於テ誤解ノ虞ナキヲ保セザルヲ以テ特ニ明示シタル所以ナリ(舊法三七七、三九八、參照)

第二百四十五條　本章ノ罪ニ付テハ電氣ハ之ヲ財物ト看做ス

本條ハ舊刑法以來一個ノ疑問トシテ學說一致セサリシ問案ナリシモ進歩今日ノ如キ活社會ニアリテハ民法上ノ物以外ニ尚幾多財産上ノ物ノ性質ヲ備

フル場合多カラン本條ノ電氣モ亦民法上ノ物ノ内ニハ之ニ相當スル規定ヲ發見セストモ盜罪ニ於ケル財物トシテノ電氣ハ必ラスシモ非條理ノ規定ニアラサルヘシ即チ電氣ノ窃取ノ如キ往々行ハレアル實例アリ例ヘハ電燈會社ト燈火ノ契約ヲ爲シ其契約ニ於テハ二十燭ノ電燈ナルモ點火ニ當リ三十燭ノ電球ト取替ヘ使用スルカ如キハ明ニ其差十燭ノ窃取トナルヘシ本條ハ此ノ如キ場合ニ備フルニ學說ノ一致ヲ缺キ居リタル爲メニ特ニ一條ヲ設ケ從來ノ異說ヲ排斥シ法ノ精神ヲ明カニシタルモノナリトス

第三十七章　詐欺及ヒ恐喝ノ罪

人文發達スルニ從ヒ德義ノ觀念之ニ伴ハサル今日ノ狀態ニ於テハ詐欺恐喝等ノ犯罪ハ相當ノ敎育ヲ受ケタル者ノ爲メニ往々犯サルルコトアリ如斯ハ社會刑事ノ政策上決シテ忽諸ニ付スヘキモノニアラス之レ本章特ニ實質上ノ前章ノ窃盜强盜罪ト異ナラサル結果ヲ來ス所謂詐欺盜恐喝盜ヲモ特別ニ制裁ヲ定メ以テ犯罪撲滅ノ道ヲ講スルノ必要アリテ本章ノ存置セラレタル

モノトス然リ而シテ本章ニ云フ詐欺若クハ恐喝盜ノ何タルヤニ付テハ各其本條ニ於テ說明ヲ爲スヘシ

第二百四十六條　人ヲ欺罔シテ財物ヲ騙取シタル者ハ十年以下ノ懲役ニ處ス
前項ノ方法ヲ以テ財產上不法ノ利益ヲ得又ハ他人ヲシテ之ヲ得セシメタル者亦同シ

本條ハ詐欺盜ノ罪ニ關スル規定ナリ卽チ本條ノ規定ニ依ル時ハ詐欺罪ハ人ヲ欺罔シテ其財物ヲ騙取スルコトヲ要ス從テ本罪ヲ學者カ稱シテ欺罔罪ト云フ又故アルナリ今本條ニ對シ人ヲ欺罔スルトハ如何ナルコトヲ云フヤニ付テ一言セン欺罔トハ口頭ヲ以テスルモ又文書ニ因ルモ其他ノ方法ニ基クモ要ハ人ヲ錯誤ノ狀態ニ陷レシムレハ卽チ欺罔ノ完全ナルモノト云フヘキナリ又本條ノ所謂騙取スルトハ俗ニ「カタリ」取ルト云フモノニシテ其眞實ノ

意思ヨリ出デテ交付スルモ其交付ヲ受クル行爲カ不眞實ナレハ足ルモノトセザル可カラズ今讀者ニ解シ易スカラシメン爲メ一例ヲ擧ケンカ例ヘハ甲助ナル者アリ乙吉ヲ欺罔シテ其財産ヲ奪取セント謀リ乙吉ノ宅ニ至リ其乙吉カ營メル商業ノ得意先キナル丙造ナルモノノ依賴ヲ受ケ何々物件ヲ借リ受ケ來レヨトノコトナリ困テ指示ノ物件ヲ渡シ呉レヨト全ク丙造ヨリ依賴ヲ受ケタル如ク乙吉ニ談示シタル故乙吉ハ常ニ自己ノ得意先ナルヲ以テ果シテ其使ノモノト信シ指示ノ物件ヲ渡シタリ此場合ニ於テ甲助ハ全ク丙造ヨリ依賴ヲ受ケタルニアラズシテ始メヨリ乙吉ヲ欺罔シテ財物ヲ騙取セントスルモノナル故丙造ハ毫モ之ヲ知ルニ由ナシ此クノ如キ事實カ卽チ欺罔取財ニシテ此ノ場合ノ犯罪ノ客體卽チ被害者ハ乙吉ナリ而テ甲助ノ行爲ハ乙吉ヲ欺罔シテ其財物ヲ騙取セントスルモノニシテ丙造ノ名義ヲ知リテ其目的遂行シタルモノト云フベシ如斯實例ハ古手ノ詐欺ナルモ新聞等ニテ往々散見スル所ナリ

以上ノ如クナルヲ以テ本條ノ罪ヲ略言スレバ人ヲ錯誤ニ陷ラシメ其財物ヲ

騙取シタルモノ之ヲ稱シテ欺罔取財ト云フコトヲ得ベシ終リニ一言讀者研究ノ資料ニ供スルモノアリ曰ク本罪ノ未遂罪ハ如何ナル場合ニ成立スルヤ又本罪ト竊盜罪トハ如何ナル點ニ於テ差異アルヤノ點之レナリトス

第一、本罪未遂罪構成ノ場合、從來此場合ニ關スル學說二アリ一ハ曰ク人ヲ欺罔シタル行爲アレバ本罪ノ未遂罪ヲ構成スト二ハ曰ク欺罔ノミニテハ未タ欺罔取財ノ未遂トナルコトナシ欺罔取財ノ未遂罪タルニハ人ヲ欺罔シテ既ニ其財物ヲ騙取スルノ狀態ニ至リ犯人意外ノ障礙舛錯ニ依リ騙取スル能ハザリシ時ナラザレバ未遂罪ト云フ能ハズ右二說ノ中著者ハ後說ヲ以テ正當ノ解釋トナサントスルモノナリ何トナレバ本條ノ罪ハ由來財物騙取ニアルヲ以テ其方法トシテ人ヲ欺罔シタルハ未タ豫備ノ行爲ニシテ實行ニ着手シタリト云フ能ハズ着手シタリト云フ能ハサレバ總則未遂罪ヲ以テ論スルヲ得ス然ルニ前說ニ因ルトキハ苟クモ人ヲ欺罔スレバ最早着手シタルモノト看做サントスルモノナリト雖モ之ハ全ク誤謬ノ見解タルヲ免レザルベシ蓋シ欺罔取財又賊盜ノ一種ナルヲ以テ少クトモ其財物騙取ノ狀態ニ至ラサレバ只人ヲ欺罔シタルノミニテハ賊盜罪ノ豫備行爲ニ過キス豫備行爲ヲ罰スルハ特ニ法律ニ明文アル場合ナラサルベカラズ之レ著者カ前說ヲ採ラザル所以ナリ

第二、欺罔取財ト竊盜罪トノ區別ノ漂準ニ付テハ從來ノ學者ハ方法ニ異ナル點アルヲ以テ此點ヲ區別ノ標準ト爲サザル可カラズト詳言スレバ欺罔取財ハ被害者ノ承諾ヲ受ケ交付ヲ受クルモノナリト雖モ竊盜罪ハ然ラズ故ニ之ヲ區別ノ標準ト爲サザル可カラス然レトモ之ヲ條理ニ考フルニ決シテ然ラザルベシ尤モ竊盜罪ニハ承諾ナキハ明瞭ナリト雖モ欺罔取財ニモ又決シテ眞意ノ承諾アルコトナシ何トナレバ其承諾ハ全ク錯誤ニ因レルモノニシテ決シテ正當ニ承諾アリト云フ可カラズ故ニ此ノ區別ハ之ヲ採用スル能ハズ從テ二者ノ區別ハ本條ノ規定ニ依テ爲サザル可カラズ故ニ著者ハ兩者ノ區別ハ法文ニ從フ外ナシト云ハントスルモノナリ法文ヲ見ルニ欺罔取財ノ場合ハ特ニ人ヲ欺罔シテ換言スレハ人ヲ錯誤ニ陷ラシメテ財物奪取ヲ爲サザル可カラザルモ竊盜罪ハ然ラ

第三百九十條　人ヲ欺罔シ又ハ恐喝シテ財物若クハ證書類ヲ騙取シタル者ハ詐欺取財ノ罪ト爲シ二月以上四月以下ノ重禁錮ニ處シ四圓以上四十圓以下ノ罰金ヲ附加ス
因テ官私ノ文書ヲ僞造シ又ハ増減變換シタル者ハ僞造ノ各本條ニ照シ重キニ從テ處斷ス

ズ被害者ヲ錯誤ニ陥ラシムルガ如キ行爲ヲ要セザルヲ以テ兩者ノ區別ハ此點ヲ以テ標準ト爲スヲ穏當トセザルベカラザルモノト信ズ然レドモ讀者乞フ尚議論ノ餘地アラン幸ニ自ラ研鑚アランコトヲ

第二項ハ別ニ説明ヲ要セスシテ明カナル所ナラン故ニ更ニ之ヲ贅セズ(舊法三九〇、參照)

第二百四十七條　他人ノ爲メ其事務ヲ處理スル者自己若クハ第三者ノ利益ヲ圖リ又ハ本人ニ損害ヲ加フル目的ヲ以テ其任務ニ背キタル行爲ヲ爲シ本人ニ財産上ノ損害ヲ加ヘタルトキハ五年以下ノ懲役又ハ千圓以下ノ罰金ニ處ス

本條ハ代理人カ被代理人ニ損害ヲ加ヘタル場合ニ關スル規定ニシテ實ニ本法新設ニ係ル規定ナリトス蓋シ世ノ進運ニ従ヒ往々他人ノ爲メニ或事務ノ

代理處辨ヲ爲シ徒ニ私利ヲ營ムモノ多キヲ以テ之等ノ行爲ヲ防止スル必要生シタルカ故ナリ蓋シ本條ノ場合ノ如キハ民事上ノ損害賠償ヲ爲セハ事足ルガ如シト雖モ翻テ案スルニ被害者ハ民事訴訟ニ依リ救濟ヲ取クルコト能ハザルハ今日マテ往々見ル實例ニシテ加之如斯行爲ハ公安ヲ害スルコト盜賊罪ト毫モ撰ブ所ナキヲ以テ持ニ此規定ヲ設ケタル所以ナリ

今本條ノ罪ヲ成立スルニハ如何ナル特別要件ヲ必要トスルヤト云フニ(1)犯罪ノ主躰ハ代理若クハ代理人ナルコト(2)犯罪ノ客躰即チ被害者ハ本人又ハ法人ナルコト(3)犯人ハ自己若クハ第三者ノ利益ヲ圖ル目的ヲ以テ委任ノ事務ニ背キタルコト(4)因テ本人ニ財產上ノ損害ヲ加ヘタルコト(5)惡意アルコトノ五要件ヲ具備セザルベカラズ然ラザレバ本條ノ罪ヲ構成スルコト決シテアラザルナリ而シテ代理人又ハ代表者トハ例ヘバ委任代理若クハ法定代理人(後見人ノ如シ)其他商店ノ番頭支配人會社ノ專務取締役及ヒ支配人ノ如ク或ハ公益法人ノ理事ノ如キ皆此罪ノ主體トナリ得ベキモノナリ從テ客躰ハ自ラ明ラカナラン自己若クハ第三者ノ利益ヲ圖ル爲メ任務ニ背キタルト

キハ私利ヲ營ムコトヲ得ルモノニシテ被代理者ノ爲メニ代理ノ行爲ヲ全フセザルモノヲ云フ特ニ惡意アルヲ要スルハ若シ夫レ實際ニ於テハ本人ノ財產上ニ損害ヲ加ヘタリト雖モ正當ノ任務ヲ盡シ尙損害ヲ加ヘタル場合ノ如キ止ムヲ得ザルニ出テタルモノニシテ本條ノ罪トナルベキモノニアラズ蓋シ商業ニハ往々過失等ニ依テ任務ヲ正當ニ盡サズ爲メニ本人ニ損害ヲ生セシムル場合アリト雖モ之等ニモ尙刑法上ノ責任ヲ負ハセントスルハ條理ニ反スルヲ以テナリ以上要之本條ノ罪ヲ構成スルニハ不法ニ自己ノ利益若クハ第三者ノ利益ヲ圖ル目的ヲ以テ其任務ニ背キタル行爲ヲ爲シ以テ本人ニ損害ヲ加ヘタル場合ノミナリト云フベキナリ而シテ此條件ヲ具備シ犯罪成立スルトキハ規定ノ如ク五年以下ノ懲役又ハ千圓以下ノ罰金ニ處セラルルヲ以テ世ノ代理ヲ爲スモノハ大ニ戒心セザル可カラザルモノトス

第二百四十八條　未成年者ノ知慮淺薄又ハ人ノ心神耗弱ニ乘シテ其財物ヲ交付セシメ又ハ財產上不法ノ利益ヲ

得若クハ他人ヲシテ之ヲ得セシメタル者ハ十年以下ノ懲役ニ處ス

本條ハ知慮完全ナラサル者ヨリ不法ニ財物ノ交付ヲ受ケタル罪ニ關スル規定ナリ抑モ未成年者ノ如キハ未タ知慮淺薄ニシテ往々善惡利害ノ識別心ヲ缺クモノナルヲ以テ我カ民法モ渾テ法律行爲ノ能力ナシトシ之ニ對スル法律行爲ハ常ニ取消シ得ベキモノトセリ又精神耗弱者ノ如キ又同一ナリト云ハザル可カラズ故ニ之等ニ乘シテ財物ヲ交付セシメ不法ニモ財産上ノ利益ヲ得若クハ第三者ヲシテ得セシムルカ如キハ情狀甚タ惡マザル可カラズ情狀既ニ惡ムヘキ行爲ナリトセハ其行爲ノ治安ヲ害スルヤ亦疑ナシ故ニ之等ノ者ニハ相當ノ制裁ヲ加ヘ以テ之レカ防止ノ策ヲ講セサルヘカラス之レ本條ノ規定アル所以ニシテ弱者ヲ保護スル規定ナリ而シテ本罪構成ニ必要ナル特別條件ハ(1)未成年者又ハ精神耗弱ノ人ニ向ヒテ犯罪行爲ヲ行ハルルコトヲ要ス(2)財物ノ交付ヲ受ケ若クハ不法ニ財産上ノ利益ヲ得タル行爲アル

コトヲ要ス此財産上ノ利益ニ付テハ獨リ自己カ受クルノミナラス第三者ヲシテ得セシムルカ如キモ畢竟加害者ノ行爲ノ結果タルニ過キス從テ被害者ニ採リ若クハ社會ニ採リテハ此間ノ關係ヲ區別スルノ必要ナシ從テ第三者ニ得セシメタル場合モ尚同一ニ論スルモノナリ蓋シ弱者ヲ保護スルノ規定ナレバナリ故ニ舊刑法モ其第三百九十一條ニ於テ畧ボ之ト同一ノ規定ヲ設ケタレバ就テ參照セラルベシ

第二百四十九條　人ヲ恐喝シテ財物ヲ交付セシメタル者ハ十年以下ノ懲役ニ處ス

前項ノ方法ヲ以テ財産上不法ノ利益ヲ得又ハ他人ヲシテ之ヲ得セシメタル者亦同シ

本條ハ舊法ノ所謂恐喝取財ノ場合ヲ規定シタルモノナリ然ルニ舊刑法ノ如キ用語ヲ用ヰザル所以ノモノハ蓋シ舊刑法ノ下ニ於テ往々強盜ノ暴行脅迫ト本條ノ場合トノ區別ニ付キ疑ヲ生シタル所ナルヲ以テ本法ハ此ノ疑ヲ法

第三百九十條　人ヲ欺罔シ又ハ恐喝シテ財物若クハ證書類ヲ騙取シタル者ハ詐欺取財ノ罪ト爲シ二月以上四年以下ノ重禁錮ニ處シ四圓以上四十圓以下ノ罰金ヲ附加ス
因テ官私ノ文書ヲ僞造シ又ハ增減變換シタル者ハ僞造ノ各本條ニ照シ重キニ從テ處斷ス

文ノ規定ニ因テ避ケタルモノナリ卽チ本法第二百三十六條ニ於テ强盜ノ罪ヲ限定シタルヲ以テ强盜罪成立ニハ必ラズ第二百三十六條ニ示サレタル行爲ヲ以テセザルベカラズ從テ其以外ノ方法卽チ未來ノ脅迫所謂無形ノ脅迫ニシテ今ニ如何ナル危害ヲ受クルヤ計ラレズト被害者ヲ畏怖セシメ因テ以テ財物ヲ奪取シタル者ハ渾テ本條ヲ以テ處斷セントス然レトモ本條ニ於テ最モ注意セザル可カラザルハ脅喝シテ財物ヲ交付セシムルヲ要スルヲ以テ被害者ニ抵抗力ヲ失ハシメ其意ニ反シテ財物交付ヲ爲サシメタル場合ナラザルベカラズ然ラザレバ又本條ノ罪ヲ構成スル所ナカラン本條ノ罪ニ對スル刑期ハ第二百三十五條竊盜ノ刑期ト同一ナルハ稍ヤ穩當ヲ缺クノ嫌ナキ能ハズト雖モ罪狀略ボ同一ナリト認メテ同一刑期ノ下ニ於テ處分セントスルハ實際ノ條理必要ヨリ出テタルモノナランカ

第二項ノ規定ハ第二百三十六條第二項ト異ル所ナシ（舊法三九〇、參照）

第二百五十條　本章ノ未遂罪ハ之ヲ罰ス

第三百九十七條此節ニ記載シタル罪ヲ犯サントシテ未遂ケザル者ハ未遂犯罪ノ例ニ照シテ處斷ス

本條ハ詐欺及恐喝盜ノ未遂罪ハ尙未遂罪トシテ相當科罰ノ必要アリト認メ之ヲ罰セントスルモノナレバ別ニ說明ヲ要セサルベシ（舊法三九七、參照）

第二百五十一條　本章ノ罪ニハ第二百四十二條、第二百四十四條及ヒ第二百四十五條ノ規定ヲ準用ス

本條ハ本章ニ揭ケタル罪ハ假令自己ノ財物ト雖モ既ニ他人ノ占有ニ屬シ又ハ公務所ノ命ニ因リ他人ノ看守シタル場合及準財物卽チ電氣ヲ欺罔シテ交付ヲ受クルガ如キハ均シク竊盜强盜罪ト撰ブ處ナク亦親族相盜ノ場合ニハ之ヲ罰スルノ必要ナキヲ以テ前章ニ定メラレタル此種ノ場合ニ說キタルト同一理由ノ下ニ本罪ニモ準用セントスル規定ナレバ重テ說明セス就テ參照セラルレバ自カラ釋然タル處アラン

第三十八章　橫領ノ罪

吾人ハ如何ナル場合ニ於テモ必ラズ自己ノ外他ニ依ラズシテ世ニ處シ能フ

ベキモノニアラズ從テ場合ニ依リテハ自己ニ信用スル他人ニ自己ノ所有物ヲ委托シテ事ヲ處セザル可カラザル場合多カラン而シテ自己ガ其人ヲ信用シテ或ル所有物ヲ依頼スルハ偏ニ其人ニ依リ自己ノ權利ヲ完全ニ行使セントスルモノナリ然ルニ其依頼セル人カ不法ニモ其物件ヲ消費冐認スルガ如キハ社會ノ信用ヲ害スル最モ甚シキ行爲ニシテ決シテ之ヲ放任スベキモノニアラズ之レ羅馬古代ノ法律ヨリ引キ續キ今日ニ至ルマテ其間幾變遷シテ刑罰法制定ノ主義ヲ異ニシタリト雖モ苟クモ法ヲ立ツル國ニ於テ本章規定ノ場合ノ如キ罪ヲ認メザルモノアラザリシ所以ナリ然リ而シテ本刑法カ特ニ新規ニ屬スル法語ヲ用ヒタル所以ハ舊刑法ノ如ク或ハ委托物費消罪若クハ冐認罪等種々ナル區別ヲ爲スハ法典ノ編纂上ニモ又解釋上ニモ往々疑ヲ生シ實際ノ應用ニ頗ル煩雜ヲ極ムル點アリシヲ以テ特ニ之ヲ改メ廣ク百般ノ出來事ヲ箝當シ得ラルル程度ニ修正ヲ加ヘタル所以ナリトス而シテ横領トハ俗ニ横取リスルト云ヒ不法ニ其占有物件ヲ費消シ又ハ冐認販賣シ若クハ自己ノ物ナリトシテ抵當典物等ニスル行爲ヲ云フヤ明カナリ

第二百五十二條　自己ノ占有スル他人ノ物ヲ横領シタル者ハ五年以下ノ懲役ニ處ス

自己ノ物ト雖モ公務所ヨリ保管ヲ命セラレタル場合ニ於テ之ヲ横領シタル者亦同シ

本條第一項ハ横領罪ノ通則ヲ定メタルモノナリ即チ自己以外ノ他人ノ爲メ占有スル物ヲ横領シタルモノヲ横領罪トシテ處斷セントスルモノナレバナリ而シテ本條ニ於テ單ニ物ト云フヲ以テ動産タルト不動産タルト其他ノ物タルトヲ問ハズ苟クモ價値アル物タル以上ハ本罪構成ノ目的タルヤ疑ヒナシ故ニ本條ノ罪ヲ構成スルニハ左ノ要件ヲ具備スレバ足ル(1)他人ノ爲メ占有スル物タルコト(2)横領ノ事實アルコト(3)惡意アルコトノ三要件ヲ具備セザル可カラズ玆ニ惡意アルコトヲ要スト特ニ掲ケタル所以ハ此種ノ物ニアリテハ往々物ノ種類ニ依リ自己ノ物件ト混同シテ他人ノ物ヲモ所持スルヲ以テ不知不識ノ内ニ他人ノモノヲモ自己ノ物トシテ費消スル等ノ場合ナキ

第三百九十五條　受寄ノ財物借用物又ハ典物其他委託ヲ受ケタル金額物件ヲ費消シタル者ハ一月以上二年以下ノ重禁錮ニ處ス若シ騙取拐帯其他詐欺ノ所爲アル者ハ詐欺取財ヲ以テ論ス

ヲ保セス故ニ如斯場合ハ假令事實ニ於テ横領ノ狀態ニアリト雖モ未タ以テ犯罪トシテ罰スル能ハス之レ特ニ此條件ヲ必要トスル所以ナリ又横領ノ事實ニ就テハ如何ナル方法手段ニ因ルヲ論セス横領ノ行爲サヘアレハ舊刑法規定ノ如ク他ニ之レヲ販賣交換スルヲ要セス抵當典物ト爲スヲ要セス又費消スルヲ要セス未タ其物件ハ自己ノ手ニ存スル間ト雖モ苟クモ其物件ヲ所有者ニ於テ完全ニ權利ヲ行使スル能ハサラシムレハ足ル彼ノ民法施行後後見人ノ如キハ往々被後見人ノ財產保管ヲ爲ス場合アリ此場合ニ於テ其財產ヲ不法ニモ自己ノ名義ニ爲シ置ク場合ノ如キ横領罪ノ好適例ト云フヘキナリ第二項ノ規定ハ自己ノ所有物ト雖モ公務所ヨリ保管ヲ命セラレタル場合ニアリテハ既ニ其處分權ヲ停止セラレタルモノナリ處分權ヲ停止セラレタルニモ拘ハラス之ヲ横領セントスルハ爲メニ公益ヲ害スルコト甚シキヲ以テ特ニ本條ニ因リ公益維持ニ勉メントス

本條ノ處分ハ彼ノ竊盜罪及ヒ欺罔取財罪等ニ比シ其刑輕キハ之レ眞ノ所有者モ一時ハ犯人ヲ信用シテ自己ノ物ノ占有ヲ委託シタル瑕疵アルト犯人ニ

第三百九十六條　自己ノ所有ニ係ルト雖モ官署ヨリ差押ヘタル物件ヲ藏匿脫漏シタル者ハ一月以上六月以下ノ重禁錮ニ處ス但家資分散ノ際此罪ヲ犯シタル者ハ第三百八十八條ノ例ニ照シテ處斷ス

於テモ特ニ他人ノ所有權內ヨリ奪取スルヨリモ容易ニシテ往々斯ル慾望心ヲ抱クニ易キヲ以テ之等ノ點ヲ斟酌シテ斯クハ規定セラレタル所以ナリ尙終リニ一言附加スヘキモノアリ本條ノ說明ニ於テ冒認ナル語ヲ用ヒタルハ特ニ他人ノ爲メ占有スル物ヲ自己ノ物ナリト冒認シタル場合ナルコトヲ注意スヘシ彼ノ自己ノ占有內ニアラサル物件ヲ冒認シテ相手方ヲ害セントスル欺罔取財トハ大ニ異ルヲ以テ彼我混同ノ說明ト云ハサレハ幸甚ナリ（舊法三九五、三九六、參照）

第二百五十三條　業務上自己ノ占有スル他人ノ物ヲ橫領シタル者ハ一年以上十年以下ノ懲役ニ處ス

本條ハ業務上他人ノ物ヲ占有スル場合ニ於ケル橫領罪ニ關スル規定ナリ之レ實ニ本法新設ノ規定ニ係ル一ニシテ時勢ニ從ヒ全ク必要ナル規定ト云フヘキナリ而シテ本條ノ所謂業務上トハ彼ノ倉庫營業者ノ如キ又ハ委托販賣業者ノ如キモノ卽チ犯人ノ營業カ常ニ他人ノ物ヲ占有スル場合ノ狀態ヲ云

フ其橫領罪構成ニ特別ナル要件ハ前條ト同一ナリト雖モ只異ル點ハ犯罪主躰卽チ犯人ノ業務ノ性質カ常ニ他人ノ爲メ物ヲ占有シ居ル地位ニアルコトヲ要スルノミ而シテ之ヲ前條ニ比シ重罰スル所以ノモノハ背信ノ最モ甚シキモノナルヲ以テ特ニ加重橫領罪ノ原因ト爲シタル所以ナリ

第二百五十四條　遺失物、漂流物其他占有ヲ離レタル他人ノ物ヲ橫領シタル者ハ一年以下ノ懲役又ハ百圓以下ノ罰金若クハ科料ニ處ス

本條ハ法定ノ原因ニ依リ他人ノ占有ヲ離レタル物件ヲ橫領シタル罪ニ關スル規定ナリ而シテ法定ノ原因トハ遺失漂失其他ノ方法ニ依リ所有者カ現ニ其占有ヲ爲シ居ラザルモノヲ云フ故ニ本條ノ罪ヲ構成スルニハ(1)其目的物ハ遺失物漂流物埋藏物等彼ノ主物不動產債權等ヲ除キタル有體動產ナルコト(2)他人ノ占有ヲ離シタル物件ナルコトヲ知リテ取得スルコト(3)取得シテ其物件ヲ橫領スルコトノ三要件ヲ必要トス故ニ例ヘ其物件ヲ取得シタリト

第三百八十五條　遺失及ヒ漂流ノ物品ヲ拾得テ隱匿シ所有主ニ還村セス又ハ官署ニ申告セサル者ハ十一日以上三月以下ノ重禁錮ニ處シ又ハ二圓以上十圓以下ノ罰金ニ處ス
第三百八十六條　他人ノ所有地內ニ於テ埋藏ノ物品ヲ掘得テ隱匿シタル者ハ亦前條ニ同シ

雖モ相當ノ手續ヲ經テ之ヲ占有者ニ還付スルカ又ハ公務所ニ屆ケ出テタルトキハ本罪成立スルモノニアラズ要之本罪ノ性質ハ他人ノ所有物ニ對シ其所有者ノ占有ヲ離レタル物タルコトヲ知リテ自己ノ所有ニ移シタル犯罪ナリトス故ニ苟クモ其物件ヲ盜取ノ意思ナキモ其物ヲ橫領スルノ意思アルトキハ本條ノ規定ニ從ヒ之ヲ處斷セザル可カラズ尙本條ニ就テハ舊刑法以來竊盜詐欺盜等トノ關係及ヒ區別ニ就キ紛議錯綜シテ疑問百出シタル處ナルヲ以テ本條ノ下ニ於テモ仔細ニ研究スルトキハ隨分疑問ヲ生スルナキ能ハズト雖モ之等ヲ一々研究スルハ本書ノ目的ニアラサルヲ以テ深ク說明セズ

（舊法三八五、三八六、參照）

第二百五十五條　本章ノ罪ニハ第二百四十四條ノ規定ヲ準用ス

本條ハ親族間ニ對スル免刑法ヲ明定シタル所ナリトス蓋シ本章ノ場合ニ於テ其親族間ノ行爲ニ止マルトキハ深ク刑法カ立入リテ之ヲ論センカ或ハ爲

メニ親族間ノ平和ヲ維持スル能ハズ人間最高ノ快樂タル一家團欒ノ愉快ヲ滅盡スルガ如キハ法ノ決シテ望マサル所ナルヲ以テ特ニ第二百四十四條ヲ適用セントスル所以ナリ

第三十九章　贓物ニ關スル罪

本罪ヲ理論上ニ問フトキハ彼ノ盜賊罪若クハ横領罪等ノ事後ノ從犯ノ如ク見ユルヲ以テ歐洲諸國ニ於テハ往々之ヲ事後ノ從犯トシテ罰シ來ルモノアリト雖モ之ヲ特別ノ一罪ト爲シタルハ舊刑法ニ於テモ又同一ナリ然リ而シテ之ヲ事後ノ從犯タリトノ主義ヲ採ラザル立法ノ眞意ハ容易ニ窺フ能ハズト雖モ本法規定全體ノ精神ヨリ案スルトキハ又故アルヲ察スルニ難カラズ何トナレバ本條ノ罪ト直接間接ニ大關係ヲ有スル前三章ノ罪ヲ見ルトキハ何レモ奪取横領ノ物件ヲ犯人ガ現實ニ握有スルニ因リ直ニ犯罪成立スルモノニシテ其物ノ處分如何ヲマテ包含セザルヲ以テ從テ現實ニ犯人カ他人ノ所有物件ヲ自己ノ占有内ニ移シ終リタル後ノ從犯ヲ認ムル必要ナシ之レ本

章ニ於テ特別ノ一罪ヲ認メタル所以ナリトス

第二百五十六條　贓物ヲ收受シタル者ハ三年以下ノ懲役ニ處ス

贓物ノ運搬、寄藏、故買又ハ牙保ヲ爲シタル者ハ十年以下ノ懲役及ヒ千圓以下ノ罰金ニ處ス

本條ハ贓物收受ニ關スル規定ナリ所謂贓物收受トハ如何ナルコトヲ云フヤ案スルニ前三章ニ規定アル犯罪即チ盜賊ニ因テ得タル物件又ハ横領罪ニ因テ得タル物件ヲ更ニ領得シタル行爲ヲ云フヤ疑ナシ故ニ本條ノ罪ヲ構成スルニハ(1)贓物ナルコト(2)贓物ナルコトヲ知リタルコト(3)知リテ而シテ之ヲ收受シタルコトノ三條ヲ必要トス

(1)贓物トハ前屢々說明シタル如ク犯罪ニ因テ得タル物ヲ云フヤ明ナリ例ヘハ竊盜ノ場合ニ於テ竊盜犯人カ其竊盜ナル行爲ニ因リ他人ノ所有物ヲ奪取シ之ヲ自己ノ占有內ニ移轉シ所有シ居ル物件ノ如シ

(2)贓物ナルコトヲ知リタルコトヲ要スル所以ハ若シ夫レ之ヲ知ルヲ得ザルトキハ素ヨリ惡意アルニアラズ惡意ナケレバ罪トナラザルナリ

(3)知リテ而シテ其物ヲ收受シタルコトヲ要スル所以ハ蓋シ如何ニ贓物ナルコトヲ知ルモ之ヲ收受セザルトキハ又以テ本罪成立スルコトナケレバナリ

以上要スルニ本條ノ罪ハ他人ノ犯罪行爲ニ因リテ得タル物件ナルコトヲ知リテ自己カ其犯人(及犯人以外ノ人ヨリスルモノノ手ヨリ收受シタルトキハ其收受ノ方法ノ如何ヲ問ハス本條ノ規定ニ因リ處斷セラルベキモノトス第二項ノ規定ハ犯人カ其贓物ヲ得タル犯人タルコトヲ知リテ其物ヲ運搬シ或ハ寄藏シ故買シ若クハ牙保シタル者ニ對スル處分方法ナリ而シテ前項ノ規定ト異ナルハ單ニ物件ヲ收受シタルトハ異ナリ其情至テ重キ點ニアリ卽チ本項ノ贓物タルコトヲ知リテ運搬スルカ如キハ盜取者ト殆ト撰フ所ナク單ニ盜取犯人ヲ補助スルノミナラズ往々其間ニ利益ヲ得ントスルモノ多ケレバナリ又寄藏スルトハ盜取犯人カ携帶スル贓物ヲ其依賴ニ應シテ隱匿ス

第三百九十九條　强竊盜ノ贓物ナルコトヲ知テ之ヲ受ケ又ハ寄藏故買シ若クハ牙保ヲ爲シタル者ハ一月以上三年以下ノ重禁錮ニ處シ三圓以上三十圓以下ノ罰金ヲ附加ス

第四百條　前條ノ罪ヲ犯シタル者ハ六月以上二年以下ノ監視ニ付ス

ルコトヲ云フ例ヘハ窃盜犯人カ奪取シタル物件ヲ自己カ携帶シ居ルトキハ直ニ發覺セラルルコトヲ恐レ之ヲ第三者ニ意ヲ含メテ隱匿方ヲ依賴シタリ然ルニ被依賴者ハ直ニ之ヲ受托シ以テ其物件ヲ藏匿シタル場合ノ如キハ適切ノ例ト云フベキナリ故買トハ情ヲ知リテ其物ヲ買取リ以テ利益ヲ得トスルモノニシテ之等ノ行爲ハ尤モ憎ムベキモノトス何者ハ如斯故買者アルヲ以テ盜罪犯人ノ絕ユルコトナキニ至ルヲ以テナリ若シ夫レ贓物ヲ故買スル者アラザランカ如何ニ奸惡ナル犯人ト雖モ奪取ノ物件ヲ他ニ捌キテ暴利ヲ得ル能ハズ利ヲ得ルニアラザランカ何ヲ苦デ特ニ國法ヲ犯ス者アラン之レ此種ノ犯人ハ尤モ憎ムベキ性質ニ居ルモノト云フ所以ナリ牙保又然リ牙保トハ奪取犯人ト故買者又ハ其他ノ者ノ間ニ介在シテ贓物ヲ犯人ノ手ヨリ他人ニ引渡スマテノ媒介ヲ爲スモノニシテ故買者ト同ク又尤モ嫌忌スベキ犯罪トス

以上ノ如クナルヲ以テ本項ハ特ニ其刑ヲ加重シテ豫メ防止ノ策ヲ講セントスル所以ナリ（舊法三九九、四〇〇、參照）

第二百五十七條　直系血族、配偶者、同居ノ親族又ハ家族及ヒ此等ノ者ノ配偶者ノ間ニ前條ノ罪ヲ犯シタル者ハ其ノ刑ヲ免除ス

親族又ハ家族ニ非サル共犯ニ付テハ前項ノ例ヲ用ヒス

本條立法ノ趣旨ハ彼ノ罪人隱匿及證據湮滅ノ章ニ於テ親族間ノ罪ニ付テハ特ニ刑ヲ免除スルト同ク本條モ又人情道義ノ然ラシムル處トシテ特ニ其刑ヲ免除スル所以ノ外他ニ深キ理由アルニアラズ

第四十章　毀棄及ヒ隱匿ノ罪

由來吾人カ其所有物件ヲ徒ニ毀損スル既ニ甚シキ不經濟ノ行爲ト云ハザル可カラズ然ルニ本章記載ノ罪ノ如キ特ニ他人ノ利益ヲ侵害スル意思ヲ以テ强テ他人ノ所有財物若クハ自己ノ物件ト雖モ既ニ所有權ヲ限定セラレ若クハ所有件行使ヲ停止セラレ居ル財物ヲ毀棄隱匿スルガ如キハ公安ヲ害スル

コト甚シ之レ本章ニ於テ特ニ此場合ニ於ケル制裁ヲ設ケ以テ犯罪ヲ未發ニ防止シ又再犯ヲ豫防セントスル所以ナリ

第二百五十八條　公務所ノ用ニ供スル文書ヲ毀棄シタル者ハ三月以上七年以下ノ懲役ニ處ス

本條ハ公文書毀棄ニ關スル規定ナリ公務所ノ用ニ供スル文書ヲ毀棄スル目的那邊ニアルヲ論セス苟クモ公務ニ從事スル處ニ於テ作製シ若クハ其用ニ供スル文書ハ何レモ國家ノ生存維持ニ必要ナル物件ナリ然ルニ之ヲ故ナク毀棄スルカ如キハ決シテ默認スヘキモノニアラズ之レ本條ヲ設ケテ其制裁ヲ科セントスルモノナリ而シテ公務所ノ用ニ供スル文書トハ公務所即チ官署公署其他ノ役員ノ執務スル爲メ集合スル所ニ保管シアル文書ニシテ公務ニ必要ナル文書ヲ云フヤ疑ナカラン故ニ本條ノ罪ヲ構成スルニ必要ナル條件ハ(1)公務所ノ文書ナルコト(2)其文書ハ必要ナルモノナルコト(3)惡意アルコト蓋シ以上ノ三條件ヲ必要トスル所以ノモノハ他ナシ若シ夫レ公務所以

> 第二百二條 詔書ヲ僞造シ又ハ增減變換シタル者ハ無期徒刑ニ處ス其詔書ヲ毀棄シタル者亦同シ
>
> 第二百三條 官ノ文書ヲ僞造シ又ハ增減變換シテ行使シタル者ハ輕懲役ニ處ス其官ノ文書ヲ毀棄シタル者亦同シ
>
> 第二百五條 官吏其管掌ニ係ル文書ヲ僞造シ又ハ增減變換シテ行使シタル者ハ前二條ノ例ニ照シ各一等ヲ加フ其文書ヲ毀棄シタル者亦同シ

外ノ處ノ文書ナルトキハ他ノ罪ヲ構成スルハ勿論ナリト雖モ本條ノ罪ヲ構成スルコトナシ又公務所ニ必要ナル文書ニアラサルトキハ其波及スル所ノ弊害ガ本條ノ場合ノ如クナラザルヲ以テ本條ノ如キ重キ刑ヲ科スルノ必要ナケレバナリ又公務所ノ文書ナリト雖モ公務ニ必要ナキ文書ノ如キハ素ヨリ反古ナルヲ以テ犯罪ノ目的物タルコトヲ得ザルナリ又惡意アリテ毀棄スルアラサレハ行政上ノ處分ハ免レサランモ決シテ刑法上ノ責任ヲ負ハスベキモノニアラズ本條ハ毀棄ノ目的那邊ニアルヲ問ハザルヲ以テ自己カ他ノ犯罪ノ證據ヲ湮滅スル爲メナルト單ニ公務所ノ利益ヲ侵害スルノ目的ニ出テタルトヲ問ハス前段各種ノ條件ヲ備ヘタルトキハ加害者ノ公務者ノ公務員タルト其他ノモノタルトヲ問ハサルナリ(舊法二〇二、二〇三、二〇五、參照)

第二百五十九條 權利、義務ニ關スル他人ノ文書ヲ毀棄シタル者ハ五年以下ノ懲役ニ處ス

本條ハ私文書毀棄罪ニ關スル規定ナリ本條ノ罪トシテ罰スルニハ其毀棄シ

第四百二十四條　人ノ權利義務ニ關スル證書類ヲ毀棄滅盡シタル者ハ二月以上四年以下ノ重禁錮ニ處シ三圓以上三十圓以下ノ罰金ヲ附加ス

タル文書カ權利義務ニ關スル文書ナルコトヲ要ス故ニ法文明示以外ノ文書ナルトキハ本條ノ罪ヲ構成スルコトナシ蓋シ吾人ノ權利義務ニ關スル文書ヲ毀棄センカ爲メニ權利義務ヲ證明スル能ハズ證明スル能ハサランカ遂ニハ重大ナル利害ニ關係ヲ及ホスモノナルカ故ニ法律ハ充分之ヲ保護セサル可カラズ蓋シ吾人ノ利害ハ延テ國家社會ノ利害ニ及ボスモノナレバナリ(舊法四二四、參照)

第二百六十條　他人ノ建造物又ハ艦船ヲ損壞シタル者ハ五年以下ノ懲役ニ處ス因テ人ヲ死傷ニ致シタル者ハ傷害ノ罪ニ比較シ重キニ從テ處斷ス

本條ハ建造物及艦船ヲ損壞シタル罪ニ關スル規定ナリ蓋シ本條ノ場合ハ有形ニ他人ノ利益ヲ害スルコト尤モ甚シキ罪ナリトス本條ノ罪ヲ構成スルニハ

第一、犯罪ノ物件ハ他人ノ建物及ヒ艦船ナルコト

第二、損壊シタル行爲アルコト

第一ノ場合ハ法文明カニ斯ク規定スルヲ以テ此條件ヲ必要トスルヤ明カナリ而シテ他人ノ建造物トハ住居スル家ナルト財産ヲ藏スル倉庫土藏ノ如キモノナルト薪材等ヲ收容シ置ク小屋ノ如キ納屋ノ如キ其他裝飾等ノ爲メニ建設セル物件ナルトヲ問ハス苟クモ人工ヲ加ヘテ建設シタルモノナレバ足ル艦船トハ大洋ニ浮ベル蒸汽船ノ如キ機關ヲ以テ運轉スルモノナルト風力ヲ以テ漕キ出ス帆船ナルト人力ヲ以テスル小舟ナルトヲ論セズ水面ニ浮ベル財物運搬ノ用ニ供スル物或ハ娯樂ノ爲メニ要スルモノナレバ本條ノ目的物タルニ支障ナシ

第二ノ毀損ノ行爲アルトハ之レ又犯罪ノ性質上當然ノ條件ニシテ若シ夫レ此條件ヲ缺クトキハ未タ以テ犯罪成立シタリト云フヲ得ス之ニ反シテ損壊ノ行爲アルトキハ如何ナル手段ニ出テタルヲ論セス苟クモ一般犯罪ニ必要ナル條件トシテ惡意ガ毀損ニ伴フトキハ本罪構成ニ缺クル點ナシトス以上

第四百十七條　人ノ家屋其他ノ建造物ヲ毀壞シタル者ハ一月以上五年以下ノ重禁錮ニ處シ二圓以上五十圓以下ノ罰金ヲ附加ス
因テ人ヲ死傷ニ致シタル者ハ毆打創傷ノ各本條ニ照シ重キニ從テ處斷ス

第四百十八條　人ノ家屋ニ屬スル墻壁及ヒ園地ノ裝飾又ハ田圃ノ樊圍牧場ノ柵欄ヲ毀壞シタル者ハ十一日以上三月以下ノ重禁錮ニ處シ又ハ二圓以上二十圓以下ノ罰金ニ處ス

第四百十九條　人ノ稼穡竹木

ノ特別要件具備シテ犯罪構成シタルトキハ五年以下ノ懲役ニ處スベキモノナリト雖モ其毀棄ノ結果人ヲ死傷ニ致シタル時ニアリテハ例ヘ犯人ハ傷害ノ罪ヲ侵スノ意ナシト雖モ犯人ノ不法行爲ニ因リ死傷ノ結果ヲ出シタルモノナルヲ以テ本條ノ規定ト傷害罪トヲ比較シテ其重キ刑ヲ科セントス蓋シ至當ノ規定ト云フベキナリ（舊法四一七、參照）

第二百六十一條　前三條ニ記載シタル以外ノ物ヲ損壞又ハ傷害シタル者ハ三年以下ノ懲役又ハ五百圓以下ノ罰金若クハ科料ニ處ス

本條ハ前三條ニ記載セラレタル以外ノ物其動産タルト不動産タルトヲ問ハス渾テ前三條以外ノ物ヲ損壞又ハ傷害シタルモノニ對スル處分方法ヲ定メタルモノニシテ極メテ廣キ規定ナリトス蓋シ舊法ニ於テハ各種ノ物ヲ列記的ニ規定シ其處分方法ヲ異ニシタリト雖モ夫レ等ハ啻ニ司法ノ職ニアルモ

其他需用ノ植物ヲ毀損シタル者ハ十一日以上六月以下ノ重禁錮ニ處シ又ハ三圓以上三十圓以下ノ罰金ニ處ス
第四百二十條 土地ノ經界ヲ表シタル物件ヲ毀壞シ又ハ移轉シタル者ハ一月以上六月以下ノ重禁錮ニ處シ二圓以上二十圓以下ノ罰金ヲ附加ス
第四百二十一條 人ノ器物ヲ毀棄シタル者ハ十一日以上六月以下ノ重禁錮ニ處シ又ハ三圓以上三十圓以下ノ罰金ニ處ス
第四百二十二條 人ノ牛馬ヲ殺シタル者ハ一月以上六月以下ノ重禁錮ニ處シ二圓以上二十圓以

ノヲ羈束スルノミナラズ文化急進立法者ノ豫想セザル物ノ存在シ來ルヲ保シ難キヲ以テ本法ハ之等ノ場合ニ適應セシムル爲メ包括的規定ヲ設ケタルモノニシテ文明國立法ノ體裁ヲ備ヘタルモノト云フヘキナリ而シテ本條ノ罪ヲ構成スルニハ前三條ニ規定セラレタル以外ノモノナルトキハ假令動物タルト植物タルト其他物理學上ノ物タルト法理上ノモノタルヲ論セス之ヲ損壞シ又ハ傷害シタルトキハ渾テ本條ニ因テ其責任ヲ問ハントスルモノナリ(舊法四一八乃至四二三、參照)

第二百六十二條 自己ノ物ト雖モ差押ヲ受ケ、物權ヲ負擔シ又ハ賃貸シタルモノヲ損壞又ハ傷害シタルトキハ前三條ノ例ニ依ル

本條ハ自己ノ所有財物ニ對スル規定ナリトス即チ自己ノ物ト雖モ既ニ差押ヲ受ケ又ハ他人ニ物權ヲ設定シ或ハ賃貸シ若クハ保險ニ付シタル物ノ如キ

下ノ罰金ヲ附加ス

第四百二十三條　前條ニ記載シタル以外ノ家畜ヲ殺シタル者ハ二圓以上二十圓以下ノ罰金ニ處ス但被害者ノ告訴ヲ待テ其罪ヲ論ス

ハ何レモ所有權ノ完全ノ行使ヲ制限セルモノナリ殊ニ保險ニ付シタル物ノ如キハ善良ナル管理者ノ注意ヲ以テ常ニ擁護セサル可カラザルノ義務アルモノナリ之等ノ物ヲ不法ニモ損壞シ或ハ傷害スルガ如キハ又他人ノ物ニ對スル犯罪ト情狀毫モ異ナル所ナシ之レ特ニ本條ヲ設ケテ其防止ヲ謀ル所以ナリ若シ夫レ本條ノ規定ナキトキハ所有權行使ノ當然ノ權利トシ損壞傷害等ハ法律ノ問フ所ニアラズトシテ爲メニ他人ノ利益ヲ害スルコト甚シキニ至ルヲ以テ斯ク規定シタル所以ナリトス

第二百六十三條　他人ノ信書ヲ隱匿シタル者ハ六月以下ノ懲役若クハ禁錮又ハ五十圓以下ノ罰金若クハ科料ニ處ス

本條ハ信書隱匿罪ノ制裁ヲ定メタル法條ナリ即チ他人ノ信書ヲ隱匿スルトキハ其目的ノ如何ヲ問ハズ本罪構成ス然レトモ彼ノ友人間等ニ於テ行ハル

ル惡意ナクシテ戯レニ隱匿シタル場合ノ如キハ一般ノ犯罪ト同シク不論罪ナリ故ニ本條ノ罪ヲ構成スルニハ不正ニ他人ノ信書ヲ隱匿スル行爲ナカルベカラズ而シテ不正トハ從來屢々說キタル如ク權利ナクシテ且ツ他人ヲ害スル意思ヲ以テト云フノ義ナリ故ニ本罪構成ニハ亦少クトモ他人ヲ害スル意思ナカラザルベカラズ他人ヲ害スル意思ヲ以テ他人ノ信書ヲ隱匿スルコトヲ要ス而シテ本條ニ於ケル信書トハ第十三章第百三十四條ニ說キタルト同一ノ効力ヲ有スル物件ヲ云フ此物件ヲ隱匿スルトハ毀棄汚損スルト異ナリ其儘信書ノ受信人若クハ發信人ノ發見シ得ザル程度ニ包藏スルコトヲ云フ故ニ毀棄開緘等トハ全ク其性質ヲ異ニス

此罪ハ本法カ新タニ設ケタル罪名ニシテ從來特ニ此ノ規定ナカリシト雖モ世ノ進步ト共ニ此ノ種ノ行爲カ一般人ニ危害ヲ及ホスコト少カラザルニ至ルベク亦之レカ爲メ吾人ノ財產權名譽權其他凡テノ權利ヲ侵害セラルルコト多キニ至ルベキ性質ヲ有スルカ故ニ特ニ本條ノ規定ヲ要セシ所以ナリトス

第二百六十四條　第二百五十九條、第二百六十一條及ヒ前條ノ罪ハ告訴ヲ待テ之ヲ論ス

本條ハ私文書毀棄及二百六十一條ノ罪並ニ信書隱匿罪ハ凡テ被害者ノ告訴ヲ起訴要件ト爲スヘク定メタル法條ナリ蓋シ私文書ノ毀棄其他本條ニ規定セラレタル場合ノ犯罪ハ公益關係ト云フヨリモ寧ロ個人ノ利害ニ直接影響ヲ及ホスヘキ性質ノ者ナルカ故ニ斯ル犯罪ハ犯罪ノ結果被害者カ受ケタル損害ニ重キヲ置クヲ可トセサルヘカラス何者所定ノ犯罪アルモ爲メニ被害者利益關係ニ何等ノ影響ヲ及ホササルトキハ社會ハ進デ其犯人ヲ罰スルノ必要ナシ加害者ノ行爲カ罰スヘキモノナルヤ罰セサルモノナルヤハ偏ニ判官ノ職責ナリト雖モ其以前ニ於テ先ツ被害者ノ被害程度ヲ知ルノ要アルモノハ利益關係ニアリテハ概ヲ直接侵害セラレタル者ニアラサレハ之ヲ知ルコト困難ナリ故ニ斯クノ如キ場合ニハ法律ハ之ヲ親告罪トス本條ノ規定亦此ノ告訴ヲ待テ始メテ論セントスルモノニシテ所謂檢事ノ起訴權ニ制限ヲ

置キタル犯罪上ノ一ナリトス親告罪ノ如何ナルモノナルヤニ付テハ從來屢々說明シタルヲ以テ茲ニ改メテ贅セス、

新刑法要說（終）

明治四十一年十月十四日印刷
明治四十一年十月十七日發行

新刑法要説
定價 金壹圓五拾錢

不許複製

著作者 彦阪秀

發行者 金港堂書籍株式會社
東京市日本橋區本町三丁目十七番地

代表者社長 原亮三郎

印刷者 佐久間衡治
東京市京橋區西紺屋町二十六七番地

印刷所 株式會社秀英舎
東京市京橋區西紺屋町二十六七番地

發賣所
東京市日本橋區本町三丁目
振替貯金口座八八一五番
金港堂書籍株式會社

新刑法要說 **日本立法資料全集 別巻 1152**

平成29年4月20日 復刻版第1刷発行

著 者 彦 阪 秀

発行者 今 井 貴
渡 辺 左 近

発行所 信 山 社 出 版
〒113-0033 東京都文京区本郷6-2-9-102
モンテベルデ第2東大正門前
電 話 03（3818）1019
FAX 03（3818）0344
郵便振替 00140-2-367777（信山社販売）
Printed in Japan.

制作／(株)信山社，印刷・製本／松澤印刷・日進堂

ISBN 978-4-7972-7262-8 C3332

巻数	書　名	編・著者	ISBN	本体価格
950	実地応用町村制質疑録	野田藤吉郎、國吉拓郎	ISBN978-4-7972-6656-6	22,000 円
951	市町村議員必携	川瀬周次、田中迪三	ISBN978-4-7972-6657-3	40,000 円
952	増補 町村制執務備考 全	増澤鐵、飯島篤雄	ISBN978-4-7972-6658-0	46,000 円
953	郡区町村編制法 府県会規則 地方税規則 三法綱論	小笠原美治	ISBN978-4-7972-6659-7	28,000 円
954	郡区町村編制 府県会規則 地方税規則 新法例纂 追加地方諸要則	柳澤武運三	ISBN978-4-7972-6660-3	21,000 円
955	地方革新講話	西内天行	ISBN978-4-7972-6921-5	40,000 円
956	市町村名辞典	杉野耕三郎	ISBN978-4-7972-6922-2	38,000 円
957	市町村吏員提要〔第三版〕	田邊好一	ISBN978-4-7972-6923-9	60,000 円
958	帝国市町村便覧	大西林五郎	ISBN978-4-7972-6924-6	57,000 円
959	最近検定 市町村名鑑 附 官国幣社 及 諸学校所在地一覧	藤澤衛彦、伊東順彦、増田穆、関惣右衛門	ISBN978-4-7972-6925-3	64,000 円
960	鼇頭対照 市町村制解釈 附 理由書 及 参考諸布達	伊藤寿	ISBN978-4-7972-6926-0	40,000 円
961	市町村制釈義 完　附 市町村制理由	水越成章	ISBN978-4-7972-6927-7	36,000 円
962	府県郡市町村 模範治績　附 耕地整理法 産業組合法 附属法令	荻野千之助	ISBN978-4-7972-6928-4	74,000 円
963	市町村大字読方名彙〔大正十四年度版〕	小川琢治	ISBN978-4-7972-6929-1	60,000 円
964	町村会議員選挙要覧	津田東璋	ISBN978-4-7972-6930-7	34,000 円
965	市制町村制 及 府県制　附 普通選挙法	法律研究会	ISBN978-4-7972-6931-4	30,000 円
966	市制町村制註釈 完　附 市制町村制理由〔明治21年初版〕	角田真平、山田正賢	ISBN978-4-7972-6932-1	46,000 円
967	市町村制詳解 全　附 市町村制理由	元田肇、加藤政之助、日鼻豊作	ISBN978-4-7972-6933-8	47,000 円
968	区町村会議要覧 全	阪田辨之助	ISBN978-4-7972-6934-5	28,000 円
969	実用 町村制市制事務提要	河邨貞山、島村文耕	ISBN978-4-7972-6935-2	46,000 円
970	新旧対照 市制町村制正文〔第三版〕	自治館編輯局	ISBN978-4-7972-6936-9	28,000 円
971	細密調査 市町村便覧(三府 四十三県 北海道 樺太 台湾 朝鮮 関東州)　附 分類官公衙公私学校銀行所在地一覧表	白山榮一郎、森田公美	ISBN978-4-7972-6937-6	88,000 円
972	正文 市制町村制 並 附属法規	法曹閣	ISBN978-4-7972-6938-3	21,000 円
973	台湾朝鮮関東州 全国市町村便覧 各学校所在地〔第一分冊〕	長谷川好太郎	ISBN978-4-7972-6939-0	58,000 円
974	台湾朝鮮関東州 全国市町村便覧 各学校所在地〔第二分冊〕	長谷川好太郎	ISBN978-4-7972-6940-6	58,000 円
975	合巻 佛蘭西邑法・和蘭邑法・皇国郡区町村編成法	箕作麟祥、大井憲太郎、神田孝平	ISBN978-4-7972-6941-3	28,000 円
976	自治之模範	江木翼	ISBN978-4-7972-6942-0	60,000 円
977	地方制度実例総覧〔明治36年初版〕	金田謙	ISBN978-4-7972-6943-7	48,000 円
978	市町村民 自治読本	武藤榮治郎	ISBN978-4-7972-6944-4	22,000 円
979	町村制詳解　附 市制及町村制理由	相澤富蔵	ISBN978-4-7972-6945-1	28,000 円
980	改正 市町村制 並 附属法規	楠綾雄	ISBN978-4-7972-6946-8	28,000 円
981	改正 市制 及 町村制〔訂正10版〕	山野金蔵	ISBN978-4-7972-6947-5	28,000 円